기업과 경영

송민석 · 김종대 · 김영삼 · 이국형

북넷

들어가는 말

최근 우리나라의 기업은 그 어느 때보다도 어려운 환경속에서 기업경영을 하고 있다. 안으로는 저출산, 경쟁의 심화, 고객니즈의 다양화 등 시장의 규모는 정체 상태이면서 비용의 증가를 야기하는 환경은 점점 늘어나고 있다. 결국 극복의 대안으로 글로벌화를 기업의 생존전략으로 채택하고는 있으나 이 또한 국제경쟁력의 심화, 국가간 문화의 차이, 원자재 가격의 상승, 글로벌 파워브랜드의 공격 등 외부환경 또한 극복하기 힘든 상황으로 전개되고 있다.

이러한 내적, 외적으로 어려운 환경속에서도 우리기업은 성장을 하여야만 하고 이해관계자 집단과의 원만한 관계의 유지를 함께 이루어야하는 그야말로 새로운 경영이 필요한 시대에 놓여 있는 것이다.

저자들이 기업을 심사하고 평가하면서 느낀 점은 환경을 극복하거나 성과를 이룬 기업의 공통점은 항상 기본에 충실했다는 것이다. 다시말해서 환경의 변화를 접했을 때 어려운 환경을 모면하려는 생각에 앞서 나 자신을 다시 돌아보고 새로운 환경에 맞는 조직을 구성하고 대응했다는 것이다.

기업은 살아있는 생명과 같고 그렇기 때문에 성장을 하면서 필연적으로 겪는 어려움이 존재한다. 앞서 언급한 내적, 외적 환경의 변화는 물론이고 기업 자체의 성장통을 겪지 않을 수 없다. 조사에 의하면 창업후 5년이 경과한 기업의 생존율이 미국의 경우 50%, 한국의 경우 26%이고, 10년이 경과한 기업의 경우 미국이 29%, 한국이 13%의 생존율을 보인다고 한다. 또한 중소기업의 경우 매출액 100억, 종업원수 60명을 전후해서 기업의 규모와 경영시스템이 뒷받침 되지 못하는 성장통을 경험하게 되는데 이때를 잘 극복한 기업은 재성장을 하지만 그렇지 못한 기업은 정체 또는 몰락의 길을 걷게 되는 것이다.

우리나라 중소기업의 가장 어려운 문제인 우수인력의 확보와 학생들의 가장 관심사인 안정적인 직장의 선택이라는 매우 배타적인 문제에 직면하곤 했다. 학생들은 안정적인 직업을 갖고는 싶으나 급여 등의 조건이 열악한 중소기업은 기피하고 중소기업에서는 우수한 인재를 확보하지 못하여 인적자원의 고급화와 전문화를 실현하기에 어려운 상황이다. 또한 학교에서 배운 경영학이 이론에 치우쳐 취업 후 다시 배워야한다는 현장의 목소리가 높은 것이 사실이다.

이에 저자들은 학생들에게는 기업에서 이루어지는 경영의 형태와 내용을 좀 더 현실적으로 학습할 수 있는 기회를 제공하고, 기업인들에게는 자신의 경험을 근거로 하여 이론적으로 접근할 수 있는 경영학의 기본서를 만들어야겠다고 생각했다.

따라서 본서는 기업의 운영을 생산성의 증대라는 관점에서 바라보고 이론적 중심의 구성에서 벗어나 운영적 관점에서 구성하였다.

기업의 운영 프로세스는 기본적으로 환경의 변화에 대한 대응을 위한 조직의 계층적 이해가 필수이고, 이를 운영하는 관리체계의 정비, 제품이나 서비스를 생산해내는 프로세스의 관점에서 보아야하고 이러한 행동들은 서로 독립적인 것이 아니라 유기적으로 서로 영향을 미치는 관계로 이해해야 하는 것이다.

본서는 이러한 관점에서 다음 몇 가지의 특징을 갖고 있다.

첫째, 경영학을 처음 공부하는 학생들이 생소한 학문을 접하는데 무리가 없도록 도식화와 개념화를 위주로 구성하였다. 경영학원론을 공부하는 학생들은 대부분 신입생들이 많으며 조직에서의 경험이 없어 경영의 개념을 정립하는데 어려움을 겪는다. 본서는 이러한 학생들이 무리없이 이해할 수 있도록 개념화하는데 노력하였다.

둘째, 기업에서 근무하는 실무자들도 학습하기 쉽게 구성하였다. 경영일선에서 경영학을 학습하기에는 여러 가지 어려움이 있는데 그 중에서도 용어의 생소함이 그 첫 번째라는 의견들이 많았다. 본서는 경영학의 기본적인 개념을 설명하면서 되도록이면 현장에서 사용하는 언어를 사용하여 일선 근로자들도 혼자 학습할 수 있도록 하였다.

셋째, 교재의 분량을 최소화하였다. 이미 출간된 많은 경영학 관련서적들은 그 분량이 너무 방대하여 학생들이 한 학기에 수용하는데 어려운 점이 있고 일선 근로자들이 학습하기에 버거운 경향이 있어 내용은 왜곡하지 않는 한도내에서 분량을 최소화하는데 노력하였다.

넷째, 최근 기업사례를 함께 학습하도록 하였다. 각 장에서 최근 기업에서의 사례를 첨부하여 학습전에 사례를 통한 학습내용의 중심개념을 한 번 생각할 수 있도록 구성하였다.

끝으로, 모든 일이 그러하지만 특히 한 사람이 아닌 공동작업이어서 각자의 사정에 따라 집필기간도 다르기 때문에 어려움도 많았으나 북넷의 류재식 사장님의 뛰어난 네트워킹 능력과 위기관리 능력으로 책을 완성할 수 있게 된 것을 고맙게 생각합니다.

2023년 12월 추운 겨울날 서재에서

대표저자 씀

목 차

PART 1 경영이란?

CHAPTER 01 경영관리론의 개요

01 경영관리의 의미 ···· 21
02 경영관리론에 대한 시각과 접근방법 ···· 23
2.1 경영관리의 재능과 기술 24
2.2 경영관리론의 한계 27
2.3 경영관리론의 방법 30
03 경영관리 시스템 ···· 32
3.1 경영관리의 목적 32
3.2 소유와 경영의 분리 34
3.3 경영환경과 기업 34
3.4 경영관리 시스템 모델 36
3.5 경영계획과 예산 41
3.6 경영관리자의 역할 47

CHAPTER 02 경영관리자의 의사결정

01 경영관리자의 역할 ···· 56
02 경영자 1인 의사결정의 한계 ···· 59
2.1 독단적인 결정이 실패를 부른다 59
2.2 인물에서 조직으로 중심이동 62

03 경영팀의 의사결정 64
3.1 경영회의의 지능수준 65
3.2 리스크 회피형과 리스크 추구형 경영자 68
3.3 자신의 돈과 다른 사람 돈의 사용방법 71
3.4 품의제도식 의사결정의 문제 76

CHAPTER 03 직원관리

01 작업과 노동의욕의 매니즈먼트 82
02 과학적 접근 83
2.1 모션스터디 83
2.2 과학적 관리법 84
2.3 통계적 품질검사법과 품질관리 85
2.4 전사적 품질관리 87
03 행동어프로치 88
3.1 호손실험 89
3.2 욕구 5단계설 90
3.3 X, Y, Z이론(Theory X, Y, Z) 92
3.4 위생요인과 동기부여 요인 94
3.5 다능공화와 교육가능성 96
04 직원의 성격 97
05 감성지능 98

CHAPTER 04 조직관리

01 업무위촉과 권한위양 105
1.1 업무위촉과 권한위양의 발생 106
1.2 관리직 자신이 장해가 되지 않기 위해 107
1.3 업무위촉과 권한위양의 방식 108
1.4 권한위양의 유형 109

1.5 매우 중요한 사전준비 110
1.6 업무위촉의 장 · 단점 및 위험성 111
02 리더십의 발휘 113
2.1 리더십이란 113
2.2 리더십의 7가지 힘 115
2.3 일지향인가, 직원지향인가 117
03 관리자가 기술진보에 따라가지 못하는 문제 122
3.1 시대에 뒤처진 지식, 관리자의 권위실추 122
3.2 평생교육원 등에 의한 재교육기관의 충실 123
04 조직내 갈등과 그 대처 124
4.1 갈등의 종류 125
4.2 갈등의 대처 128

CHAPTER 05 지식사회와 지식노동

01 지식사회의 도래 140
1.1 노동생산성의 종말 141
1.2 새로운 경쟁자의 등장과 유산비용 141
1.3 전쟁없이 조용히 진행되는 지식혁명 143
1.4 IT혁명의 본질은 지식혁명 144
02 지식사회와 조직 145
2.1 지식사회의 조직성과 147
2.2 지식노동의 생산성 148
2.3 지식노동의 과업 149
03 지식노동의 특성 150
3.1 지식노동의 세 가지 범주와 전제조건 150
3.2 지식사회와 교육받은 사람(=지식인) 153
04 지식근로자의 의의 154

05 지식경영의 구조 157

5.1 지식경영의 본질 157

5.2 지식창조 프로세스 158

5.3 지식경영의 3단계 162

CHAPTER 06 전략경영

01 전략경영 모델 168

02 전략의 계층 171

2.1 전사수준 전략 172

2.2 사업수준 전략 172

2.3 직능수준 전략 174

03 사업전략의 구축 175

3.1 사업의 경제성 분석 175

3.2 외부환경분석 177

3.3 업계분석 : 업계구조와 포터의 '5요인' 180

3.4 내부분석 : 가치사슬 182

04 전략형성의 주요 이슈 184

4.1 전략형성의 주요 관점 184

4.2 가치사슬의 재구축(새로운 비즈니스 모델) 186

4.3 글로벌화와 규격경쟁 189

4.4 사회적 책임 191

4.5 사회적 기업가 193

PART 2 고객과 경영

CHAPTER 07 고객의 이해

01 고객중심적 경영 205

1.1 고객은 기업존립의 기본조건이다 205

1.2 고객중심적 경영철학 206

02 고객의 창조와 유지 208

03 소비자 구매행동의 이해 212

3.1 구매의사결정과정 213

3.2 소비자행동에 영향을 미치는 요인 216

04 마케팅조사 : 고객정보의 수집과 분석 221

4.1 마케팅조사의 중요성 221

4.2 2차자료와 1차자료 222

4.3 마케팅조사의 유형 223

4.4 응답자 접촉방법 223

4.5 표본추출방법 225

4.6 조사수단 225

CHAPTER 08 고객중심적 마케팅

01 마케팅의 개념과 과정 232

02 마케팅전략 233

2.1 시장세분화 234

2.2 시장표적화 238

2.3 포지셔닝 242

03 마케팅믹스 244

3.1 제품관리 245

3.2 가격관리 250
3.3 유통관리 256
3.4 촉 진 261

PART 3 창업과 중소기업

CHAPTER 09 창 업

01 창업의 개념 272
1.1 창업의 의의 272
1.2 창업절차 275
02 사업성 분석 277
2.1 사업성 분석의 개요 277
2.2 예비사업성 분석 279
2.3 시장성 분석 281
2.4 기술성 분석 284
2.5 경제성 분석 285
2.6 창업전략 구상 288
2.7 사업계획서 작성 291
03 창업의 3요소 294
3.1 기업가정신 294
3.2 사업아이디어 298
3.2 자본조달 301

CHAPTER 10 중소기업 경영

01 중소기업과 국민경제 311
1.1 중소기업 문제의 대두 311

1.2 중소기업의 정의 314
1.3 중소기업의 국민경제적 역할 316
02 중소기업의 특성과 강 · 약점 322
2.1 경영적 특징 322
2.2 환경적 특징 324
2.3 생산기술적 특징 326
2.4 대기업과 관계에서의 특징 328
03 중소기업의 경영전략 330
3.1 협동화 전략 331
3.2 이업종교류 전략 335
3.3 지역화 전략 340
3.4 계열화 전략 341
3.5 중소기업 유형별 대기업과의 상생 협력전략 345

PART 4 환경과 경영

CHAPTER 11 기업활동과 재무제표

01 자금흐름 354
1.1 왜 재무제표를 읽는가? 354
1.2 물자흐름과 자금흐름 355
1.3 기업 내 자금흐름 357
02 재무제표 358
2.1 재무상대표 358
2.2 포괄손익계산서 363
2.3 현금흐름표 369
2.4 자본변동표 373
2.5 주 석 373

03 재무제표 분석 374
3.1 재무제표 분석의 종류 374
3.2 증감형 재무제표 375
3.3 공통형 재무제표 376
3.4 지수형 재무제표 377

CHAPTER 12 자본투자와 자본조달

01 재무관리란 무엇인가 387
1.1 재무의사결정 387
1.2 재무관리 목표 389
1.3 재무관리자 역할 393
02 자본투자결정 395
2.1 자본예산 395
2.2 투자안 분류 398
2.3 순현재가치와 내부수익률 400
2.4 기대수익률과 위험 404
03 자본조달 결정 406
3.1 자금조달과 금융시장 406
3.2 자금조달 408
3.3 최적자본구조 411
04 재무분석 413
4.1 ROE분석 413
4.2 재무비율 분석 416
4,3 가치지표 420

PART 1 • 경영이란?

제1장 경영관리론의 개요
제2장 경영관리자의 의사결정
제3장 직원관리
제4장 조직관리
제5장 지식사회와 지식노동
제6장 전략경영

CHAPTER

01

경영관리론의 개요

01 경영관리의 의미

02 경영관리론에 대한 시각과 접근방법

03 경영관리 시스템

내년中企 경영환경 녹록잖아…현장수요 맞는 지원책 마련

김주현 금융위원장이 내년도 기업금융지원방안 수립을 위해 중소기업 현장을 찾아 애로사항을 청취했다. 김 위원장은 "내년에도 중소기업 경영환경은 절대 녹록하지 않을 것"이라며 "현장수요에 맞는 지원방안을 마련해 나가겠다"고 말했다.

금융위는 1일 충남 천안시 충남북부상공회의소에서 '중소기업 현장 간담회'를 개최했다고 밝혔다. 이날 간담회엔 김 위원장과 함께 신용보증기금 이사장, 기업은행장, 8개 중소기업 대표 등이 참석했다.

김주현 금융위원장이 11일 국회에서 열린 정무위원회 국정감사에서 의원 질의에 답변하고 있다.

간담회는 고금리 등 3고 현상 장기화와 경기둔화 상황에서 중소기업 경영 현장의 목소리를 직접 듣고, 이를 내년 기업금융 지원방안에 반영하기 위해 추진됐다.

서경란 IBK경제연구소 중기산업연구실장은 이날 간담회에서 "대내외 불확실성에 따른 3고 현상지속, 경기회복 지연 등으로 내년 중소기업 경영 여건이 녹록지 않은 상황이며, 이에 따른 중소기업의 고금리 부담과 물가 상승에 따른 비용증가로 인한 애로가 큰 상황"이라며 "자금공백을 보충할 수 있는 맞춤형 금융지원이 필요하다"고 말했다.

간담회에 참석한 중소기업 대표들 역시 고금리로 인한 이자비용 증가, 고물가와 공급망 재편 등에 따른 원자재 가격 상승으로 인한 어려움을 호소했다. 또 ESG 경영을 위한 그동안의 노력과 신규 설비투자에 대한 수요를 언급하면서 미래를 대비하기 위한 부분에 대한 정책적 지원의 필요성도 강조했다.

김 위원장은 “지난 1월 발표해 공급 중인 80조원 규모의 금융지원 방안에 대해 부족한 부분이 없는지 재점검하고, 현재 상황에 맞도록 조건과 우대혜택 등을 보완하고 강화하는 방안을 검토할 것”이라며 “오늘 중소기업이 제시하는 의견을 적극적으로 반영해 조만간 실효성 있는 지원방안을 마련해 발표하겠다”고 밝혔다.

한편 김 위원장은 오는 7일에는 부산(퓨트로닉)을 찾아 중견기업 경영 현장의 목소리도 직접 들을 예정이다. 관계부처와 함께 금번 간담회 등을 통해 수렴한 중견·중소기업의 의견을 충실히 반영, 내년도 기업금융지원방안을 마련할 예정이다.

● 출처: 아시아경제, 2023년 12월 1일자

'소유분산 기업'의 지배구조, 어떻게 바뀌어야 하나

■ CEO 선임 투명성·이사회 전문성과 독립성 확보
■ 핵심은 이사회 기능 강화, 관치 방지 장치 필요

'소유분산 기업'은 소유지분이 분산돼 있어 '지배주주'가 없는 회사를 말한다. '지배주주'란 주주총회의 의결권 확보를 통해 회사의 주요 결정사항, 즉 경영권을 통제할 수 있는 대주주를 말한다. 지배주주는 흔히 재벌그룹의 총수를 지칭하는 의미로 사용되기도 한다.

'소유의 분산', '소유와 경영의 분리'는 미국과 영국의 대기업이나 자본 집약적인 산업에서 부분적으로 나타나는 현상이고, 지배주주에 의한 경영이 보편적인 형태다. 미국의 대형 유통업체인 월마트, 독일의 BMW와 포르쉐, 프랑스의 명품기업인 LVMH와 디올, 스웨덴의 발렌베리 등 세계 유수의 기업들은 가족이나 가문 등과 같은 지배주주에 의한 경영이 이루어지고 있다.

국내의 소유분산 기업으로는 우리·신한·하나·KB 금융지주 등 금융지주회사와 KT, 포스코, KT&G 등이 있다. KT(옛 한국통신), 포스코(옛 포항제철), KT&G(옛 한국담배인삼공사) 등은 정부가 지분을 소유하고 있다가 민영화된 회사들이다. 소유분산 기업의 주요 주주는 국민연금공단인 경우가 많다.

외풍에 쓰러진 기업들…CEO 리스크에 '흔들'

어떤 기업 지배구조(corporate governance)가 바람직한 형태일까? 정답은 없다. 우리나라 현실에서는 지배주주 즉 오너 경영이 전문경영인 체제보다 장기적 기업 발전에 유리하며, 이사회 기능이 강화된 오너경영이 한국 실정에 맞는 최선의 방안이라고 주장하는 전문가들이 적지 않다. 반도체, 자동차, 이차전지, 조선 등 많은 분야에서 세계 최첨단기술을 확보할 수 있었던 것은 오너 책임경영으로 장기 투자가 가능했기 때문이라는 점에 이의를 달기 어렵다.

그동안 오너 기업의 지배구조 문제가 늘 논란이었지만 근래 들어서는 금융지주회사나 KT 등 소유분산 기업의 지배구조가 이슈화되고 있다. 징계나 사법적 처분을 받는 등 경영에 과오나 책임이 있는 CEO(최고 경영자)가 연임하는 것이 적절한지, 그리고 CEO의 선임이나 연임 절차가 현직의 영향력을 벗어나 공정하고 투명하게 이루어지고 있는지에 대한 문제 제기다.

소유분산 기업의 CEO는 일반 주주가 경영에 참여할 수 없는 환경으로 인해 기업경영 전반에 대해 광범위한 영향력을 행사한다. 그에 따라 경쟁자 추출, 사외이사 포섭, 우호 주주확보 등의 방법으로 참호를

서울 종로구 KT광화문 사옥 모습.

구축하는 병폐가 발생할 여지가 많다. CEO가 연임에 골몰하게 되면 보신과 자리 나누기가 관행처럼 자리 잡게 되고, 사업 다각화나 해외시장 개척은커녕 기업 경쟁력만 갉아먹게 된다.

정부와 금융당국에서는 이러한 병폐는 해당 기업은 물론 국가기간산업의 경쟁력까지 훼손할 수 있는 심각한 문제로 인식하고, 제도개혁에 나섰다.

금융당국은 지난 4월 은행 이사회가 지배구조 및 내부통제 등에서 제 역할을 하도록 집중점검하고, 감독도 대폭 강화하겠다는 입장을 밝혔다. 금융회사는 공공적 성격과 시스템 리스크 발생 가능성 때문에 일반 기업과 달리 그 지배구조에 관해 정부에서 일정 부분 관여해 왔다. 금융회사의 지배구조에 관한 법률이나 '금융회사 지배구조 모범규준'를 제정해 시행하고 있는 것도 그 때문이다.

KT도 자체적인 개혁 방안을 마련해 지난달 말 주주총회를 통해 이를 확정하고 시행에 들어갔다. 사외이사들로만 구성된 위원회에서 대표이사 후보를 실질적으로 평가·검증하고, 이를 수행할 사외이사들의 전문성과 독립성을 강화하며, 대표이사 선임에 대한 주총 의결 정족수를 60% 이상으로 가중하는 등 주주들의 폭넓은 지지를 받지 못하면 대표이사로 선임되지 못하게 한 것 등이 골자다.

국민연금 '스튜어드십 코드' 강화…딜레마는 여전

앞으로 국민연금에서는 '스튜어드십 코드'(stewardship code)를 통해 소유분산 기업의 지배구조 투명성을 제고하겠다는 입장이다. 스튜어드십 코드는 주요 기관투자자가 주식을 보유한 기업의 의사결정에 적극적으로 참여해 투명한 경영을 유도하려는 자율 지침으로서 우리나라는 2016년부터 시행하고 있

국민연금 건물 외관.

다. 국민연금의 주주권 행사를 객관화·투명화하는 제도 개혁이 선행돼야 정부개입 논란 등 부작용을 줄일 수 있다는 반론도 만만치 않다.

주식회사 경영의 허브(heb)는 이사회다. 따라서 지배구조 개선은 이사회의 독립성 및 그 기능을 강화하는 데서 해결책을 찾아야 한다. 그 핵심은 사외이사의 전문성과 독립성 강화라는 것이 대다수 전문가들의 의견이며, 전문 경영인에 의한 대리인 경영이 발달한 미국식 해법이기도 하다.

미국에서는 CEO의 선임과 해임뿐만 아니라 보수도 이사회가 실질적으로 결정한다. 스티브 잡스, 일론 머스크, 아메리칸 익스프레스의 전설적인 경영자 제임스 로빈슨 3세도 실적 부진으로 해임되거나 사임하는 것이 미국식 경영이다.

그런 의미에서 금융당국이 제시한 해법이나 KT의 지배구조 개선안은 공감되는 점이 많다. 정부와 금융당국이 소유분산 기업의 지배구조 개선에 착수한 이참에 제대로 된 제도와 모델을 만들어야 한다. 이번 제도 개혁이 성공하면 다른 소유분산 기업이나 오너기업의 지배구조 개선에도 영향을 미칠 것이다.

결국 제도개혁에 대한 평가는 기업 내외부에서 수긍할만한 능력과 전문성을 갖춘 새로운 CEO가 선임되느냐에 달려 있다. 정부나 정치권이 인사에 개입한다는 논란이 일면 제도 개선 노력이 허사가 될 수 있다. 모처럼 어렵게 마련한 지배구조 개선안이 정권의 변동과 관계없이 제도로서 정착되고 발전해 나갈 수 있도록 모두가 도와주어야 한다. 그래야만 우리 기업의 주가가 고질적으로 저평가되는 '코리아 디스카운트'도 사라지고, 대한민국의 국가 경쟁력도 한 단계 업그레이드되지 않을까 생각해 본다.

●출처: 이코노미스트, 2023년 7월 14일자

경영관리는 변천하는 글로벌 환경 속에서 기업을 그 목적에 맞게 운영하는 실무이다.

영어의 Business Administration 혹은 Business Management는 실무적으로는 '경영관리'라는 의미로, 학문적으로는 경영관리학(경영학) 또는 경영관리론의 의미로 쓰이고 있다. 기업은 자본을 조달해서 사업에 투자하고 그 성과를 투자자에게 배분하는 조직체이다.

본장의 학습목표는 다음과 같다.

1. 경영관리의 의미가 무엇인가 대하여 알아본다.
2. 경영관리는 가르칠 수 있는가 혹은 습득할 수 있는가에 대해 고찰한 후, 경영관리론의 현 상황, 효용, 한계에 대해 고찰한다.
3. 경영관리론에 관한 연구방법에 대해 논의하고 그 한계에 대해 살펴본다
4. 경영관리론의 방법을 살펴보고, 경영관리론이 연구와 발전이 기대되는 학문임을 이해한다.
5. 경영관리 시스템의 형성에 영향을 미치는 경영관리의 목적과 경영환경, 그리고 경영관리 시스템과 경영계획 등 경영관리의 프레임웍을 살펴본다.

01 경영관리의 의미

경영관리는 변천하는 글로벌 환경속에서 기업을 그 목적에 맞게 운영하는 실무이다. 영어의 Business Administration 혹은 Business Management는 실무적으로는 '경영관리'라는 의미로, 학문적으로는 경영관리학(경영학) 또는 경영관리론의 의미로 쓰이고 있다. 그리고 환경과 기업, 나아가 경영성과 간의 관계에 대한 연구를 바탕으로 경영관리론은 발전해 왔다. 그러나 아직까지 학문으로서의 완성도 측면에서, 학문성과를 응용하여 실무문제를 곧바로 해결할 수 있는 수준에는 미치지 못하고 있으며 또한 실제 경영관리에서는 당사자의 판단(경험, 직감)이 중요한 부분을 차지한다. 그런 까닭에 경영관리는 과학보다는 예술에 보다 더 가깝다고도 볼 수 있는 것이다.

일반적으로 경영관리란 말을 할 때 우리는 당연히 회사나 혹은 그 회사의 조직을 떠올리게 된다. 이처럼 사람들은 회사에 근무하기 전부터 일상적으로 회사, 부, 과, 사장, 부장, 과장 등의 용어에 익숙해져 있다. 그리고 특정 회사로부터 채용결정 통지를 받게되면 자신이 배속하게 된 부 혹은 과의 이름을 알게 됨과 동시에 조직을 의식하게 된다. 이처럼 사회

생활을 하고 있는 한, 상식적으로 회사조직의 개념을 지니고 있게 마련이다. 한국이든, 미국이든, 유럽이든 회사의 조직은 본질적으로 동일하다. [그림 1-1]의 회사조직 일부분을 통해 회사의 조직개념을 정리해 보기로 하자.

주식회사에는 주주가 있으며, 매년 1회(혹은 2회) 열리는 주주총회는 회사의 최고 의사결정기관이다. 여기서는 3명 이상의 이사를 선출한다. 이사는 이사회를 구성하고 이사회가 주주를 대신하여 회사의 운영을 감독한다. 우리의 경우 고위직 경영자(회장, 부회장, 사장, 부사장, 전무, 상무 등의 임원)이면서 이사회의 일원(사용인 겸무이사)이 되는 경우도 흔하게 볼 수 있다.

통상 회사운영의 최고책임자는 사장이다. 사장은 회사를 대표하는 권한을 가진 대표이사이다. 그러나 대표이사는 사장에 한정되지는 않는다. 예를 들면 부사장, 전무, 상무 등의 직함을 가진 이사가 대표이사를 맡는 경우도 적지 않다. 또한 우리나라에서 회장은 일반적으로 명예직으로 알려져 있지만 근년에는 실세회장이 미국과 같은 CEO(최고 경영책임자 Chief Executive Officer)로, 사장을 COO(최고 운영책임자 Chief Operation Office)로 부르는 회사도 점차 늘어나고 있다. 이처럼 회사운영의 최고책임자의 명칭은 여러 가지가 있으나 이 책에서는 일반적으로 최고책임자를 '사장'으로 부르기로 한다.

회사에는 개발, 제조, 판매 등 여러 기능이 있다. [그림 1-1]에서는 이를 기능별 조직으로 나타내고 있다. 이 조직에서는 기능별로 부를 설치하고 그 장인 부장에게 업무를 배분하고 있다.

그림 1-1 회사의 조직 약도(기능별 조직)

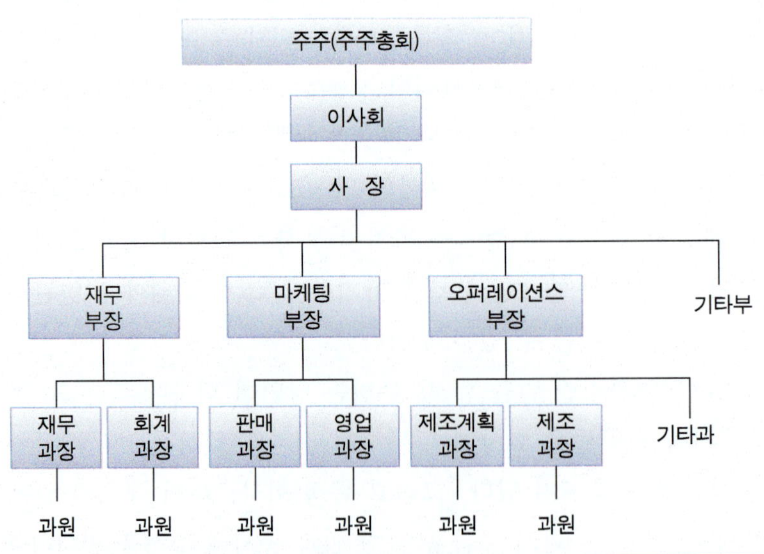

부는 또 업무를 과로 배분하고 있다. 회사에 따라서는 과를 다시 계로 나누고 있는 경우도 있지만 여기서는 간략하게 과까지만 표시한다. 여기서는 과도 부 중에서 대표적인 것 몇 가지를 표시하였다. 그리고 과원이 과장밑에서 부여된 업무를 수행하고 있다.

대기업의 경우 사장밑에 몇 개의 사업부를 두기도 하는데, 이 경우는 사업부 자체가 하나의 회사에 상당하는 것으로 [그림 1-1]과 유사한 조직을 지니고 있다. 이를 사업부 제조직이라고 부른다. 사업부의 장은 사업부장으로서 때로 담당업무는 사업부장이지만 명함에 사장(대표이사)으로 표기하는 사람도 있다.

[그림 1-1]에는 재무부장, 마케팅부장, 오퍼레이션스 부장을 표시하고 있지만 다른 부도 많이 있다. 한국에는 총무부와 그 밑에 인사과(HR)를 두고 있는 회사가 많다. 인사(HR)부를 독립적으로 운영하고 있는 경우도 있다. 사장, 부장, 과장, 과원으로 연결되는 선을 따라 업무명령이 전달되며 이를 명령계통(channel of command)이라고 부른다. [그림 1-1]은 조직의 일부를 표시한 약도이며 회사 전체의 부/과를 나타낸 그림을 조직도표라 한다.

한국 회사의 경우 직원은 대개 인사과에 의해 부/과로 배치된다. 부/과장은 본인이 원하는 직원을 배속받기를 요구하지만 반드시 희망대로 되지 않는 경우도 있다. 반면 미국 기업의 경우 부/과의 관리자는 자신의 부/과의 예산범위 내에서 부하를 신규로 채용하기도 하고 성과가 좋지 않은 부하를 정리하기도 하는 권한을 가지고 있다. 이처럼 한국과 미국의 회사 조직도는 외양적으로는 [그림 1-1]과 유사하지만 인원배치 방식에는 근본적인 차이가 있다. 이러한 조직의 운영을 경영관리라고 할 수 있으며, 본서는 그 기본에 대해 설명, 논의하고 제언하고자 한다.

02 경영관리론에 대한 시각과 접근방법

여기서는 우선 경영관리는 가르칠 수 있는가 혹은 습득할 수 있는가에 대해 고찰한 다음 경영관리론의 현상황, 효용, 한계에 대해 서술하고자 한다. 그리고 경영관리론에 관한 연구방법에 대해 논의하고 그 한계에 대해 살펴보기로 한다.

2.1 경영관리의 재능과 기술

1. 경영관리는 습득할 수 있는가

경영관리는 가르칠 수 있는가, 혹은 습득할 수 있는가? 이 질문에는 역설적이지만 대략 1세기에 걸쳐서 '할 수 있다'라고 실증되고 있기 때문에 많은 대학에 그토록 많은 경영관리론 강좌가 존재하고 있는 것이다. 좀 더 고찰해 보자.

현대그룹의 (故)정주영 회장, 삼성그룹의 (故)이병철 회장, 마쓰시다 그룹의 마쓰시다 고노스케(松下幸之助), 애플의 스티브 잡스, 마이크로소프트의 빌 게이츠 등 뛰어난 창업가, 경영자의 이름을 일일이 열거하자면 꽤 많을 것이다. 또 파산이 될것 같은 회사의 사장에 취임하여 그 조직을 재건시켜 발전시킨 사람도 최근의 경우만 보더라도 상당수에 이른다. 가장 최근의 예로는 세계를 놀라게 한 전 IBM 회장 루이스 거스너가 있다.

거스너처럼 경영의 달인이 있는 반면에 융성한 회사의 사장이 되어 아무런 활동도 없이 거의 잊혀진 회사로 만들어 버린 사람, 도산시켜 버린 사람이 그보다 훨씬 많다. 이들 실패한 경영자는 뉴스로서의 가치가 없기 때문에 거의 보도되지 않고 일반에게 기억되지 않을 뿐이다. 경영자를 사례별로 관찰하면 경영을 하기 위해 필요한 재능이 있고 사람에 따라 그 재능에 차이가 있는 것처럼 보인다.

재능에 대해 심리학에서는 읽는 능력, 기억하는 능력, 판단하는 능력을 수치로 나타내는 지능지수(IQ)를 개발하였고, 또 근자에는 감성지수(EQ) 등 특수재능을 나타내는 지능지수를 제안하고 있는 전문가[1)]도 있다. 전문가들은 음악재능을 나타내는 음악지능지수, 수학은 수학지능지수가 있는 것과 마찬가지로 경영관리에는 경영지능지수가 있다고 주장한다. 이것에 의하면 '모짜르트는 음악지능지수가 극도로 높으며 경영의 달인들 또한 마찬가지로 경영지능지수가 매우 높다'고 표현할 수 있다.

그러나 음악지능지수가 천재적으로 높은 사람만이 음악을 할 수 있는 것은 아니다. 기타를 배워 세고비아만큼 고도의 연주는 할 수 없어도 생활속에서 즐기고 있는 사람은 많이 있다. 성악을 배워 파바로티만큼 훌륭하게 부르지는 못해도 합창단에 들어가 주어진 파트

1) 예를 들면 다니엘 골만(Daniel Goleman)의 〈EQ 마음의 지능지수〉를 들 수 있다.

를 충분히 소화하고 있는 사람도 있다. 경영관리론은 과거 1세기 이상의 연구성과로서 교육자료가 축적되고 그것을 습득할 수 있게 되었다. 뛰어난 경영자들 중에는 리더의 소질을 천성적으로 갖고 태어나 경영관리를 이미 터득한 것처럼 보이는 사람도 있고 경영관리론을 학습한 후에 실제경험을 쌓아 성장한 사람도 있다. 음악교육이 시민의 일반음악 수준을 향상시키는 것처럼 경영관리론에 대해서도 마찬가지다. 경영관리론에 대한 교육은 많은 사람의 경영지능 지수를 높이는데 기여할 수 있으며 지식인의 대부분은 이 학문을 배우고 익혀서 경영관리 능력을 개발할 수 있다.

2. 경영관리를 전문직으로 할 수 있는가

경영관리의 또 하나의 근거는 옛날부터 회계, 재무, 제조, 마케팅 등의 전문직이 있는 것처럼 경영관리를 전문직으로 할 수 있다는 생각이다. 그러나 이 생각에는 부대조건이 따른다. 현실적으로 경영관리를 전문직으로 해서 경험을 쌓으려면 컨설팅회사에서 오랫동안 일하든지 그렇지 아니면 제조회사나 상사, 금융회사 등 근무지에서 지위를 하나씩 올라가 관리자나 경영자가 될 수밖에 없을 것이다. 창업가족의 자제 이외에는 MBA학위나 경영학사를 갓 취득한 사람을 갑자기 부장에 앉히는 기업은 거의 없으며 일반적으로 전문분야 중 어느 하나에 강해지거나 자신의 전문직 내에서의 경쟁에 이겨야 비로소 경영관리자 층에 오를 수 있는 것이다. 그러므로 경영관리론을 비즈니스 스쿨 등에서 배웠다고 해도 자신의 전문강화를 잊어서는 안 될 것이다.

경영관리만을 전문직으로 할 수 있다는 생각은 약 20년 전까지 미국에서 강했으나, 최근에는 다소 후퇴하고 있다. 경영관리를 전문직으로 할 수 있다는 것은 회계, 마케팅, 제조기술 등 옛날부터 있던 전문직 중 어느 하나를 습득하지 않아도 경영관리 기술만으로 세상을 살아갈 수 있다는 생각이다. 이런 생각으로 기술상 서투르고 업종이 다른 회사나 사업부로 전직해서 경영자나 관리자가 되는 사람이 많이 나왔다.

산업계에서 가장 떠들썩한 이동의 하나로, 업적을 올리고 있던 펩시콜라 사장에서 애플 컴퓨터 회장으로 옮긴 존 스컬리의 사례가 있었다. 스컬리는 컴퓨터산업의 지식이 전혀 없었기 때문에 기대와 달리 애플을 사실상 파산에까지 이르게 했다.[2] 이런 사례가 많이 나오자 전문직으로서의 경영관리의 사고가 후퇴하게 되었다. 여기서 잠깐 금융회사에서 IBM컴퓨터로 옮긴 루이스 거스너에 대해 좀 더 살펴보자. 그는 CEO로 있던 아메리칸 익스프레스에서 컴퓨터화에 의해 사세를 확장했다. IBM으로 옮기기 전에 이미 컴퓨터 시스템의 굵

2) 애플 컴퓨터의 홈페이지 참조

직한 사용자로서의 경험을 쌓고 있었다.

경영관리를 전문직으로 할 수 있다는 생각과, 훌륭한 경영관리자는 다른 업종의 자회사나 사업부도 잘 경영할 수 있다는 생각은 대(중)기업으로 하여금 업종이 다른 많은 회사를 매수하여 그 지배하에 둔 복합기업(거대기업, conglomerate)의 형태를 취하게끔 만들었다. 예를 들면 전화회사가 공업기계의 제조회사나 호텔을, 자동차회사가 방위산업의 전자회사와 금융회사를 매수하기도 하였다.

그런데 대부분의 기업에서 거대기업의 외관상 매출고는 합병당시에는 비약하지만 그 후의 성장률이나 이익률은 낮고, 업적은 반드시 좋다고 할 수 없었다. 최근에는 여러 산업을 단번에 거느리게 된 거대기업이 시장이나 제품 · 서비스에 정통한 본래사업, 혹은 그것과 관련이 깊은 자회사와 사업부 이외에는 매각해 버리고 자신있는 분야에 경영초점을 맞추는 추세가 늘어나고 있다. 최근 4, 5년 간의 매수합병은 동업종 간이 많았다. 오락산업 내의 회사끼리 혹은 무선전화회사를 상대로 하는 패턴의 교섭이 대부분이다.

앞서 언급한 스컬리로 대표되는 전직실패와 거대기업의 방향전환에서 알 수 있는 것처럼 옛날부터 있던 전문직 경험을 수반한 경영관리 기술의 중요성이 재평가되고 있다.

3. MBA의 효용

여기서 잠깐 경영관리론을 배우고 MBA를 취득한 사람들에 대해 관찰해 보자. 이그젝티브 MBA과정[3]을 이수한 한 경영자는 졸업후 다음과 같은 소감을 이야기하기도 했다. 'MBA 코스를 나온 효용은 밤에 잠을 푹 잘 수 있게 된 점이다. MBA를 나오기까지는 경쟁회사의 경영자는 경영에 정통해서 어떤 경쟁전략으로 도전해 올지 걱정이 돼서 잠을 잘 수 없었다. 미국제일의 경영관리과정에 가보니 경영관리론 자체가 경영관리에 대해 알고 있는 부분보다는 모르는 부분이 많다는 걸 알았다. 경쟁회사의 간부도 자기와 똑같이 별로 모른다고 생각한 순간 마음이 편해졌다.' 이것은 역설적 표현이지만, 경영관리론을 공부하고 얻은 자신감을 이야기하면서, 또한 경영관리론에는 아직 미개척부분이 많다는 사실을 정확히 지적하고 있다. MBA를 취득한 중간관리직의 대부분은 MBA취득전에 비해 일상의 관리문제에 대처함에 있어 넓은 시야에서 검토하게 되었다고 자인하고 있다. 따라서 자기 안에 있는 업무의 만족도가 높아진다. 경영관리론을 자습해도 똑같은 심경이 될 수 있다고 저자는 생각한다.

고용주측은 경영관리론의 유효성을 인정하고 있다. 즉, 경영관리론을 습득한 사람은 회

3) 미국의 많은 대학에서 이그젝티브 경영관리 과정(Executive MBA Program)을 설치하고 있다. 격주로 금 · 토 강의와 연2회 1주일의 집중강의가 전형적인 형태이다. 따라서 기업에 근무하면서 MBA를 취득할 수 있다.

사의 정책이나 지시에 대한 이해도가 다른 사람에 비해 높으며, 넓은 시야에서 업무처리를 하는 경향이 강하다고 보는 것이다. 게다가 부하의 개인문제나 사내인사 문제에 대처함에 있어서도 사람에 대한 이해도가 일반적으로 높다는 조사결과도 있다. 경영관리론이 경영의 달인을 만드는지 어떤지는 차치하고, 경영관리는 가르칠 수도 있고 습득할 수도 있으며, 이 학문이 경영관리 기술의 일반수준을 높인다는 점은 인정된다.

2.2 경영관리론의 한계

1. 정답은 하나가 아니다

어떤 경영자는 유명한 경영관리 잡지인 〈하버드 비즈니스 리뷰 HBR〉[4]는 정견이 없다고 싫어한다. '이번달 게재논문의 주장에 대해 3, 4개월 후의 논문에서는 정반대의 주장을 아무렇지도 않게 싣는다'라고 비판한다. 그가 그런 비판을 하게 되는 것은 기계공학 출신이기 때문이었다. 기계공학이 학문으로서의 높은 완성도에 도달해 있는 데 반해 경영관리론은 앞의 MBA과정을 이수한 경영자가 '경영관리학 자체가 경영관리에 대해 알고 있는 것보다 모르는 부분이 많다'고 말한 것처럼 완성도가 높지 않기 때문에 서로 다른 의견도 동시에 몇 가지나 주장할 수 있는 것이다.

기계공학은 물리학을 기초로 하고 있다. 이를 테면 물리이론을 이용하면 우주선 발사실험에서 어느 정도의 강도를 가진 엔진을 몇분동안 분사하면 지구주위를 돌기 시작하는가, 혹은 지구를 이탈할 수 있는가를 대학 1학년생도 계산할 수 있다. 결과는 누가 계산해도 똑같다. 한국에서 계산해도 미국에서 해도, 북한에서 해도 같은 결과가 나온다. 기계공학도 출신의 경영자는 이런 영역에서 주로 일을 하고 있다.

그런데 재무론에서 '기준금리가 하락했기 때문에 주가가 오른다'라고 하여 반드시 그렇게 되는 것만은 아니며 인사관리에서 '사원의 사기향상을 위해 급여를 듬뿍주기'로 결정하고 상여금을 많이줘도 사기는 조금도 변하지 않는 경우도 있다. 올린금액이 사원들의 기대에 못 미치는 경우에는 예상과는 반대로 사기가 내려가기 쉬운 것이다. 마케팅에서도 마찬가지로, 광고비를 증감시켜도 매출액의 증감은 반드시 비례하지 않는다. 이와 같이 경영관리론이 다루는 대부분의 문제는 일의적인 대답이 아니다.

물리학, 화학, 공학은 복잡한 수학을 이용하기 때문에 외부에서 보면 매우 앞서있는 듯한 인상을 받지만, 사실은 간단한 것만 다루고 있다. 이를 테면 우주선과 지구의 관계, 달과 지

4) 하버드대학 비즈니스 스쿨의 연구기관지. 경영자, 관리자, 경영관리론 연구자 중에 많은 독자가 있다.

구의 관계처럼 두 가지의 것은 잘 다룬다. 그러나 달비행을 위해 우주선과 달과 지구처럼 세 개의 상대위치를 예측하는 것은 어렵다. 세 가지 이상의 것을 다룰 때를 다체문제라 부른다. 경영관리에서는 세 가지는 커녕 중소기업에서도 적어도 직원 100명 이상의 것을 대상으로 해야만 한다. 게다가 자금, 자재도 함께 다루어야 한다. 나아가 호손실험과 같이 사람은 밖에서 관찰하려고 하면 관찰되고 있는 것을 느끼고 행동이 바뀐다. 이와 같이 경영관리론은 변화하는 다수의 것을 동시에 대상으로 한다는 것만으로도 매우 복잡하고 어렵다. 따라서 1세기 이상의 역사를 가지고 있어도 미개척분야를 많이 남겨놓고 있다.

경영관리론을 공부함에 있어서는 학문에 이러한 한계가 있다고 인식해 두어야 한다. 특히 그것을 인식하지 않고 자습을 하려고 하면 어느 책엔가 미개척분야의 대답이 기술되어 있지 않을까 하고 끝도없이 책을 뒤적거리게 된다.

2. 잘되는 것은 30%밖에 안 된다

경영관리론에서 배운 지식으로 커버할 수 없는 사항을 실무에서는 자주 만나지만, 그 때 스스로 생각을 할 필요가 있다. 경영관리의 달인은 스스로 생각하고 발견하는 능력이 월등히 높다. 따라서 경영관리 교육에서는 지금까지 알고 있는 교재를 가르칠 뿐만 아니라 경영관리적 사고방법의 훈련도 해야만 한다. 이런 목적으로 MBA코스는 사례연구를 실시하고 있다. 사고방법의 훈련에는 경영관리의 달인들이 남긴기록을 많이 읽고 그 사람들의 발상법을 배우는 것도 좋은 방법 중의 하나이다.

앞의 사례중에서 인과관계를 보면 로켓엔진과 분사시간은 우주선을 띄워 올리는 원인이고 날아가는 거리는 그 결과이다. 마찬가지로 기준금리가 원인이고 주가는 결과이며, 상여금액이 원인이고 사기의 향상도는 결과이다. 원인과 결과가 얼마나 잘 결부되는가를 보여주는 수치를 통계학에서는 상관계수라고 부른다.

상관계수를 어떻게 계산하는가는 여기서는 문제가 아니다. 로켓엔진으로 날아가는 거리는 일의적으로 정확히 계산할 수 있기 때문에 이 원인과 결과는 매우 강하게 결부되어 있다. 이 경우의 상관계수는 100%[5]이다. 기준금리와 주가의 관계라든가 상여금액과 사기의 관계는 별로 강하지 않기 때문에 상관계수 또한 낮다. 이 수치가 낮을 수록 원인에서 기대되는 결과는 예측하기 어렵다. 0%라면 인과관계는 없다.

와튼 비즈니스 스쿨의 곰버그 교수는 이들 상관계수에 대해 '기준금리와 주가의 관계를 비롯해서 재무론분야의 상관계수는 70% 내지 80%정도 될 것'이라고 했다. 그럼 파이낸스

---

5) 물리학 상으로는 99.99999%라고 해야 한다. 여기서는 대략적인 논의를 하고 있기 때문에 사사오입해서 100%로 한다.

관계로 예측을 하면 10중 7, 8은 적중하지만 2, 3은 빗나간다. 만약 이 상관계수가 100%라면 누구나 똑같이 주가를 예측하기 때문에 주식으로 돈을 버는 사람도 손해를 보는 사람도 나오지 않는다. 현실적으로는 10중 2, 3의 빗나감이 있기 때문에 주식으로 큰 손해를 보는 사람도 나올 것이고 큰 돈을 버는 사람도 나오는 것이다.

이와 마찬가지로 보면 경제학의 상관계수는 50% 정도될까. 50 대 50, 이 조건 하에서 판단을 그르치면 버블경제가 되기도 하고 버블후 불황이 되어 버리기도 한다. 이와 관련하여 곰버그 교수는 상여금액과 직원사기라는 인사와 관련된 인과관계라든가 광고비와 매출액이라는 마케팅과 관련된 인과관계 등 경영관리의 많은 분야에서의 상관계수는 30%정도 될 것이라고 설명하고 있다.

따라서 예측이 맞을 확률은 겨우 30%이다. 경영회의에서 어떤 방침을 제안하거나 주장할 때 주장한 대로의 결과가 나올 가능성은 10중 3정도에 불과하다. 방침의 채택여부를 검토할 때 만약 반대자가 반대하려고 하면 잘 안될 가능성은 10중 7정도이기 때문에 논의에서는 반대자쪽 비중이 2배 이상이 된다.

경영관리의 많은 분야에서 방침대로 결과가 나올 가능성이 30% 정도밖에 안됨에도 불구하고 성공을 거두기 위해서는 경영자가 리더십을 갖고 사내의 의견과 행동을 통일해서 본래의 낮은 가능성을 보충하여 성과를 내도록 해야만 한다. 잘 안 될 가능성이 70% 정도나 되는 것을 경영자가 성공으로 전환시키는 것이기 때문에 그 역할은 막중하다. 이 능력 차이는 기업업적이 달라지는 주된 요인 중 하나이다.

3. 최고경영자 혼자서 할 수 있는 한계

사장 한 사람이 운영할 수 있는 개인기업이나 소기업은 제쳐두고, 다수의 사원을 가진 대(중)기업에서는 사장의 리더십이 중요하지만, 기업의 성공에는 보조를 맞춘 경영팀도 중요하다. 유연고용제 · 직무급제가 실시되고 있는 미국에서는 그 실례를 자주 발견한다. 스컬리처럼 기업업적이 올라가 개인명성이 높아진 회장이나 사장이 다른 회사로 옮겨 거기서는 업적을 올리지 못하고 실패로 끝난 예는 많다. 한 회사에서 현저하게 매출을 신장시킨 마케팅 부사장이 동업종 다른 회사로 옮겨 거기서는 전혀 매출을 늘리지 못한 예도 자주 발견된다. 이런 종류의 급전환을 초래하게 된 원인은 새로운 회사에서 자신과 협조하는 경영관리팀을 만들지 못한 경우가 많다.

경영관리자는 다른 사람을 이용하여 업무를 수행함과 동시에 타부문의 동료와 서로 협력해서 일을 해야만 한다. 경영관리에 관한 지식을 쌓아 경영에 강해지려고 해도 기업내에서는 혼자만으로 경영에 강해질 수 없고 성공도 할 수 없다는 것을 알아야 한다. 기술부문의 발명가처럼 옛날 전문직에서는 혼자서도 우수한 전문가 될 수 있었지만 경영관리에서는 그렇지 않으며 이것이 경영관리와 그것을 연구하는 경영관리론의 본질이다.

창업자 원맨(oneman) 사장 아래서 어느 정도의 규모가 된 후에는 더 높은 성장을 고민하지 않을 수 없다. 성공한 창업자의 개인능력은 높지만 한계가 있다. 이처럼 원맨중심의 경영상태를 경영관리론에서는 '루이 14세형 기업'이라고 부른다. 프랑스 절대왕정의 루이 14세가 '짐은 곧 국가다'라고 말한 것처럼 '나는 곧 회사다'라고 생각하고 있다. 이렇게 되면 부하에 대한 리더십으로 경영을 하는 것이 아니라 사장의 생각만을 강요하는 형식이다. 이런 회사는 사장개인 능력의 한계까지는 빨리 성장해도 곧 성장통에 빠지게 된다.

2.3 경영관리론의 방법

1. 실험이 불가능한 학문

물리학, 화학, 공학처럼 상관계수가 높은 학문분야는 실험이 가능하고 한 사람이 시도한 실험을 다른 연구자가 반복해서 추가로 실험이 가능하다(learning by experiment). 이를 테면 로켓엔진의 강도와 분사시간을 똑같이 해놓고 비행거리를 거듭 측정할 수 있다. 이것을 많은 연구자들이 여러 나라에서 추가로 여러번 시험할 수 있다. 그러나 재무론이나 경제학에서 기준금리를 자유롭게 바꾸어 그것이 주가에 어떤 영향을 미치는지에 대해 사회안에서 실험할 수는 없다. 실험을 계획할 수는 있었다고 해도 주위조건을 계획대로 일정하게 유지할 수 없다. 기준금리를 변경해서 실험하려고 하는 사이에 새로운 기술이 발명되거나 정보망이 바뀌어 버린다. 원인파악을 위해 세계 대공황을 반복할 수는 없다(learning by doing).

경영관리에서도 무조건 상여금 수준을 바꾸어 사기에 미치는 영향을 반복해서 측정할 수는 없다. 가령 이런 실험을 하려고 해도 외부환경인 경기가 변동하기 때문에 회사의 매출액도 바뀌고 직원의 상여금액에 대한 기대도 바뀌어 버린다. 이처럼 경영관리에서는 실험이 불가능하다. 실험이 불가능한 학문에서는 사회나 기업에서 과거에 일어난 현상 혹은 현재 일어나고 있는 현상을 관찰하여 자료를 수집하고 통계를 내서 연구하는 것이 주를 이룬다. 통계학을 이용하여 원인결과 뒤에 숨어있는 법칙을 추정한다. 경제학처럼 역사가 길면 관찰데이터가 누적되어 추측하는 법칙의 정확도가 높아져 곰버그 교수가 말한 것처럼 상관계수가 70%, 80%의 높은 수준이 될 수도 있다. 이렇게 해서 생긴 법칙을 경험법칙이라고 한다.

그러나 경영관리에서는 데이터의 누적도 연구도 아직 불충분하고 상관계수도 여전히 낮다. 다시 말하면 애매함이 많이 남아있다. 경영관리가 과학이 아니라 예술이라고 말하는 근거의 하나이다. 실험대신에 컴퓨터 시뮬레이션이 자주 이용되지만, 아직 제약이 많다. 경영관리에 관한 가설을 세워 그 타당성 여부를 컴퓨터 상으로 모의실험을 하는 것이 시뮬레이션이다. 그러나 난점은 사회, 경제, 경영문제의 시뮬레이션은 매우 복잡하고 다루기 어려운 것이 사실이다. 컴퓨터의 속도라든가 메모리 용량의 제한이 있어서 정밀도를 충분히 올린 시뮬레이션은 어렵다.

2. 통계학에 의거한 실증연구

실험이 불가능하기 때문에 대부분의 연구자들은 설문조사에 의해 조사내지 추론하는 방법을 이용하기도 한다. 이 경우의 난점은 가령 노동과 관련된 문제의 설문조사를 할 때 비용과 노동력과 시간이 많이 들기 때문에 전국노동자를 대상으로 할 수는 없다. 그래서 200명이라든가 500명을 대상으로 한 조사결과로부터 전국노동자의 생각을 추정하려고 한다. 후술하는 '위생요인과 동기부여 요인'이론은 1950년대에 허츠버그가 200명의 피츠버그에 거주하는 기술자와 회계사를 대상으로 한 설문조사에서 세운이론이다. 그러나 200명이라든가 500명으로 한정된 인원의 설문조사 결과를 전국 노동자의 경향으로 일반화 하고자 하면 그 타당성에 의문이 제기되며 오랜 시간을 두고 결과를 실제문제에 거듭 적용해서 그 결과를 평가하고 나서야 겨우 타당성이 인정되게 된다. 상관계수가 30% 정도의 애매함이 있는 학문에서는 여러 가지 가설을 세울 수가 있다. 연구자가 가설을 세워 증명을 하지 않고 가설을 이론처럼 말하거나 기술하기도 하는데 이것은 잘못이다.[6] 가설은 실제의 데이터에 근거하여 타당성을 제시해야만 한다.

산업 및 기술의 일반동향 중에 특이한 부분을 인식하고 거기서 법칙이나 미래를 통찰할 수 있는 여지도 있다. 다른 과학분야의 이론에서 경영관리에 대해 연역할 수도 있다. 이를테면 인터넷을 비롯해서 통신기술의 경영기술에 대한 영향은 전자통신기술 논문에는 일찍부터 예측이 나와 있었다. 이것을 경영관리식으로 표현해서 경영관리 이론의 일부로 할 수가 있다. 가설, 통찰, 연역 등이 후에 적중해서 다른 연구자나 실무자의 기억에 남는 경우가 있고, 빗나가서 잊어버리는 경우가 있다. 적중률이 높은 가설이나 통찰 혹은 연역을 제시한 사람들이 경영관리의 대가(Guru)로서 인정받는다.

이들 중에서 특이하게 유명해진 경우도 있다. 후술하는 매슬로의 욕구5단계설은 인간의 욕구에는 5단계가 있다고 하는 설이다. 그는 설문조사와 관찰로 이 설을 이끌어낸 것이 아니라 직감으로 이 가설을 만들어냈다고 한다. 그런데 매슬로의 욕구단계설은 듣는 사람에

6) 정확히는 주관적 상관계수이다.

게 타당하게 들리고 사람의 관리문제를 생각하는데 편리하기 때문에 매니즈먼트 책에도 강의에도 자명한 이치인 것처럼 계속 논의되고 있다.

전술한 바와 같이 경영관리론의 대상은 광범위하고 복잡해서 미개척부분, 미확인사항이 많이 남아있다. 미개척부분, 미확인사항이 개척된 부분이나 확인사항보다 오히려 훨씬 많다고 볼 수 있다. 그런 만큼 장래의 연구와 발전이 기대되는 학문이기도 하다.

03 경영관리 시스템

여기서는 경영관리 시스템의 형성에 영향을 미치는 경영관리의 목적과 경영환경, 그리고 경영관리 시스템과 경영계획 등 경영관리의 프레임웍을 기술한다.

3.1 경영관리의 목적

1. 회사는 누구의 것인가

기업의 소유주는 누구인가? 직설적으로 말하면 기업을 설립하고 육성해서 이익을 얻기 위해 자본금을 불입한 주주들이다. 글로벌 경쟁시대에 돌입한 후에도 '회사는 직원의 것이다'라고 하는 일부의 견해가 있는 것이 사실이다. 그러나 기업이 이익을 냈을 때 주주는 이익배를 받지만, 손실을 냈을때는 손해를 입는다. 주주이기 때문에 당연하다. 피고용자인 직원은 주주가 아니기 때문에 기업에 손실이 나도 관계없이 임금을 받고 손해는 입지 않는 것이 본래의 모습이다.

경영관리의 주된 대상이 되고 있는 기업에서 경영관리의 목적은 소유주인 주주의 부를 최대화하는 데 있다. 주주의 부란 주가와 장래의 이익배분의 총계이다. 기업은 직원확보를 위해 임금을 지불할 뿐만 아니라 좋은 고용자여야만 한다. 국내에 존재하기 위해서는 사회공헌을 하는 좋은 시민이어야 한다. 여기에 필요한 지출은 기업운영을 위한 비용으로, 경영자는 비용을 지불하면서 주주의 부의 최대화를 꾀해야만 한다.

철강회사가 '철강산업은 국가의 기초'라고 제창하거나 미국에서 제네럴 모터스(GM)가 '제네럴 모터스의 이익은 미국의 국익'이라고 주장하는 등 경영목적을 국가나 사회의 이익에 결부시키는 사고가 중요하게 다루어지고 있다. 그러나 글로벌시대에는 기업이 제조거점을 외국으로 옮기거나 자사에의 투자도 국내투자가 뿐만 아니라 외국투자가로부터도 받계되는 글로벌화가 진행되었다. 일국의 국익이나 사회공헌을 주장하는 것만으로는 기업목적을 이해관계자에게 설명할 수 없게 되었다. 모토로라사(社) 회장은 '모토로라는 특정국가의 경기여하에 상관없이 매출과 이익을 올려야 한다'라고 강연했다. 주주의 부의 최대화는 글로벌화 시대에 걸맞게 불필요한 장식없이 경영목적을 명확히 규정한다.

2. 주주의 부의 최대화

'주주의 부의 최대화'라는 경영목적은 앵글로색슨 자본주의라고 불리는 미국이나 영국형의 자유시장주의 · 민주자본주의를 표방하고 있다. 19세기부터 20세기 초두까지의 노골적인 노동착취와는 달리 현재는 노동자의 권리의식이 높아지고 보호정책은 더욱 심화되었다. 노동자 계급은 선진국 사회에서 폭넓은 중산계급이 되었다. 노동자는 스스로 투자하고 회사의 직원지주제나 401k[7] 제도를 통해 직 · 간접으로 주식을 소유해서 노동자와 주주의 양면을 갖게 되었다. 이것으로 주주의 부의 최대화 목적은 일반에게 받아들여지고 있다. 미국 MBA 강좌의 기본사상도 여기에 있다.

그러나 독일, 프랑스, 네덜란드 등 서구자본주의는 앵글로색슨 자본주의와는 다르다. 19세기부터 20세기에 걸쳐 이들 나라에서는 사회주의 정책이 발달해 기간산업이 국유화되었고 사기업에 대한 국가의 간섭이 많았다. 게다가 노동자, 농민에 대한 보호가 두텁고 전국직업별 노동조합의 힘이 강해서 사회주의 정책이 뿌리내리고 있었다. 따라서 주주이익은 사회에서 주목받지 못했다. 그러나 주주이익이 없이는 산업투자와 그 결과인 고용확대가 이루어지지 않기 때문에 서유럽 자본주의 하에서는 앵글로색슨 자본주의와 비교해서 실업률이 높고, 특히 청년층의 실업률이 만성적으로 높아졌으며 결과적으로 경제발전이 지체되고 생활수준의 향상이 둔화되었다.

근래 서유럽기업에서 이익률이 좋아지기 시작한 이유의 하나로 미국 MBA의 영향이 거론되고 있다. 과거 30년, 40년간 많은 유학생이 미국의 MBA 강좌에서 배우고 국유기업의 사유화와 주주의 부의 최대화 사상을 서구에 갖고 돌아온 것이다. 눈을 돌리면 아시아에서는 시장자유화와 기업이익의 촉진정책으로 중국의 경제발전이 눈부시다. 국민은 점차 풍요로워지고 있다. 인도에서는 중국의 정책을 모방하여 시장자유화로 경제활동을 활성화하고 있다. 본서에서도 경영관리의 목적을 일단 주주의 부의 최대화로 삼고 있다.

---

7) 401K(근로자 은퇴연금) : 직장을 가지고 있는 사람들의 은퇴연금. 401K는 근로자퇴직 소득보장법의 401조 K항에 규정돼 있기 때문에 붙여진 이름이다.
기업에서 직원을 위해 일정금액을 연금으로 납부해주는 제도이므로, 대부분의 직장인들은 직장에서 401K를 가입한다. 1980년 도입되어 시행되고 있는데, 2009년 현재 미국내 근로자 5,000만명 이상이 가입하여 있다.

3.2 소유와 경영의 분리

기업에서는 주주총회에서 선출되는 이사가 주주를 대행하며, 이사가 이사회를 구성한다. 한국에서는 한 사업부문의 부서장이면서 이사회의 멤버이기도 한 경우(사용자겸 이사)가 종종 있으나 미국에서는 사내부서의 장인 사장, 부사장, 디렉터 등은 오피서(officers)이다. 사장은 오피서지만, 대부분의 경우 이사이기도 하다. 오피서를 임원이라고 번역하면 이사와 혼동하기 때문에 오피서라는 말을 그대로 사용하지만, 오피서가 보통 경영관리업무를 한다. 오피서가 업무수행을 위해 경영회의를 연다. 이사회와 경영회의는 다르며 따로 개최된다. 이처럼 미국의 경우 전자가 대표하는 기업의 소유와 후자가 실시하는 경영이 분리되어 있다. 이사회의장이 오피서로서 사장위에 있는 기업도 있다. 대부분의 회사에서는 특히 대기업에서는 소수의 오피서가 이사회에 들어갈 뿐이고 사외이사 쪽이 과반수를 차지하고 있다. 이것은 기업의 소유와 경영의 분리가 강하기 때문이다. 한국에서도 이러한 경향은 앞으로 많이 진화할 것으로 기대된다. 본서에서는 대기업의 부서장겸 이사도, 미국식의 오피서도 구별할 필요가 없기 때문에 경영업무를 맡은 사람을 경영자라고 부르고, 그들이 모이는 회의를 경영회의라고 한다.

3.3 경영환경과 기업

1. 환경변화에 어떻게 대응하는가

앞에서 경영관리의 목적을 논의했기 때문에 본 절에서는 경영관리에 있어서 경영환경과 기업의 관계를 고찰하고자 한다.

'기업은 경영환경을 고려해서 그것에 대응한 경영관리를 해야만 한다'라고 흔히들 말한다. 그러한 경영환경과 기업의 관계를 [그림 1-2]에 '경영환경 · 기업모델'로 나타냈다. 기

그림 1-2 경영환경·기업모델

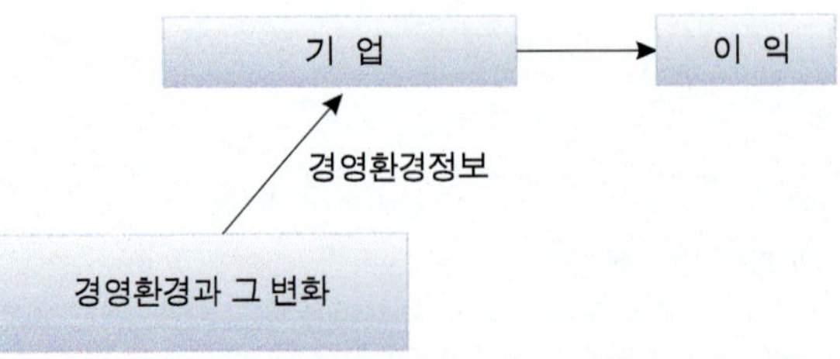

업을 둘러싼 국가와 세계의 사회 · 경제 · 기술상황을 경영환경이라고 한다. 이 중에는 국가의 GDP, 인플레이션율, 금융의 긴장과 이완, 자사제품 시장, 노동상황 등 매우 다양한 요소가 있다. [그림 1-2]의 모델에는 '그 변화'를 강조해서 나타내었다. 기업의 경영자는 경영환경 상태를 나타내는 경영환경 정보를 입수하고 그것에 대응하여 이익을 최대화하기 위해 경영관리를 한다. 따라서 기업과 경영환경과의 상대적 크기를 인식해 둘 필요가 있다. 양자를 객관적으로 보면 큰 나라와 세계의 상황속에 작은 기업이 있을 뿐이다. 기업을 배에 비유하면 경영환경은 큰 바다이다.

경영환경은 기업에 대해서 독립적이다. 기업은 장기적으로는 그것에 다소(이를 테면 자사제품시장, 관련기술에) 영향을 줄 경우도 있지만, 경영환경은 기업에 있어서 어떻게 할 수도 없는 주어진 것이며 경영자는 그러한 환경에서 경영할 수밖에 없는 것이다.

2. 외란(外亂)의 정보수집[8)]

실제 세계에서는 경영환경은 지속적으로 변화한다. 경영환경의 변화를 외란이라 하며, 그 주요 리스트는 다음과 같다.

장기적으로는

- 새로운 기술 — 최근 경제학에서는 노동, 자본과 함께 신기술이 경제적 요인이 되고 있다.
- 경제상태와 그 변화, 특히 국제기업에서는 환율의 변화
- 정부의 재정정책, 금융정책의 변화
- 자사제품 · 서비스 시장의 변화 — 예, 제품수요의 급증과 고객이탈
- 경쟁회사의 영업전략 변경
- 노동시장의 변화 — 예, 평균임금의 변화, 노동인구의 변화
- 자사의 노동문제 — 예, 조합요구의 변화, 파업
- 원부자재, 에너지의 공급, 구입품 품질의 변화 등

단기적으로는

- 수주량의 큰변동
- 직원의 결근
- 원부자재, 반제품, 부품의 납기지연

8) 통신계 등에 외부로부터 가해지는 쓸데없는 신호, 잡음, 방해

- 설비기계의 고장 등

경영환경에 변화가 없으면 에덴의 동산 아니면 도원향에서 사는 것이어서 경영관리가 필요도 없다. 이 상항에서는 경제상황도 시장도 변하지 않는다(사실 여기에는 경제는 없다). 기업을 배에 비유했을 때 사장은 선장에 해당한다. 선장인 사장은 환경정보와 그 변화정보를 모으고 충분히 모여지지 않은 정보는 자신의 판단으로 보충하여 망망대해에서 배를 조종해야만 한다. 환경정보는 충분히 모여지지 않기 때문에 '부족한 정보를 자신의 판단으로 보충하는' 것은 경영자의 중요한 책임이며, 여기에 경영판단이 개입한다.

경영에는 우선 정보수집이 필요하다. 인터넷의 보급으로 환경정보를 풍부하게 입수할 수 있게 되었다. GDP, 통화량,[9] 금리, 환율, 제품종류별 수요, 경쟁제품의 상세한 정보 등을 앉은 채로 알 수 있다. 그러나 실제로 기업컨설팅을 해보면 손에 들어오는 환경정보도 충분히 모으지 못한 회사가 많이 있다. 자사제품과 관련해서 세계적으로 유명한 기술학회지조차 구독하고 있지 않은 회사가 많다. 특히 경쟁회사의 동정에 주목할 필요가 있다. 근래에는 시장의 과점화가 진행되고 있기 때문에 경쟁회사의 수는 몇 개 정도이다. 경영자는 이들 경쟁자와 맨투맨으로 경쟁하고 있기 때문에 경쟁상대 한 사람 한 사람의 성격부터 능력, 기업정책의 경향까지 연구해서 우위에 서지 않으면 안 된다.

3.4 경영관리 시스템 모델

1. 외란에 대응하는 관리루프(loop)

기업을 경영관리의 관점에서 보면 하나의 시스템이다. 이것을 경영관리 시스템이라고 한다. 경영시스템의 관리와 공학에서 다루는 자동제어 시스템의 유사성을 인식하고, 진보한 후자의 이론과 연구결과를 전자에 이용하는 사고방식은 1961년에 포레스터가 인더스트리얼 다이나믹스[10]를 발표한 이래 자주 활용되고 있다. 본 절에서는 이 사고방식을 기업내에 응용해 보고자 한다. 이 모델에는 간단하고 보편성이 있는 블록그림으로, 모든 유형의 경영관리 시스템을 기술할 수 있는 이점이 있다.

[그림 1-3]에서 보면, 상부는 기업이고 하부는 경영환경의 변화로 [그림 1-2]에 대응하고 있다. 그림은 경영관리 시스템의 주요 구성요소와 그것들의 연계과정을 보여주고 있다.

---

9) 머니 서플라이(money supply)라고 하며, 보통 M1(현금통화+예금통화(당좌예금, 보통예금과 같은 요구불 예금))에 준통화(정기예금처럼 해약하면 현금 내지 예금통화로서 결제수단이 되는 것)를 더한 것인 M2에 CD(양도 가능한 정기예금)를 더한 것을 말한다(M2+CD).

10) Forrester, J. W. (1961), *Industrial Dynamics*

그림 1-3 경영관리 시스템 모델

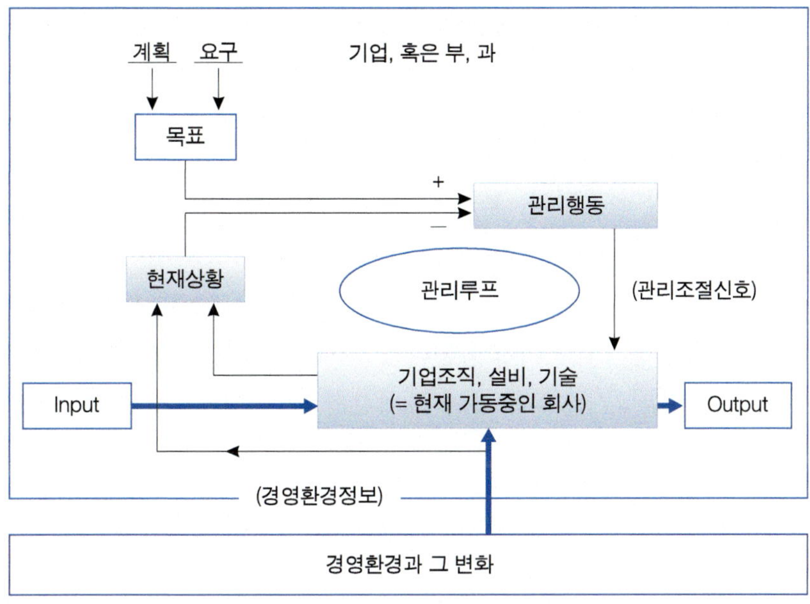

이 그림은 후술하는 바와 같이 사내의 부나 과에도 적용할 수 있다. 경영관리 시스템의 요소는 직사각형 블록으로 나타내고 '기업의 조직 · 설비 · 기술(=가동하고 있는 회사)' '경영환경과 그 변화(외란)', '목표' 등 기능명이 붙어 있다. 블록간의 연결은 정보의 흐름을 나타내고 이것은 하나의 루프를 형성하고 있다. [그림 1-3]에서는 관리루프라고 명명했다.

[그림 1-3]의 중앙부의 '기업의 조직 · 설비 · 기술'블록은 경제학을 반영한 표현이지만, 좀 더 쉽게 말하면 '가동하고 있는 회사'라고 생각하면 된다. 회사는 노동, 재료, 설비 등의 '인풋'을 넣어 제품이나 서비스 등의 '아웃풋'을 만들어낸다.

굵은 화살표로 표시한 것처럼 외란이 '회사'의 가동에 영향을 미친다. 방치해 두면 회사라는 배는 항로를 이탈하기 때문에 선장인 사장은 관리조절을 해서 항로를 적절하게 수정해야만 한다.

외란에는 수동적으로 대응할 수밖에 없는 것과 능동적으로 대응할 수 있는 것, 그리고 둘 다인 경우가 있다. 변화의 속도가 빠르면 그 상황에 맞게 임기응변으로 대응할 수밖에 없다. 부품의 납기지연이나 작업자의 병결 등은 경영관리자가 능동적으로 대처할 수 있는 외란이다. 이와 관련된 예를 보면 도요타 생산방식에서는 수주와 생산의 평준화를 꾀하고 있는데, 이는 수주량의 변동을 줄여 공장의 가동, 출하에 미치는 외란의 영향을 적게 하려고 하는 것이다. 기술은 사외의 변화를 받아들이지 않을 수 없는 부분과 새로운 연구, 신제품 등에서 자사가 능동적으로 기능할 수 있는 양면의 성질을 갖고 있다.

2. '목표'와 '현재상황'의 편차를 줄인다

[그림 1-3] 속에서 경영관리는 '계획'으로 시작된다. 계획에는 대상으로 하는 연월에 따라 연차계획, 3-5년 간의 중기계획, 그리고 장기계획이 있다.

계획에는 '목표'가 설정된다. 목표에는 회사의 운영방침과 같이 문장으로 기술한 정성적인 부분과 견적 손익계산서(Proforma Income Statements), 견적 대차대조표(Proforma Balance Sheet)와 같이 수치로 나타낸 정량적인 부분으로 이루어진다. 따라서 '목표'블록에는 정성적 내용과 정량적 내용이 포함된다. 그림속의 '요구'에 대해서는 뒤에 서술하겠다.

다음으로 사장 또는 스탭은 자사의 조업상황, 경영환경과 그 변화의 정보를 '현재 상황' 블록에 모은다. 사내정보의 단적인 예는 수주, 출하이다. '목표'와 '현재상황'을 '관리행동' 블록에서 비교해서 편차를 측정한다. 이를 테면 수주목표와 수주금액의 차는 수주의 편차이다. '현재상황'이 '목표'와 일치하고 있으면 편차는 0이다. 편차에는 부족(-)의 편차와 과다(+)의 편차가 있다. 부족의 편차에는 매출액이 목표에 못미치거나 이익률이 목표보다 낮다거나, 외상매출액이 너무 높은 경우가 있다. 과다편차의 예로는 목표이상으로 만든 제조량이 있다.

사장은 편차를 줄이도록 관리행동을 실시한다. 가동하고 있는 회사에 관리조절을 하는 신호를 지령이나 요구의 형태로 발동한다. 이를 테면 수주금액이 낮으면 수주촉진을 지시한다. 이미 나타난 편차를 줄이도록 하는 관리조절을 마이너스 귀환제어(Feedback Control)라고 한다. 또 경영자는 경영환경의 정보를 보고 그것이 회사의 조업상황에 미치는 악영향을 예측하고 관리조절 지령을 내려 경영환경이 일으키는 악영향을 미연에 방지하려고 한다. 이런 종류의 관리조절을 예측제어[11)](Feed-forward Control)라고 한다.

관리조절 신호의 영향은 시일을 거쳐 사내의 가동상태를 변화시켜 '현재상황' 블록에 표시한다. 예를 들면 수주금액이 상승하면 이것이 다시 편차를 바꾸게 된다. 이와 같이 정보전달은 고리모양으로 이루어져 '관리루프'가 형성되게 된다.

지금까지 경영관리 시스템을 사장의 입장에서 설명했으나, [그림 1-3]의 경영관리 시스

---

11) 이것을 간단히 표현하면 피드백 제어의 경우는 일어난 것을 반성하여 수정을 하는데 반하여 일어나려고 하는 원인을 검출하여 미연에 방지하도록 수정동작을 하는 제어를 피드 포워드 제어라하며 이것이 일종의 예측제어이다. 따라서 외란에 대한 프로세스의 동특성(動特性 dynamic characteristics; 운전되고 제어되는 계(系)에 있어서 변동하는 입력에 대한 요소의 출력특성을 말함. 정(靜)특성(static characteristics)에 대한 것. 이 경우의 입력이라 함은 계의 외부로부터의 것과 계 내부의 다른 요소로부터의 것이 있음. 자동제어계에 있어서의 제어성 및 안전성의 문제는 모두 이 동특성에 관계된 것임)을 미리 알고 있을 필요가 있다.

템 모델은 부장이나 과장에게도 적용할 수 있다. 부장의 경우는 '기업수준의 조직 · 설비 · 기술' 블록을 소관부서로 간주하면 된다. 회사조직에서 하위수준으로 갈수록 '기업의 조직 · 설비 · 기술'블록의 규모는 작아지고 경영환경은 주로 사내로 좁혀져 간다.

사내에서는 최고경영자의 위치에서 사장이 전사를 대상으로 통괄하는 관리루프가 있고, 그 밑에 부(部)의 관리루프가 있는 것처럼 종적인 루프가 형성되어 있다. 최하위에 개인직원 루프가 있다. 이를 테면 세일즈맨에게는 월간 수주목표가 있다. 그는 현재상황인 그날까지의 수주금액을 목표와 비교해서 편차에 따라 오늘은 어느 거래처를 방문할지 자기관리 행동을 한다. 세로 방향으로 루프를 접속하는 것을 자동제어 이론에서는 캐스케이드[12](direct cascade) 한다고 하고, 캐스케이드된 복수의 루프를 캐스케이드 루프라고 한다.

캐스케이드 루프에서 사장은 재해긴급대책 등을 제외한 일상적인 관리행동을 직접 현장에 전달하지 않고 소관부서장에게 전달한다. [그림 1-3]의 최상단에 기입한 '요구'가 이 전달경로를 나타낸다. 사장의 관리신호는 하위에 있는 부장의 관리루프에 '요구'로서 들어간다. 이하, 계획과 마찬가지로 최상위의 사장에게 전달할 요구는 이사회와 주주에게서 들어간다. 경영계획의 작성에 있어 대부분의 회사에서는 계획항목과 외란을 혼동해서 검토하기 쉽다. 경영관리 시스템 모델의 응용에서는 우선 계획시점에서 가장 있을 것 같다고 예상되는 경영환경에서 계획을 만들고, 특별히 가능성이 있는 환경변화에 대한 대응의 고찰을 추가해야 한다. 이 실례는 '변동예산' 항목에서 설명한다.

3. 조업변수와 자동제어 이론

경영관리 시스템모델에서 '현재상황'에 수집된 정보중에는 수주금액, 출하금액, 매출액, 원가를 비롯해서 현재 가지고 있는 현금, 외상매출액, 총자산, 현금흐름(cash flow), 약 12종의 재무비율 등 재무 데이터가 들어가 있다. 재무회계 데이터는 이름 그대로 재무회계의 관점에서 해석되는 것이 보통이다.

그러나 이들 데이터는 경영관리 시스템의 관점에서 보면 좀 더 넓은 의미를 가지고 있다. 현재 가지고 있는 현금, 외상매출액, 총자산, 재고액 등은 전사의 조업상태를 보여주고 있다. 매출액과 총자산의 비율은 재무비율 분석에서는 총자산 회전율이라고 부르지만, 경영관리 관점에서는 어느 정도의 총자산(회사 자금의 전부)을 이용하여 어느 정도의 매출액을 올렸는지 기업조업의 효율성을 보여주는 데이터라고 생각하면 된다. 기업의 상태를 보여주는 변수를 일반화해서 조업변수(Operation variables)라 부르며, 재무회계 데이터는 그

12) 어떤 기기의 출력을 다른 기기의 입력에 직접 연결하는 것. 기기의 직렬접속

일부이다. 이렇게 보면 회사의 경영관리를 석유정제과정이나 우주선 발사의 제어와 마찬가지로 제어대상으로 다룰 수 있게 된다.

관리루프에서 관리행동을 취하는 빈도에 대해 논의해 보자. 과연 관리행동은 1일 1회, 매주 1회, 매월 1회, 1개월에 1회, 1년에 1회 등 어느 정도의 빈도로 하는 것이 적절한지 결정해야 한다. 제조현장에서는 매일 아침에 생산회의를 한 연후 그날 생산을 위한 관리행동을 시작하는 곳이 많다. 대부분의 부(部)는 월례 부내회의에 누적결과를 월보로 공시함과 함께 관리행동을 취한다. 많은 회사는 분기별로 경영회의를 한다. 이처럼 관리행동은 관습으로 달력에 맞추어 취해지는 경우가 많다. 그래도 되는 것일까.

자동제어 이론에서는 관리행동의 빈도를 샘플링 래이트[13](sampling rate; 표본추출 비율)라 부르며 연구가 진행되고 있고, 적절한 빈도는 이론과 경험칙으로 결정할 수 있다. 샘플링 래이트가 너무 높으면 관리행동 비용이 낭비가 되고 너무 낮으면 제어결과에 악영향을 미친다. 자동제어 이론의 관점에서 추론하면 경영관리에서도 관리행동의 빈도는 경영관리 결과에 크게 영향을 줄 것이다.

여기서 한 회사의 사례를 살펴보자. 수주잔고는 항상 다량으로 있고 제조계획 담당자는 평상시 제조상황을 보고 있음에도 불구하고 대략 2, 3개월 주기로 출하금액이 월 예산보다 매우 많은 달, 반대로 매우 모자란 달로 변동이 심했다. 다시 말하면 대개 1개월 건너 예산에 대해 출하부족을 일으키고 있었다. 새로운 사업부장은 월말의 사업부 회의에서 현상황을 파악하고 관리행동을 취하고자 마음먹었다. 자동제어 이론[14]의 관점에서 보면 이 빈도는 너무 적다고 생각하여 사업부 회의와는 별도로 출하상황을 조사해서 관리행동을 월 중반과 말에 두 번 실시했다. 이렇게 해서 2개월 주기의 변동폭이 줄고 매월 출하액이 안정되어 갔다. 그 후 한층 더 개선을 위해 매주로 했다.

또 다른 한 소비재 메이커에서는 오류출하(잘못된 제품품종의 출하)와 납기지연이 월 출하 예산의 5% 내지 7%가 되고 있었다. 여기서도 월례회의에서 대책을 찾고 있었다. 외부에서 온 컨설턴트는 이를 월 2회로 함과 동시에 오류출하와 납기지연이 발생할 때마다 사내 관계자에게 인터넷으로 알리도록 해서 1% 이하까지 끌어내렸다. 동시에 재고금액도 감소시켰다. 개략하면 대부분의 회사에서 관리행동의 빈도가 너무 낮은 것으로 관찰된다.

4. 예산만들기의 빈도

이와 같은 예는 예산책정과정에서도 자주 발견된다. 대개 예산에 기초한 제안서 내용과

13) 표본추출을 하는 속도. 1초 간격으로 표본추출을 행하면 시간당 3,600회가 추출속도가 된다.
14) 공학상으로는 정보이론과 샘플링 제어이론에 의한 고찰

실제와의 차이는 6개월 정도면 파악할 수 있으며 1년 후에는 그 차이가 확 드러난다. 다시 말하면 1년 앞의 예측은 별로 맞지않는다는 것이다. 이는 담당자의 능력부족이 아니라 그 만큼 경영환경이 빠르게 변화하기 때문이다. 국제기업에서는 환율변동이 그 첫 번째 요인일 수 있다. 이처럼 기업의 연차예산은 1년 앞에까지 예측해서 만들지만, 연도의 후반은 현실과는 동떨어져 있을 가능성이 높다. 대부분의 사업부의 경우 연도중반을 지나 연말이 가까워져서야 예산을 준수하려고 하는 것은 많은 면에서 현실을 떠나 예산틀에 맞추는 노력을 하는 경향을 보여주는 것이라 하겠다.

이를 테면 연말되기 전 약 2, 3개월 시점에서 직원을 새로운 사태에 대응하기 위해 소속을 이동해야 할 경우에 이동하면 이전부서에서 예산초과가 발생하는 것을 꺼려 새 예산이 책정되는 다음 년도까지 이동을 연기하는 회사가 있다. 예산에 맞는 부서의 운영이 부(과)장의 성적평가 항목에 들어 있으면 이런 사태가 일어나기 쉽다. 이렇게 되면 취해야 할 경영행동을 지연시켜 예산에 매달리게 되는 것이다. 독자들은 믿기 어려울지도 모르겠지만, 이런 회사를 자주 목격할 수 있다. 그래서 예산은 6개월마다 책정하는 것이 좋을 수 있다.

기업은 1년계획 · 예산의 작성으로 정밀도와 장래전망의 확실성을 높이려고 다대한 공정수(인원과 시간)를 사용한다. 많은 공정수를 사용해도 1년앞의 예측정밀도를 올리는 것은 어렵기 때문에 사용공정수를 반으로 나누어 6개월마다 계획 · 예산을 만드는 것이 효과적이라는 것이다.

이와 같이 관리행동의 빈도가 경영관리 결과에 영향을 미치는 것은 경험으로도 알 수 있다. 아쉽게도 경영관리론에서는 이 빈도연구가 진행되고 있지 않다. 경영관리 시스템 모델에서 '기업의 조직 · 설비 · 기술'을 독립적으로 고찰할 수 있도록 했기 때문에 앞으로 최적빈도의 연구가 가능해질 것이다. 그 연구성과가 나오기까지는 자사에서의 관리빈도를 전술한 예를 참고로 하면서 시행착오로 결정할 수밖에 없다.

3.5 경영계획과 예산

1. 계획 · 예산세우는 법

경영관리 시스템 모델에서 제시한 대로 경영관리는 계획작성부터 시작된다.

본서에서 경영계획이란 계속기업의 계획이다. 또 다른 경영계획에는 창업시에 투자은행에 제출하는 미니플랜에 첨부하는 경영계획과 기업을 매수할 때 매수후의 운영을 서술하는 계획서 등이 있다. 공장확장공사에 있어서는 설비확장 계획이 작성된다. 이 세 가지는 특별한 경우이므로 본 절에서는 논의하지 않는다.

계획에는 경영관리 시스템 모델이 적용되는 사장, 부, 과의 조직차원과 시간축에 따라 여러 가지 이름이 붙는다. 회사전체에는 전체적인 연간계획과 예산이 있다. 연간계획은 그 연도에 대해서만 만들어지는 것이 아니라 3년 혹은 5년의 장래예측, 이를 테면 장래 3년간의 견적 재무제표도 첨부되는 것이 보통이다. 부나 과에는 전체의 연간계획과 예산을 각각 분할한 부과별 계획과 예산이 있다. 제조부의 것은 제조계획이라 부른다. 월별, 일간 등으로 좀 더 세부적으로 작성한 것이 있다.

계획은 무엇을 하는가를 조목별로 혹은 문장으로 표기한 것과 그것을 금액으로 나타낸 예산을 반드시 명기해야만 한다. 전체적인 계획은 손익계산서, 대차대조표, 현금흐름 계산서로 이루어진 견적 재무제표를 수반해야 한다. 다시 말하면 계획은 정성적이고 정량적이어야 한다. 금액을 정확히 표기하지 않아도 된다면 그것은 자기멋대로 생각한 한낱 꿈에 불과한 이야기를 늘어놓는 것이다.

아무리 좋은 아이디어라도 자금이 뒷받침되지 않아 뒤로 미룰 수밖에 없는 경우도 많아서 견적 재무제표를 만들어 보지 않으면 자금에 대한 예상이 서지 않는다. 가끔 연간 예산 작성에 쫓겨 재무부가 금액표작성에만 전념하는 경우가 있다. 이렇게 되면 무엇을 하기 위해 얼마만큼의 금액을 할당했는지 설명이 없어 알 수가 없다. 금액표만 따로 독립해서 단독으로 경영회의에서 승인되어 차기예산이 되는 회사가 적지 않다.

계획작업 초기에 사장은 관계자에게 자신이 추진하고자 하는 연차 경영방침의 대강을 제시해 주어야 한다. 이를 테면 '세금공제 전 이익을 전년도보다 2억 원을 올려 20억 원으로 한다' '매출금액을 5% 올린다' 'ISO 9000 국제품질규격에 관한 인증을 회사전체가 취득한다' 등이다. 회사전체의 계획작성은 이 노선에 따라 추진된다.

2. 전체적인 계획 · 예산서에 필요한 항목

전체적인 계획 · 예산서에 기입하는 항목에는 정설은 없지만, 교과서나 경영계획의 작성방식(How-to-make) 책에는 대략 다음 항목이 들어 있다. ① 요약, ② 업계분석, ③ 회사에 대하여, ④ 회사의 제품과 서비스, ⑤ 시장, ⑥ 마케팅전략, ⑦ 오퍼레이션스(합리적, 계획적 경영을 위한 계량적 방법에 의한) 기술(記述), ⑧ 인원계획, ⑨ 재무예측, ⑩ 필요자금 등이다.

그런데 이들 제항목에는 예산운영상 불필요한 것과 부족한 것이 있다. 이를 테면 '③ 회사에 대하여'는 회사정관에 나와있기 때문에 기업경영방향에 큰 변경이 없는 한 연차 예산서마다 기술할 필요는 없다. '④ 회사의 제품과 서비스'에서는 신제품 이외에는 사내에서 사용하는 예산을 위해 현 제품의 설명을 나열할 필요는 없다.

여기서 앞의 경영관리 시스템 모델의 개념을 바탕으로 전체적인 계획 · 예산서 항목을 고찰해 보자.

① 요약(이그젝티브 개요)

이그젝티브 개요는 이 부분을 읽으면 전모를 알 수 있도록 전체적인 계획 · 예산을 요약한 부분이다.

미국에서는 편지나 보고서 등 비즈니스 서류는 바쁜 경영관리자가 전부 읽지 않더라도 내용을 금방 파악할 수 있도록 일반적으로 '결론과 제언'을 처음에 쓰고, 그 뒤에 서류테마의 배경, 검토과정, 토론 등을 쓰는 순서로 작성된다. 쓰는 사람은 힘들지만 읽는 사람에게는 아주 편리하다. 이런 유행을 타고 전체적인 계획 · 예산서에는 '결론과 제언'의 요지와 중요예산 숫자를 포함해서 이그젝티브 개요를 쓴다.

② 회사에 대하여

생략해도 좋다. 단, 새로운 사장 취임후 첫 해는 신임사장의 회사에 관한 소식 등을 기술해야 한다.

③ 제품과 서비스

신제품 이외에는 사내에서 사용하는 예산을 위해 현제품의 설명을 나열할 필요는 없다.

④ 경영방침

회사가 당장 주력해서 수행하려고 하는 연차 경영방침의 대강을 기술한다.

⑤ 예측경영환경

이 경영환경은 경영관리 시스템모델에서 '경영환경과 그 변화' 블록에 해당하는 부분이다.

여기서는 계획기간 중 기대되는 가장 그럴 듯한 상태를 기술한다. 자사제품 시장이 평균 3%성장한다고 기대되면 그 수치를 이용하고, 환율에 변화가 없다고 기대되면 현재 환율을 이용한다. 주된 경영환경 변수는 앞절의 외란리스트를 참조해서 뽑으면 된다.

가장 가능성 높은 경영환경을 설정하지 않고 계획 · 예산의 작성작업을 추진하려고 하면 관계자들 사이에 있는 낙관론과 비관론이 계획 · 예산에 무의식적으로 혼입되어 획일화된 작업이 불가능하다. 우선 연차중에 가장 가능성 있는 경영환경을 상정해서 작업을 하고 예상되는 상정에서 벗어난 것이나 그 영향에 대해서는 후술할 ⑫항에 설명하는 바와 같이 별도로 검토할 것을 권한다.

이하의 논의에서는 가장 가능성 높은 경영환경을 예측경영환경이라 부르기도 한다. 그밖에 낙관적인 환경과 비관적인 환경이 있지만, 양자는 ⑪항과 ⑫항에서 설명하기로 하겠다.

3. 마케팅, 기술, 사람, 재화, 돈, 정보

⑥ 마케팅

예측경영환경 하에서 만들어지는 마케팅과 세일즈의 계획에 관한 기술이다. 소비재에서는 광고, 상품화, 판매촉진계획이 주요한 부분이 된다. 내구소비재나 생산재에서는 거기다 애프터서비스가 추가된다.

마케팅과 세일즈 계획에서는 수주데이터, 출하데이터 등이 기술된다. 이들 데이터에는 실질수치와 외관수치가 있다. 이를 테면 어떤 화장품 메이커가 미용크림을 5천개 수주하여 출하했다고 하자. 5천개는 실질수주량이고 실질출하량이다. 이들에 단가를 가산하면 수주액과 출하액이 된다. 이것은 외관수치이다. 회사가 단가를 10% 인상하면 매출액도 출하액도 같은 5천개에 대해서 10% 올라간다. 이 사례에서는 회사의 매출액은 늘어도(외관수치) 실질량(실질수치)은 늘지 않는다. 금액상으로는 회사가 커져 있는 것 같지만, 실제로 변화는 없다. 가격을 크게 올려 수주액은 올라도 실질수주량이 내려간 경우는 제품시장이 축소되어 있든지, 아니면 자사의 시장점유율이 내려갈 가능성이 있기 때문에 검토를 요한다. 버블시대와 같이 인플레이션율이 높은 때는 특히 주의해야만 한다.

계획 · 예산에서는 외관수치인 금액만으로 기술되는 경우가 많지만, 수주 혹은 출하에 대해서는 실질수치도 포함해서 기업의 확대축소를 검토하도록 권장된다.

⑦ 기술개발

기술개발에는 신제품개발과 생산기술개발이 있다. 이 항에서는 주로 신제품개발을 대상으로 한다.

일용소비재 메이커의 제품개발비는 총 매출액에서 보면 매우 적다. 때로는 판매촉진비의 집계오류에 비견될 정도로 매우 낮은 회사가 있다. 이들 회사에서는 제품개발 계획은 마케팅 계획에 넣어도 될 것이다. 내구소비재나 생산재 메이커에서는 제품개발비는 총 매출액의 10%에 달하고, 군수회사나 의약품 메이커에서는 더 높은 회사도 있다. 이들 회사의 제품개발 계획은 복잡해서 기술할 분량이 많아지기 때문에 신제품개발계획을 별도로 작성해서 그 요점을 요약하여 연차계획 · 예산서에 기재하는 경우가 있다.

⑧ 오퍼레이션스

오퍼레이션스 항은 제조, 생산계획, 구매, 보존, 생산기술 개발 등 생산에 관한 사항을 종합하고 있다.

생산기술 개발은 도요타 생산방식의 개발이래 중요성과 그 효과는 잘 알려져 있지만, 실제로는 충분히 인식되어 있지 않다. 특히 소비재 메이커에서는 생산기술의 개발과 개선을 필요악으로 인식하고 있는 회사가 많다. 이런 회사들에는 생산기술의 계획 · 예산을 다시 재고하도록 권고 된다. 장기설비 확장공사를 하고 있을 때는 설비확장계획서에서 해당 연차분을 특기부분으로 포함시킨다. 이것을 별도로 취급하면 전체적인 현금흐름에서 필요현금을 간과하게 된다.

⑨ 정보시스템

정보시스템이란 일상용어로는 컴퓨터시스템을 말한다. 최근에 정보시스템은 연차계획 · 예산에는 독립항목으로 기술되지 않는 경우가 많지만, 주의를 환기시키기 위해 여기에 1항을 추가했다.

약 20~30년 전에는 정보시스템은 전산실이라든가 IBM실에 설치되어 여기서 회사전체에 서비스하는 집중형이 일반적이었다. 미니컴퓨터가 나오기 시작하면서 오퍼레이션스 등에서는 생산계획, 재고관리 등에 각 부문의 전용컴퓨터를 사용하게 되었다. 이렇게 해서 정보시스템은 필요로 하는 부서에 필요한 기기를 놓는 분산형으로 바뀌게 되었다. 퍼스컴의 보급으로 많은 관리직, 전문직은 인터넷을 통해 자신의 책상에서 공용으로 정보시스템을 사용할 수 있게 되면서 분산형은 더 빠르게 보급되었다.

구식컴퓨터는 고가의 설비로 알려져 있었으나 그것에 비해 퍼스컴과 관련기기는 매우 저렴하기 때문에 정보시스템 전체가 저렴해졌다는 착각에 빠지기 쉽다. 그런데 사용대수가 늘어났기 때문 전체대수를 집계하면 정보시스템은 현재도 거액의 설비투자가 된다. 한편 정보시스템, 특히 퍼스컴의 보급으로 노동생산성이 향상되었다. 이것이 한국이나 구미에서 확실히 인식되어 정보시스템의 직원 1인당 비율이 중요시되게 되었다.

집중형 시대에는 전산실의 계획과 예산을 보고 있으면 회사전체의 정보시스템의 개략을 파악할 수 있었다. 분산형이 되고나서 퍼스컴과 그 주변기기가 부와 과에 분산되어 있어서 경영계획의 관점에서 훨씬 파악하기 어렵게 되었다. 이 비율이 노동생산성에 영향을 미치는 만큼 전체적인 연차계획 · 예산에 집계해서 포함시켜야만 한다.

⑩ 직원과 인원계획

종래의 장기고용제, 연공서열제에서는 대졸신입 사원채용이 인원계획의 큰 부분을 차지했으며, 비교적 정적이고 간단했다. 유연고용제와 직무급제가 보급되면서 도중에 들어오는 사원이나 전직자 혹은 퇴직자가 늘어나기 때문에 인원계획은 점점 동적이고 복잡해졌다. 인원계획 내용도 변화되어 갔다.

유연고용제와 직무급제의 도입으로 앞으로 몇 년간 인원계획은 연차계획 · 예산의 중요부분이 될 것으로 예측된다.

⑪ 재무예측과 필요자금

상기한 항목을 반영해서 견적재무제표를 작성한다. 이 중 견적현금흐름 계산서에 필요자금이 제시된다. 견적재무제표가 승인되면 예산이 된다.

이상 ④항에서 ⑪항까지는 경영환경으로서 계획기간 중 기대되는 가장 가능성 있는 예측경영 환경하에서 작성된다. 이렇게 작성된 예산은 가장 실행가능한 예산이기 때문에 달성 가능예산(Most Likely Budget), 혹은 표준예산(Standard Budget)이라 부르는 경우가 많다. 대부분의 회사는 가능예산을 '예산'이라 하고 다음 ⑫항 이하를 생략하고 있다.

4. 가능예산, 낙관적 예산, 비관적 예산과 변동예산

⑫ 경영환경의 변동과 그 영향

가능예산은 가장 있을 법한 예측경영 환경에 대해서 작성하지만, 그것을 결정하려고 하는 ⑤항의 '경영환경 검토'에서 관계자 전원일치로 선택되지 못하고 논의가 백출하는 경우도 많다. 이를 테면 매출액 성장률을 3%로 해서 가능예산을 산출했다고 하자. 검토중에 낙관의견은 5%성장이 가능하다고 할지도 모른다. 비관의견은 제로성장을 예측할지도 모른다. 환율도 예산 작성시에는 가장 그럴 듯한 예측치 하나를 골라 사용할 수밖에 없지만, 여기에도 낙관론과 비관론이 있을 것이다. 따라서 ⑫항에서는 가장 낙관적인 경영관리환경의 조합과 가장 비관적인 경영관리 환경의 조합이 일으키는 경영관리 및 예산에 미치는 영향을 서술한다.

⑬ 변동예산

⑫항의 결과, 낙관적인 경영환경을 반영해서 만든 견적 재무제표를 낙관적 재무제표 또는 낙관적 예산이라고 부른다. 비관적인 경우는 비관적 재무제표 또는 비관적 예산이라고 한다. 연차 경영계획 및 예산의 실시결과는 가능예산에서는 벗어나더라도 낙관적 예산과 비관적 예산사이에는 들어갈 가능성이 높다. 이처럼 가능예산, 낙관적 예산, 비관적 예산을 병렬시킨 예산을 변동예산(Flexible Budget)이라고 부른다.

변동예산을 작성할 경우에는 가능예산으로부터 상하에 편차수치를 결정해야만 한다. 이것은 확률 · 통계이론에 의해 계산할 수 있지만, 원래 낙관론과 비관론은 사내의 전문가 혹은 경험자들의 경험에 의거한 예측의 차이이기 때문에 이 사람들에게 직접 편차수치를 상정하도록 하면 된다.

낙관적 예산을 작성하는 간편한 방법으로는 가능예산의 매출액을 중심으로 10%(혹은 편차치가 상정되어 있으면 그 분량만큼) 올리고 다른 회계항목을 대응하는 수치로 변경하면 된다. 비관적 예산은 가능예산의 매출액을 10% 혹은 20%만큼(혹은 편차치가 상정되어 있으면 그 분량만큼) 내려 계산한다. 이 계산은 재무과에서만 할 수 있으나, 각 부서에 계산결과를 피드백하여 타당여부를 확인한다.

비관적 예산을 편차10%와 20% 등으로 보다 넓은 범위에서 작성하는 이유는 비관적 예산의 상황에 기업이 대처하기 힘든 부분이 있기 때문이며, 안 좋은 예측은 빠른 시일안에 처리해 버리는 실용주의에서 온 것이다. 비관적 예산을 작성해 보면 가능예산에서 약간의 변동으로 자사가 단기부채 지불에 막혀 상태가 나빠지게 되는 경우가 있다. 최소한의 안전 마진에서밖에 운영되지 못하는 기업이 의외로 많다.

경영관리 환경의 변화를 문제로 삼아 검토하는 시각이나 변동예산의 개념에 대해서는 종래의 어카운팅(accounting) 강의와 저서에서는 거의 찾아볼 수 없는데 그것은 어카운팅이 다루는 내용이 상법에 요구되는 재무제표 작성에 관한 이론과 응용을 중심으로 하기 때문이다. 경영관리론 강의나 교과서에는 '경영관리를 위한 어카운팅'이라든가 '경영관리를 위한 파이낸스'라는 제목이 시사하는 바와같이 경영관리의 실용에 따른 내용이 많이 들어가 있고, 변동예산도 논의되고 있다.

변동예산이론은 약 30년 전부터 있었다. 그러나 응용하려고 하면 수작업하기에는 너무 커서 별로 사용되지 않았다. 퍼스컴과 마이크로소프트 엑셀, IBM Lotus 등 대표 프로그램이 보급된 현재는 한번 가능예산이 만들어지면 낙관적 예산도 비관적 예산도 간단히 할 수 있기 때문에 실용가능하다.

3.6 경영관리자의 역할

1. 사람을 써서 일을 한다

전문직과 경영관리자의 기본적인 차이는 원칙적으로 전자는 스스로 직접 작업을 해서 직부성과를 내는데 대해서, 후자는 부하인 다른 사람을 통해서 업무를 수행하여 성과를 올리는 점이다. 단적으로 말해서 평상시에 경영관리자는 사람을 써서 일을 한다. 사람을 써서 일을 하기 위해서는 사장은 경영방침과 회사운영의 대강을 사내에 명시해야만 한다. 관리직은 경영방침에 따라 운영의 대강을 알기 쉽게 설명해서 담당부서의 운영방침에까지 명시해야만 한다. 사람을 써서 일을한다고 해도 이 시정방침을 명시하는 일은 다른 사람에게 맡겨서는 안 될 것이다.

한국과 미국의 경영관리자를 비교하면 후자는 직무급제로 일을 하는 탓인지 경영관리자가 일을 자신의 것으로 받아들여 자발적으로 하려는 경향이 강하다. '사람을 써서'라고 입이 닳도록 가르쳐야만 한다. 전자는 종적인 사회의 장기 고용관행 탓인지 품의제로 대표되는 것처럼 부하에게 떠맡기는 경향이 있다. 한국의 경영관리자에게 '경영자나 관리직은 사람을 써서 일을 하는' 것처럼 말하면 지금 이상으로 부하에게 떠맡겨 저자의 의도와는 정반대의 오해를 불러오기 쉬울 수 있다.

2. 인재를 키운다

사람을 써서 일을 하는 이상, 활력있는 사람을 발견해서 직무에 앉히는 것도 경영관리자의 직무이다. 지금은 고인이 되었지만, AT&T 회장이었던 카펠(Frederick R. Kappel)은 '활력이란 고통을 견디는 능력, 창조적이고 진보적인 행동, 그리고 다른 사람의 강요에 의해서가 아니라 옳은 일이기 때문에 하려고 하는 내적요구를 의미하는 강한 윤리적 책임감을 통해서 사람들이 발휘하는 것이다'라고 말했다. 또한 그는 자신의 경험에서 볼 때, 활력은 사람이 기업에 들어오기 전에 이미 만들어진 것이기 때문에 활력을 갖춘 사람을 찾아낼 필요가 있다고 말했다.

경영관리론에서 '고통을 견디는 능력, 창조적 행동'은 현재도 계속 강조되고 있다. 특히 세계적 규모의 대기업에서 경영자가 '회사 돈을 자신을 위해 쓴' 의혹행위가 여전히 다발하고 있는 상태에서 '강한 윤리적 책임감'은 재차 강조되어야 한다. 훌륭한 경영자의 기록을 읽으면 훌륭한 경영자의 육성은 아직 도제제도처럼 개인교육에 의해 이루어지는 경우가 많다. 경영관리론은 경영관리직의 전체적 지식, 능력수준을 높이지만, 지금의 경영자는 특히 활력이 높은 사람을 발굴해서 그 개인교사가 되어 차세대의 유능한 경영자를 육성해야 한다.

3. 결단한다

다음은 경영관리자 역할의 시간요소이다. 경영관리는 시간의 틀 안에 결정하고 행동해야 하는 실무이다. 결정에 있어 바람직한 정보가 제대로 갖추어져 있지 않더라도 결정을 해서 행동을 개시해야만 하는 경우를 만나게 된다. 경영관리자에 따라서는 정보수집에 열중해서 결정을 머뭇거리는 사람이 있다. 경영관리자는 불완전한 정보를 자신의 경영판단으로 보충해서 일을 해야 한다.

예를 들면 신제품발매에 있어서 시장조사를 해서 고객의 요구를 이해하고 제품의 품질도 충분히 기준을 넘어 판매망확보까지 끝냈다고 하자. 그렇다 하더라도 과연 발매시기는 적당할지, 점포가 충분히 준비를 해줄지, 발매와 동시에 하는 광고는 상품배송 · 진열과 같은 기간일지 등 걱정하면 한이 없고 정보가 부족한 것이 보통이다. 그럼에도 불구하고 책임자는 출하개시 결단을 내려야 한다. '늦은 결정은 나쁜 결정보다 못하다'는 말처럼 경영관리자는 햄릿처럼 우유부단하게 결정을 끌어서는 회사에 비극을 초래할 수 있다.

토 의 문 제

1. 현 이동통신 서비스 기업의 경영환경의 변화를 기술, 정부의 정책, 제품/서비스 시장의 변화, 경쟁회사의 영업전략, 노동시장의 개념으로 설명하고, 경영환경의 변화에 대응하기 위한 국내 이동통신 서비스 기업의 경영관리 방법을 제시하라.

2. 회사내에 있는 여러 기능에 대하여 생각해보고, 어떠한 조직적 특성이 효율적인 조직관리의 선행요인이 될 수 있는지 생각해보라.

연 습 문 제

1. 경영관리는 습득하는 것인가? 전문직으로 할 수 있는가?

2. 경영관리의 목적은 무엇인가?

3. 계획, 예산서에 필요한 항목은 무엇인지 설명하라.

4. 경영관리론의 한계는 무엇인가?

CHAPTER

02

경영관리자의 의사결정

01 경영관리자의 역할
02 경영자 1인 의사결정의 한계
03 경영팀의 의사결정

벤처캐피탈 투자 의사결정 요인

벤처캐피탈은 유망한 미래기술과 성장잠재력을 가진 고위험 벤처기업에 자본과 기업의 성장을 지원하는 역할을 한다(반성식 등, 2002). 그러나, 높은 위험성을 가진 벤처기업은 지속가능한 기업의 상태가 아니기 때문에 자금투자 유치에 어려움을 겪는다(Wöhler & Haase, 2022). 벤처캐피탈은 벤처기업이 크게 성장할 수 있도록 초기 단계부터 후기 단계까지 벤처캐피탈을 제공하고 수익 실현을 위한 역할을 한다(손민호, 2010).

벤처캐피탈들은 몇 개의 투자성과로 다른 투자건의 실패를 만회할 수 있는데, 벤처캐피탈이 투자한 벤처기업의 생존율은 65~85%로 나타나 벤처캐피탈이 투자한 기업의 실적이 비투자기업에 비해 높은 것으로 나타났다(Sahlman, 1990; Dorsey, 1979). Hasson et al. (2000)에 의하면 고위험 고수익을 지향하는 벤처캐피탈 투자는 피투자기업이 대부분 망하더라도 일부 기업의 우수한 투자성과가 다른 투자실패를 보상할 수 있으며, 10배에서 100배의 수익률을 달성하기도 한다. 벤처캐피탈리스트의 벤처기업 투자는 기술력은 있지만 자본이 부족한 유망 벤처기업이 벤처생태계를 순환시켜 지속적으로 성장할 수 있도록 경영과 비경영 측면에서 지원함으로써 벤처생태계에 활력을 불어넣는다. 은행 등 전통적인 금융기관들이 담보를 확보하고 원금보증을 강조하는 대출 형태로 자금의 안전을 추구하는 것과 달리 벤처캐피탈은 벤처기업을 매력적인 투자대상으로 평가하여 고위험을 극복하고 높은 수익률을 올린다(Gompers & Lerner, 2001). 전형적인 고위험, 고수익 사업인 게임산업은 지난 20년간 벤처캐피탈의 주요 투자대상이 되어 왔으며, 현재 게임기업에서 초기 자금으로 없어서는 안 될 매우 유용한 자금원의 역할을 한다.

벤처캐피탈리스트의 투자 의사결정 기준에 대한 연구가 중요한 이유는 다음과 같다(백지연 등, 2022). 첫째, 벤처캐피탈리스트와 벤처기업 간에 정보의 비대칭성이 존재하기 때문에 성공 가능성이 높은 벤처기업을 식별하고 투자의 위험을 줄이기 위해서는 투자 의사결정 기준을 정하고 이를 적용하여 투자여부를 판단하여야 한다(Fried & Hisrich, 1994; Muzyka, Birley, & Leleux, 1996; Kim & Lee,2022). 둘째, 의사결정 과정과 기준에 대한 더 많은 이해는 벤처캐피탈리스트로 하여금 더 나은 의사결정을 내릴 수 있도록 돕고(Zacharakis & Meyer, 1998), 이는 시간의 효율성을 높이고 투자 수익률을 향상시킬 수 있다(Zacharakis & Meyer, 2000). 셋째, 벤처캐피탈리스트로부터 투자를 받고자 하는 창업자들의 투자 의사결정 기준에 대한 이해는 투자자금 접근을 용이하게 하여 투자자금을 확보하는데 도움이 될 수 있다(Šimić, 2015). 마지막으로 벤처캐피탈리스트 각자가 중요하게 생각하는 투자 의사결정기준을 비교함으로써 투자 의사결정에 대한 통합적인 시각을 가질 수 있다는 점에서 의의가 있다(Shepherd & Zacharakis, 2002).

통상 새로운 비즈니스 벤처에 대한 투자결정이 본질적으로 위험하다는 사실을 감안할 때 벤처캐피탈리스트는 기업가의 특성, 제품 또는 서비스, 시장특성, 재정적 고려사항, 경제적, 제도적 및 규제적 환경과 같은 다양한 매개변수를 고려하여 투자결정을 내린다. 관련된 위험을 최소화하기 위한 투자결정과 올바른 투자결정을 내리고 새로운 벤처와 관련된 위험을 완화하기 위해 정량적, 정성적 방법을 포함한 다양한 평가기법을 사용한다(Batterson, 1986). 여러 연구에서 벤처캐피탈리스트의 의사결정에 대해서 어떤 요인이 투자결정에 영향을 미치는지 아래 [표]을 통해 선행연구를 확인하였다.

[표] 벤처캐피탈 투자 의사결정 기준 선행연구

연구 저자	연도	Method & Data Collection	Sample	Statistical Analysis	Summary
Zacharakis & Shepherd	2000	conjoint analysis	53명 벤처캐피탈리스트	ANOVA	벤처캐피탈리스트는 투자결정에 있어서 과신하는 경향이 있으며 과신은 투자의사결정에 부정적인 영향을 준다.
Franke, N., Gruber, M., Harhoff, D., & Henkel, J.	2008	conjoint analysis	51명 벤처캐피탈리스트	probit regression	벤처캐피탈리스트는 투자를 결정하기 위한 창업팀에 평가 가운데 창업팀의 산업경험을 가장 중요하게 여긴다.
Patel & D'Souza	2008	multidimensional scaling (MDS)	58명전문가& 27명 벤처캐피탈리스트	logistic regression, logit & Bayesian	벤처캐피탈리스트의 의사결정에서 시장 관련 요인을 중요시하며, 창업팀의 자격(qualification)은 벤처기업잠재력을 고려하기 위한 선행조건이다
Kollmann, T., & Kuckertz, A.	2010	questionnaire	51명 벤처캐피탈리스트	non parametric Wilcoxon Test	특정된 불확실한 상황에서 벤처캐피탈리스트의 투자의사결정 과정과 투자의사결정 기준은 영향을 받는다.
Dhochak, M., & Sharma, A. K.	2015	questionnaire	108명 벤처캐피탈리스트	exploratory factor analysis & AHP	벤처캐피탈리스트의 투자 결정에 중대한 영향을 미치는 7가지 요소는 기업가의 특성, 제품 또는 서비스, 시장특성, 관리 기술, 재정적 고려 사항, 경제 환경, 제도 및 규제 환경

연구 저자	연도	Method & Data Collection	Sample	Statistical Analysis	Summary
Gompers, P. A., Gornall, W., Kaplan, S. N., & Strebulaev, I. A.	2020	questionnaire	885명 벤처캐피탈 리스트 (US)	ANOVA	벤처캐피탈리스트들은 투자를 하는 기준을 잡는데 있어 제품, 기술 등의 사업적 특성보다는 구성팀을 중요하게 보며, 투자과정에 있어 딜소싱, 딜선택, 투자 후 부가가치 중 딜선택을 가장 중요하다고 본다.
반성식 외	2002	questionnaire	89명 벤처캐피탈 리스트 (Korea 50, US 39)	Regression & ANOVA	벤처캐피탈리스트 투자 의사결정에 영향을 미치는 8개 기준인 기업가의 시장이해도, 리더십 능력, 창업경험, 제품 소유권 보호, 시장사이즈, 시장성장성, 경쟁자수, 경쟁의 강도를 한국과 미국을 비교분석하였다.
반성식 송경모	2004	questionnaire	53명 벤처캐피탈 리스트 (Korea)	Regression & ANOVA	벤처캐피탈리스트의 투자 의사 결정에 활용되는 8개의 기준에 대한의사결정 실험을 통해 벤처기업의 성공가능성을 분석하였다.
구경철, 이철규, 유왕진	2008	questionnaire	20명 벤처캐피탈 리스트 (Korea)	AHP & t-test	벤처캐피탈리스트의 투자 의사 결정요인은 기업의 성장성과 수익성이며, 세부적으로 경영진 및 직원들 자질, 시장변화 대응력, 마케팅능력, 제품차별성, 경쟁, 상황, 기술력을 중요시한다.
차명수	2009	questionnaire	32명 벤처캐피탈 리스트 (Korea)	Regression & judgment analysis	벤처캐피탈리스트의 의사결정 기준에서 가중치 부여 기준은 창업자(팀)의 능력, 잠재적 수익률, 시장상황 순이다.
강승한	2022	questionnaire	27명 전문가 & 14명 벤처캐피탈 리스트와 전략적투자자	DELPHI method & AHP	게임 벤처산업기업 투자에 있어 벤처캐피탈리스트을 포함한 기관투자자의 투자의사결정 요인은 제품, 기업가 및 구성원,시장환경, 재무순이며, 투자의 목적에 따라 세부사항은 크게 달라진다.

한편, 렌즈모델(Lens Model)은 인지심리학, 사회적 판단이론을 기반으로 하여 특정한 환경에서 결합된 정보들에 의해 이루어지는 판단은 렌즈를 통과하여 빛이 모이는 것과 같다고 보았다. 임상치료 영역

에서 사용된 확률적 기능주의는 렌즈모델의 시작으로, '생태-준거-판단'을 바탕으로 이후 다양한 모델로 활용되었다(Brunswik, 1956). 렌즈모델은 의사결정 시, 사회환경과 의사 결정자들의 인지관계를 설명하는데 초점을 두는 이론이며, 특정한 환경에서의 판단과정을 분석하는 방법론으로 많이 쓰여왔다(심준섭, 2004). 렌즈모델은 변수를 뜻하는 큐(cue)를 기준으로 하여 왼쪽에는 생태환경, 오른쪽에는 인지과정을 두고 그 관계에 초점을 두어 판단을 한다(심준섭, 2004; Hammond & Grassia, 1985). 실제의 정보(real information)를 취득할 순 없지만, 대신하는 대리의 변수들(proximal cues)로 그 정보를 지각할 수 있다는 것이다(Zacharakis & Meyer, 1998; 반성식 외, 2002). 결국 사회적 판단이론에 의하면 인간의 판단은 현실의 모든 정보를 그대로 반영한 것이 아니라, 렌즈를 통해 투영된 변수만을 보고 이루어진다는 렌즈모형에 의해 모형화할 수 있다(반성식 외, 2002).

• 출처: 강승한, 오재인, 장윤희(2023), 게임개발 벤처기업 투자 결정요인 우선순위에 관한 연구, 산업연구, 제47권, 제2호.

경영관리자가 취하는 행동의 대부분은 기업경영과 관련된 의사결정이다.

이들 경영담당자의 의사결정은 비정형화되고, 창의적이라 일반사원들의 것과는 커다란 차이가 있다. 그러므로, 창업초기의 기업들의 경우, 경영자의 의사결정의 질 내지 리더십의 양부가 기업의 존속과 성장에 결정적인 영향요인이라고 말해질 수 있다.

본 장의 학습목표는 다음과 같다.

1. 경영관리자의 역할이 무엇인가 대하여 알아본다.
2. 경영자 1인 의사결정의 한계점에 대하여 살펴본다
3. 경영팀의 의사결정의 장 · 단점에 대하여 이해한다.
4. 노벨경제학상 수상자 프리드만이 제시한 돈의 사용방법과 각각의 사례에 대하여 알아본다.

01 경영관리자의 역할

경영관리자가 취하는 행동의 대부분은 기업경영과 관련된 의사결정이다. 이들 경영담당자의 의사결정은 비일상적이고 창의적인 내용을 가진 것이 많아서 일상적이고 반복적인 일반사원들의 것과는 커다란 차이가 있다. 경영담당자의 의사결정의 양부에 따라 기업 혹은 한 부서의 성패가 좌우되는 경우가 허다하다. 특히 창업초기의 기업들의 경우, 경영자의 의사결정의 질 내지 리더십의 양부가 기업의 존속과 성장에 결정적인 영향요인이라고 말해진다.

시험삼아 신문을 한번 펼쳐보라. "…위기상황을 극복하기 위한 경영효율화에 초점을 맞출 계획이다.…"(GS/동아), "…교육에 대한 투자와 기부가 장기적으로 곧 연구개발(R&D) 투자라는 신념을 갖고 친환경에너지 분야의 기술인재육성에 나서고 있다.…"(LS/동아), "…해외사업 비중을 70%까지 늘려 명실상부한 글로벌기업으로 발돋움하겠다.…"(삼성물산/동아), "…건설경기침체가 지속될 것을 감안해 기존 강점을 살리고 신사업모델을 적극적으로 육성해 위기를 극복하겠다.…"(대림/동아)

이것들은 모두 경영자나 관리자가 결정한 행동이다. 이들 경영담당자의 역할은 환경과 조직으로부터의 요청에 따라 기업을 움직이고 때로는 서로 모순되는 환경과 조직의 요구를 종합적이고 발전적으로 통합해 가는 데 있다. 경영관리자는 단순히 시장환경에 적응하기만 해서도 안 되며, 단지 조직내부의 조화로운 관리만을 꾀해서도 안 된다. 서로 모순되기

그림 2-1 경영관리의 구조

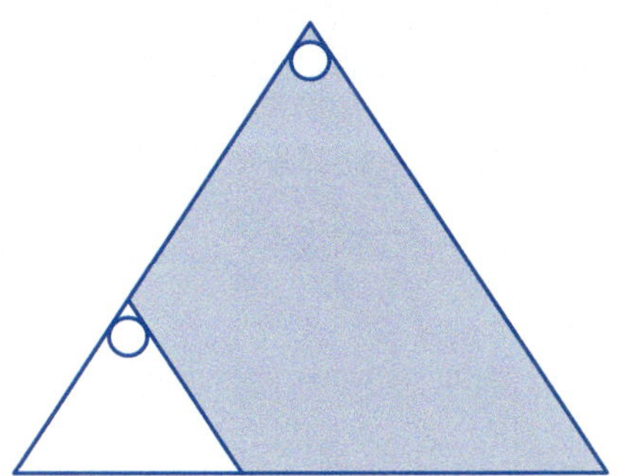

쉬운 이들 두 가지 요구를 최대한도로 만족시킬 수 있는 접점을 찾아내어 기업조직을 발전시켜 나가는 것이야말로 가장 '기업가'다운 일이라 할 수 있을 것이다.

이러한 기업가다운 일은 비단 기업조직의 최고경영계층(경영자)에게만 요구되는 것은 아니며 형식이나 책임의 범위는 달라도 환경과 조직에 대한 경영관리의 원리는 똑같이 요구된다. 중간관리자 수준에서도 대외적 환경관리, 대내적인 조직관리, 그리고 이들 간의 모순된 요구로부터 발생하는 갈등관리 등은 가장 중요하게 다루어지는 관리항목이다.

조직외부 환경의 변화추세를 잘 파악하여 조직의 적응능력을 키워가야 하는 최고경영층 못지 않게 중간관리자에게도 자신의 환경을 관리하는 것은 매우 중요하다. 중간관리자에게 있어 환경이란 시장환경과 같은 외부환경뿐만 아니라 큰 기업조직 가운데 자기관할밖의 여러 부서, 즉 상하좌우의 여러 부서라는 조직내 환경도 있다. 그 어느 쪽이든 중간관리자에게 있어서는 환경이며, 그 환경의 요구를 고려해서 자신의 조직단위의 대환경행동을 결정해야 하는 것은 조직외부 환경을 주로 생각하는 톱의 경우와 마찬가지라 할 것이다.

어떤 하나의 조직을 계층적인 삼각형으로 형상화할 경우 경영관리와 관련된 의사결정은 삼각형의 크기에 상관없이 삼각형의 정점에서 항상 필요하게 된다(그림 2-1 경영관리의 구조). 이 삼각형의 정점에 위치한 경영담당자에게는 흔히 네 개의 얼굴과 네 개의 역할이 있다. 전술한 세 가지의 경영관리, 즉 대환경관리, 대내 조직관리, 모순갈등관리 등을 제대로 해 나가기 위해서는 다음과 같은 네 가지 얼굴이 필요하다.[1)]

가. 분쟁해결사　　나. 조정자
다. 전략가　　라. 전도사

1) 伊丹敬之, 加護野忠男(1990), ゼミナ-ル經營學入門, 日本經濟新聞社, p.8

첫 번째 얼굴은 분쟁해결사(troubleshooter)로서의 얼굴이다. 기업의 경영과정에는 여러 가지 문제가 발생한다. 고객과의 트러블, 일하는 사람들 간의 트러블, 돈이 모자란다는 트러블 등 이러한 문제를 그때마다 해결해 나가는 것은 경영담당자의 중요한 역할이다. 삼각형의 정점에서는 그밑에서 일어나는 트러블의 미해결문제가 마지막으로 제기된다. 이 트러블슈팅은 경영관리의 실행과정에서 생기는 여러 가지 시행착오를 해결하는 과정이라 생각해도 좋을 것이다.

경영담당자의 두 번째 얼굴은 인간집단의 조정자로서의 얼굴이다. 조직관리의 대부분, 모순갈등 관리의 상당부분이 여기에 해당된다고 볼 수 있다. 조정역의 일로는 구성원들의 사기진작, 적재적소의 배치, 리더십의 발휘 등이 해당된다. 이 일은 사람들의 심리나 집단역학에 대한 세심한 배려 혹은 독려의 집합이라는 성격이 강하다. 관리자라고 하면 많은 사람들이 연상하는 얼굴이 이것일 가능성이 높다.

전략가란 자신이 통솔하고 있는 조직 혹은 부서가 어떤 방향으로 나아가야 하는가에 대해 '큰 지도'를 그리는 사람이다. 이는 기본적으로는 환경속에서 자신의 위치를 선정하는 작업으로서 조직의 전개방향을 설정하는 것이다. 따라서 환경관리는 거의 대부분과 모순갈등 관리의 많은 부분이 이 얼굴에 속한다고 볼 수 있다.

경영담당자의 마지막 얼굴은 전도사로서의 역할이다. 그 핵심은 조직에 대한 가치관, 즉 자신들이 하고 있는 일의 의의, 가치, 그것을 지탱하는 이념 등을 주지시키는 것이다. 조직에서 일하는 사람들의 대부분은 어디에선가 그런 가치기반을 찾고 있다. '사람은 빵만으로 살 수 없다'는 말은 기업조직의 구성원에게도 해당되는 말이다. 이러한 가치들이 주입되고 나서야 비로소 조직은 단순한 기능집단이 아닌 그야말로 살아 꿈틀거리는 의미있는 사회적 유기체가 된다. 가치의 공유는 경영관리의 주요항목인 대환경관리, 대조직관리, 모순갈등 관리의 모든 측면에서 중요하게 기능하게 된다. 특히 모순과 갈등을 해결하고자 할 때, 그리고 그러한 힘든과정을 구성원들이 다 같이 헤쳐나가기 위해서는 전도사로서의 역할이 그 어느 때 보다 긴요하다 할 것이다.

경영담당자에게 위와 같은 네 가지 얼굴이 있다고 해서 모든 경영자나 관리자가 이 네 개의 얼굴과 네 가지의 역할을 모두 충분히 소화해내고 있다고 보기는 힘들다. 현실적으로는 오히려 분쟁해결사로서의 얼굴하나로 버텨내는 사람도 있을 것이고, 아니면 기껏해야 조정역이나 하는 게 고작인 경영담당자도 있을 것이다. 또는 위의 네 가지 역할을 한 사람이 수행하는 것이 아니라 경영담당자의 팀으로 분담하여 수행하고 있는 경우도 있을 것이다.

 경영자 1인 의사결정의 한계

인간사에서 일어나는 일들은 한 개인의 뛰어난 판단에 의해 좌우되는 경우가 의외로 많다. 풍부한 데이터와 최첨단분석법이 가능한 요즘같은 시대에도 사람들은 중요한 결정을 내리는 순간에 한 개인의 내부에 축적돼 있는 지혜에 의존한다. 무엇이 올바른 해답인지 쉽게 알 수 없는 상황들이 있다. 지극히 불확실한 미래와 관련된 문제도 있고, 워낙 긴급한 사안이라 관련 정보를 제때에 따져볼 수 없는 상황도 있다. 관련된 가치들이 서로 상충되기 때문에 하는 수 없이 그 가운데서 특정정보를 취사선택할 수밖에 없는 상황도 있다.

사회와 조직이 엄청난 속도로 변화하면서 이와 같은 상황은 더욱 자주 생기고, 이에 따라 중대한 결정을 자의적 판단에 의존하는 경우도 늘어난다. 문제는 이러한 자의적 판단이 현명한 결과를 낳도록 어떻게 보장할 수 있느냐는 것이다. 사람들의 권리와 이익을 잘 대변해 줄 것처럼 보이는 현명한 지도자들을 뽑아서 그들의 지혜를 믿고 맡기면 될까?

2.1 독단적인 결정이 실패를 부른다

이러한 접근법의 장단점을 잘 보여주는 예가 바로 기업의 인수합병(M&A)이다. 인수합병 시 많이 적용된 시도들을 살펴보면 지도자들의 지혜만 믿고 일을 맡겨선 안 된다는 것을 알 수 있다. 인수합병분야에서는 기업의 최고위 리더가 다른 사람들로부터 최소한의 조언만 듣고 엄청난 이해관계가 걸린 결정을 내리는 경우가 많은데, 좋지 않은 결과가 많은 걸 보면 그렇게 하는 게 바람직하지는 않은 것 같다. 신뢰할만한 조사연구에 따르면 M&A 거래의 50~70퍼센트는 목표달성에 실패하며, 많은 경우 기존의 가치마저 손상시키는 것으로 나타났다.[2)]

M&A와 관련해 잘못된 결정을 내린 사례는 수없이 많이 열거할 수 있다. 이런 이야기는 한 사람의 명성을 높이거나 무너뜨릴 수 있는 극적인 요소들을 갖고 있고, 기업경영과 관련된 의사결정에서 최악의 결과를 낳는 경우가 많기 때문에 널리 소문이 난다. 기업합병을 둘러싼 책략은 최소한 어느 정도는 비밀리에 진행돼야 하는 점이 있고, 이런 거래를 하려는 근거는 모두 과거의 경험에 근거한 데이터가 아니라 미래의 잠재력에 있는 것도 사실이

2) Thomas, H. Davenport & Brook Manville(2012), 김옥경역(2012), 최선의 결정은 어떻게 내려지는가, 프리뷰. pp.10-11

다. 우리가 알고 있는 많은 사례들은 M&A 결정은 통상 고독한 최상위 리더에게 맡겨지게 되고, 어떤 조직의 운명을 좌우할 중대한 판단을 내려야 하는 이들 고독한 리더의 능력을 그렇게 신뢰해서는 안 된다는 반면교사의 사례가 된다.

외골수의 기업지도자가 잘못된 결정을 내리는 사례는 M&A분야에 국한되지 않는다. 실수는 비즈니스와 조직의 모든 영역, 즉 전략이나 혁신, 영업, 인적자원 등의 모든 영역에서 발생할 수 있으며, 사소한 실수가 때로는 엄청난 결과를 초래하는 경우도 있다.

기업의 전략수립과정에서 잘못된 판단이 이루어지는 경우는 엄청나게 많지만, 아무리 어리석은 결정이라도 그것을 내리게 만든 막후의 잘못된 심의과정은 외부에 알려지지 않는다. 어리석은 판단때문에 바람직한 길을 가지 않은 죄도 잘못된 길로 간 죄 못지 않게 크다. 이런 사실이 알려지는 경우에는 상당히 곤혹스런 상황을 초래하게 되는데, 오랜 기간 훌륭한 리더라는 칭송을 받던 인물도 예외일 수 없다. 그 좋은 예가 DEC(Digital Equipment Corporation)의 창업자이자 오랫동안 CEO를 지낸 켄 올슨의 경우다.

올슨은 창업 후 30년간 자사가 미니컴퓨터 부문의 지배기업이 되도록 이끌었다. 그의 비전이 옳았음을 증명이라도 하듯이 DEC는 IBM의 뒤를 이어 세계에서 두 번째로 큰 컴퓨터 기업이 되었다. 하지만 1980년대 중반이 되자 대부분의 사람들이 보기에 대세는 명백하게 개인용 컴퓨터쪽으로 기울고 있었다. 그렇지만 올슨은 그렇게 생각하지 않았다. 그는 미니컴퓨터가 여전히 차세대를 주도할 것이라고 고집했다. '고객들은 책상에 놓는 컴퓨터를 원하지 않는다. 고객들은 바닥에 놓는 컴퓨터를 원한다.' 그가 당시에 고집했던 이 말을 지금 들으면 웃음이 나온다. 고객들 대부분이 데스크탑으로 작업하기를 원하고 있는데도 올슨은 "조직 내에서 일하는 사람은 대부분 터미널을 원한다"고 주장했다.

그는 또 세상사람들이 모두 유닉스와 윈도우로 옮겨가고 있을 때에도 DEC가 소유권을 갖고 있는 VMS 운영체계를 고집했다. 리더가 세상의 변화를 인정하려 들지 않는 상황에서 DEC는 더 이상 사업을 유지할 수 없었고, 결국 1998년 96억 달러의 가격에 컴팩에 매각되고 말았다. 그 가격은 전성기의 연 매출액 140억 달러를 훨씬 밑도는 수준이었다. 물론 자신의 직감이 의심할 여지가 없고 자신의 비전이 맞다고 확신한 나머지 실수를 저지른 위대한 기업가가 올슨이 처음은 아니다.

세계에서 가장 크고 가장 성공적인 자동차 회사 중 하나를 건설한 헨리 포드는 현명한 결정도 많이 내렸지만 잘못된 판단을 한 경우도 여러번 있었다. 그는 자동차 조립라인을 완성시켰으며, 사실상 수직적 통합(vertical integration)이 어떤 것인지 보여주었고, 자사 근로자들의 임금을 이전에 두배규모인 일당 5달러로 올림으로써 이들이 직원으로서, 그리고 포드자동차를 구매하는 고객으로서 더 큰 충성심을 갖게 만들었다.

하지만 포드는 정말 끔찍한 결정도 몇번 내렸다. 그는 포드가 만든 세계 최초의 대량생산 자동차인 모델 T가 '이 정도면 완벽하다'며 앞으로도 사람들이 필요한 자동차는 이것뿐이라고 선언하고 모델 T의 개선작업을 중단했다. 그 후 1920년대들어 모델 T의 시장점유율은 급격히 하락했다. 포드는 또 브라질의 열대우림 안에 '포드랜디아'라고 하는 조립식 산업도시를 건설해서 타이어용 재배고무의 값싼 공급지로 만들겠다고 결정했다. 하지만 역사가인 그렉 그랜딘에 따르면 포드는 전문가들을 너무 불신해서 이 문제에 관해 고무나무 전문가의 의견도 들어보지 않았다고 한다.

문제의 도시는 농업적 측면이나 사회적 측면에서 모두 끔찍한 실패로 끝났으며, 2천만 달러의 손실을 보고 매각된 다음 정글속에 버려졌다. 포드가 내린 가장 최악의 결정은 반유대주의 운동에 자신의 이름이 사용되도록 허용하고, 독일에서 온 히틀러 추종자들과 만난 것이었다.

지금은 타계했지만 지난 십여 년 간 눈부신 혜안을 보인 것으로 평가받는 인물인 애플의 스티브 잡스도 판단력이 흐려진 순간이 있었다. 그는 1980년대에 존 스컬리를 고용해 애플의 최고경영자 자리를 물려주었는데, 스컬리가 회사를 이끌면서 애플은 저성장의 시기로 들어갔고, 제품관련 실책을 여러 차례 저질렀다. 잡스는 나중에 이렇게 말했다. "할 말이 없다. 내가 사람을 잘못 뽑은 것이다. 그는 나를 포함해 내가 십년 간 쌓아올린 모든 것을 파괴했다." 잡스는 스컬리가 그를 쫓아냈을 때 자신이 가진 애플 주식을 모두 팔았는데, 그로 인해 결과적으로 수십 억 달러의 손실을 입게 되었다. 그리고 잡스가 이후 설립한 넥스트 컴퓨터를 성공사례라고 말하는 사람은 거의 없을 것이다. 또한 잡스는 애플의 CEO로 복귀했을 때 스톡옵션의 소급적용(backdating)을 허용했다. 잡스가 엄청나게 큰 성공을 거둔 일련의 애플제품으로 명성을 휘날린 것은 분명하지만 그도 잘못된 판단에서 자유로운 사람은 아니었다. 그리고 회사의 창업자 중 한 사람이기 때문에 그가 가끔씩 내린 잘못된 결정도 좀 후한대접을 받은 게 사실이다. 잡스는 자신이 현명한 결정을 내리게 된 요인의 하나로 다른 사람들에게 이전보다 더 많이 의지했다는 점을 들었다. 잡스가 2011년 건강상의 문제로 사임한 뒤 뉴욕타임스는 1997년의 인터뷰 기사를 요약해서 다시 실었는데 이런 내용이 있다.

잡스는 애플의 초창기, 즉 1985년 회사에서 쫓겨나기 이전에는 세세한 일에 일일이 간섭하고 동료들을 질책하는 것으로 악명이 높았다. 하지만 후일 자신이 공동창립한 컴퓨터 애니메이션 스튜디오 픽사(Pixar) 시절, 그리고 애플에 다시 복귀한 다음부터는 다른 사람의 말을 더 경청하고, 디자인팀과

영업팀의 의견을 신뢰하는 등 다른 사람들의 입장에 더 많이 의지했다.[3)]

2.2 인물에서 조직으로 중심이동

어떤 곳에서 어떤 판단이 중시되는지, 누구의 판단이 중시되는지, 그리고 의사결정과정에서 판단이 어떻게 이뤄지는지 등을 관찰해 보면 오늘날 많은 조직에서 엄청난 변화가 진행되고 있음을 알 수 있다. 일선 근로자들이 내리는 결정이 이전보다 더 많아졌고, 의사결정 과정이 많이 분산되었으며, 팀단위의 결정이 더 많아졌다.

이러한 변화는 위대한 인물의 몰락, 그 대신 위대한 조직과 훌륭한 조직적 판단의 부상이라는 현상과 맞물려 있다. 앞으로 훌륭한 의사결정이란 어떤 것인가를 정의해 줄 새로운 패턴이 형성되고 있다. 이러한 패턴변화를 만드는 데는 다음과 같은 최소한 네 가지의 중요한 트렌드가 있다.[4)]

첫 번째 트렌드는 '한명이 전체보다 더 똑똑하지는 않다'는 인식이다. 소셜 미디어(social media), 금융거래시장, 고객의 제품개발참여 등은 모두 주요 조직들이 다수의 지혜를 활용하려고 하고 있음을 보여주는 증거이다. 짐 서로 위키는 큰 반향을 불러일으킨 저서 「군중의 지혜」 The Widom of Crowds 에서 이 점을 지적했다. 결정과정에 많은 사람을 참여시키는 것은 거추장스럽고, 반드시 더 나은 결과를 낳는다는 보장을 해 주는 것도 아니지만, 보다 나은 결과를 낳는 것이 가능케 하고, 실제로 더 나은 결과를 낳는 경우가 많다는 것이다.

두 번째 트렌드는 군중의 지혜뿐 아니라 군중의 리더십까지 활용하는 것이다. 회사의 위계질서, 그리고 CEO와 사장의 리더십이 사라지진 않겠지만, 집단리더십이 활용되는 곳이 점차 늘고 있다. 물론 우리는 리눅스와 파이어폭스의 개방적 혁신(open innovation) 테크놀로지를 잘 알고 있지만, 이것은 하나의 모델에 불과하다. 머다드 바가이와 딜로이트의 CEO였던 짐 퀴글리가 최근에 낸 책에서 주목했듯이 집단리더십의 전형(archetype)에는 여러 가지가 있다. 예를 들어 작업구조가 서서히 자발적으로 형성되는 유형이 있다. 자원봉사자들이 참여하는 공동체 조직이 이 유형에 해당된다. 그리고 지시에 따라 만들어지는 유형도 있다. 장군과 병사들 간의 관계가 여기에 해당한다. 오케스트라처럼 작업자체가 미리 정해져 있거나, 즉흥연극처럼 창의적으로 해야하는 유형도 있다. 여러 사람이 하나로 일할

3) Steve Lohr, 'Without Its Master of Design, Apple Will Face Many Challenges', NY Times, 2011/08/24.
4) 위의 책, pp.26-31

수 있는 다양한 방식이 있으며, 조직이 다수의 기여자에 의한 리더십과 의사결정을 통해 이득을 얻을 수 있는 다양한 방식이 있다. 이것은 물론 집합적 리더들의 의사결정능력을 개선하려는 노력 또한 조직에 이득을 가져다 준다는 것을 의미한다.

세 번째 트렌드는 지지를 이끌어내고, 실제로 결정을 내리는 데 데이터와 과학적 분석법(analytics)을 활용하는 것이다. 사람들의 직감은 여전히 중요하고 결코 무시해서도 안 되지만, 데이터나 과학적 증거가 있으면 직감으로만 결정하는 것보다 더 나은 결정을 하게 된다는 증거가 많이 있다. 서로나은 과학적 분석법을 확보하기 위해 경쟁적으로 나서는 조직도 있고, 보다나은 결정을 내리기 위한 도구로 이런 분석법을 가끔 활용하는 조직도 있다.

말콤 글래드웰이 저서 「블링크」(Blink)에서 주장했듯이 우리가 직감적으로 신속하고 정확한 판단을 내리는 능력을 갖고 있다면 멋있게 보일지는 모른다. 하지만 실제로 현명한 결정을 내리기 위해서는 체계적인 분석이 필요하다. 글래드웰은 신속하게 정확한 판단을 내리는 능력을 '얇게 조각내기(thin-slicing)'라고 불렀는데, 그가 제시한 사례들도 실제로는 세밀한 분석을 이용한 것들이었다.

예를 들어 결혼에 관해 연구한 과학자 존 고트먼의 경우도 실제로는 세밀한 분석이 사용됐다. 고트먼은 사람들이 지금의 배우자와 미래에도 계속 결혼한 상태로 있을지 여부를 단 몇분만에 알려줄 수 있었다. 그런데 그러한 능력은 수십년에 걸쳐 사람들의 행동과 말을 부호화하고, 이것을 대상으로 심층적인 통계분석을 해왔기 때문에 가능했다.

네 번째 트렌드는 비교적 새로운 요인인데, 기업과 사람들의 생활을 많은 면에서 전반적으로 변화시키고 있는 것, 다시 말해 정보기술(IT)이다. IT가 보다나은 조직적 판단을 직접적으로 가능하게 하는 것은 아니지만, 우리가 지금까지 언급한 여러 변화를 가능하게 해주는 요인인 것은 분명하다. 초기의 IT 애플리케이션은 주로 보다나은 비즈니스 거래를 위한 것이었지만, 십여년 전부터는 지식과 통찰력, 판단의 영역으로까지 확대되었다.

테크놀로지는 앞서 말한 여러 변화, 즉 의사결정과정에 다수를 참여시키고, 과학적 분석법 활용을 가능하게 한다. 또한 여러 다양한 형태의 명시적 지식과 내재화된 지식을 모두 포착해 내 유포되도록 만들어 준다. 역사적으로 판단이란 기술적 능력이 아니라 인간의 판단능력에 달린 문제로 인식되어져 왔다. 하지만 이제는 판단의 속성에 관해 설명할 때 테크놀로지의 역할을 상당한 수준으로 언급하지 않고서는 완전한 설명을 할 수 없게 되었다.

전 세계적으로 올바른 결정을 내리는 일이 과거 그 어느때보다 중요하게 된 시점에 이러한 변화들이 일어났다. 기업들은 그 어느때보다도 치열한 경쟁에 직면하고 있으며, 경제적 불확실성과 가변성이 증대하는 환경에서 시장과 고객들은 그 어느때보다 발 빠르게 움직이고 있다. 더구나 조직내의 집합적 지혜활용을 보다 쉽게 만든 테크놀로지가 조직의 투명성도 함께 높였기 때문에 중대한 결정을 잘못내린 데 대한 처벌은 신속하고 엄격해졌다. 물론 조직적 판단의 세계에 아직은 많은 변화가 일어난 게 아니다.

어떤 조직은 변화에 대응하는 방식으로 그냥 '머리를 모래에 묻는' 현실회피 접근방식을 취한다. 예를 들어 구성원의 참여도를 높이는 문제에 대해 말할 때, 자신감이 없는 고위 중역들은 그냥 조직의 상사인 자신들의 판단과 결정만이 중요하다고 주장한다. 소셜테크놀로지 면에서는 공동작업과 집단판단(group judgment)을 어떻게 용이하게 만들지 궁리하는 대신 많은 기업들이 여전히 이것의 활용을 아예 금지하고 있다.

최고 정보책임자(CIO)들을 대상으로 한 설문조사에 따르면 조사대상 기업의 54퍼센트가 사무실에서 소셜미디어의 사용을 전면적으로 금지하고 있는 것으로 나타났다. 물론 그럼에도 불구하고 많은 직원들이 페이스북에 접속할 방안을 찾아낼 테지만 말이다. 그리고 데이터와 과학적 분석법을 사용하긴 하지만 여전히 많은 수의 고위중역이 자신의 직감을 신뢰한다. 또 어떤 조사에 따르면 내려지는 결정의 40퍼센트는 여전히 직감을 따른다고 하는데, 실제비율은 이보다 더 높을 것이다.

그러나 많은 기업간부들은 주변을 둘러보고 세상이 변하고 있음을 깨닫고 있기 때문에 변화의 패턴에 맞춰서 움직이거나 오히려 더 앞서 나가기도 한다. 이러한 조직들은 보다 많은 사람들과 상의하고 그들의 전문지식을 활용하며, 집합적 리더십의 한 형태를 채택하고 있다. 결정을 내리는 데 데이터와 분석을 적용하며, 이 모든 것을 새로운 테크놀로지로 뒷받침하고 있다. 이들은 크고 전략적인 결정에 집중하기도 하고, 기업전략의 성공적인 수행에 대단히 중요한 그날그날의 업무결정에 집중하기도 한다. 리더들은 여전히 리더로서의 역할을 하지만, 이전보다 다수의 의견을 더 존중하고 더 겸손한 방식으로 하고 있다.

03 경영팀의 의사결정

한국과 같이 자본주의적 기업경영방식이 일천한 국가에서는 구미와 같은 소유와 경영의 분리현상이 미진한 상태에서 여전히 창업주나 오너일가가 경영관리 의사결정의 핵심주체의 위치에 있다. 그러나 자본주의적 기업경영방식의 발전에 따라 한국기업에서도 기업지배구조 상의 변화가 점차 확산되고 있어 창업주내지 오너보다는 전문경영인에 의한 기업경영 현상이 가속화될 것으로 전망된다. 이처럼 전문경영인에 의한 기업경영이 일상화되면 구미에서 보는 바와 같이 대부분의 중요한 의사결정은 기업조직의 최고위 경영층, 즉 경영팀 혹은 그들이 참여하는 경영회의에서 결정되는 경우가 더 증가하게 될 것이다.

중소기업의 경우 1인 지배체제가 여전히 지배적이지만 규모가 중견규모 이상이면 대개 고위경영진이 참여하는 경영회의에서 중요한 의사결정이 이루어지고 있는 것이 사실이다. 앞 절에서 살펴본 바와 같이 이제 기업들은 점점 더 집단지혜에 대한 의존도가 심화되어가는 추세에 있다. 그러나 경영자 1인의 의사결정이 한계가 있는 것과 마찬가지로 집단적 의사결정체의 대표격인 경영회의에도 장단점은 있다.

저자의 관찰로는 경영회의도 하나의 집단으로서 인간처럼 지능이나 성격 등을 갖고 있다. 집단으로서의 지능지수, 감성지수가 있다는 것이다. 경영자가 될 정도의 사람들이기 때문에 각 개인은 뛰어난 사람들이지만, 그들이 구성하는 경영회의라는 집단의 지능지수는 낮을 때도 있다. 개인에게 리스크를 피해서 지나가려고 하는 리스크 회피형이 있는 것처럼 경영회의에도 리스크 회피형이 있다. 이하 경영회의 집단을 인격에 비유해서 관찰해 보기로 하자.

3.1 경영회의의 지능수준

1. 합의에 의한 결정의 질

한국기업의 경우 전술한 바와 같이 창업주내지 오너 직계가족에 의한 기업가형 결정(Follow me!)이 여전히 많이 남아있는 게 사실이나, 설사 가족기업의 성격이 강하다 하더라도 향후 치열한 경쟁속에서 살아남기 위해서는 오너 1인 의사결정체제보다는 고위경영진의 아이디어를 모으는 것이 필요할 것이다.

경영회의의 특징의 하나로 컨센서스, 즉 합의가 있다. 이러한 합의내지 전원참가 경영의 원형으로 흔히 일본기업의 예를 들고 있다. 합의경영이 잘 기능하기 위해 사내일체감이 중시되고 경영의사결정에서도 합의가 매우 중요시 되고 있다. 한편 미국의 경영에서는 각 직위의 권한과 책임으로 직무를 수행하기 때문에 합의가 있는 것이 바람직하지만, 그렇다고 강요하지는 않는다. 이 방식은 경영행동을 빨리 개시할 수 있는 장점은 있지만, 행동을 개시한 후 관계자 간의 의견차이나 오해가 표면화되어 행동이 삐걱거리는 수가 있다. 합의경영에도 결점이 지적되고 있는데, 의사결정에 시간이 걸리는 것과 합의에 의한 결정이 반드시 결정의 질적수준을 보장하지는 않는다는 것이다.

기독교의 퀘이커(Quaker)파는 방침이나 활동을 결정할 때 합의를 중시하는 것으로 알려져 있다. 퀘이커교도들이 창립한 학교라든가 집회소, 대학, 기업의 운영은 합의에 의하기 때문에 관계자는 반대의견자와 동의를 만들어낼 때까지 끈기있게 서로 대화한다. 따라서 합의에 의한 의사결정에는 시간이 걸린다. 일본의 회사에서는 의제를 토론하기 전에 사전교섭을 해서 시간단축을 꾀하려고 하지만 역시 시간이 걸린다. 일본기업과의 판매교섭이나 업무제휴교섭에 있어 한국기업이 일본측의 느린응답에 대해 불만을 표시하기도 한다.

그렇다면 시간이 걸려서 이루어지는 합의에 의한 결정의 질을 살펴보자. 영업, 공장정비, 금융책 등 전문가에게 책임을 일임했다고 할 때 전문가는 완전한 문제대처(만일 그러한 일이 있는지 어떤지는 별도로 하고)를 위해 적어도 80%, 90%의 생각할 시간을 갖는다. 다시 말해서 전문가라면 혼자서 적어도 80점이나 90점 정도의 문제대처법을 생각해 낸다. 보통의 문제대처라면 80점으로 충분하다. 이에 대해서 '영지를 모아 최선의 대책을 세우자'는 의도로 문제에 대한 대책수립을 경영회의의 의제로 했을 경우는 어떨까. 100점을 따자는 것이다. 그러나 경영회의 멤버중에는 문제의 검토에 필요한 전문지식이 없는 사람도 있으며 문제와 거의 관계없는 사람도 있다. 사전에 검토하고 오는 것이 아니라 여러 사람들 속에 섞여 회의에서 처음 생각하는 사람도 있을 것이다.

매니즈먼트 강의에 의하면 문제를 지식과 관심의 최저수준 가까이로 내려서 의논하지 않으면 합의에 도달하지 못한다. 경영회의에 문제의 전문가는 들어와 있어도 그룹으로서의 지식수준과 관심은 책임을 떠맡은 한 사람의 전문가보다 낮은 경우가 많다. 따라서 합의에 의한 결론이나 결정은 참석자들이 영지를 모았다고 생각하고 책임을 분담했다는 안심감을 갖게하지만, 다함께 생각했다고 하는 구실하에 반드시 양질의 결론이 나오는 것은 아니다. 80점이 안 되는 경우도 의외로 많다.

2. 주의지속 시간이 긴 우량기업

주의지속 시간은 인간이 생각을 집중할 수 있는 시간의 길이이다. 주의지속력이라고도 한다. 유아의 주의지속 시간은 30초 정도이므로 유아나 아동의 TV프로그램은 장면을 단시간에 바꾼다. 성장하면서 점차 길어지지만 사회인에게는 아직 성장하지 않은 어린이처럼 관심이 이리저리 바뀌는 사람에서부터 장시간 생각할 수 있는 사람까지 개인차가 크다. 좀 오래전의 사례지만 약 20년 전의 크라이슬러사와 포드 모터사의 경영그룹의 사례에서 경영그룹 간에도 '그룹의 주의지속 시간'에 장단이 있다는 걸 알 수 있다.

다음은 한 MBA 과정에서의 경영컨설턴트식 사례연구에서 실제기업의 경영문제를 소재로 다룬 학습팀의 활동내용의 요약이다. 학습팀은 1988년에는 크라이슬러와, 그 다음해에는 포드와 작업을 했다. 경영분석과제는 '회사의 PER(price earning ratio 주가수익률. 주가와 1주당 이익비율)를 높이는 방책'으로 둘 다 똑같았다. 다시 말하면 '회사의 이익에 비해 주가가 너무 싸다. 어떻게 하면 주가를 올릴 수 있을까'라는 과제였다. 이 테마는 원래 비밀이었지만, 두 회사의 경영회의 멤버가 완전히 바뀐데다가 크라이슬러는 벤츠에 매수되었기 때문에 20년 이상이 지난 지금은 시효에 의해 공표해도 좋다고 판단된다.

크라이슬러에서는 5개 학습팀별로 35분의 발표 및 10분의 질의응답으로 시간표를 짜고 회사측에서의 질의는 팀 발표뒤에 하기로 규칙을 정했다. 이것이 지켜진 것은 최초의 1팀뿐이었다. 두 번째 팀부터는 발표도중에 끼어들어 질문을 하거나 코멘트를 하며 경영관리자 간에 이야기를 주고받아 발표시간이 지켜지지 않았다. 어린이가 장시간 가만히 이야기를 듣고 있지 못하는 것과 같은 것이다. 세 번째 팀에서는 발표자를 연단에 둔채 부사장, 디렉터 간에 논의가 벌어져 이 팀의 발표에서는 시간이 부족했다.

간단히 말하면 당시[5] 크라이슬러사 경영그룹의 주의지속 시간은 겨우 30분 정도였다. 사람에 따라서는 재무이론이 재미없다는 이유도 있었다. 당시 회장이었던 아이아코카의 은퇴가 다가오자 후계자 경쟁에 각자 자기선전을 하다보니 회의가 혼란스러워져 그룹의 주의지속 시간이 짧아진 것이 아닌가 하는 생각도 할 수 있다.

당시 이 회사는 미국연방정부 보증의 차입금으로 근근히 조업하고 있었다. 주의지속력이 짧은 경영회의에서도 도산회피와 차입금반제라는 긴박한 경영목표에는 의견이나 행동이 모두 통일될 수 있었다. 차입금을 갚은 후에는 장래의 발전계획만으로도 많은 선택지가 있어서 복잡한 경영정책을 토론하게 되는데, 그러기에는 이 주의지속 시간은 너무 짧다. '크라이슬러는 도산회피와 차입금반제까지는 할 수 있어도 그 후의 장래는 불안하다'는 것이 학습팀의 공통된 느낌이었다. 회사의 어느 한 시기의 경영악화의 결과는 5년, 10년 후까지 영향을 미친다. 그런 탓인지 경영곤란으로 1998년에 크라이슬러사는 독일의 다임러 벤츠사에 합병되었다(주:현재의 경영그룹은 완전히 일신했기 때문에 이 논의는 현 경영그룹과는 무관하다).

한편, 포드에서는 학습팀이 발표가 끝날 때까지 듣고 있었다. 질의와 의견교환 시간이 되자 둑을 터뜨린 듯이 질문이 쏟아져 나왔다. 질문에서 발표내용을 잘 이해하고 있는 흔적이 보였다. 그룹으로서 지능지수도 감성지수도 높다는 인상을 보여주고 있었다. 어느 팀이나 모두 포드사가 현재 가지고 있는 현금이 너무 많다고 지적했다. 군수부문을 팔아 자동차와 관련이 깊은 업종의 회사를 매수하도록 권장한 팀도 있었다. 이들 테마는 사내에서도 검토되고 있던 것인지 끝까지 토론이 이루어졌다.[6] 팀별 발표를 듣고 그 뒤의 끝까지

---

5) 다임러 벤츠가 매수했기 때문에 현재의 경영진은 다르다.
6) 포드는 1년 이내에 군수부문을 매각했고 재규어사를 매수했다.

추궁한 질의와 토론과정에서 지칠 줄 모르는 부사장들의 의견집중이 엿보였다. 단순히 시간경과에서 이 그룹의 주의지속 시간은 180분 혹은 그 이상으로 추측되었다. 이 경영진은 토레스를 발매해서 인기차종으로 만들고 SUV, 픽업트럭 매출을 늘려 세계 1위의 제네럴 모터스와 매출액의 차이를 축소하여 이익률에서는 능가하고 있었다.

이처럼 집단간에는 주의지속 시간의 차이가 있다. 회사사장, 부사장, 이사는 개인으로는 유능한 사람이라 지속시간도 길겠지만, 이 사람들이 구성하는 경영회의는 주의지속 시간이 따로 있다. 집단이 유아처럼 단시간밖에 하나의 문제에 주의를 집중하지 못하고 의제가 도중에 끊기거나 다른데로 이동해 버리는 일은 흔히 볼 수 있다. 의장의 회의운영이 졸렬하거나 경영회의가 분극화되어 있고 성과를 내려고 하기보다는 자기주장을 하고 싶어하는 사람이 있거나 하면 의제에 집중할 수 없게 된다. 타 회사의 경영회의에 무조건 들어가 주의지속 시간을 측정할 수는 없기때문에 사례는 적지만, 측정할 수 있다면 집단의 주의지속 시간과 회의업적과는 강한 상관관계가 있을 것으로 추정된다. 경영회의 의장인 사장은 자사의 경영회의 집단의 주의지속 시간을 평가해 볼 필요가 있다.

3.2 리스크 회피형과 리스크 추구형 경영자

1. 리스크를 피하는 사람, 즐기는 사람의 차이

“큰 수주를 받았지만 이것이 적자로 연결될지도 모른다, 신제품에 대한 맞춤형 투자를 했지만 결국 손실이 날지도 모른다, 손실의 크기와 투자금의 조달방식 여하에 따라 회사자체가 파산할지도 모른다”는 식으로 경영에는 늘 리스크가 뒤따른다. 그런데 대부분의 사람들은 리스크를 피하고 싶어한다. 리스크가 몹시 걱정이라면 정치와 경제가 안정된 나라의 국채를 자본금으로 사면된다. 저금리로 산 국채가 제로가 되는 일은 없다. 기업을 일으키거나 기업에 투자하는 것은 리스크를 무릅쓰고라도 이 저금리보다 큰 이익을 바라기 때문이다. 리스크는 피하고 싶지만 큰 이익은 얻고 싶다는 것은 모순이다.

그래서 개인과 경영회의의 리스크에 대한 태도를 [그림 2-2] ‘부(富) · 효용곡선’을 이용하여 살펴보자. 그림에서는 A, B, C 세 가지 다른 유형의 수입에 대한 반응을 나타내고 있다.

리스크를 피하고 싶은 사람이 250만원의 수입을 얻었다고 하자. 이 사람은 수입에 상당한 만족도 혹은 행복감을 느낀다. 재무론이나 경제학에서는 이들 느낌을 ‘효용’이라고 총칭한다. 효용을 어떻게 측정하는가에 대해서는 논의의 여지가 있지만, 효용을 측정하는 단위를 유틸리티라고 한다. [그림 2-2] A선에서는 250만원을 얻었을 때 이 사람의 효용은

그림 2-2 부(富)·효용곡선

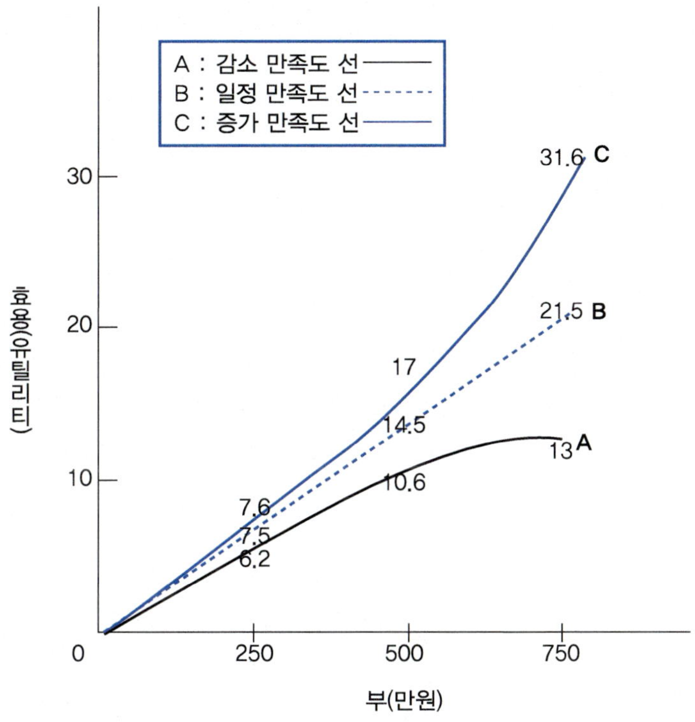

6.2유틸리티이다.

이 사람이 그보다 250만원 더 높은 500만원의 수입을 얻었을 때 A선에서는 효용은 10.6이다. 최초의 250만원에서는 효용은 6.2유틸리티였지만, 그 다음번 250만원에서는 그보다 감퇴한 4.4유틸리티가 증가했을 뿐이다. 다시 그 다음번 250만원에서는 2.4유틸리티만 증가하여 13유틸리티가 된다. 사람에 따라 정도의 차이는 있지만, 대부분은 수입수준이 올라감에 따라 똑같은 수입증가분에서 얻을 수 있는 효용이 점점 하락하는 경향이 있다. [그림 2-2]에서는 A를 감소 만족도 선이라 표시했다(이하, 유틸리티는 생략).

이 사람이 500만원의 수입이 생겼을 때 투자에 임해서 250만원(다른수치라도 좋다)을 얻었을 때의 만족도는 2.4오르는 데 대해서 250만원을 잃었을 때의 만족도 손실은 4.4이다. 이 사람은 250만원 얻는 기쁨보다도 250만원 잃는 고통이 더 크다. 따라서 리스크를 피하고 싶은 마음이 생긴다. 이런 유형의 사람을 리스크 회피형 혹은 배제형이라고 한다. 대부분의 사람들이 이 유형이다.

B선과 같이 직선의 사람도 있다. 이 사람은 500만원을 갖고서 투자로 250만원을 벌어도

또는 손실을 봐도 효용은 똑같이 7단위로 오르내린다. 손실에서 오는 불쾌감과 이득에서 얻는 기쁨이 같다. 손실이든 이득이든 250만원은 250만원이라고 하는 매우 기계적으로 생각하는 사람이다. 리스크 중립형이다.

사람에 따라서는 250만원의 이득에 의한 기쁨이 손실에서 오는 불쾌감보다 강한 사람이 있다. 이러한 유형을 C선이 보여주고 있다. 500만원의 점에서 250만원 얻었을 때의 효용은 14.6이 올라가지만, 잃었을 때에는 9.4밖에 내려가지 않는다. 이 선을 증가만족도 선이라 부를 수 있다. 이런 유형의 사람을 리스크 추구형이라고 한다.

리스크 추구형의 비근한 예는 슬롯머신광이다. 슬롯머신에서 1천원 땄을 때 갑자기 돈을 땄다고 요란을 떤다. 동료가 '자네, 1천원 따기전에 몇천원 날렸지 않은가'라고 해도 소용없다. 이 슬롯머신광은 극단적인 C선 유형으로, 돈계산이 아니라 손실에서 받는 불쾌함에 둔감하고 이득에서 얻는 쾌감이 매우 강하다. 이렇게 되면 도박을 그만둘 수 없다.

최근의 퍼스컴기업이나 정보기술(IT) 기업의 창업자는 강도높은 리스크 추구형이 많은 것 같다. 전 IBM회장 거스너는 그의 저서[7)]에서 마이크로소프트 회장, 애플컴퓨터 회장, 델컴퓨터 회장 등으로 지목하고 있지는 않지만, 이들 업종의 창업경영자는 이득을 얻으면 점점 더 이득을 얻고 싶어하는 유형으로, 경쟁상 이들에 대한 대항방책의 필요성을 서술하고 있다.

2. 리스크 배제는 대기업병

개인처럼 경영회의에도 리스크 배제형과 리스크 추구형이 있다. 구성원들 성격의 집합으로서 경영그룹의 성질을 알 수 있다. 리스크 배제형 집단의 경우 투자를 생각할 때 적어도 투자손실에서 오는 효용저하에 상응한 정도의 투자이득에서 오는 효용상승을 추구하려고 한다. 다시 말하면 이득의 가능성은 매우 크지만 손실 가능성은 적은 좋은 투자를 요구한다. 좋은 투자건은 입소문을 타기가 쉬우므로 IT가 발달한 현재의 정보시대에는 그런 투자 건이 우리회사를 위해서만 존재할 리는 없다. 없는것을 찾고있는 사이에 신제품개발 투자에도 신사업 설립에도 투자기회를 잃게 된다. 리스크 배제형 경영자 아래서는 회사의 성장은 둔화되고 정체되어 버릴 가능성이 높다.

리스크 추구형 그룹은 범의 굴에 들어가지 않고서는 범의 새끼를 잡을 수 없는 것처럼 리스크를 무릅쓰고라도 투자한다. 급성장을 한 마이크로소프트, 애플컴퓨터, 델컴퓨터 등을 관찰해 보면 많은 신방식, 신제품, 신사업에 적극적으로 투자를 하고 있다. 그 중에 성

---

7) Louis V. Gerstner, Jr., *Who Says Elephants Can't Dance*

공한 것은 남기지만, 전망이 없는 것은 빨리 철수하거나 처분해 버린다. 웰치 회장하의 GE는 작은 규모의 M&A까지 넣으면 거의 매일같이 인수합병을 했지만, 채산이 맞지 않아 처분하는 사업도 그만큼 많았다고 한다.

어떤 기계제조 회사의 사례를 보면 경영회의가 심각하게 리스크 배제형에 빠지게 된 시기가 있었다. 창업사장 밑에서 리스크 추구형이었던 회사도 성공해서 커지면 이 병에 감염되기 쉽상이다. 신제품개발에 책임이 있던 기술부사장이 극도로 리스크 배제형이어서 경영회의에 강한 영향을 미치고 있었다. 기술개발부에서 신제품 아이디어를 제안하면 그에게 성공가능성은 어느 정도 있는지, 예상매출액은 어느 정도되는지, 이익은 틀림없는지 등등 집요하게 질문을 받았다. 동료들도 마찬가지였다. 신제품 아이디어는 매출량이나 이익률 등 기존 제품과 같이 분명하게 알 수는 없기 때문에 대답할 수가 없다. 제안자로부터 대답이 없다고 하면 대부분의 제안서는 선반에서 먼지만 쌓이게 된다. 그 중의 하나와 똑같은 신제품이 타사로부터 발매가 되어 그 후 20년 이상 업계동향의 중심이 된 아이디어가 있었다. 트렌드의 선취기회를 잃었을 뿐만 아니라 참신한 제품이 결핍되어 회사의 매출성장은 저하되었다. 이 기술부사장이 퇴직한 후 리스크 추구형으로 되돌아갔지만 한번 리스크 배제형으로 생긴 조직의 성장정체는 회복하기 어려웠다. 경영회의의 리스크 배제병은 기업체질을 병약하게 해서 나중에 건강을 되찾기가 쉽지 않다.

3.3 자신의 돈과 다른 사람 돈의 사용방법

1. 프리드만의 교훈

돈의 사용방법을 노벨경제학상 수상자 프리드만은 다음과 같이 네 가지[8]로 나누고 있다.

사례 1 : 자신의 돈(시간)을 자신을 위해 사용할 때
사례 2 : 자신의 돈(시간)을 다른 사람을 위해 사용할 때
사례 3 : 다른 사람의 돈(시간)을 자신을 위해 사용할 때
사례 4 : 다른 사람의 돈(시간)을 다른 사람을 위해 사용할 때

그는 이것을 정부의 부 · 처 수가 늘고 인원이 증가하여 예산도 계속커지는 이유의 설명에 이용하고 있다. 이것을 가지고 경영관리를 고찰해 보자. 프리드만은 자신의 돈, 다른 사람의 돈에 대해 논의하고 있지만, 돈 못지 않게 다른 사람의 시간도 동등하게 생각할 수 있

8) M & R Friedman, *Free to Choose*, p.115

기 때문에 여기에 추가하였다.

사례 1은 자신의 돈으로 자신의 옷이나 집을 살때 등이다. 이 경우 인간은 돈을 가장 유효하게 쓰려고 신중히 노력한다. 창업경영자는 자신의 돈으로 자신의 회사를 운영하고 있다. 경제학에서는 유효하게 사용하는 것을 '만족도 높게 사용한다'라든가 '효용이 높게 사용한다'라고 말한다.

사례 2는 자신의 돈으로 다른 사람에게 선물을 줄때 등이다. 이 경우는 다른 사람에게 좋은 인상을 주어 자신을 돋보이게 하는 것도 생각하지만, 신중함이나 노력은 사례 1만큼 강하지 않는것이 보통이다.

사례 3에서 다른 사람의 돈이란 회사돈을 지칭한다. 앞의 두 사례에 비해 다른 사람의 돈에는 유효하게 사용하려고 하는 노력이 별로 들어가지 않는것이 보통이다. 미국에서는 출장비는 실비지급이다. 한국회사에서도 실비지급으로 하고 있는 회사가 많다. 이 경우 출장자는 회사돈을 자신의 호텔비와 식비로 사용한다. 자신을 위해서는 있기편한 고급호텔에 묵으려 하고 고급레스토랑에 가려고 하는 경향이 강하다. 사례 3이 극단화되면 착복이나 횡령 등의 범죄영역에 들어간다.

사례 4는 고객접대가 예이다. 접대에서는 회사돈을 고객을 위해 사용한다. 자신이 거래처와 동석할 때는 그 일부에 사례 3이 포함되어 있다. 사용용도에 앞으로의 수주증가를 위해서라고 대의명분을 붙여 화려한 접대를 해서 자신도 덕을 입으려고 한다. 사용족(회사일을 빙자하여 회사돈을 유흥에 쓰는 사람)의 경우도 이것이다.

사례 3과 사례 4는 자주겹치거나 착종되어 있어서 사례 4의 '다른 사람을 위해'를 대의명분으로 해서 사실상은 사례 3의 '자신을 위해'를 늘리려고 하는 경우가 많다. 국회의원이나 공무원이 나라돈을 설비투자에 사용할 때 지방개발이나 경제효과를 대의명분으로 내세우지만, 그 와중에 자신의 표밭을 넓히거나 자기가 근무하는 관청의 세력확대를 하기위해 움직이는 것이 대표적인 예이다. 프리드만은 이 매커니즘으로 실업보험, 건강보험, 정부투자는 항상 확대방향에 있고 국가예산은 항상 증대한다고 말하고 있다.

2. 자신의 돈을 자신을 위해 사용하는 경영의 원점

회사창업자는 사례 1에서와 같이 자신의 돈을 자신을 위해 사용한다. 회사는 이미 주식회사가 되었어도 창업자는 회사의 지출을 자신을 위해 사용하는 사례 1의 생각이 매우 강하다. 창업자는 공장을 돌아보고 있을 때 조그마한 나사가 바닥에 떨어진 걸보고 주워서는 작업대 위에 올려놓는다. 공원들 중에는 '나사하나에 10원도 안 된다. 고급만 찾는 사장이 구부려 나사를 줍는 시간비용이 나사보다 비싸다. 너무 쩨쩨하다'라고 뒤에서 비웃는 사람도 있을 수 있다. 그래도 창업자에게는 나사하나라도 자신의 것이다. 그는 투자가 필요한 경우에는 돈을 썼기 때문에 나사하나가 결코 경미하다거나 쩨쩨하다고 생각하지 않는다. 나사 하나도 함부로 하지 않는 사례 1과 같은 태도는 경영진에게도 직원에게도 전달되어 전회사가 지출에 대해 엄격해 질 수 있다.

창업주가 아닌 경우, 예를 들어 사위가 3대째 사장으로 취임할 경우 어찌보면 회사가 거저 호주머니에 굴러들어온 행운의 사람이다. 자신의 돈을 자신의 회사에 사용한다는 관념이 창업사장과는 거리가 멀수밖에 없고 경영은 당연히 사례 4로 기울어지게 된다. 돈도 회사도 자신이 만든것이 아니라 받은것이기 때문일 것이다. '경영관리에서 창업자 정신으로 돌아가 사업에 임하라'고 조언하는 것은 이 사례를 빌려말하면 사례 4에 빠지지 말고 사례 1의 정신으로 경영하라는 말이다.

3. 다른 사람의 돈을 자신을 위해 사용하는 유혹

사례 4의 결과는 비즈니스지(誌)에 가끔 보고된다. 노무담당 부사장을 비롯하여 경영자가 임금인상, 상여금, 근로조건의 변경, 건강보험의 회사부담분 증가 등 노동조합의 요구에 대응하는 것은 회사의 돈을 노동자를 위해 쓰기 때문에 사례 4의 경우이다. 임금인상, 상여금, 건강보험의 회사부담분은 자기에게도 돌아오기 때문에 사례 3이 포함된다.

교섭은 언제 어디서든 조합의 강경공세 앞에 매우 고통스럽다. 경영자는 고통을 피하려고 경기가 좋을때는 회사의 돈(=다른 사람의 돈)으로 타협해서 보상수준을 올려버리는 경향이 있다고 경제신문이나 잡지 등에서 지적하고 있다. 한국이나 구미에서도 앞세대의 경영간부가 타협한 계산서(합의내용)를 현 경영간부가 뒤처리하느라 고심하는 경우를 자주 접하게 된다.

GM의 경우[9], 과거 30년동안 안이하게 직원의 임금을 승급시켜 임금수준을 올려놓고, 거기다가 방탕하게 내준 퇴직연금과 건강보험으로인해 기금이 부족해서 기업의 큰 경영부담이 된바 있다. 이로 인해 GM은 다른 경쟁사에 비해 각 자동차 판매에서 약 7%만큼 더 높은 비용을 부담하는 것으로 추정되었고 결국 2008년 세계적인 금융위기를 맞아 파산하게 되었다.

사례 4의 '다른 사람을 위해서'라는 그럴듯한 이유를 명분으로해서 사실은 사례 3의 '자신을 위해서'가 되는 의사결정이 자주 이루어진다. 그럴듯해 보이는 방침이라도 자신의 돈

9) Business Week, 2003.2.10., p.52

이라면 받아들이지 않겠지만 회사의 돈을 사용하고 있기 때문에 받아들이고 있는 경우가 흔히 있다.

4. 경영의사 결정을 그르친 사례

여기서 자신의 돈이 아니기 때문에 의사결정을 그르친 사례를 살펴보자. F&P사는 오랫동안 압력측정 장치시리즈를 제조 · 판매해 왔다. 시리즈에는 고압력용, 중압력용, 저압력용, 초저압력용 등의 모델이 있었다. 자동차 브랜드에 4도어 세단, 2도어 세단, 스테이션 왜건, 쿠페 등의 모델이 있는 것과 비슷하다. 약 25년전에 F&P사는 신기술을 이용한 제품 시리즈를 재발해서 구 시리즈를 교체했다. 우선 시리즈 중 50–60%로 가장 매출대수가 많은 중압력용을 개발하여 이에 대한 제조설비 준비를 했다. 자동차에서 수요가 많은 4도어 세단을 최초로 만드는 것에 상당하는 것이다. 이 중압력용의 개발비는 제조설비비를 넣지 않고 당시 화폐가치로 약 300만 달러였다.

이때 영업판매담당 부사장은 '신(新)시리즈의 전모델을 일제히 출하할 수 있게 될 때까지 어떤 모델도 발매하지 않는다'고 결정했다. 회사에는 종래의 압력측정기 모델이 있었기 때문에 새로운 중압력용 모델을 그것들과 함께 판매할 정책도 가능했음에도 불구하고 이런 결정을 했다. 그는 전모델이 완전히 갖추어지기 전에 중압력용 모델만을 발매하고는 신제품 시리즈의 시장에 대한 임팩트가 약해지자 그럴듯한 설명을 하고 있었다. 이렇게 해서 매출대수가 적은 나머지 모델이 준비될 때까지 전(全)시리즈가 발매보류가 되었다.

이 결정을 쉽사리 납득할 수 없는 이유는 자동차 회사의 경우와 비교해 보면 잘 알 수 있다. 자동차 회사는 모델을 교체할 때 4도어 세단을 개발하고 제조준비를 하고나서 2도어 세단, 스테이션 왜건, 쿠페 등 전차종이 갖추어질 때까지 발매를 연장하지는 않는다. 압력측정장치의 개발비는 자동차 개발비보다 한 자리수 작지만, 회사의 매출액이나 자본금과의 비율을 생각하면 개발비는 어느 쪽에나 동등한 부담이다.

부사장 담당의 영업판매 부문에 한해서 보면 전모델을 한 번에 발표하는 것이 일은 하기 쉽다. 자기 담당부문의 편리만을 생각한 이 결정은 중압력용 모델의 개발비 300만 달러를 2년 이상 잠재우는 결과가 되어 당시의 자금비용으로 계산하면 65만 달러의 눈에 보이지 않는 손해를 회사에 안겨주었다. 이런 결정은 회사의 돈이 자신의 것이 아니기 때문에 하는 결정이다. 당시 창업사장이 생존해 있었다면 자신의 돈이 들어간 만큼을 되찾기 위해 재빠르게 중압력용 발매결정을 했을 것이다.

5. 모럴 헤저드를 방지하는 장치

회사의 돈을 함부로 사용하는 경향은 비록 소액이라 할지라도 주의를 게을리하면 계속 일어날 수 있다. 작은 예로, 한국 어느 회사의 기술부가 리버스 엔지니어링을 위해 미국산 경쟁제품의 동일모델을 한꺼번에 6대 샀다. 총 300만원 정도로 회사로서는 고액은 아니었다. 리버스 엔지니어링은 경쟁제품의 자세한 내역을 조사하기 위해 세부까지 분해해서 검사하는 시간이 걸리는 일이었다. 6대나 리버스 엔지니어링을 하고 있으면 자사제품을 개발하는 시간을 그만큼 빼앗겨 버리게 되므로 대략 1대나 2대로 충분하다. 2대로 부족하다면 추가로 구입하면 된다. 이 기술부가 4대나 여분을 산이유는 '만일 무슨일이 있을지도 모르기 때문에'였다. 자신의 돈을 쓸 경우는 적은 액수라도 '만일 무슨 일이 있을지도 모른다'는 이유만으로 우선 사지는 않을 것이다.

업계에서는 당연히 사례 3, 사례 4의 폐해를 줄이는 방안이 강구되고 있다. 경영관리자나 전문가를 기업에 결부시켜 사례 1의 방식으로 생각하고 결정해서 행동을 시키려고 하는 것이다. 이것이 곧 인센티브 시스템의 원리이다. 창업자가 아니라도 경영자가 사례 1로 경영을 하도록 연구한다.

가장 성공적인 예로 1898년 창업해서 세계 최대의 종합건설 회사로 성장한 벡텔사(Bechtel Corporation)가 있다. 이 회사의 주식은 공개되어 있지 않다. 이 회사의 경영그룹에 대한 보상은 엄청나다고 소문이 나 있는데 거기다 주식이익이 굉장하다. 보상액은 공개할 수 없지만 경영그룹에 임명되면 주식이 할당되어 살 수 있게된다고 한다. 퇴사할 때는 그 주식을 회사가 매수한다. 주식을 가진채로 퇴사는 불가능하다. 이 계약에서는 자본금 총액을 발행주수로 나눈 1주가치가 사용된다. 재임기간에 이익을 올리면 잉여금이 늘어 자본금 총액이 늘어난다. 그 일부가 퇴사시 회사가 주식을 되돌려 매입할 때 자신의 이익이 된다.

미국의 경우 인센티브 시스템의 한 형식으로서 직원에게 스톡옵션을 주는 회사가 많이 있으며 한국기업에서도 사례가 적지 않다. 스톡옵션에서는 그것을 받은 직원은 회사의 주식을 회사가 미리 약속한 가격으로 어느 일정기간 내에 구입할 수 있다. 주식시장의 주가가 약속한 가격보다 높아졌을 때 직원은 회사의 주식을 매수해서 시장에 팔면 이익을 얻을 수 있다.

이러한 인센티브 시스템은 1980년대부터 1990년대에 IT산업에서 널리 채용되어 다른 업종으로도 확산되는 경향을 보여주고 있었다. 그러나 최근 주식시장이 약세이거나 IT회사 자체가 슬럼프에 빠져 스톡옵션이 부도어음처럼 되어 버렸다. 스톡옵션은 주식을 이용해서 직원 한 사람 한 사람을 사례 1의 방식으로 일하게 하려고 하는 의도에서는 벡텔방식과 흡사하지만, 일반 스톡옵션은 시장주가를 사용하기 때문에 불확실한 요소가 많다.

3.4 품의제도식 의사결정의 문제

한국회사에서 자동차로 외출할때 그룹중 가장 서열이 높은 사람, 말하자면 가장 높은 위치에 있는 사람이 조수석 뒷좌석을 차지한다. 서열이 낮은 순서로 뒷좌석을 채워가다 마지막 최하위자가 앞좌석을 차지한다. 그리고 운전수 옆에 앉은 사람이 목적지 등을 지시한다. 가장 높으신 분은 자신이 운전하지 못해도 길을 몰라도 뒷자리에서 뽐내고 앉아있다. 단, 스포츠카광인 중역이 있을때는 그 사람이 자신의 자동차를 운전하려고 하기 때문에 예외는 있다. 반면 미국회사에서 외출할 때는 최상위 사람이 자신의 차를 운전하는 것이 보통이다. 부하는 적당히 좌석을 차지한다.

이 좌석배열이 한 · 미국의 경영관리 관습을 상징하고 있는 것 같다. 이를 테면 한국은 '가마형', 미국은 '견인형'이라 부를 수 있다. 즉 한국에서는 사장, 부장, 과장의 순서로 상사가 뒤에서 부하에게 일을 시키든가, 아니면 부하가 스스로 알아서 일을 하게 한다. 경영방침도 직접 알아서 쓰는 것이 아니라 품의서가 올라오는 것을 승인하는 방식으로 하고 있다. 관리직이 차안에서도 그런것처럼 조직상으로도 부하에게 떠받들여지고 있는 가마와 같다. 미국의 직무분담에서는 조직의 장이 앞에 서서 핸들을 잡고 경영관리 방향을 정해서 부하를 견인하지 않으면 안 된다.

종적관계가 중시되는 사회에서, 장기고용 관행이 형성된 회사에서는 직원이 회사에 장기근속해서 사내부서를 두루망라하는 사이에 강한 세로방향의 관계가 생겨 공식조직 바깥에 또 다른 집단이 생겨난다. 이것이 비공식 집단의 하나이다. 경영회의 구성원은 비공식 집단의 리더로서 집단의 의사와 이해를 대표한다. 정당파벌에서 보는 것처럼 리더는 반드시 집단구성원을 직접 지배하는 것이 아니라 직속부하의 지배를 통해 전체에 영향을 미치는 경우가 많다. 타집단간의 의견조정도 필요한 역할이다. 따라서 미국의 경우처럼 사장이나 부사장 등이 자신의 권한으로 집단을 지배하고 있는 것과는 다르다. 경영회의에서도 집단의 이해대표로서 발언하는 것과 권한을 바탕으로 직무수행을 위해 발언하는 것은 당연히 달라진다.

1. '사전교섭' '품의서'를 폐지한 거스너의 변혁

리더의 힘이 제약되어 있는 회사에서는 그 의사결정에 품의제도가 자주 사용된다. 어떤 테마에 대해서 담당자가 제안을 하고 자신의 부서나 관계부서에 보여서 의견의 차이를 조정하고 합의가 된 제안서, 즉 품의서를 경영회의에 제출해 승인을 얻는 방식이다. 제안서 원안을 사전에 관계부서에 보여서 차이를 조정하고 합의를 얻어내는 작업을 '사전교섭'이라고 한다. 사전교섭으로 집단간에 무수한 타협을 숨긴 어떤 하나의 안이 만들어진다. 이와 똑같은 상태를 미국의 회사에서도 발견하는 경우가 있다. 거대기업의 예로, 1990년 전후의 IBM[10]을 들 수 있다.

IBM의 회장으로 취임한 거스너는 사전교섭을 '관계자 중 최하위의 사람에 의한 회사방침의 결정'이라고 비판하였다. IBM에서는 오랫동안 경영회의에서의 기탄없는 논의는 사전조정이 끝난합의로 전환되어 있었다. 경영자를 넣지않고 본사스탭이 관계자중 최하위 수준에서 합의를 만들고 있었다. 따라서 중요문제를 토의하는 것이 아니라 경영회의는 무수한 타협을 숨긴 단 하나의 제안을 볼뿐이었다. 대부분의 경우, 경영회의의 역할은 단순히 제안을 승인할 뿐이었다. 이것은 문자그대로 사전교섭과 품의서 방식으로 쉽게 바뀌지 않는 오랜 관행이었다. 거스너는 '자신이 회사의 경영결정에 직접 관여하려고' 회장취임과 동시에 이것을 그만두었다.

회의운영에서도 한국과 미국은 리더의 태도에 큰 차이가 있다. 미국의 경영회의에서도 사장에게 영합하는 사람이 없지 않지만 건전한 경영회의에서는 경영방침에 대해 출석자가 기탄없는 논의를 한다. 출석자간에 의견대립이 있는 경우가 있지만 논의를 종합해서 결론을 내는 것이 회의를 주최하는 사장의 직무이고 재량이다.

사전교섭은 회사유력자의 의견대립을 공개장소에서는 피하기위한 방법이다. 미국지사에 파견되어 온 한국기업의 경영자 중에는 사전교섭에 익숙해져 있어 회의에서 미국인 관리자간에 기탄없는 논의가 있으면 회의 주최자가 사전교섭을 제대로 하지 못한 졸렬한 의사운영이라고 화내는 사람조차 있다. 기탄없이 자기의견을 주장하는 사람을 반항자라고 생각하거나 적어도 자신의 파벌에 속하지는 않는 자라고 생각하는 것이다. 자신의 생각을 갖고 자신의 힘과 권한으로 성과를 올리려고 한 거스너 회장의 예를 보자.

1993년에 그가 IBM회장에 취임했을 때는 전임회장 밑에서 업적저하 대책으로 회사를

10) Louis V. Gerstner, Jr., *Who Says Elephants Can't Dance*

분할매각할 방침이었다. 은행과 컨설턴트가 합동해서 분할작업이 진행되어 실시 일보직전까지 가있었다. 분할매각이라는 생각은 사면초가로 그를 둘러싸고 있었다. 거스너는 IBM을 다시 하나의 통합된 조직으로 회복할 수 있다고 생각하고 자신의 권한으로 모든 분할작업을 중지시켰다. 거스너는 자신의 생각을 구성원에게 설득시킴과 동시에 권한과 책임을 갖고 직무를 수행하는 전형적인 미국경영의 실례라 할 것이다.

토 의 문 제

1. 독단적인 의사결정으로 기업의 실패를 가져온 사례를 살펴보고, 이에 대한 대안을 제시하라.

2. 리스크 회피형과 리스크 추구형의 대표적인 리더를 살펴보고, 장 · 단점을 제시하라.

연 습 문 제

1. 경영관리자의 역할을 설명하라.

2. 경영자 1인 의사결정의 한계점은 무엇인지 설명하고, 한계점을 극복하기 위한 대안은 무엇인가?

3. 다른 사람의 돈(시간)을 다른 사람을 위해 사용하는 경우를 사례를 들어 설명하라.

4. 품의제도식 의사결정의 문제는 무엇인지 설명하라.

CHAPTER

03

직원관리

01 작업과 노동의욕의 매니즈먼트
02 과학적 접근
03 행동어프로치
04 직원의 성격
05 감성지능

잡스·베이조스·저커버그 옆엔 감성지능 높은 '2인자 리더십'

▮'혁신 아이콘' 찬양받는 리더들 '괴짜' '폭군' 이미지 공통점
▮아마존엔 데이브 클라크페이스북엔 셰릴 샌드버그리더에 상처받은 직원 다독여기업 눈부신 성장 이끌어

애플의 스티브 잡스, 아마존의 제프베이조스, 페이스북의 마크 저커버그,테슬라의 일론 머스크. 모두 '혁신의아이콘' '개척자'로 찬양받는 리더들이다. 하지만 '괴짜' '폭군'등으로 불리며 비난받는다는 공통점도 있다.

셰릴 샌드버 데이브 클라크

잡스는 회사에서 일 처리가 마음에 들지 않으면 폭언과 욕설을 퍼부었다고 한다. 베이조스 역시 직원을 혹독하게 몰아붙이는 것으로 유명하다. 보고가 마음에 들지 않으면 "왜 내 인생을 낭비하게 하느냐?" "당신은 게으른 건가? 무능한 건가"라고 독설을 한다고 한다. 머스크도 만만치 않다. 12년 동안 함께한 비서가 "휴가를 좀 보내달라"고 하자 흔쾌히 허락하고 바로 해고해버렸다. 저커버그는 그의 '제왕적 리더십' 때문에 인수한 회사 창업자들이 모조리 페이스북을 떠났다.

이런 논란에도 이들이 기업을 빠르게 성장시킬 수 있었던 배경이 있다. 이들 곁에는 하나같이 부족한 부분을 보완해줄 정반대 성향의 리더들이 있었다.최근 신종 코로나바이러스 감염증(코로나19) 확산에 성공적으로 대처했다고 평가받는 아마존의 데이브 클라크 수석부사장(COO)이 대표적이다. 그는 아마존에서 베이조스만큼이나 없어서는 안 될 사람으로 평가받는다. 인간미가 없어 '아마봇(Ama-bot)'이라고 불리는 베이조스와 달리 클라크는 직원들이 무엇이 필요한지 소통하고 공감하는 데 많은 노력을 기울인다. 또 무대 뒤에서 운영 전반의 세부사항을 챙기며 일이 돌아가도록 한다.잡스에게는 팀 쿡이 있었다. 독단적인 잡스와 달리 쿡은 소통과 경청의 리더십을 실천했다. 또 잡스가 혁신적인 제품 개발에 몰두할 때 쿡은 꼼꼼하고 안정적인 운영과 관리로 애플의 흑자 전환에 기여했다.

저커버거는 셰릴 샌드버그(COO)를 만난 뒤 페이스북을 세계 최대 SNS 기업으로 키울 수 있었다. 샌드버그는 페이스북의 광고 기반 수익모델을 만드는 데 기여하고, 직원 관리를 잘하지 못하는 저커버그의 빈 고리를 메우는 역할을 했다.머스크는 어떨까. 머스크의 화려한 성공 뒤에는 스페이스X의 공식 사장이자 COO인 그웬 샷웰이 있었다. 머스크는 한 인터뷰에서 "그웬이 없었으면 오늘의 스페이스X가 없었을 것"이라고 말하기도 했다. 그는 스페이스X의 직원, 고객, 그리고 세부적인 운영사항을 챙길 뿐만 아니라 머스크가 벌여 놓은 일을 수습하고 처리하는 '평화지기(피스키퍼)'로 알려져 있다.

보리스 그로이스버그 하버드대 경영대학 교수는 경영자로 성공하기 위해서는 전략적 사고와 실행 역량을 모두 갖춰야 한다고 강조한다. 하지만 리더가 이런 역량을 모두 갖추기 어려울 수 있다. 이럴 때는 조직 내 리더의 부족한 부분을 보완해줄 수 있는 또 다른 리더십을 찾아야 한다. 혁신적 리더가 일에 대한 완벽주의와 강력한 성과주의를 추구할 때, 감성지능이 높은 2인자 리더십은 상처받은 직원들의 마음을 다독여준다. 또 그들이 꼼꼼하게 챙기지 못하는 운영적인 부분을 챙기며 조직을 안정적으로 끌고 갈 수 있다. 혁신적 리더와 상호작용하는 보완적 리더십이 기업의 혁신에 불을 붙일 수 있다.

● 출처: 한국경제, 2020년 6월 17일자 from https://www.hankyung.com/article/2020061755591

19세기 후반에서 20세기 전반에 걸쳐서 직원에게 능률적으로 일을 시키기 위해 단독작업별 분석, 작업을 조직화하는 실험, 노동자의 노동의욕 자체를 대상으로 하는 연구가 다수를 이루었다. 이 장은 그 주된 연구와 실험을 연대순으로 기술하여 그 성과를 실용화하는데 도움을 주고자 한다.

본장의 학습목표는 다음과 같다.

1. 과학적 접근(Scientific Approach)과 인적 행동접근(Behavioral Approach)법에 대하여 알아본다.
2. 직원 성격유형을 살펴보고, 성격유형별 동기부여를 위한 관리법을 이해한다.
3. 경영관리자에게 요구되는 리더십으로 다른 사람을 이해하는 밑바탕이 될 수 있는 감정지능에 대하여 알아본다.

이 장에서 '매니즈먼트'는 우리의 경영학에 대응하는 영어이다. 그러나 경영학은 경영관리론과 혼동하기 쉬우므로 여기서는 영어를 그대로 사용하기로 한다. 영어의 매니즈먼트는 학문의 명칭임과 동시에 업무를 가리키는 경우도 있다. 매니즈먼트에 관한 서적들은 대부분 경영관리와 관련된 주제를 다룬다. 여기서는 경영관리자가 부하를 통해 성과를 올리는 직원관리에 논의의 초점을 맞추고자 한다.

19세기 후반에서 20세기 전반에 걸쳐서 직원에게 능률적으로 일을 시키기 위해 단독작업별 분석, 작업을 조직화하는 실험, 노동자의 노동의욕 자체를 대상으로 하는 연구가 다수 이루어졌다. 이 장은 그 주된연구와 실험을 연대순으로 기술하여 그 성과를 실용화하는데 도움을 주고자 한다. 예를 들면 도요타 자동차의 TPS(Toyota production syatem)로 불리면서 한국과 구미에 영향을 주고 있는 린프로덕션(Lean Production)방식에도 도처에 이와 같은 오래된 연구에 의한 실험성과가 이용되고 있음을 볼 수 있다.

01 작업과 노동의욕의 매니즈먼트

1900년대부터 기업규모가 갑자기 확대되자 미국에서는 신공업지역에 농업지대와 유럽 · 아시아로부터 다수의 노동자가 모여들었다. 모여드는 노동자는 교육수준이나 기술이 낮았기 때문에 작업설계와 노동의욕의 관리가 필요하였다. 이는 오늘날 한국에 밀려드는 외국인 노동자들에게도 그대로 적용될 수 있는 상황이다. 그 성과는 현재까지도 제조업, 서비스업에 걸쳐 작업관리와 인사관리의 근저가 되고 있다. 게다가 현재 이 매니즈먼트 분야는 연구와 응용이 계속되고 있다.

이 분야는 과학적 접근(Scientific Approach)과 인적행동접근(Behavioral Approach)으로 대별된다. 전자는 공학기법을 인간인 노동자에게 적용한다. 이를 두고 노동자를 기계처럼 다루는 방법이라고 비판하며 하드(hard)한 매니즈먼트 기법이라고 표현하는 사람도 있다. 후자는 작업자를 사회적 집단으로 보고 주로 심리학에 의존하여 연구하는 경우가 많다. 하드한 것에 대해서 소프트(soft)한 매니즈먼트 기법이라고 할 수 있다. 이러한 비판에 대해 과학적 접근의 개발자들은 노동자를 기계로 취급해서 기업을 위해 착취하려는 것은 아니라고 주장하고 있다. 하드나 소프트한 접근 모두 노동자의 임금이라든가 복지의 증가와 고용주의 이익향상을 목적으로 하고 있다고 볼 수 있다.

02 과학적 접근[1)]

2.1 모션스터디

길브레드(F. Gilbreth)가 1895년경에 작업의 표준화와 모션스터디를 처음 시작하였다. 최초에 길브레드는 작업원의 벽돌쌓는 방식을 기록하고 분석하여 최적의 작업방식을 고안해 냈다. 그는 이것을 작업의 단순화라고 하였으나, 현대적 관점에서 보면 작업의 표준화이다. 이렇게 해서 벽돌공이 하루에 1000개 쌓았던 것을 피로도 줄이면서 2700개까지 쌓을 수 있도록 작업방법을 개선하였다. 그는 작업의 표준화를 보급하는데 힘썼으며 이것이 현재의 생산기술 공학으로 계승되고 있다.

그는 물건을(작업대 위에서) 이동시키는 하나의 작업을 손으로 물건을 잡는 동작, 그것을 눌러서 움직이게 하는 동작 등 미시적 동작단위로 분할해서 그 하나하나의 시간을 고속시계로 측정했다. 그 결과 최적의 작업방법을 단위동작의 연속으로 해서 소요시간과 함께 기술한 작업기술서(Process Chart)와 그것을 도식한 플로어 다이어그램(Flow Diagram)을 만들어냈다. 현재의 자동차 조립라인에서 보면 차바퀴를 부착하는 작업장에서 필요한 손,

1) 이 절의 기술에는 *Business The Ultimate Resource*, Perseus Publisher를 참고하였다.

발, 전신의 동작을 각 단계별로 기록하여 동작에 낭비가 없도록 상세하게 분석해서 작업을 표준화하였으며 이를 모션스터디라고 부른다. 모션스터디는 다음에 서술하는 과학적 관리법과 함께 산업현장에 널리 보급되었다.

2.2 과학적 관리법

테일러(F. Taylor)는 산업공학(Industrial Engineer)의 관점에서 경영관리의 과학적 접근을 처음 철강회사에서 응용했다. 1911년에 그것을 정리한 책[2]을 출판하여 보급에 힘썼다. 이 접근법을 책의 제목에서 따서 과학적 관리법 혹은 저자의 이름을 따서 테일러리즘이라고 한다. 그의 주장과 실천의 요점은 다음과 같다.

- 한 사람 한 사람의 작업원이 하는 일은 '과학적으로' 분석할 수 있으며, 최선의 작업방식이 존재한다. 최선의 작업방식을 결정해서 1일 생산량의 최대치를 결정한다. 이 주장은 과학적 관리법의 진수로, 최선의 작업방식의 설정에는 모션스터디를 사용했다.[3]
- 관리직은 '과학적으로' 일을 수행할 수 있도록 작업자와 협동해야만 한다. 여기에는 당시로서는 참신한 노사협력 사상의 맹아를 보이고 있다.
- 관리직과 작업원 사이에는 분명히 노동분업과 책임의 분할이 있다. 이것은 다음 장에서 논의할 조직관리에 있어 업무위촉과 권한위양의 기본개념이다. 과학적 관리법에서는 작업원은 표준화된 작업을 하기 때문에 '종래 있었던 기능과 자주성을 상실했다. 작업원에 대한 관리직의 감시가 강해지고 자신의 특기를 도구로 사용하는 것조차 허용되지 않게 되었다'. 그리하여 관리직과 노동조합 간의 알력이 생겼다. 그러나 과학적 관리법으로 작업효율이 2배, 3배로 상승함에 따라 기업측의 이익도 작업원의 임금도 상승했기 때문에 철강업계에서 전산업으로 보급되어 현재에 이르렀다.

과학적 관리법이 현재에 미치는 주된 영향은 다음과 같은 것이 있다.

- 작업의 표준화는 대량생산의 기본이 되어 린프로덕션에도 계승되고 있다. 여기에 사용한 모션스터디는 현재의 제조공정 설계의 기본이다.
- 작업공정서(Process Sheet)에 의한 작업의 기록은 품질관리 방식의 기초이다.
- 테일러는 '작업원의 성과가 나쁘다고 해서 감봉하거나 해고하는 것은 좋지 않다. 그

---

2) *The Principle of Scientific Management*

3) 테일러는 모션스터디를 길브레드가 아니라 자신의 창작이라고 주장했다. 길브레드는 과학적 관리법의 가치를 인정하고 그 보급에 힘썼다.

작업원에게 (숙련공을 붙여) 최적의 작업방법을 배우게 해야한다'고 말한다. 현재의 직무훈련 사고방식과 유사한 개념이다.

- 작업원의 좋은 성과에 보상을 준다면 성과를 인정한 그때에 곧바로 제공해야 한다. 크리스마스에 한다거나 해서 시기가 늦어지면 보상효과가 없어진다고 테일러는 말한다. 현재의 인사관리에서도 보상이나 상벌은 바로 그 시점에서 하도록 가르치고 있다.

테일러는 종래 관리직과 작업원 간에 작업의 생산량에 대해 시종일관 분쟁이 있었지만, 과학적 관리법으로 해소할 수 있다고 생각했다. 표준과업과 1일 생산량이 과학적으로 결정되어 있기 때문에 문제가 된 경우에는 과학적으로 분석해서 해결할 수 있다고 주장했다. 그러나 이 문제는 오늘날까지도 결론이 나지 않고 있다. 노동조합으로부터, 높게 설정되어 있는 1일 생산량으로 인해 노동강도의 강화라는 이의신청이 자주있어 노사분쟁의 대상이 되고 있다.

모션스터디는 기업에 의한 노동강화로 연결된다는 이유로 대부분의 노동조합에서는 그것을 반대한다. 미국에서는 스톱워치를 기계공장이나 조립공장에 갖고들어가는 것은 노동강화의 시작이라고해서 직원이 강력히 저항하기도 하였다. 최근에는 기본동작과 그에 타당한 시간데이터가 나와있어서 스톱워치를 사용하지 않고 작업시간을 산정할 수 있다. 최근 대부분의 공장에서는 미시적인 작업분석방법 대신에 작업방식은 작업원의 자주성에 맡기고 10분간에 몇개 부품 혹은 제품을 만드는가, 1시간에 얼마인가 라는 거시적인 접근을 취하고 있다. 미시적 방법이든 거시적 방법이든 작업의 표준화는 제조공정 설계의 기본이다.

2.3 통계적 품질검사법과 품질관리

공장에서 길이 100mm의 철봉을 1000개 만든다고 하자(두께도 똑같이 논의되지만, 여기서는 길이를 이용해서 설명한다). 기계로 약간의 오차도 없이 100mm로 만들려면 비용이 너무 비싸지기 때문에 도면에 비유하면 ±0.2mm의 오차가 허용되고 있다. 이른바 허용오차이다. 이때, 전수검사를 실시하여 허용오차내에 있는지 검사하고 오차가 작은부분만 사용하도록 하는 방법이 있다. 1000개 모두 검사하는 작업을 전수(全數)검사라고 한다. 그러나 전수검사는 시간이 걸리고 비용이 증가한다. 전수가 1만개, 2만개로 더 많아지면 비용은 점점 상승한다. 이럴 때는 통계학을 이용하여 비용을 줄이는 방법이 있다.

1000개 중 120개라든가 200개 등 적당한 수만큼을 표본(sample)으로 뽑는다. 표본이란

1000개의 대표라고 생각하면 된다. 적당한 샘플수는 통계학으로 산정할 수 있다. 샘플의 길이를 측정해서 평균치를 계산하고 측정치가 (평균에서 벗어나) 그 주위에 불규칙하게 분포되어 있는 상태에 따라 1000개 전체를 양품으로 할지 불량품으로 파기할 것인지를 결정한다. 그 평균치와 거기서 벗어난 수치의 데이터를 불량의 원인규명에 이용한다. 이 검사방법을 통계적 품질검사법이라고 한다. 이 방법은 부품구입시의 수취검사나 기계공장의 부품제조에서 널리 사용되고 있고, 현재는 국제적으로도 보급되어 있다. QC, TQC(2.4 참조)에서도 사용되고 있는 방법이다.

이 통계적 검사방법은 1910년대부터 ATT 벨연구소에서 개발되어 1926년부터 웨스턴회사 호손공장에서 실용화가 처음 시도되었다. 이 실용화의 책임자가 쥬란(Joseph M. Juran)이었다. 쥬란은 그 아이디어와 경험을 논문으로 발표하고 1951년에는 품질관리 핸드북을 발행하였다. 이것들은 12개 국어로 번역되어 품질관리의 세계적 보급에 공헌한 바 있다. 나아가 통계적 품질관리법을 중심에 둔 매니즈먼트론인 품질관리 이론을 만들어 검사과의 도구였던 통계적 품질검사법을 경영관리와 결부시켰다. 이 검사방법은 잘 알려진 데밍에 의해 일본에 소개되어 전후 일본기업의 성장에 크게 기여한 것으로 평가받고 있다. 또한 일상적으로 사용되는 80–20 룰(rule)을 확대시킨 사람도 쥬란이었다. 이탈리아의 경제학자 파레트의 모델을 파레트 원리라고 해서 품질관리 핸드북에 소개하고 '결과의 대부분은 소수의 원인에 기인하고 있다'고 서술하고 있다. 모든 문제의 80%는 모든 원인의 20%에서 일어나고 있다. 20%의 원인해소로 80%의 문제를 해결할 수 있다는 의미이다. 이것은 그 후의 품질관리 방법의 중요한 개념이 되었다.

최근의 식스 시그마(Six Sigma)[4]운동은, 쥬란이 확산시킨 통계적 품질검사법과 그가 만든 품질관리론에 기초를 두고 있다. 제조공정, 사무처리, 제품, 서비스 불량을 없앨때까지 개선하는 방법이다. 1980년대에 모토로라사가 최초로 실시해서 성공했으며, GE, 삼성을 비롯하여 도시바 등 많은 회사들이 도입하고 있다. 시그마(그리스 문자로 σ)는 제품의 불규칙적인 분포(평균치에서 벗어난 분산도)를 나타내는 통계학 용어이다.

쓰리(3)라든가 식스(6)라든가 시그마(σ) 앞에 붙이는 배수가 클수록 분산이 적다. 종래에 통계적 검사법이 사용하던 쓰리 시그마(3σ)는 부품 또는 제품 1000개에 대해 불량품이 67개(7%) 정도 있는 경우이고, 식스 시그마(6σ)는 100만개당 3개(0.0003%)의 불량도 허용되지 않는다. 이와 같이 극도로 낮은 분산을 공장 또는 사무실에서 실현하는 것은 우선 불가능에 가깝고, 그래서 식스 시그마는 제품이나 서비스에서 극도로 높은 품질을 목표로

4) Motorola의 상표

한 경영이념의 표현으로, 고품질 실현방법의 상징적 용어이다.

2.4 전사적 품질관리

한국에서는 QC(Quality Control), TQC(Total Quality Control)로 일컬어 왔으나, 국제적으로 TQM(Total Quality Management)이라 부르고 있다. TQM은 통계학자 데밍(W. Edward Deming)에 의해 일본에 전파되어 이를 기념해서 일본에서는 일본과학기술연맹이 TQM을 잘 실시한 개인이나 그룹에게 주는 데밍상을 설정했다. 통계적 품질검사법은 쥬란 등에 의해 제조분야에 확산되어 있었지만, 1939년에 데밍은 이것을 사무중심의 미국 국세조사(國勢調査)에 응용해서 실적을 올렸다. 이 실적이 그가 일본을 방문하는 계기를 마련했다. 따라서 TQM에서는 통계적 품질검사법이 많이 사용된다. 데밍은 쥬란을 모방해서 통계적 품질검사법을 회사전체에 걸친 품질관리와 결부시켰다. 그는 1950년 처음으로 일본과학기술연맹 주최로 품질관리 강의를 했으며, 그 후 5회정도 일본을 방문하여 통계적 품질관리방법을 소개하였다.

TQM의 발전과정을 볼 때 일본과학기술연맹의 추진하에 TQM을 발전시킨 것은 일본인과 일본기업이라고 평가받고 있다. TQM은 린프로덕션과 함께 일본적 생산방식의 하나라고 볼 수 있다. 근래에는 영국회사에서 TQM 도입이 증가하여 데밍상이 제정되기도 하였다. 데밍은 자신의 주장을 14항목에 걸쳐 열거하고 있다. 그 중 5항목을 제시하면 다음과 같다.

- 경쟁력을 길러 회사를 존속시키고 고용을 제공할 목적으로 제품, 서비스의 개선을 주된 목표로 한다.
- 새로운 철학을 도입한다.
- 품질관리를 위해 무조건 검사를 의뢰하는 것을 금한다. 그 대신 공정관리를 이용하도록 한다.
- 가격만으로 거래를 하는 것은 금한다. 그 대신 전체비용을 생각한다. 충실함과 신뢰에 의한 오랜 기간의 관계를 만들어 하나의 공급자로 압축하도록 한다.
- 품질의 개선과 낭비의 배제를 위해 늘 영구적으로 제품과 서비스 공정을 개선한다.

제2차 세계대전 후 일본은 품질이 낮은 제품을 만들고 있었고 물자는 부족했다. TQM은 그 개선의 필요에 따라 일본제품을 적절한 가격과 고품질로 발전시키는데 기여하였다. 그 결과, 일본기업은 업계에 고품질 제품시장을 만들어 국제적인 지위를 향상시켰다. 고품질

제품시장은 종래부터 있던 고가격 고급품시장과는 달리, 새로 만들어진 시장이다. 예를 들면 소비자 정보지[5]는 미국산 고가격 고급승용차인 캐딜락에 대해 업계에서 신뢰성이 평균 이하로 평가받는다는 이유로 권장하지 않았다.

캐딜락 브랜드는 이 잡지가 권장하고 있는 도요타 자동차의 렉서스처럼 신뢰성 높은 고품질 제품이 아니었다. 1970년대에 들어 미국이나 유럽도 일본의 성과를 인정하고 품질관리에 대한 관심이 높아졌으며 이러한 움직임은 ISO 9000 국제규격의 도입과 실시, 그리고 식스 시그마 활동 등에 잘 나타나 있다. 품질관리에 대한 관심이 높아졌음에도 불구하고 미국에서는 데밍이 권장한 TQM이 소수기업에서만 도입되었다고 보고되고 있다.[6]

그 이유는 첫째, 데밍이론은 현존하는 것의 개량에는 맞지만, 창조성이나 이노베이션을 끌어내는데는 미흡하다는 것이다. 제2차 세계대전 후의 일본은 선진기술을 도입하는 위치에 있어서 그 초점이 개량지향에 맞추어져 있었기 때문이었던 것으로 생각된다. 둘째, 데밍은 통계적 품질검사법을 지나치게 강조한다고 평가받고 있다. 미국에서는 오히려 식스 시그마 활동처럼 쥬란의 품질관리론 쪽이 선호되었다. 셋째, 1980년대까지 데밍자신이 일본에서 실적이 증명된 그의 방식이 유일한 품질개선 방식인 것처럼 하여 미국기업에 비싸게 팔려고 했기 때문에 그것이 오히려 반발을 샀던 것으로 풀이된다.

앞으로 TQM을 발전시키기 위해서는 이 세 가지 사항에 유의해야 할 것으로 생각되며, 또한 고정관념에 사로잡힌 TQM을 지양하고 ISO 9000 활동과 식스 시그마활동 등으로 이행하는 것도 좋을 것이다.

03 행동어프로치

행동어프로치란 업무에 있어서 직원에게 동기부여를 하는 인간적 요소를 추구하여 결과적으로 노동관리에 도움이 되도록 하는 매니즈먼트의 하나이다. 여기서 동기부여 요인은 호손실험에서 비롯된 것이라 하여 호손실험 동기부여 요인이라고도 한다.

5) *Consumer Report* 2003년 11월호
6) 앞의 *Business The Ultimate Resource* 981쪽 참조

3.1 호손실험

널리 알려져 있는 호손실험은 ATT 웨스턴 회사 호손 공장에서 1927–32년의 장기간에 걸친 작업원의 능률향상 목적으로 이루어진 실험이다. 공장의 조명, 휴게시간, 급여 등 물적인 조건을 최적으로 하면 능률이 오른다고 가정하고 실험이 시작되었으나 기대와는 정반대의 결과가 나왔다. 결과는 심리적 요소, 사람의 행동패턴이 능률에 강하게 영향을 미치는 것으로 나타났다. 실험에는 많은 사람이 관여했으나 주된 성과는 메이요(Elton Mayo)에 힘입은 바가 크다. 호손실험은 오늘에 이르기까지 작업원 관리방법에 강한 영향을 주고 있지만, 전모는 완전히 밝혀져 있지 않기 때문에 실험을 요약해 둔다. 실험은 두 공장에서 이루어졌는데 서로 다른 실험결과가 나왔다.

하나는 전화교환기에 사용하는 릴레이(relay)의 조립량에 관한 실험이다. 릴레이는 손바닥에 들어갈 정도의 작은 전기부품으로 1일 생산량을 간단히 셀 수 있다. 실험공장에서 조명도가 생산량에 미치는 영향을 조사하기 위해 밝기를 높여 측정한 후 밝기를 원래대로 되돌려서 측정하고, 다시 이전보다 더 어둡게 해서 측정하기도 하였다. 그런데 생산량은 밝기에 관계없이 조도를 변경할 때마다 증가하였다. 휴식시간을 바꾸고 임금을 바꾸어 실험했지만, 이것도 바꾸는 방향과는 상관없이 변경할 때마다 생산량은 증가하였다. 또 다른 실험은 전화교환기 배선의 생산량 측정이었다. 릴레이 조립과는 달리 조명, 휴식시간 등을 바꾸어도 생산량에는 변함이 없었다.

그 원인이 피실험자와의 인터뷰에서 밝혀졌다. 릴레이 조립의 경우, 작업원은 회사 실험에 뽑힌 것을 자랑으로 여겨 능률이 향상되었다. 조명 등을 바꿀 때마다 점점 회사가 관심을 갖고 있다고 느껴 능률이 올랐다. 실험중에는 연구원이 정보수집을 위해 한 사람 한 사람에게 직접 말을 걸었다. 작업원은 누구나 개인적으로 문제를 안고 있었는데, 이것을 연구원에게 이야기해서 마음이 가벼워졌다. 이들 전부가 능률향상으로 연결되었다. 이른바 동기부여 요인의 발견이다.

최근 관리직을 대상으로 아래 직원에게 관심을 가지라고 교육하는 것은 바로 여기에 근거하고 있다. 개인적인 문제든 업무상의 문제든 동료간의 문제든 직원이 갖고 있는 문제를 잘 들어주는 것만으로도 변화가 나타난다는 것을 가르치고 있다. 실험결과에 따르면 배선공은 회사조직과는 별도의 비공식조직을 집단으로 형성하고 있었다. 집단 내에는 회사의 공식직제에는 없는 보스가 있었다. 이 보스가 회사로부터 불평을 듣지않을 정도의 적당한 1일분 생산량을 정해서 전원이 그것에 따르도록 하고 있었다. 비공식적인 책임량(노르마)의 설정이다. 누군가가 회사에 인정받으려고 하거나 자신의 실수입을 늘리기 위해 책임량 이상으로 배선을 하면 그 사람은 집단에서 따돌림을 받았다. 이렇게 되면 근무할 수 없게 된다. 따라서 실험조건에 관계없이 비공식집단이 결정한 생산량에는 변화가 없었던 것이다. 이렇게 해서 호손실험에서 비공식집단의 존재가 발견되었으며, 비공식조직은 현대 매니즈먼트의 기본지식의 하나가 되었다.

공장의 작업원, 토목공사인부, 청소부 등 블루칼라 노동자는 비공식집단을 만들어 1일 생산량이나 업무의 빠르기 등 적당히 수준을 결정하는 경향이 있다.[7] 누군가 한 사람이 수준이상의 일을 하면 관리직이 그것을 새로운 작업량의 기준으로 삼기 때문에 그것이 동료에게까지 영향을 미쳐 전원의 일이 힘들게 되기 때문이다. 상사로부터 좋은 인상(평가)을 받기위해 수준이상의 일을 하려고 하는 사람을 '수준파괴자(rate buster)'라고 부르는 말이 블루칼라 노동자 사이에 생겨났다. 블루칼라 노동자와 관리직 간에는 이런 류의 알력이 늘 존재한다. 이와 같은 경향은 사무직 노동자와 관리직 간에도 존재한다. 이것은 은폐되어 있어 눈에 잘 띄지 않지만 어느 나라 어느 회사에나 있다.

한국의 직장인들은 누구나 사내에 비공식집단이 존재하고 있다는 것을 알고 있다. 선후배 관계도 사내학벌도 비공식집단이다. 종적사회의 비공식집단에서는 가장 위의 보스는 이사나 부장수준이겠지만, 종적관계의 연결도중에 중간보스가 존재한다. 배선공장의 경우처럼 보스와 중간보스가 기업정책에 취하는 태도가 정책실시에 영향을 미친다. 이를 테면 장기근속한 보스 혹은 중간보스는 대개 종신고용제, 연공서열제를 선호하고 유연고용제, 직무급제는 싫어하는 경향이 있다. 회사가 유연고용제, 직무급제를 실시하려고 해도 이들이 비협조적인 태도를 보임으로써 사내에 반대동향을 만들 수 있다. 보스와 중간보스 대책을 마련하지 않은 채 시작한 유연고용제, 직무급제의 실시는 대개 실패한다.

3.2 욕구 5단계설

매슬로우(Abraham Maslow)는 1943년, 인간의 욕구를 5단계로 나누어 최저한도의 욕구가 충족되어 감에 따라 인간의 욕구는 상승한다고 말하고, 욕구 5단계설을 발표했다. 경영관리에의 응용에서는 개별직원의 욕구가 어느 단계에 있는가를 파악하여 그에 적합한 인사관리를 시행하려는 것이다.

5단계의 욕구는 초기의 표현에서 약간 변화되어 왔지만, 최하위부터 열거하면 다음과 같다.[8]

---

7) Barbara Ehrenreich(2002), *Nickel and Dimed*, Owl Books에 최근의 예가 있다.

8) *Business The Ultimate Resource* 1018쪽

- **생존·생리욕구** : 음식물, 물, 수면, 잠자리 등 이른바 의식주를 요구하는 동물적 욕구, 인간의 최저욕구이다.
- **안전 · 안정욕구** : 이 욕구는 초기에는 물리적 위험으로부터의 해방욕구로 표현되어 있었다. 하지만 최근에는 고용안정, 최저임금 등 사회적, 경제적 불안으로부터의 해방욕구로 인식되고 있다. 욕구의 변화는 선진국에서는 사회적 안전, 작게는 직장의 안전이 개선되어 물리적 위험이 상당히 줄어들었기 때문에 욕구의 해석이 달라졌다고 생각된다.
- **소속·사회적 욕구** : 인간은 본래 사회적 동물로, 직장그룹 등의 일원이 되고 싶어한다. 대부분의 인간은 다른 사람들 속에 들어가 인정받고 싶은 욕구를 갖고 있다.
- **자존감 · 존경욕구** : 대부분의 인간은 자존감의 유지와 함께 다른 사람으로부터 존경받고 싶어한다.
- **자아실현 욕구** : 자신의 능력을 발휘하고 확대하고 싶어하는 가장 복잡한 욕구이다. 자기잠재 능력의 발휘, 자기표현, 자기만족을 포함한다.

인간은 욕구의 만족을 추구한다. 그러나 어느 단계의 욕구, 이를 테면 생존 · 생리욕구가 충족되면 인간은 더 상위의 욕구를 추구하게 되므로 전단계의 하위욕구를 충족해 주려고 하는 직원대책은 효과가 없거나 매우 적다. 이것이 욕구만족의 원리적 설명이다.

그 후 저술한 책에서 매슬로우는 다시 중요한 논의를 계속하고 있다. 우선 욕구를 충족시키는 전제조건이 있다고 말하고 있다. 언론의 자유, 자기를 타인에게 표현하는 자유, 자기방위의 자유, 정의, 공정함, 정직함 등이다. 이들 어느 것에 대해서도 제한이나 위협이 있으면 욕구의 만족은 기대할 수 없다. 따라서 내전이 계속되는 나라라든가 전제정치 국가의 사회상태는 5단계 욕구이전의 문제가 있다.

이와 관련하여 최근 기업에서 신입사원의 퇴직 · 전직률이 높아지고 있다. 선진국 기업에서는 취직과 동시에 생존 · 생리욕구, 안전 · 안정욕구, 소속 · 사회적 욕구 등이 모두 충족되어 있는데도 불구하고 그들은 퇴직을 원한다. 그 이유는 무엇일까. 예를 들면 한국기업에 형성되어 있는 일종의 집단의식은 개인의 행동 뿐만 아니라 사상이나 사고방식에까지도 집단의 압력이 비집고 들어오는 데다가 연공서열에서 오는 고령자로부터의 사회적 압력이 있다.

이러한 기업풍토는 자유평등관이 강한 현대의 젊은이들에게 언론의 자유, 상대방 연령에 관계없이 자기를 표현하는 자유에 제한을 느끼게 하고, 동일노동, 동일임금이 아닌 연공급여가 내포한 불공정함에 대해 실망감을 갖게 한다. 따라서 신입사원이 퇴직을 원하는 이유는 한국기업의 기업풍토가 매슬로우가 위에서 지적한 이른바 욕구를 충족시키는 전제조건을 결여하고 있기 때문이 아닐까 하는 생각을 하게 한다.

또한 5단계 욕구는 명확하게 단계별로 나뉘어져 있는 것은 아니다. 욕구는 연속적으로 서로 겹치는 부분이 있다. 이를 테면 생존 · 생리욕구가 충분히 충족되어 있지 않아도 대부분의 사람들은 소속 · 사회적 욕구를 느끼고 있다. 욕구의 5단계는 고정되어 있는 것처럼 설명되는 경우가 많지만, 매슬로우 자신도 대부분의 사람들은 욕구를 밑에서부터 순차적인 단계로 경험하지만, 이러한 단계는 고정적인 것도 아니고 보편적인 것도 아니라고 말하고 있다.

예를 들어 작가, 예술가, 발명가 등 창조성이 높은 사람은 낮은 차원의 욕구만족에는 개의치 않고 최고단계의 자아실현 욕구를 추구하는 경향이 강하다. 출세하기 전에 극빈상황 속에서 계속 글을 쓰는 작가들이 그 대표적인 예이다. 기업내에서 특허를 많이 신청하는 사람들 대부분은 이 범주에 속한다. 이 사람들은 반드시 금전적 보상만을 추구하지는 않는다. 따라서 이들은 기업에 있어서 중요한 사람이기 때문에 특별한 처우를 생각해야 한다.

3.3 X, Y, Z이론(Theory X, Y, Z)[9)]

더글러스 맥그리거(D. McGregor)는 경영관리자가 성선설을 갖고 있는지 성악설을 갖고 있는지에 따라 조직운영의 방식이 달라진다고 말했다. 그는 성선설, 성악설이라고는 말하지 않고 성악설의 생각을 X이론, 성선설의 생각을 Y이론이라 불렀다(Z이론은 후술). 〈표 3-1〉은 양자의 내용을 정리한 것이다.

과학적 관리법을 되돌아보면 테일러는 X이론에 기울어 있던 것을 알 수 있다. 따라서 작업을 표준화하고 1일 생산량을 설정하여 작업원에게 할당했다. 통계적 품질검사법도 비슷한 사상이라고 할 수 있다. 이들 성악설의 관리이론은 생산성을 높이는데 기여했다는 이유로 X이론이 널리 적용되는 계기를 마련하기도 하였다.

Y이론에 의한 경영관리는 맥그리거가 미국 최대의 화학제품(비누, 치약 등) 메이커인 프록터 앤 갬블(P&G사) 조지아 공장에 적용해서 크게 성공하였다. 이 공장은 사내의 어느 공장보다도 이익률이 높았다. P&G사는 이 성공을 경쟁회사에 알려지지 않도록 하기위해 Y이론 경영관리법을 1990년대 중반까지 회사의 비밀로 하였다. 1960년대에 시작되었다고 가정하면 30년 이상 비밀로 할 가치가 있었다는 것이 된다. 다른 회사에서도 Y이론의 성공사례가 밝혀지면서 MBA강좌에서도 강조되어 이를 채용하는 회사가 늘어나게 되었다.

---

9) *Business The Ultimate Resource* 1022-1023쪽

표 3-1 X이론과 Y이론의 대비

X이론의 관리자 생각	Y이론의 관리자 생각
① 보통의 인간은 본질적으로 일하기 싫어한다. 가능한 한 일에서 도망치려고 한다.	① 대부분의 인간은 일을 싫어하지 않는다. 인간은 자연스럽게 육체적 · 지적으로 노력을 하는 존재이다. 작업조건에 따라 일은 자기만족이 될 수도 있고 처벌도 된다(관리자가 일의 부여방식을 생각해야 한다)
② 일하기 싫어하기 때문에 조직목적을 위해 일을 시키려면 관리하고 명령하고 강제하고 처벌로 위협하지 않으면 안 된다.	② 직원은 자신에게 맡겨진 목표의 달성에 스스로 방향을 찾아 자신을 규율하는 존재이다. 조직목적을 수행하는 데 있어서 관리나 처벌만이 능사가 아니다.
	③ 목적수행에 책임을 갖게 하려면 성과에 대한 보상이 필요하다. 보상에는 일을 완성시킨 자신의 내적인 만족과 잠재능력 발휘 등이 있다. 그 중 조직의 목적을 달성한 성과가 가장 중요하다.
④ 보통의 인간은 명령을 받거나 책임을 맡지 않기를 바라며, 비교적 작은 영달을 원할 뿐이다. 무엇보다도 고용보장을 원한다.	④ 인간은 책임을 받아들일 뿐만 아니라 책임을 요구하는 존재이다. 책임회피, 향상의욕의 결여, 보장의 요구는 인간 본성이 아니라 과거의 안 좋은 경험이 그렇게 시키는 것이다.
⑤ 극소수의 사람만이 창조성을 갖고 있다.	⑤ 조직이 갖는 문제 해결을 위해 상상, 창의, 창조성을 발휘하는 힘은 소수가 아니라 사람들 사이에 널리 분포하고 있다. 아이디어 상자, 직원의 의견청취는 이 생각에 따르고 있다.
⑥ 현대의 작업설계는 보통 사람의 지적 능력을 훨씬 능가하고 있다(보통 사람은 정해진 대로만 일을 하려고 한다).	⑥ 현대의 공업형태에서는 많은 사람의 지적 능력은 부분적으로밖에 활용되지 않는다(지적 잠재능력은 좀더 활용 가능하다).

한편 맥그레거의 신봉자였던 매슬로우는 Y이론을 캘리포니아 공장에 응용해서 실패했다. 그는 그 경험을 바탕으로 경영관리에는 Y이론에 X이론을 가미해야 한다고 주장하기도 하였다. 맥그레거는 인간성에 대한 가정을 X와 Y로 지나치게 분극화하고 있다는 비판의견이 있다. 경영관리문제는 X이론과 Y이론으로 딱 잘라 분별할 수 없는 측면이 있다는 것이다. 곰버그 교수가 사회과학에서는 원인과 결과의 상관계수가 높아봐야 30%정도라고 말한 그대로이다.

일부비판은 있지만, X와 Y의 대비는 이해하기 쉬운 장점이 있고, Y이론은 현재의 인사관리 사상에 강하게 영향을 주고 있다. 〈표 3-1〉에서 Y이론의 ①항목은 일을 만족의 원천으로 삼고 있다. 일의 목적을 동기부여 요인으로 처음 인정한 것이다. 직원에게는 과학적 관리법처럼 무엇을 어떤 방식으로 하는가를 알려줄 뿐만 아니라 왜 그것을 하는지 그 목적도 알려줘야만 한다. ②-④항목에 따르면 일을 자신의 것으로 생각하는 점, 일에 대한 헌신, 결과에 대한 책임의 수용(일에 대한 주인의식은 직원의 다능화(多能化)와 권한확장(empowerment)의 요점이 되고 있다. ⑤-⑥항목에 따르면 조직문제의 해결을 위해 직원을 충분히 훈련시킨다는 생각은 작업을 통한 학습, TQM, 지식활용의 중심이 되고 있다.

맥그리거는 X, Y이론의 비판에 대해 Z이론을 제안했다. 여기에는 종신고용, 회사내외에서의 직원에 대한 관심, 합의에 의한 결정, 품질의 중요시가 포함되어 있었다. 이른 죽음(1964년)으로 그는 이론을 완성하지 못한 아쉬움을 남겼다. 윌리엄 G. 오우치(W. Ouchi)[10]는 맥그리거와는 독립적으로 일본적 경영관리를 연구해서 〈Z이론〉이라는 책을 출간하였다.

3.4 위생요인과 동기부여 요인

위생요인이란 hygiene factor의 번역어이다. hygiene에는 '위생'의 의미와 '병을 예방한다'는 의미가 있다. 위생요인은 방치하면 사기가 저하한다. 저하를 예방한다는 의미에서 예방요인이라고도 할 수 있다. 동기부여 요인은 사기를 북돋게 하는 요인이다.

허츠버그(Frederick Herzberg)는 1959년에 위생 · 동기부여 이론을 발표하였다. 그는 200명의 기술자와 회계사에게 '이제까지 가장 만족감을 가졌던 일은 무엇인가. 왜 만족감을 얻을 수 있었는가'라고 묻고 그 반대의 경우에 대해서도 묻는 앙케이트 조사를 실시하여 그 결과를 이론화 하였다. 주된 두 요인을 정리하면 〈표 3-2〉와 같다.

또한 위생 · 동기부여 이론은 욕구를 두 가지 차원으로 나누고 있다.

- **낮은 차원의 욕구** : 동물처럼 고통이나 손실을 피하려고 하는 욕구이다. 매슬로우 욕구단계설의 낮은 단계의 욕구부분에 대응한다.

표 3-2 주된 위생요인과 동기부여 요인

위생요인	동기부여 요인
회사방침과 관리통제	성취, 달성(일의 완성과 성취하는 것. 목적을 달성하는 것)
감독, 감시(를 받는 것)	평가(자신의 일을 인정받는 것. 자신이 평가되는 것)
업무상 타자와의 관계	일 자체(의미있는 일을 하는 것)
작업조건, 작업환경	책임(책임을 갖게 하는 것)
사회적 지위	승진
고용보장	성장(인간으로서의 성장. 능력의 성장)
임금(위생요인과 동기부여 요인의 두 가지 영향이 있다)	

10) William G. Ouchi(), *Theory Z*, Addison Wesley.

- **높은 차원의 욕구** : 인간답게 심리적으로 성장하려고 하는 욕구이다. 매슬로우 욕구단계설의 높은 단계의 욕구부분에 대응한다.

허츠버그에 의하면, 위생요인은 낮은 차원의 욕구를 충족하기 위해 일하지만 높은 차원의 욕구에는 그다지 영향을 미치지 않는데 대해서 동기부여 요인은 높은 차원의 욕구를 충족하기 위해 일하고 낮은 차원의 욕구에는 영향을 미치지 않는다고 말하고 있다. 매슬로우의 욕구단계설과 허츠버그의 위생 · 동기부여 이론이 욕구를 단계별로 나누어 설명하고 있기 때문에 대비해서 논의된다. 〈표 3-3〉은 욕구수준의 대비를 보여주고 있다.

위생요인의 특징은 이것들을 나쁜채로 방치해 두면 직원의 사기가 내려가지만, 어느 정도까지 좋게하면 사기는 오르게 되어 있다. 그러나 더 좋게 한다고 해서 사기가 더 오르는 것은 아니다. 자주사례에 등장하는 것으로 작업환경의 하나인 회사의 화장실에 관한 사례가 있다. 화장실을 더러운 채로 방치해 두면 직원들은 사기가 저하되어 이런 곳에서는 일하고 싶지 않다고 생각한다. 그렇다고 해서 화장실을 아무리 깨끗이 청소해도 그것으로 사기가 고양되는 것은 아니다. 이와 같이 위생요인은 사기가 내려가는 것을 예방할 뿐이지 향상시키는 힘은 거의 없다고 볼 수 있다.

위생요인의 그밖의 특징으로는 좋게 한 효과가 조만간에 잊혀진다는 것이다. 이를 테면 화장실을 깨끗이 청소하고 그 깨끗함이 유지되면 그것을 당연하다고 느끼게 된다. 최근처럼 기업이 저임금 국가로 이동하는 경향이 늘어나면서 노동조합의 고용보장에 대한 요구도 늘어나게 된다. 어느 정도의 보장을 획득하면 다음 노사교섭에서는 더 높은 고용보장을 요구한다. 고용보장은 위생요인이기 때문에 보장을 높여도 한번 손에 넣은 보장은 기득권으로 간주하고 보다 높은 고용보장을 요구하는 것이다.

임금은 위생요인과 동기부여 요인의 두 가지 성질이 있기 때문에 〈표 3-2〉에서는 이를 분리하지 않고 하나로 기입했다. 허츠버그는 임금을 어느 쪽에 넣을지 고민하다가 위생요인에 넣었다고 한다. 직원의 임금수준이 남들보다 낮으면 이것은 강한 위생요인이다. 유동

표 3-3 욕구수준 학설의 비교대상

욕구단계설	위생 · 동기부여 이론	X, Y이론
자아실현 욕구	동기부여 요인의 범위	Y이론의 적용범위
자존감 · 존경욕구		
귀속 · 사회적 욕구	두 요인이 중복되는 범위	
안전 · 안정욕구		
생존 · 생리욕구	위생요인의 범위(불만이 영향을 미치는 곳)	X이론의 적용범위

고용제와 직무급제를 실시하는 미국에서는 부하가 '급여를 올려주면 좀 더 일에 대한 의욕이 솟는다'라고 하며 승급을 요구해 온다. 승급을 하고 난 후에는 열심히 일을 하지만 3, 4개월 지나면 원래대로 되돌아가 버리는 경우가 많다. 임금은 단기로는 동기부여 요인의 효과가 있지만 일단 손에 넣은 승급은 기득권이 되어 효과는 없어진다. 이 점에서는 위생요인의 성질이 강하다.

한국의 상여금은 공무원을 비롯한 대부분의 조직에서 매 분기별로 1년에 네번 나누어 지급하는 것이 거의 관례화되어 있다. 관습적으로 되어버리면 임금이 가진 위생요인의 특성으로 인해 사기향상의 효과는 없어진다. 회사가 '직원의 노력에 부응해서, 또 앞으로의 노력을 기대하고' 상여금을 많이주기도 하지만, 직원은 마이동풍이다. 이 관점에서는 현재 방식의 상여는 월급에 편입하고 성과급을 확대해 가는 것이 나을 수도 있을 것이다.

3.5 다능공화와 교육가능성

허츠버그는 동기부여 요인을 활용할 목적으로 업무내용을 풍부하게 할 것을 주장했다. 영어에서는 이것을 업무내용의 충실화 혹은 풍부화(Job Enrichment)라고 하는데, 도요타 생산방식에서는 이것을 다능공화라는 이름으로 실시하고 있다. 미국에서도 다능공화는 시행되고 있었지만, 린프로덕션의 도입과 함께 더욱더 발전했다. 미국의 자동차 노동자조합(UAW)도 처음에는 반대했으나 최근에는 용인하는 추세다.

다능공화에서는 직원의 동기부여로서 다음과 같은 사항이 포함되어 있다.

- 스스로 자신의 스케쥴을 만든다.
- 스스로 재료나 사람 등의 자원관리를 한다.
- 일의 결과에 대한 책임을 진다.
- 각각 특징이 있는 일의 전문가가 되기위해 특수작업을 선택해서 수행할 수도 있다.

도요타를 비롯해서 린프로덕션 공장에서는 1명의 작업원이 종류가 다른 기계를 몇 대씩 조작하고 있다. 볼보자동차 공장, 롤스로이스, BMW 등 톱라인 차종의 제조공정에서는 콘베이어 작업을 폐지하고 집단화된 직원이 여러 가지 작업을 해서 1대씩 최종조립을 하고 있다. 메르세데스 벤츠사의 고가 SUV G500에는 유리창에 담당자의 서명이 기록되어 있다. 캐논은 컨베이어를 그만두고 소수의 집단이 카메라를 조립완성시키고 있다. 양쪽모두 작업원이 종류가 다른 작업을 하도록 다능공화되어 있다.

다능공화는 노동자의 질이 높은 나라에서는 가능하지만, 보편적으로 아무 노동시장에나

적용할 수 있는 것은 아니다. 직원의 학습능력에 한계가 있으면 모든 사람이 다능공이 될 수는 없다. 예를 들면 벨 전화회사가 미국 테네시주에서 야외전화선 부설공의 다능공화를 꾀한 예가 있다. 부설공들은 혼자서 여러 종류의 일을 할 수 있고, 일에 흥미가 생겨 사기가 올라갔다. 회사는 비용을 절감할 수 있었다. 그러나 벨은 뉴욕시에서 부설공에게 같은 방법을 적용하려 했다가 실패했다.

벨이 테네시에서 성공한 요인으로는 직원의 교육가능성이 높아진 점을 들 수 있다. 직원의 지능, 학습능력이 낮으면 다능공화는 어렵다. 테네시주는 북부지방에 소재한 공장의 경우 싼 임금을 찾아 이동해 오거나 일본의 자동차회사가 공장을 건설하기 전까지는 고용주가 적었다. 이런 환경탓에 초일류의 벨 전화회사에는 지방의 유능한 노동자가 모여 들었다. 이 집단은 여러 종류의 일을 쉽게 습득했을 뿐만 아니라 확대된 책임을 적극적으로 수행하여 성과에 만족감을 갖고 있었다.

반면 벨이 뉴욕에서 실패한 원인은 조건이 반대였던 것이다. 뉴욕시에는 여러 종류의 수많은 기업이 있기 때문에 초일류 회사 벨의 모집이라 해도 힘든 야외작업에 응모한 자는 다른 일자리에 실패한 사람들이 많았다. 학습능력이 낮은 이 그룹은 여러 종류의 일을 습득할 수 없었다. 이런 점에서 보면 도요타, 캐논, 볼보자동차 공장, 롤스로이스, BMW가 있는 일본, 스웨덴, 영국, 독일은 교육수준이 높기 때문에 Y이론과 동기부여 요인의 적용으로 다능공화가 가능했던 것이고, 저개발국에서는 과학적 관리법에 의한 작업표준화 쪽이 적합할 것이다.

이와 같이 교육수준은 직원이 교육, 훈련을 소화할 수 있느냐 없느냐에 영향을 미친다. 그러므로 욕구5단계설이나 X, Y이론, 위생 · 동기부여 이론 모두 직원의 교육수준을 추가적으로 고려해야 한다고 생각한다.

04 직원의 성격

사람의 성격은 천차만별이지만, 매니즈먼트에서는 직원의 성격을 다음 세 가지로 나눈다.

- 성취지향형(Achievement-oriented)
- 권력지향형(Power-oriented)
- 동료지향형(Affiliation-oriented)

성취지향형 인간은 목적의 달성, 일의 완성에 관심이 강하고 그 방향을 따라 행동한다. 권력지향형 인간은 권력에 강한 관심이 있고 권력을 휘두르고 싶어 한다. 이런 유형의 사람이 회의에 나오면 회의내용을 정리하거나 회의에서 성과를 내는 것보다 권력을 휘둘러 회의를 독점하고 싶어한다. 지위나 정치권력을 휘두르려고 하는 사람, 혹은 갖고 있는 지식정보의 힘을 과시하는 사람이 있다. 이 양쪽을 모두 갖고 있는 사람은 다루기 어렵다. 동료지향형 인간은 회사에 와서 여러 사람들과 함께 일을 하는 데서 만족을 얻는다. 성과를 내기보다 다같이 이야기하고 일을 함께 하는 것이 즐거운 유형이다.

인간은 누구나 이 세 가지 지향성을 동시에 갖고 있지만, 어느 하나가 강해서 그 사람의 성격이 된다. 이를 테면 성취지향형의 사람이라도 권력지향을 은연중에 갖고 있다. 일반적으로 어떤 위원회든지 위원은 부서내에서만은 통제를 받지 않기 때문에 구성위원들의 성격이 뭉쳐져서 위원회의 성격이 되기 쉽다. 성취지향형 위원이 많은 위원회는 성과가 빠르게 나타나는 반면, 권력지향형, 동료지향형이 많아 성취지향형이 적은 위원회에서는 성과물을 얻어내는데 상당히 오랜 시간이 걸리는 경우가 많다. 기업내에서도 비슷한 경향이 있다. 적재적소라는 말이 있지만, 성격에 맞는 직무를 주면 동기부여가 된다. 물론 계획달성을 위해서는 성취지향형의 직원이 많은 것이 바람직한 것은 당연하다.

05 감성지능

감성지능(Emotional Intelligence)에 관한 개발선구자의 한 사람인 메이어(John D. Mayor)는 감성지능을 다음과 같이 정의하고 있다.

> '자기 자신과 다른 사람의 감정과 의식의 상태를 파악하고 그것을 서로 결부시켜 이해하고 반사적으로 잘 다루는 능력'

감성지능을 측정하는 지수는 '마음의 지능지수'로서 근래 한국에서 많이 사용되고 있다.

마음의 지수는 지능지수(IQ)에 대응하는 말로 감성지수(EQ)라고도 한다. 감성지능의 연구는 1980년대에 시작되어 골만(D. Goleman)의 저서[11)]가 1995년에 베스트셀러가 되면서 널리 친숙해지게 된 것으로 아직 그 연구와 응용의 역사는 짧다.

골만은 감성지능을 다섯 가지 능력으로 정의하고 있다.

- **자각** : 자기자신, 자신의 장 · 단점, 자신이 남의 눈에 어떻게 비치는지를 이해하고 있는 정도
- **자제** :행동에 옮기기 전에 자신을 억제하고 생각할 수 있는 능력
- **동기부여** : 노동(역할수행), 성공하려고 하는 적극성(하고자 하는 마음)
- **공감** : 다른 사람의 관점을 이해하는 힘
- **사회적 이해력** : 다른 사람에게 자신의 의사나 감정을 전달하고 자신을 다른 사람과 결부시키는 힘

이들 능력은 산수처럼 배우서 곧 바로 사용할 수 있는 것은 아니다. 태어날 때부터 갖고 있는 부분도 있지만 교육과 훈련에 의해 자기개발할 수 있는 것이 많다. 유명대학을 우수한 성적으로 나온 사람 중에는 IQ가 높고 성공한 사람이 많다. 이 사람들은 사회에 나올때부터 외무고시, 행정고시 등에 합격하거나 일류기업에 취직할 수 있기 때문에 성공의 기회를 누린다. 국가나 기업을 막론하고 현대는 학력사회이기 때문이다. 그런데 유명대학을 우수한 성적으로 나온 사람이 반드시 성공을 한다거나 또는 개인생활에서 행복을 누리는 것은 아니다. 유명대학을 나오지 않아도 성공한 사람은 많다. 이 사실에서 성공에는 IQ 이외의 요소가 있다는 생각이 들어 감성지능을 연구하게 되었다.

위의 다섯 가지 능력을 읽고 우리가 '인격도야'에 수양을 쌓을 필요가 있다는 것을 깨닫는 사람이 많을 것이다. 따라서 성공하기 위해서는 지식이 풍부하고 IQ가 높을 뿐만 아니라 인격자여야만 한다는 주장이라고 해석할 수도 있다. 반면 감성지능을 단순히 일회성 매니즈먼트론의 하나에 불과하다고 하는 논자도 있다. 어째든 감성지능은 경영관리자에게 요구되는 리더십으로 다른 사람을 이해하는 밑바탕이 된다.

이 장을 마무리하면서 정리한다면 연구자나 학자는 자신의 전문분야에 너무 열심인 나머지, 행동어프로치 전문가는 그 효용을 강조해서 과학적 어프로치를 과소평가하고 과학적 어프로치 전문가는 또 그 반대이다. 경영관리자는 동등하게 이해하고 경영관리에 필요하다고 생각되면 어느 것이 되었든 적재적소에 적용할 필요가 있다.

---

11) Dniel Goleman(1995), *Emotional Intelligence*

토 의 문 제

1. 직무특성별 유용한 직원관리 방안에 대하여 논의하라.

2. 감성지능의 실효성에 대한 찬 · 반 의견을 제시하라.

연 습 문 제

1. 경영관리자의 역할을 설명하라.

2. 테일러의 과학적 관리법의 한계점을 설명하라.

3. 행동적 어프로치는 직원을 동기부여 하기 위해서는 어떤 점을 강조하는가?

4. 성취지향형 인간의 특성을 설명하고, 성취지향형 직원이 조직내에서 직무성과를 높이기 위한 관리방안은 무엇인가?

5. 감성지능이란 무엇이며, 감성지능의 다섯 가지 능력을 설명하라.

CHAPTER

04

조직관리

01 업무촉진과 권한위양
02 리더십의 발휘
03 관리자가 기술진보에 따라가지 못하는 문제
04 조직내 갈등과 그 대처

유방과 3인의 참모에게서 배우는 리더십

「사기」의 저자 사마천은 가능한 한 정확하게 사실을 기록하려고 노력한 것으로 알려져 있다. 이런 사마천이 기록한 한(漢)나라의 창업자 유방(劉邦)에 대한 평가는 꽤 냉정하다. "집 안에 틀어박혀 하는 일 없이 놀고 먹기만을 즐기고 입으로만 호언장담하였으며, 술과 여자를 매우 밝혔다"고 기록했다, 놀라운 건 이처럼 재주도 없고 가진 것도 없던 유방에겐 불가사의한 힘이 있었다는 점이다. 이른바 '형님 리더십'이다. 잘 알려져 있듯이 유방은 장량, 소하, 한신이라는 역사상 가장 훌륭한 참모 시스템을 구축했다. 또 이를 토대로 초패왕 항우를 제거하고 한고조가 되는 데 성공했다. 2,000년이 흐른 지금도 유방과 3인의 참모들은 리더와 참모의 대명사로 회자되며, 참모 리더십을 배우려는 이들에게 교훈을 주고 있다.

오픈 마인드의 소유자 유방은 리더의 전형

리더에게 사람을 알아보는 능력과 그를 포용할 수 있는 오픈 마인드는 주요 덕목이라고 『1인자를 만든 2인자들』의 저자 이철희는 말한다 유방이야말로 이에 적합한 인물이라는 것. 소설 『초한지』에는 이런 유방의 리더십을 엿볼 수 있는 대목도 등장해 흥미롭다.

"나는 나라를 관리하고 백성을 위로하며 병력과 필요한 장비를 준비하는 데는 소하보다 못하다. 전투 준비를 하고 방비를 하여 싸움을 벌이면 승리하는 데에는 장량에 미치지 못한다. 수십만 병력을 통솔하고 조련하며 전투를 지휘하는 일은 한신보다 아래다. 이 사람들은 호걸이자 인재들이다. 나는 마음을 기울여 그들에게 정성을 다했기 때문에 천하를 얻을 수 있었다"

유방은 한(漢)의 태조다 기원전 217년에 태어난 유방은 기원전 202년~195년까지 재위했다. 유방의 고향은 패현(沛縣). 현재 산둥반도 남쪽에 위치한 강소성 서주시의 풍현마을로 상하이에서 멀지 않은 곳이다 패현은 진의 시황제가 천하를 통일하기 전까지는 초나라 영토이기도 했다 패현에서 유방은 결혼 후에도 큰형에게 얹혀살며 동네 건달이나 다름없이 젊은 시절을 보낸다.

이와 달리 초패왕 항우는 장군의 아들로 강력한 카리스마를 발휘한다 이렇게 대비되는 유방과 항우의 인물됨은 참모를 기용하는 면에서도 전혀 다른 길을 만든다 유방이 장량 소하 한신이라는 천하의 참모를 얻어 한나라를 창업하는 데 반해, 항우는 유일한 참모인 범증의 충고를 무시하거나 내쫓는 등 포악하고 독선적인 리더의 모습을 보였기 때문이다.

비슷한 관점에서『1인자를 만든 2인자들』의 저자 이철희는 유방의 넉넉한 인물됨이 곧 사람들이 형님으로 유방을 모시는 불가사의한 힘이라고 분석한다 유방은 다른 사람을 품을 수 있는 그릇이며, 참모의 충성을 이끌어낼 수 있는 배포가 있었다는 것이다. 즉 사람을 끄는 넉넉한 인물됨을 지닌 유방의 리더십이 곧 진나라의 법가 통치로 인해 숨 막혀 하던 민심을 얻을 수 있게 했다는 해석이다.

리더를 설득할 줄 아는 거시 전략가, 장량

유방을 논할 때 빼놓을 수 없는 참모가 장량이다 특히 장량은 남들이 못 보는 것을 보고 남들보다 한발 앞서 보는 참모의 대명사로 꼽힌다 수많은 변수들을 충분히 검토한 뒤 얻을 수 있는 목표에 집중하는 지극히 합리적인 전략을 구사하는 참모로도 잘 알려져 있다.

장량의 자는 자방이다. 정도전이 장자방으로 불리는 이유가 장량에서 기인한다. 장량은 전국시대 한나라 귀족 출신이다 한나라는 7웅의 하나로, 장량의 할아버지는 3명의 한왕(韓王)을 모신 재상이었고, 부친도 2명의 한왕을 보필한 재상가였다. 그러나 기원전 230년, 한나라가 진시황에 의해 7웅 중 제일 먼저 멸망하면서 장량은 망국의 한을 곱씹게 된다 이는 진시황 암살 실패로 숨어 살던 장량을 10년 만에 세상에 나오게 한 유방과의 만남으로 연결된다.

장량과 유방의 관계는 특히 '직언하는 참모와 들을 줄아는 리더'라는측면에서 바라볼 수 있다 이는 유방의 민심 얻기 전략이 장량에 의해 만들어졌다는 점에서 확인된다. 항우의 참모 범증이 항복한 진나라군 20만 명을 매장해 실인(失人)했다면, 장량은 안민정책으로 득인(得人)하면서 확실히 대비되는 전략가의 면모를 보인다.

장량의 진가는 거시 전략에서 발휘된다 유방의 중요한 정책이 모두 장량의 판단에 따라 정해졌고, 긴급할때는 유방이 개인적인 용무 중이더라도 거침없이 문을 열고 보고했다고 전해진다. 또한 장량이 유방에게 전략을 브리핑할 때는 알기 쉽게 설명한 것으로도 유명하다 장량처럼 '리더를 설득할 줄 아는 능력은 오늘날에도 유능한 참모의 필수불가결한 조건이 아닐 수 없다.

역사상 가장 훌륭한 참모 삼각 시스템의 탄생

소하는 유방의 후원자이자 동업자이며 참모였다. 보잘것없는 유방의 가능성에 무한투자한 의리 있는 참모다. 때로는 유방이 소하를 경계하고 의심하며 좋은 평판도 싫어했지만, 소하는 거꾸로 유방에 대한 반대를 삼가고 오히려 유방을 섬기는 참모의 우직한 모습을 보여준다.

소하는 유방과 동향인 패현 출신으로 현의 주리 (主吏)라는 작은 벼슬을 하고 있었고, 보잘것없던 유방을 잘 따랐다. 유방에게 정장이라는 벼슬살이를 추천해준 이도 소하라고 전해진다. 이런 소하 덕분에 유

방은 군사 충원 물ス卜 보급, 가족 안위에 이르기까지 마음 놓고 어느 곳이든 전쟁터를 누빌 수 있었다 한편 한신도 소하의 설득과 천거에 의해 발탁됐다 이 같은 소하의 참모 리더십은 기업에서는 관리책임자가 참고할 만한 좋은 사례다.

소하와 달리 한신과 장량은 유방의 거병 이후 만난다. 이때부터 역사상 가장 훌륭한 삼각 참모 시스템이 본격 가동되기 시작한 것이다. 전체적인 전략이 장량의 몫이었다면, 야전에서 싸우는 사령관은 한신이 맡았다. 한신을 적재적소에 활용하는 전략 역시 장량이 만들어낸 셈이다.

한신은 강소성 회음현 출신으로, 조실부모하여 수많은 역경 속에서 성장한 중국 역사상 가장 뛰어난 무장으로 꼽힌다. 그러나 한신은 토사구팽(兎死拘烹)이라는 고사(古事)의 주인공으로도 유명하다. 기원전 196년에 유방의 부인 여후에 의해 죽임을 당하기 때문이다. 이처럼 한신이 비운의 결말을 맞기 전까지 한신은 위나라, 조나라 연나라 그리고 제나라까지 평정하거나 연대함으로써 항우에 대항하는 거대한 반초전선을 형성하려는 장량 구상을 가장 잘 실현해주는 야전 사령관의 역할을 성공적으로 수행했다 『1인자를 만든 2인자들』의 저자 이철희도 이런 한신에 대해 “만약 한신이 유방과의 관계를 끊고 독자 세력화했거나, 항우와 손을 잡았다면 유방의 존재는 그 순간 무대에서 사라졌을 것이다”라고 기술한다.

이처럼 유방은 항우와 맞붙어 단 한 번도 이기지 못했지만 그의 곁을 보필한 3인의 참모 덕분에 45세에 천하를 얻었다 즉 역사상 가장 완벽한 참모 시스템으로 꼽히는 장량 한신, 소하라는 3인의 참모 덕분에 유방은 항우와의 수많은 전투에서 졌지만, 마지막 전쟁에서는 승리할 수 있었던 것이다.

〈참고서적〉

『1인자를 만든 2인자들』(이철희 지음 페이퍼로드)
『조력자를 위한 변명 참모는 없다』(오병영 지음. 청어)

●출처: 박은주 전문기자

본 장에서는 근로의욕을 고취시키는 조직관리에 대해 논의하기로 한다.

특히 조직론의 기초가 되는 조직목표와의 연계위에서 실행되는 업무위촉과 권한위양, 리더십, 조직내에서의 갈등과 그 대처방안 등을 주로 다루기로 한다. 업무의 위촉과 권한의 위양, 리더십은 과장과 과 구성원의 관계를 예로 들어 논의한다.

본장의 학습목표는 다음과 같다.

1. 조직론의 기초가 되는 조직목표와의 연계위에서 실행되는 업무위촉과 권한위양에 대하여 살펴본다.
2. 리더십의 정의를 살펴보고, 각 리더십이론을 이해한다.
3. 관리지가 기술진보에 따라가지 못하는 문제에 대하여 고찰한다.
4. 업무위촉과 권한위양으로 업무와 권한을 배분하면 개인간이나 집단간에 생기게 되는 갈등에 대하여 살펴보고, 그 대처방안을 생각해본다.

앞장에서는 작업과 근로의욕의 매니즈먼트에 대한 논의를 중심으로 기술하였기 때문에 본 장에서는 근로의욕을 고취시키는 조직관리에 대해 논의하기로 한다. 특히 조직론의 기초가 되는 조직목표와의 연계위에서 실행되는 업무위촉과 권한위양, 리더십, 조직내에서의 갈등과 그 대처방안 등을 주로 다루기로 한다.

업무의 위촉과 권한의 위양, 리더십은 과장과 과 구성원의 관계를 예로 들어 논의한다. 이와 같은 논의는 부장과 과장, 사장과 부장처럼 명령계통으로 상하관계가 있는 곳에서는 어디든 적용이 가능하다.

01 업무위촉과 권한위양[1)]

제1장의 [그림 1-1]에서 제시한 기능별 조직도에서 보는 것처럼 회사업무는 경리부장, 마케팅부장, 생산부장 등 직능에 따라 배분되어 있다. 직능에 따른 배분은 노동분업의 실행으로, 노동능률 향상의 기본이다. 부서내부를 보면, 예를 들어 경리부에서는 부장의 업

1) Montana, P.J. and Charnov, B. H.(2008), *Management, 4th ed., Barron's Business Review Series*, Barron's를 많이 참조하였음.

무를 재무과장, 회계과장에게 배분하고 있다.

1.1 업무위촉과 권한위양의 발생

회사의 창업당시를 뒤돌아보면 창업자가 혼자서 회사전체의 업무를 처리한다. 회사가 커지고 업무내용이 늘어나서 혼자 모든 업무를 처리할 수 없게 되면 대개 창업자는 돈의 입출과 그 기록을 담당하는 회계담당자를 우선 고용한다. 대부분 담당자는 창업자 가족의 일원인 경우가 많다. 담당자는 돈의 입출과 기록에 책임을 갖게 된다. 이것이 회사의 성장과 함께 확대되어서 회계과가 되는 것이다. 회계과장에게는 그 지위와 결부된 책임과 권한이 있고, [그림 1-1]의 조직에서는 상사인 경리부장을 통해 그 권한을 부여받게 된다. 이를 테면 전표의 내용에 의문이 있으면 회계과장은 그 전표를 발행한 부서를 조사하거나 그에 대한 설명을 요구할 권한이 있다.

논의의 편의상, 지금 회계과에 회사의 전표를 하나로 통괄해서 기록하는 원장(元帳) 관리자, 제품원가 산출담당자, 외상매출금 관리자 등이 있다고 하자. 한국에서는 회사와 직원의 일체감이 강해서 '부서 일은 다함께 분담한다'는 사고방식이 있다. 이것을 경영관리의 관점에서 볼 때는 분담과 책임이 너무 애매하기 때문에 좀 더 논리적으로 고찰해 볼 필요가 있다.

원장관리 업무는 원래 회계과장 업무의 일부지만, 원장관리자에게 이 업무를 위촉하게 된다. 위촉받은 부서원은 이 업무를 완벽하게 수행할 책임이 있다. 그러려면 업무를 수행하기 위해 필요한 권한을 갖고 있어야 한다. 전표를 발행한 부서를 조사하거나 그와 관련된 설명을 요구할 수 있는 권한은 그 중의 하나이다. 과장은 업무의 위촉과 동시에 필요한 권한도 위양한다. 업무위촉과 대응하는 권한위양은 동시에 이루어져야만 하는데 이를 권한위양의 원칙이라고 한다.

업무위촉과 권한위양에 있어 과장은 업무와 권한을 설명함과 동시에 업무의 목표와 기대하는 성과의 기준도 명시해야만 한다. 일의 결과는 성과기준과의 비교를 통해서 고과성적이 된다. 업무, 권한, 목표, 성과기준에 부서원이 동의했을 때 매니즈먼트에서는 부서원은 과장에게 책무를 갖는다고 말한다.

영어로는 업무위촉도 권한위양도 같은 말(delegation; 위임, 위양)을 사용하기 때문에 어느쪽 논의를 하고 있는지 하나를 선택해서 써야 하지만, 본서에서는 두 가지 말을 나누어 사용했다. 또 영어에서는 책임(responsibility)과 책무(accountability, 책임과 의무)를 분리해서 사용한다. 전자는 일상적으로 쓰는 책임의 뜻이다. 후자는 책임위에 업무를 충분히 수행했는지 여부에 따라 보상(승급, 보너스 등)에 영향을 미친다고 하는 의미를 내포하고 있다. 연공서열제에서는 책임과 책무를 구별할 필요는 없겠지만, 성과주의 방식의 직무급제 등으로 바뀌게 되면 미국의 직장처럼 구별이 필요하게 될 수도 있을 것이다.

권한위양도 책무도 발생하지 않는 업무위촉도 있다. 이를 테면 회계과장 자신이 원장관리 책임과 권한을 지니고 부서원에게 시간이 걸리는 원장기입(기입이란 현재는 컴퓨터 작업이지만)만 의뢰하는 경우이다. 이런 업무위촉은 업무보조라고 하는 것이 적절할 것이다. 사내에는 이러한 업무보조가 여러 가지 형태로 존재한다.

그렇다면 회계과장이 원장관리자에게 업무위촉과 권한을 위양하고 제품원가 계산담당자, 외상매출금 관리자에게도 똑같이 업무를 위촉했을 때 회계과장과 상사인 경리부장과의 책임관계는 어떻게 될까? 대답은 회계과장이 과의 일을 혼자서 전부할때와 변함은 없다. 회계과장은 과 전체의 업무를 수행하고 기대만큼의 성과를 내기위해 부장으로부터 권한위양을 받아 책임을 지고 있다. 회계과장이 과내에서 위촉과 위양을 했을 때 이것은 과장의 책임으로 실시한 것으로, 상사인 부장에 대한 책무를 부하에게 떠넘기는 것은 아니다. 이것은 연공서열제에서도 직무급제에서도 같은 원리이다.

1.2 관리직 자신이 장해가 되지 않기 위해

업무위촉을 하면 자신의 일이 없어지고 권한위양으로 과장권한도 줄어들어 자신의 지위가 위험해지는 것은 아닌가, 혹은 업적을 인정받은 부하가 자신의 지위를 위협하는 것은 아닌지 염려하는 관리직이 있다. 누구나 크든 작든 이런 걱정을 염두에 두고 업무위촉과 권한을 위양하는 경향이 보인다. 이런 경우는 과장인 자신이 업무위촉과 권한위양의 장해가 되고 있는 것으로 볼 수 있다. 의외로 과장은 간단한 사실을 잊고 있다. 업무위촉을 하지 않으면 과장은 혼자서는 과에 부과된 업무량을 소화할 수가 없고, 과의 특수지식과 기능에 대한 기대에도 부응할 수 없게 된다. 과장은 오히려 이런 상황이 직접 자신의 지위를 위태롭게 할 수 있다는 점에 유의해야 한다.

과장자신과 부하를 1대1로 비교해서 부하가 일을 못한다고 흉보는 사람이 있다. 이 과장의 주관적 평가는 업무위촉과 권한위양의 장해가 된다. 회계과에서 원장관리, 원가계산, 외상매출금 관리를 비롯하여 7명이 업무분담을 하고 있을 경우 회계과장은 어느 부하와 비교해도 전문지식이나 경험이 모두 많기 때문에 당연히 1대1 비교에서는 과장쪽이 유능할 것이다. 그러나 과장이 과의 모든 업무를 혼자서 하기 위해서는 자기시간의 7분의 1씩을 각각의 업무에 할당하는 계산이 된다. 과장이 7분의 1의 시간으로 달성하는 일은 부하 한 사람이 모든 시간을 사용해서 달성하는 양과 질에는 못 미친다고 인식해야 한다. 이와 같이 생각하면 별로 걱정할 것이 없다. 과장은 부하에 대해 자신을 기준으로 하지 말고 부하의 업무달성에 대한 목표와 평가기준을 미리 결정해 놓고 거기에 맞추어 부하를 비교하고 평가하면 되는 것이다.

같은 이유로 달라진 형태의 과장행동이 있다. 미국의 유연고용제에서는 인적자원(human resource)부서가 사람을 채용해서 과에 배속하는 것이 아니라 과장이 자신의 부하를 고용한다. 이때 과장은 자기보다 능력이 못한 사람을 채용하려는 경향이 나타나게 된다. 유능한 사람은 매일 자신에게 대들거나 장래에 자신의 지위를 위협할 것이라 염려하기 때문이다. 일례로 별로 유명하지 않은 대학출신의 과장이 명문대학 출신의 유능한 부하를 경원할 수 있다. 이러한 행태를 그대로두면 과장의 능력이 시간이 흐름에 따라 저하하기 때문에 부장은 이러한 과장의 행태에 유의해야 한다.

1.3 업무위촉과 권한위양의 방식

새로 과장보직을 맡게 되었을 경우 업무위촉과 권한위양 방식을 바꾸기에 좋은 기회로 삼을 수 있다. 기존의 업무분장을 계속할 것인지 아니면 변경할 것인지에 대해 재검토할 수 있는 좋은 기회이기 때문이다. 선임과장과 신임과장과는 능력과 관리스타일에 차이가 있기 때문에 위촉이나 위양의 방식을 바꾸는 경우가 많다. 신임과장이 자신의 특수지식, 경험과 더불어 업무배분을 바꾸려고 할 때는 과 구성원을 불러 논의를 해서 업무위촉과 권한위양의 변경에 먼저 합의하도록 해야 한다.

미국기업처럼 유연고용제에서는 전임과장이 퇴직하고 나서 신임과장이 취임하는 경우가 자주 발생한다. 신임과장은 부장으로부터 과 구성원 간의 분업에 대해 묻고, 또 부장이 과의운영을 어떤 식으로 바라고 있는지도 물어본다. 그런 후에 과의 한 사람 한 사람에게 담당업무에 대해 질문한다. 그리고 그들이 제출한 과거의 보고서를 열람해서 능력판정을 한 후 다시 업무위촉과 권한위양의 구체적 사항을 전달한다. 장래에 유연고용제와 직무급제가 한국기업에서 채용되게 되면 이들 과장의 업무는 미국의 경우처럼 형식만 차리게 될 것이다. 이미 성과주의를 채택하여 목표관리를 하고 있는 회사에서는 매년 업무위촉과 권한위양을 확인하고 있다.

이상은 과내의 기존 업무에 대해서지만, 회사는 점점 확대되고 경영환경도 변화하고 있기 때문에 신규업무가 자꾸 과에 할당되게 된다. 이 때 과장은 스스로 담당해야 하는지, 현재의 과 구성원 중에 최적의 사람이 있는지를 검토해서 신업무의 위촉과 권한의 위양을 실시한다.

매니즈먼트에서는 업무위촉과 권한위양을 서류로 전달하도록 가르친다. 그렇게 함으로써 구성원에게 지시를 철저히 할 수 있고, 또 담당업무와 책무를 잘 이해하는데 도움이 되며 나아가 장래의 의견차이를 줄일 수 있다. 한국회사에서는 구두로 전달하는 습관이 강하지만, 최근에는 워드프로세서가 보급되었기 때문에 문서과를 거치지 않고 이 정도의 메모는 과장자신이 처리할 수 있다.

1.4 권한위양의 유형

권한위양의 정도를 3종류로 나누어 여기에 미국대통령 이름을 붙이는 경우가 있다. 미국인에게는 이들 대통령의 관리스타일과 연계하여 기억하기가 쉽기 때문이다.

- 아이젠하워형 : 자신에게 아무상담이나 보고도 하지 않고 권한을 위양받은 부하가 스스로 결정을 내려 실시해도 좋다고 하는 권한위양. 아이크 스마일로 인기가 있었던 노(老)대통령은 부하에게 모든 걸 일임하는 유형이었다.
- 닉슨형 : 부하 스스로 결정을 내려도 좋지만, 발표실시 전에는 자신에게 이야기할 것
- 케네디형 : 문제의 정보수집, 분석은 자주적으로 해도 좋지만 자신에게 보고하고 상담하고 나서 결정을 내릴 것

실제로는 과장이 모든 과원들에게 똑같이 한 가지 유형만을 적용할 수는 없다. 부하의 경험능력과 위촉업무 내용에 따라 어떤 유형이 적합한지를 결정해야만 한다. 일반적으로 경영관리자로서 아이젠하워형의 백퍼센트 위양형을 사용하는 경우는 거의 없다. 왜냐하면 무책임하다고 생각될 정도로 모두 맡겨버리고 태평하게 있을 수 있는 대범한 경지에 이르기가 쉽지 않기 때문이다. 대부분의 관리자는 함께 일하는 부하의 성숙도(직무수행 능력상의 성숙도와 정서상의 성숙도)에 따라서 아직 미숙한 수준의 부하에게는 일일이 코치하고 지도하는 지시형의 스타일을 적용하고 매우 성숙한 수준의 부하에게는 상당부분을 본인의 결정에 맡기는 위양형을 적용하는 것이 바람직할 것이다. 상사의 부하관리와 관련해서는 2절의 리더십 부분에서 다시 다루고 있으니 참조하기 바란다.

1.5 매우 중요한 사전준비[2)]

업무위촉과 권한위양을 하기전에 과장은 스스로 준비를 충분히 해야만 한다(다만 이 내용 전부를 위촉상대에게 반드시 이야기하는 것은 아니다).

- 위촉하는 업무와 그 범위, 위촉된 부하의 책무를 명확히 한다. 하나의 업무를 반드시 전부위촉할 필요는 없다. 상대의 능력에 따라서는 과장이 일부를 담당해야 하는 경우도 발생한다.
- 위촉할 후보자를 선택한다. 새로운 업무를 위촉할 경우는 직접해 보지 않으면 알 수 없는 일들이 자주 일어난다. 아무튼 최적이라고 생각되는 사람을 골라 지도하고 원조할 수밖에 없다.
- 권한위양의 범위를 위촉업무내용과 상대에 따라 결정한다. 책무와 권한은 서로 대응하고 있어야 한다. 이것을 '책무와 권한의 일치'원칙이라고 한다. 과장이 자기지위의 안전을 염려해서 권한위양을 꺼리면 과원들이 업무를 충분히 수행할 수 없게 된다.
- 명령계통과 협력관계를 명확히 한다. 업무위촉과 권한위양으로 위촉된 부하는 과장의 명령계통을 떠나서 일을 하는 것이 아니다. 과장자신도 업무위촉과 권한위양으로 이 업무의 책임에서 해방되는 것은 아니다. 따라서 명령계통은 명확히 유지해야만 한다. 그밖에 위촉업무를 수행하는데 협력해야 하는 개인이나 그룹이 있다. 이것을 열거해 둘 필요가 있다.
- 위촉에 의한 장점, 단점을 열거해 둔다.
    - 과장자신에게 있어서 : 업무위촉에 의해 성과가 오르면 자신의 성과가 되지만, 위촉상대의 능력이 과내에서 상사인 부장에게도 인정받아 장래에 자신의 자리를 위협하게 될지도 모른다. 연공서열제에서는 이 가능성은 낮기 때문에 염려할 것은 없다.
    - 위촉상대에게 있어서
    - 과에 있어서
    - 회사에 있어서
    - 고객에 있어서

  위촉결과가 잘 안 되었을 때의 대책도 생각해 두어야 한다.

---

2) Editors Of Perseus Publishing, Perseus Publishing, Daniel Goleman(2002), Business: *The Ultimate Resource*, Basic Books, p.380

- 과장자신이 부하에게 어느 정도의 지원을 하고, 또 그것을 위해 어느 정도의 시간을 할당할지를 준비해 둔다.
- 업무의 목표를 설정하고 위촉상대의 성과를 평가하는 기준(performance rating)을 결정한다.
- 상사인 부장과 위촉상대와 협의를 한다. 업무위촉과 권한위양은 부장으로부터 과장자신에게 주어져 있는 책무의 일부를 부하에게 양도하는 것이기 때문에 부장의 양해가 필요하다. 또 Y이론처럼 업무내용과 그 의의를 이해했을 때 부하의 의욕이 가장 오르기 때문에 부하에게 위촉과 위양을 지시만 하는 것이 아니라 의의를 설명하고 그것을 떠맡을 마음이 생기도록 유도해야 한다.

1.6 업무위촉의 장·단점 및 위험성

업무위촉의 장점에는 다음과 같은 것이 있다.

① 과장의 시간이 장기적으로 많이 확보될 수 있다. 원래 업무위촉은 과장의 과다한 업무량을 줄이는 것이 목적이다. ② 부하의 능력판정에 도움이 된다. ③ 부하에 대해서는 향상심을 자극하는 업무를 주어 자기개발의 동기부여가 된다. ④ 과장직 승계자의 훈련이 된다.

단점으로는, ① 부하에게 업무위촉과 권한위양을 실시함에 있어 그것을 설명하고 훈련을 시키는데 과장의 시간이 많이 소요된다. ② 업무를 위촉한 부하가 주어진 업무의 일부밖에 하지 않을 위험성이 있다. ③ 최근처럼 인원삭감이 행해질 때는 과장은 업무위촉을 하려고 해도 충분한 인재와 인원이 없는 경우가 생긴다.

인원삭감과 함께 업무중에서 필요도가 낮은 것부터 그만두든가, 아니면 업무를 간소화해야 한다. 이로써 단점을 장점으로 전환할 수 있다.

난점과 함께 아래와 같은 위험성이 있다.

■ 역(逆)위촉

이것은 reverse-delegation을 번역한 말이다. 부하가 진척상황을 보고하러 오거나 작업에 대한 질문을 하러 왔을 때 과장자신이 '바쁘다'거나 '생각해 둔다', '검토해 보고 나중에 대답하겠다'라고 한 후에 자신이 문제를 떠안아 버리는 경우가 있다. 그 중에는 이 대답이 틀에 박힌 인사말처럼 되어있는 과장도 있다. 이것을 반복하다보면 부하가 과장에게 업무를 갖고와서 과장이 그것을 떠안게 된다. 분명히 위촉한 업무를 반대로 떠맡게 되어 버린다. 이것이 역위촉이다. 상사중에는 자주 이 위험에 빠지는 관리자들이 의외로 많이 존재한다. 이렇게 되면 과의 업무가 정체된다. 이런 상태가 되었을 때 부하는 '과장이 업무처리의 병목이다'라든가 '과장은 업무위촉과 권한위양을 말로는 하지만 실행하지 않는다'라고 비판함으로써 과의 사기를 떨어뜨린다.

최근 인터넷의 보급으로 정보전달이 편리해진 반면 이것이 자주 역위촉을 야기시키고 있다. 이를 테면 고객과 판매교섭을 위해 출장중인 세일즈맨에게 호텔에 돌아오면 그날의 교섭상황을 e메일로 보고하도록 요구하는 과장이 늘고 있다. 다음날 아침 세일즈맨이 고객을 다시 방문하기 전에 상사로부터 세세한 지시가 e메일로 들어온다. 그럼 세일즈맨은 책임을 양도받은 판매업무를 상사에게 반납하고 맡겨 버린다. 과장은 자신이 문제의 원인을 제공했는지도 모르고 괜히 동분서주하게 된다.

e메일의 cc(참조)기능은 편리하지만 문제를 일으키기 쉬운 기능이다. cc에 의해 세일즈맨 보고의 복사가 부장이나 사장에게도 동시에 간다. 부장이나 사장이 명령계통을 건너뛰고 세일즈맨에게 지시를 내리기도 한다. 이로써 명령계통에 혼란을 일으킨다. 이런 경우를 자주 격게되는 과장은 부장이나 사장이 세일즈맨에게 e메일 보내는 것을 기대하게 된다. 그리하여 역위촉은 과장을 뛰어넘어 다시 조직의 상층부에서까지 일어난다. 이런 사례와 같이 기업내의 모든 차원(영역)에서 인터넷이 업무위촉을 실제상 축소하여 업무위촉 효과를 떨어뜨리는 사례가 빈번히 관찰된다.

■ 통제력의 저하와 상실

업무위촉과 권한위양으로 과장은 업무와 권한을 부하에게 양도하기 때문에 그만큼 부하에 대한 통제력이 저하될 가능성이 있다. 위촉한 부하의 과장에 대한 태도에 따라서는 오랜 기간에 걸쳐 통제력을 약화시킬 위험이 있다. 통제력의 저하를 방지하고 명령계통을 유지하기 위해서는 과장은 설정한 업무의 목표와 성과의 평가기준에 따라 적절히 부하를 평가하고 조언을 해야 한다. 부하가 주어진 권한을 남용하는 것을 보았을 때는 위양한 권한의 일부를 회수하는 것도 생각해야 한다. 통제력의 상실은 업무를 통째로 내던지듯이 위촉했을 때 곧바로 일어난다. 이것은 과장에 의한 직무 · 권한의 포기라고 볼 수 있다.

■ 자신의 직위를 상실할 위험성

업무위촉을 한 부하의 능력과 성과가 상사인 부장에게 인정받아 부하가 과장으로 승진해서 자신이 한직이 될 위험성이 있다. 미국처럼 유연고용제에서는 직위를 잃을지도 모른다. 이런 위험성이 있다 하더라도 업무위촉한 부하의 업적은 최초에 설정한 평가기준에 따라 정당한 평가를 받도록 해야만 한다. 최선의 대책은 말할 것도 없이 자기 자신도 업적을 올려 승진의 기회를 잡도록 노력하는 것이다. 유연고용제 시대의 도래에 대비해서 국제적으로 업계에서 통하는 실력을 쌓아 전직이나 승진의 준비를 해 두는 것이 현명하다.

■ 성과로 보상받을 수 없는 위험성

회사의 성장이 포화상태에 달해 있거나 구조조정을 하고 있고, 또 이익이 낮아 예산제한이 있을 때에는 좋은 성과를 낸 부하에게 승진, 승급, 보너스로 보상해줄 수 없는 경우가 있다. 오로지 유연고용제만 실시되고 있는 미국에서는 부하가 그것을 불만으로 여겨 전직을 하는 경우도 나온다.

최근 미국의 많은 회사들이 사내에 승진이나 승급 가능성이 낮은 부하에게는 그 취지를 알리도록 지도하고 있다. 약 30년 전까지는 이런 정보는 직원에게 숨기도록 하고 있었으나 최근에는 직원 개개인에게 알리도록 하고 있다. 부하를 잃고 싶지 않아서 가능성이 낮은 장래의 승진을 암시하거나 하면 나중에 가서 그 실행을 요구해 오기 때문에 화근을 남긴다. 직원의 장래에 대해 솔직히 이야기하는 것은 기업이 좋은 시민이며 좋은 고용주이기 위한 의무라는 쪽으로 생각이 바뀌고 있다.

이런 방침은 현재의 한국기업에도 그대로 적용될 수 있다. 그러나 인간은 금전과 지위만을 위해 일하는 것은 아니다. 소득수준이 높은 한국 대기업의 직원은 매슬로우의 욕구 5단계설에서 생존 · 생리욕구, 안전 · 안정욕구, 귀속 · 사회적 욕구는 대개 충족되어 있고, 자존 · 존경욕구와 자아실현 욕구를 추구하는 경향이 있다. 업무위촉으로 나온 성과를 사내에서 널리 인정하여 이들 상위수준의 욕구에 부응하게 하는 방법이 있다.

02 리더십의 발휘

2.1 리더십이란

앞 절에서 위촉과 위양으로 업무와 권한을 부하에게 배분하는 경우에 대해 논의했다. 상사는 그것을 인수한 부하가 자발적으로 노력하도록 동기부여를 하여 노력의 방향이 기업목표를 향하도록 통솔해야만 한다. 이 동기부여와 통솔의 힘이 리더십이며, 리더십을 갖춘 사람이 리더이다.

리더십에 관한 고찰은 오랜 역사를 갖고 있다. 한국에서는 세종대왕을 비롯하여 연개소문, 김유신, 을지문덕, 이순신장군, 황희정승 등 각기 다른 유형의 리더십에 친숙해져 있다. 유럽에서는 알렉산더대왕, 줄리어스 시저이래 많은 리더에 대한 기록이 있다. 그러나 리더십이 매니즈먼트에서 독자적인 연구대상이 된 것은 약 40년전부터이다.

역사적으로 오랫동안 리더십은 리더가 될 사람은 태어나면서부터 그 자질을 갖고 있다고 인식되어 왔다(리더특성 이론). 그러나 최근에는 리더의 선천적인 자질을 인정하면서도 리더십은 교육이 가능하다고 하는 생각이 일반화되었다. 그런데 분담한 직무를 꾸준히 소화만 하고 있는 좋은 과장과 리더는 다르다. 초기 연구자의 한 사람인 워렌 베니스[3]는 '과장은 일을 바르게 하고 리더는 바른 일을 한다'라고 말한 바 있다. 부장이나 사장이 리더인지 아닌지에 대해서도 마찬가지다.

기업에서의 리더십에는 세 가지 수준이 있다.[4]

- **팀 리더십** : 5명 내지 20명의 그룹을 통솔하는 리더십. 계장이나 과장급의 리더십이 여기에 해당한다.
- **작전적 리더십** : 몇 명의 리더를 이끄는 리더십. 부장급의 리더십이 여기에 해당한다.
- **전략적 리더십** : 기업전체를 이끄는 리더십. 사장의 리더십이다.

이와 같이 수준은 다르지만, 이하 논의할 리더십의 원리는 세 수준 모두 공통이다. 리더에는 공식리더와 비공식리더가 있다. 공식리더는 회사 조직도상의 과장, 부장, 사장이 리더로서 일하는 경우이다. 비공식리더는 호손실험에서 발견된 비공식집단의 보스를 예로 들 수 있으며, 그는 호손공장의 배선량 기준을 결정하고 있다. 부정적인 방향이지만, 집단구성원을 억눌러서 책임량을 완수하게 하는 리더십을 보여주고 있었다. 연구소, 제품개발 기술부 등에서는 공식적인 보직을 갖고있지는 않지만 고도의 기술지식을 갖고 학회에서 이름이 알려진 사람을 중심으로 연구개발이 잘 진행되고 있는 경우가 있다. 공장현장에서도 다른 작업원을 잘 보살피는 숙련공이 비공식집단의 리더가 되는 경우를 자주 볼 수 있다. 비공식집단은 없애 버리려해도 없어지지 않기 때문에 존중해야만 한다. 비공식집단의 이해관계가 회사목표와 일치하고 있을 때에는 생산성이 향상된다. 공식조직의 리더는 조직상의 부하와 비공식집단에 대해 리더십을 발휘하도록 해야 한다.

---

3) Warren ennis(2009), *On Becoming a Leader, 4th ed.*, Basic Books

4) John Adair(2009), *How to Grow Leaders: The Seven Key Principles of Effective Development, Kogan* Page

2.2 리더십의 7가지 힘

리더십을 발휘하기 위해 사용할 수 있는 힘은 아래에 열거하는 바와 같이 적어도 일곱 가지가 있다.[5] 처음 세 가지는 직위에 따른 권위와 권력이기 때문에 그 지위에 앉은 사람에게는 자동으로 부여된다. 이것만으로도 근로의욕에 대한 관리지식과 자신의 감성지수(EI)를 결합하여 리더십을 발휘할 수 있을 것이다.

■ 조직권위

직위와 결부된 강한 권위이다. 직원은 권위에 따른다. 당연히 과장, 부장, 사장순으로 조직에서 상위에 있는 사람일수록 강한 권위를 갖고 있다. 사장, 부장, 과장자리에 취임한 것만으로 이 권위는 그 사람에 따라붙기 때문에 그것만으로도 주위는 리더십을 발휘하도록 기대한다. 분담직무만을 꾸준히 소화할뿐 앞에서 통솔하고 견인하지 않는 과장에게 부하가 실망하는 것은 이 기대에 부응하지 못하기 때문이다.

■ 보상권위

이것도 직위와 결부된 권위이다. 부하의 성과에 따라 승급, 승진, 보상을 부여하는 관리권한의 일부이다. 이처럼 눈에 보이는 보상이 아니라도 과장의 주목, 과내의 지위, 다른 부하보다 많이 건네주는 회사정보의 많고 적음, 스스로 일의 순위와 절차를 결정하게 하는 자주성 등 넓은 범위에 걸쳐 부하에게 보상하고 동기부여하는 방법이 있다. 이들 보상은 부하의 자존 · 존경욕구를 충족시키는 경향이 있다.

■ 강제권위

이것도 직위와 결부된 힘으로, 부하를 벌하는 권력이다. 징벌은 과의 사기를 높이는 쪽으로는 작용하지 않지만, 사규에 위배되는 행위나 팀 활동을 방해하는 행위는 징벌에 의해 금지해야만 한다. 이것을 방치하면 경영관리직의 권위전체를 위협하게 된다.

징벌은 훈계에서부터 일시감봉, 강등, 직위해제, 해고 등 여러 단계가 있지만, 징벌은 죄의 크기에 대응해서 타당해야만 한다. 또 나쁜 행위를 했을 때 즉시 하지 않으면 효과가 적다.

■ 전문가 권위

경영관리자 개인이 지니고 있는 전문가로서의 사회적 지위, 지식, 능력에 의거한 권위이다. 부서의 조직이나 개인도 전문가로서의 경영관리자에게 의지하고 있기 때문에 이 권위가 생긴다. 비공식집단에서는 연구개발의 베테랑이나 공장의 숙련공이 이러한 권위를 갖

---

5) Montana, P.J. and Charnov, B. H.(2008), *Management, 4th ed.*, pp.254-255

고 있다. 특히 과학자나 기술자는 상사에 대해서도, 동료나 부하에 대해서도 전문가로서의 지식, 능력, 이른바 기술적으로 유능한 사람인지 아닌지에 민감하다.

과학기술 분야에서는 연장자가 제안한 신제품 아이디어를 신입사원이 이론적으로 모순이나 결함을 지적할 수 있음으로 해서 개인이 유능한지 아닌지를 분명히 할 수 있는 분야이기 때문일 것이다. 부문내에서의 기술적 유능성에 따라 비공식적인 순위를 매길 수 있다. 상사라도 기술적으로 별로 인정할 게 없는 사람이라고 생각되면 그 사람을 마음속으로 거절해 버린다. 기술적으로 불가능한 사람이 연공이나 행운으로 연구소와 기술부서의 관리직이 된다면 유효한 관리는 기대할 수 없게 될 것이다.

전문가 권위는 다음에 열거하는 카리스마성과 중복되는 부분이 있다.

■ 카리스마

개인에게 갖추어진 특질로 비범한 통제력이 있다. 옛날부터 장군이나 제독에는 큰 체격의 사람이 많다. 군대에서는 큰 체격은 카리스마를 보여주는 조건의 하나였다. 연구에 의하면 특질의 종류로서 매우 높은 지능, 당당한 체격, 자신감, 의견 · 효과적인 정보의 전달과 교환능력, 다른 사람에게 동기를 부여하는 재능, 단호한 태도, 창조성 등이 있다. 작년까지 GE회장으로서 GE를 성장시킨 웰치는 비정함으로 사원들을 견인했다. 당대에 세계 최대의 체인스토어 월마트를 창업한 샘 월튼(Sam Walton)은 뛰어난 사교성으로 사람을 끌어당겼다.

세일즈에서는 고액의 주문을 따내는 힘이 있는 사람이 존경받는다. 카리스마는 강력하기 때문에 그것을 갖고 있는 사람은 그것을 마음껏 활용하여 리더십을 발휘할 수 있다. 그러나 카리스마만이 리더십인 것처럼 생각하거나 이것이 없으면 리더가 될 수 없다고 생각하는 것은 잘못이다. 본 절에서도 그밖의 여섯 가지 힘을 열거하고 있다. 카리스마가 부족한 사람이 이순신장군의 전기를 읽고 그것을 모방해서 카리스마를 발휘하려고 부하에게 훈시를 하는 사람이 있다. 그 모습은 너무 우스꽝스러워서 부하의 비웃음을 살 뿐이다. 자신에게 없는 카리스마를 그대로 흉내만 내서 발휘하려고 하는 일은 하지 않는 것이 현명하다.

■ 관련교우에 의한 권위

이 권위는 개인자신에서 나온 것이 아니라 누구밑에서 일하고 있는지, 누구를 알고있는지 등에서 오는 권위이다. 사장보좌, 차장, 과장수행원 등이 사장, 부장, 과장과 가까운 자리에 있기 때문에 이 권위를 갖게 된다. 말하자면 호가호위(狐假虎威)하는 느낌을 떨쳐버릴 수가 없다. 은행에서 기업에 파견된 이사의 힘은 대부분 은행과의 관련 · 교우에 의한 권위이다. 정부나 정치가와 관계가 있는 사람도 이 권위를 갖는다. 전문가 권위나 카리스마가 부족하고 EI도 낮은 사람이 이 권위를 집행할 때는 리더십이 아니라 강압이 되는 경우가 많다. 대부분의 사람들은 거의 본능적으로 이 권력에 반발하는 경향이 높다.

■ 정보력

'정보는 힘'이라고 하는데, 조직이 기능하는데 필요한 정보를 필요할 때 알고 있는 사람의 권위이다. 이를 테면 사장에게 신뢰를 얻고 있는 비서에게 사장이 중요한 정보를 이야기하고 있을 때 사장비서는 정보력을 갖는다.

경영관리자는 위의 리더십의 여러 힘 중에 자신은 어느 것에 강하고 약한지를 항상 알고 있어야 한다. 상황에 따라 힘을 결합해서 리더십을 발휘하도록 해야 하기 때문이다. 현대의 경영관리에서는 리더십의 힘을 사용하려 해도 제한이 있다. 노동조합이 있는 기업에서는 단체협약이나 승급, 상여결정에 관한 규정에 의해 보상권위, 강제권위는 범위를 제한받는다. 노동조합은 조합원이 징계를 받을 때 조합원을 보호하기 위해 단체협약이나 취업규칙을 가능한 최대범위까지 확장해석해서 회사에 대항하기도 한다. 컨설팅에서 조합이 있는 기업과 없는 기업을 접해보면 노동조합이 없는 기업은 경영관리의 자유도가 높고 리더십을 발휘할 수 있는 폭도 넓다.

2.3 일지향인가, 직원지향인가

리더의 행동에서 일지향과 직원지향에 대해 관찰해 보자. 그 기초에 리더의 행동모델이 있는데 [그림 4-1]과 같다.

그림에서 리더는 의무화된 일의 완성, 팀 구성과 그 육성, 팀 구성원 개인의 개발을 꾀해

그림 4-1 아데어의 리더행동 모델

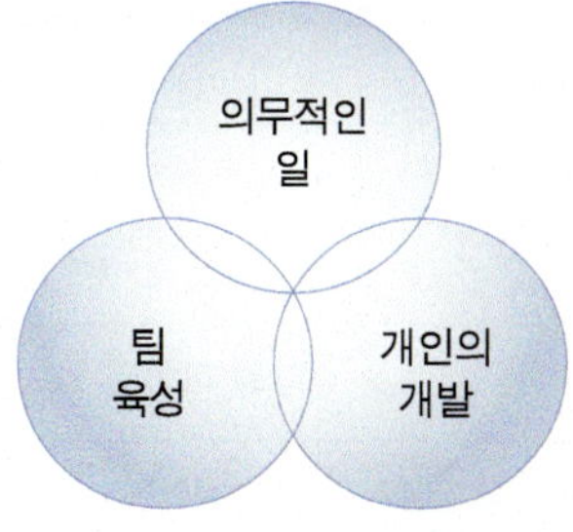

야 한다는 점을 아데어(John Adair)[6]는 제안하고 있다. 의무화된 일의 수행을 강조하는 행동은 일지향이고, 팀의 육성과 직원개인의 개발을 강조하는 행동은 직원지향이다. 이것들은 [그림 4-1]에서 보는 바와 같이 서로 겹쳐진 행동으로, 리더는 개개로 나누어서 하는 것이 아니라 일을 완성시켜 가는 가운데 실행하도록 노력해야 한다.

리더의 행동모델이라고 할 수 있는 원안에 대해 고찰해 보자. 리더십에는 많은 차원이 있고 다면성이 강하다. 미시간대학의 연구자들이 많은 차원 중 리더가 일 지향인지 직원지향인지에 초점을 맞추어 효과적인 리더십을 조사했다. 리더가 직원지향의 경우, 일과 조직에 만족하고 있는 곳이 많았다. 일지향에서는 직원이 불평하는 곳이 많은 것을 발견했다. 양쪽 모두 일단 일의 성과는 올리고 있지만 차이가 있다. X이론과 Y이론이 적용되는 것과 유사하다.

연구자들은 직원지향의 리더십쪽이 효과적이라고 결론짓고 있다. 이 스타일은 직원에게 영합하는 경우가 많고 리더십으로서는 효과적이지 않은 것처럼 보이지만 이쪽이 생산성을 향상시킨다. 따라서 부하에 대한 감도(感度) 높은 감성지수력이 중요하다는 것을 알 수 있다. 미시간대학의 연구를 도식화한 블레이크-무우튼[7]의 관리격자(managerial grid)가 [그림 4-2]이다.

그림 4-2 블레이크-무우튼의 관리격자(Blake & Mouton's managerial grid)

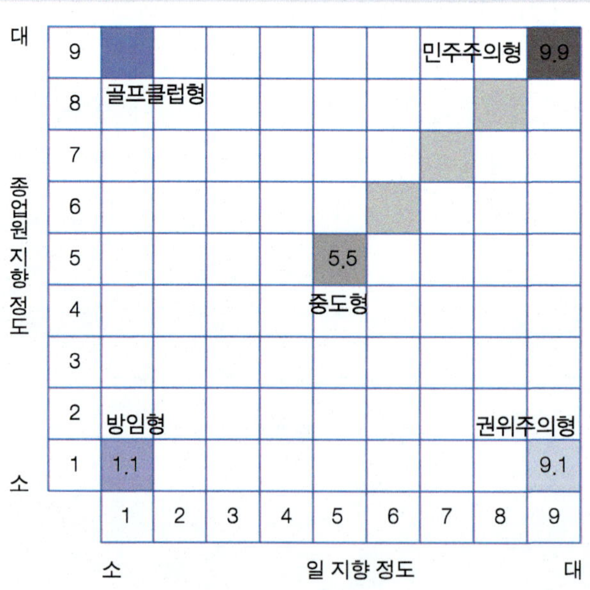

6) John Adair(1979), *Action Centered Leadership*, Gower Pub Co
7) Robert R. Blake, Jane S. Mouton(1979), *The New Managerial Grid*, Gulf Publishing Co

관리격자 (1.1)의 위치는 경영관리자가 직원지향도 일지향도 최소인 경우이다. 직원에 대한 관심도 일에 대한 의욕도 최소이기 때문에 이런 유형의 경영관리자는 방임형 혹은 무기력형이다. 리더로서는 최악이다.

관리격자 (1.9)의 위치는 직원에 대한 관심은 매우 높지만 일에 대한 의욕은 최소이다. 조직내 분위기는 우호적이고 직원은 즐겁게 일하고 있지만 조직의 성과는 오르기 어렵다. 이 스타일은 골프클럽형 또는 동호회형이다.

관리격자 (9.1)의 위치는 일의 완성에 매우 의미를 두지만 직원에 대한 관심이 최소의 경우이다. 일의 결과는 낼 수 있지만 이 유형의 경영관리자는 강경자세로 인기는 떨어진다. 이른바 권위주의형이다.

관리격자 (9.9)의 위치는 일의 완성에 최고의 의미를 둠과 동시에 직원에 대한 관심도 최고로 높다. 민주주의 형이라고 부른다. 그러나 이것은 이상형일뿐 실제로는 별로 없다.

관리격자 (5.5)의 위치는 실행가능 범위에서 일지향과 직원지향이 동등하게 존재하는 경우이다. 중도형이라고 할 수 있다. (5.5)에서 (9.9)로 가는 대각선 스타일은 직원의 만족감이 높고 일의 결과도 높다.

이 관리격자 이론은 그후 허쉬와 블랜차드(Paul Hersey and Kenneth H. Blanchard)의 상황적 리더십이론(Situational Leadership Theory)으로 발전하였다. 상황적 리더십이론은 모든 상황에 유효하고 딱 들어맞는 유일하고 만능적인 리더행동의 유형(예를 들면 (9.9)형 리더)이란 있을 수 없으며 리더십상황이 다르면 효과적인 리더십유형도 그에 따라 달라져야 한다고 주장한다.[8)]

따라서 유능한 관리자가 되기 위해서는 자신이 처해있는 상황변수들(리더자신, 부하, 상사, 동료, 조직 및 직무의 요구, 시간적 여유 등)에 대한 훌륭한 진단능력을 갖추고 있어야 할 뿐만 아니라 자신의 리더십유형을 그 상황의 요구에 적합한 것으로 변화시켜갈 수 있어야 한다.

상황적 리더십이론에서는 다양한 상황변수들 중 특히 부하들을 가장 중요한 요인으로 보고 있는데 그 이유는 부하들이 개인적으로 리더를 받아들이거나 거절할 뿐만 아니라 집단으로서 리더가 어떠한 개인능력을 가지고 있더라도 실제로 그것을 결정하는 것은 부하들이 하기 때문이다.

상황적 리더십이론에서 강조하는 '부하'라는 상황변수를 좀 더 구체적으로 보면 이는 부하(집단)의 성숙도를 의미하며, 이는 높지만 달성가능한 목표를 설정하는 능력(성취동기),

8) Paul Hersey and Kenneth H. Blanchard(1977), *Management of Organizational Behavior, 3rd ed.*, Prentice-Hall Inc

기꺼이 책임을 맡거나 책임을 맡을 수 있는 능력 및 개인이나 집단의 교육수준 혹은 경험 등으로 정의하고 있다. 그리고 이들 성숙변수들은 수행해야 할 구체적인 과업과의 관련하에서만 고려되어야 한다.

'과업관련 성숙도'에는 ⅰ 직무수행상의 성숙도-과업수행 능력과 과업수행을 위한 기술과 지식, ⅱ 심리적 성숙도-개인으로서의 자신에 대한 자신감 및 자존감 등이 포함되어 있다. 그래서 높은 수준의 '과업관련 성숙도'를 가지고 있는 사람들은 직무수행을 위한 능력과 지식을 가지고 있을 뿐만 아니라 자신에 대한 자신감이나 자존심을 가지고 있다. 반면 낮은 수준의 '과업관련 성숙도'를 가지고 있는 사람들은 이와 같은 직무수행상의 성숙도와 심리적 성숙도가 모두 다 결여되어 있다.

상황적 리더십이론에서는 [그림 4-3]에서와 같이 상황이론의 내용을 [3차원 리더유효성] 모델의 4분면에 걸쳐 있는 종 모양의 곡선으로 표시된 하나의 사이클로 나타내고 있다.

여기서 '과업행동'은 '리더가 부하에게 어떤 과업을 언제 어디서 어떻게 수행해야 하는가를 일일이 설명함으로써 리더가 일방적 의사소통(one-way communication)을 하고 있는 정도'라고 정의하고 있다.

그리고 '관계성 행동'은 '사회정서적 지원과 심리적 위무를 제공하고 바람직한 행동을

그림 4-3 상황적 리더십이론

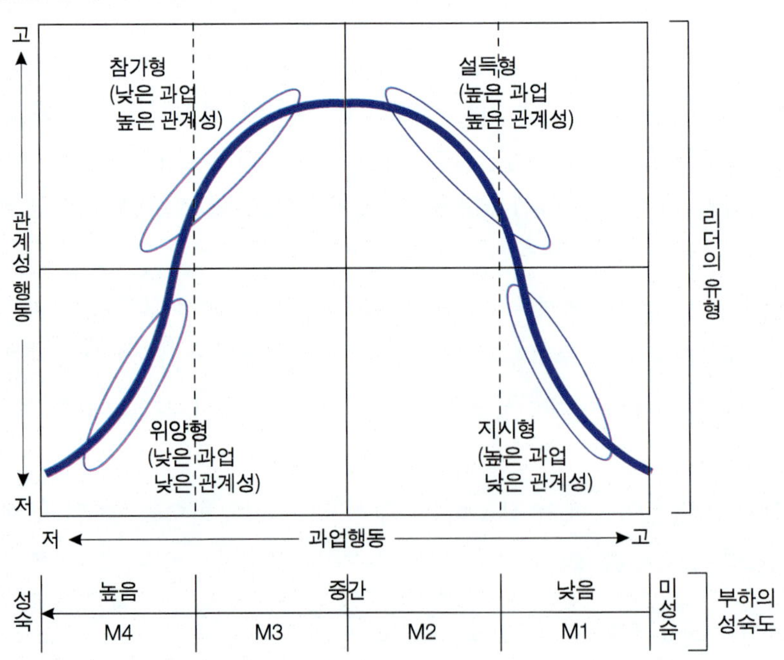

조장함으로써 리더가 쌍방적 의사소통(two-way communication)을 하고 있는 정도'라고 정의하고 있다.

- **지시형**(telling; 높은 과업, 낮은 관계성)은 리더가 부하들의 역할을 결정하고 무슨 과업을 언제 어디서 어떻게 수행해야 하는가를 부하들에게 지시함으로써 일방적 의사소통이 이루어지고 있는 특성을 갖고 있다.
- **설득형**(selling; 높은 과업, 높은 관계성)은 대부분의 지시가 여전히 리더에 의해 제공되고는 있지만 쌍방향 의사소통을 통해서 사회정서적 지원을 함으로써 부하들의 의견을 의사결정에 받아들여 부하들의 심리적 참가를 촉진하고자 한다.
- **참가형**(participating; 낮은 과업, 높은 관계성)은 의사결정 과정에서 리더와 부하들이 쌍방향 의사소통을 통해서 서로 의견을 교환하고 부하들은 과업수행의 능력과 지식을 가지고 있기 때문에 리더는 부하들의 자발적인 행동을 조장하고자 한다.
- **위양형**(delegating; 낮은 과업, 낮은 관계성)은 부하들이 과업에서나 심리적으로 높은 수준의 성숙도를 보여주고 있기 때문에 위양이나 전반적인 감독을 통해서 부하들로 하여금 '자신의 일에는 자신이 보스'가 되는 것을 허용하고자 한다.

자주 인용되는 하버드 비즈니스 리뷰의 논문에 소프트 리더십이 있다. 직원 지향의 사례가 주제이다. 웨스팅하우스의 어떤 부서에서 30명을 일시해고(layoff)했을 때 부장이 단순히 그 사실을 통고만 한 것이 아니라 대상자 개인과 면담해서 상황설명을 하고 개인의 상담에 응했다. 일시해고는 대상자뿐만 아니라 남아 있는 직원에게도 악영향을 미치는 것이 보통이지만, 부장의 대응자세를 보고 있던 잔류자들의 사기는 더 이상 떨어지지 않았다. 사업이 호전되어 이 부장이 일시해고 대상자를 다시 불러들이게 되었을 때 대부분이 복귀했다. 미국에서는 이런 사례는 매우 드문 일이다. 소프트 리더십은 리더십의 다양성의 일례이다.

아직 리더십에는 정설이 없기 때문에 경영관리자는 자신이 처한 상황에 대한 올바른 진단을 바탕으로 그에 합당한 대응자세를 취할 필요가 있다.

03 관리자가 기술진보에 따라가지 못하는 문제

3.1 시대에 뒤처진 지식, 관리자의 권위실추

최근 기술은 빠른 템포로 그것도 가속적으로 진보하고 있다. 30년 전까지는 완구조차도 자동차, 기차, 비행기 등은 기계로 되어 있었다. 이것들이 모터로 움직이도록 전기화되고 지금은 무선컨트롤을 할 수 있게 되었다. 기계에서 전기로, 전기에서 일렉트로닉스로, 일렉트로닉스에서 IT(정보기술)로 변화해서 대부분의 산업분야에서 제품·서비스가, 작업방식이, 혹은 양쪽이 모두 변화되었다. 이것이 경영관리에 영향을 미쳐 업무위촉, 권한위양, 리더십발휘까지 심각한 문제를 야기하고 있다.

이를 테면 15년 전에 출판된 마케팅 교과서와 최근 발행한 교과서를 비교하면 기술의 진보를 확연히 알 수 있다. 새로운 쪽은 책전반에서 IT사용과 관련된 기술이 대부분을 차지한다. 웹사이트를 이용한 제품정보의 공개, 인터넷에 의한 판매망, 인터넷을 사용한 마케팅리서치 등 화제거리가 풍부하다. 옛날책에는 이런 것들이 전혀 없다. 15년전에 마케팅학과를 나온 과장은 그것에 대해 아무 것도 배우지 않았다. 대졸신입 사원들은 너무나 많이 배웠고 이와 관련된 훈련도 받고 있다.

카다로그 작성하나만 하더라도 이전에는 제품의 사진을 찍어 현상해서 이것을 대지에 붙여 글자를 넣어 만들었다. 특수기술이었기 때문에 카다로그를 만드는 전문가가 있었다. 현재는 카다로그 작성용 프로그램을 컴퓨터에 설정해 놓고 디지털 카메라로 찍은 사진을 넣어 글자도 넣고 해서 마케팅과의 부서원이 직접 만들어 버린다. 고연령자는 하지 못해도 젊은 세대들은 쉽게 해낸다. 세일즈맨 훈련용이나 제품 프리젠테이션 자료도 마이크로소프트 파워포인트를 사용하면 정지화면이 아니라 동영상으로 부서내에서 바로 해결할 수 있다.

제품도 달라지고 있다. 기계기술의 대표인 공작기계도 이제 더 이상 순수한 기계기술품이 아니다. 컴퓨터를 내장한 수치제어가 부착된 기계가 되었다. 기계회사에서는 전통적으로 기계공학 출신자가 기술담당 간부가 되는 경우가 많지만, 이들에 있어서 컴퓨터 부분은 이해하기 어렵다. 게다가 컴퓨터 기술자에는 젊은 세대가 많다.

오퍼레이션에서는 시판되는 생산관리 프로그램을 사용하면 컴퓨터로 생산계획을 작성할 수 있다. 회계과에서도 응용프로그램을 사용하면 새로운 데이터 집계표를 부서내에서 작성할 수 있다. 이것도 젊은 세대가 잘한다.

어떤 소프트웨어 회사에서는 훗날 사업부로까지 성장한 컴퓨터시스템 사업제안이 젊은 세대에서 1979년에 나왔다. 당시 기계공학 출신이었던 부사장은 이 가치를 무시하고 보류했다. 6년 후 경쟁회사로부터 동종제품이 발매되고 나서야 비로소 그 가치를 알게 되었다. 이에 당황해서 곧바로 제품개발을 시작했지만 경쟁회사가 업계리더가 되어 이 회사는 기회를 놓쳤다. 이로써 부사장의 전문가 권위는 실추되었다.

기술변화와 진보가 경영관리의 중추이어야 할 장년기의 경영관리자에게 여러 가지 면에서 지식의 낙후와 부족현상을 일으키고 있다. 종래에 경영관리자는 경험을 쌓아 업계와 시장과 자사제품에 대해 지식이 깊고 기술적으로도 능력이 높다고 인정받고 있었다. 연공제와 장기고용 관행의 논거가 여기에 있었다. 그러나 기술이 점점 변화하고 진보함으로써 기존의 경영관리자는 중고품이 되고, 반면에 젊은 직원들이 더 많이 알고 능력을 발휘할 수 있는 부분이 기업내 곳곳에 생기게 되었다. 경영관리자에게 있어서 모르는 분야에 대해서는 젊은 전문가에게 의존할 수밖에 없게 된 것이다. 지식과 정보는 힘이기 때문에 권한위양 이전에 젊은 전문가 쪽이 이미 힘을 가진 것이나 다름없다.

나이든 경영관리자가 리더십을 발휘하려해도 전문가 권위가 부족한 경우를 도처에서 발견하게 된다. 경영관리자의 조직권위는 형식적이지만 부하와의 권력관계가 약해졌기 때문에 별로 발휘가 되지 않는다. 보상권위에서도 부하의 일을 잘 모르는 상사는 부하자신을 공정하게 평가할 수 없다고 생각하기 때문에 효과가 약하다.

3.2 평생교육원 등에 의한 재교육기관의 충실

이러한 기술변화와 진보가 산출한 문제는 심각함에 정도의 차이는 있지만 한국, 일본, 미국, 유럽의 어느 기업에나 있는 사회문제이다. 유연고용제와 직무급제를 시행하는 미국 회사에서는 기술진보에 따라가지 못하고 지식이 부족하면 일이 없어지기 때문에 개인의 일자리 유지와 관련하여 중대한 문제가 되기도 한다.

미국에는 중년에 대학으로 돌아가 다시 공부하는 관행이 있다. 성인교육 혹은 연장(평생)교육[9]이라고 한다. 연장교육이란 한번 학습한 전문교육을 중년이 되어 다시 연장하듯이 공부하는 것을 의미한다. 한국에서는 평생교육이란 말이 더 많이 사용되고 있다.

지식부족과 시대에 뒤떨어지는 일이 없도록 하기 위해서는 연장교육을 받아야 한다. 통

9) 연장교육을 의미하는 원어에는 Extended Education, Life-time Education, Executive Education 등 여러 가지가 있다.

신교육도 있고 야간교육도 있다. 직무에 필요한 과목만 이수해도 된다. 미국에서는 대부분의 대학이 연장교육을 제공하고 있다. 연장교육은 매주 토요일이라든가 격주로 금 · 토요일에 열린다. 대졸자는 1학년부터 대학에 다시 갈 필요는 없다. 예를 들어 기계공학 전문가라면 공학의 기초학과는 이미 학습했기 때문에 일렉트로닉스의 전문과목만 2년동안 이수하면 배울 수 있다.

한국대학들도 통신교육이나 연장교육을 설계해서 활발하게 제공함으로써 향후 출산률의 저하와 함께 도래할 학부신입생 수의 감소에 대응할 필요가 있을 것이다. 일렉트로닉스, 컴퓨터 기술은 매우 빠르게 발전하기 때문에 이들 전문가라도 시대에 뒤처지기 쉽다. 전문학회에 출석하여 기술전문지를 부지런히 구독할 필요가 있다. 한국의 연공서열제는 중고품이 된 경영관리자까지 보호해서 경영관리의 혁신을 방해하는 제도로 평가절하 될 수 있다. 이것을 바로잡는 방법으로 직무급제의 도입을 들 수 있다. 이 제도를 통해 스스로 알아서 연장교육을 하지 않고 낡은 채로 버티고 있는 경영관리자는 경영환경의 변화에 대응할 수 있는 사람으로 교체할 수밖에 없다. 이 제도로 신속히 전환한 회사가 한국의 기업 간 경쟁에서 먼저 우위에 서게 될 것이다.

04 조직내 갈등과 그 대처[10)]

업무위촉과 권한위양으로 업무와 권한을 배분하면 개인간이나 집단간에 갈등이 생긴다. 갈등은 conflict의 번역으로, 크고 작은 충돌의 총칭이다. 본 절에서는 기업조직내 의견이나 이해관계의 불일치와 그 대처에 대해 논의해 보고자 한다. 갈등은 내재하는 불만에서부터 대립, 심한 경우는 충돌이 될 수도 있다.

갈등은 직원이 각기 다른 입장에서 회사에 좋다고 생각하는 점을 거론하는데서 생긴다. 그러나 원칙적으로 갈등은 비생산적이기 때문에 해결해야만 한다. 직원이 회사따위 어떻게 되어도 상관없다고 생각하면 불일치는 발생하지 않을 것이다. 우리는 조직행동론 시간에 '조직내에는 항상 불일치가 있다. 불일치가 있는 것 자체는 나쁘지도 않고 문제가 되는 것도 아니다. 직원이 회사를 위하고자 하는 동기로부터 발생하고 있기 때문에 오히려 긍정적인 싸인이다. 적당한 대처를 하지 않는 것이 바로 문제이다'라고 배웠다.

10) Montana, P.J. and Charnov, B. H.(2008), *Management, 4th ed.*, 4장 참조

'조직내에는 항상 불일치가 있다. 불일치가 있는 것 자체는 나쁘지도 않고 문제가 되는 것도 아니다'라는 테제는 경영관리자에게 있어 구원의 명언이다. 경영관리자 대부분은 조직내부에 불일치가 있는 것은 자신의 관리력 부족이라든가 부덕함의 징표라고 생각하고 이를 무시하거나 은폐하려고 한다. 불일치가 있는 것 자체는 나쁘지도 않고 문제가 되는 것도 아니라면 이를 부정하기 보다는 좀 더 적극적으로 대처하는 것이 옳은 자세일 것이다. 따라서 상사와 상담한다거나 혹은 대립하고 있는 당사자와도 서로 대화하는 것이 그 첫걸음이라고 할 수 있다.

4.1 갈등의 종류

갈등 혹은 불일치는 그 깊이에 따라 구별할 수 있다. 대부분의 갈등은 어떤 한 종류이거나 아니면 두 세 종류의 조합일 경우가 많다.

■ 개인의 갈등

한 명의 부서원 또는 한 명의 관리자 개인이 자신의 가슴 속에 품고있는 불일치이다. 이것은 개인의 갈등이라고 할 수 있다. 개인의 가치관과 조직의 가치관의 차이, 개인의 윤리관과 기업의 윤리관의 차이가 자주 원인이 된다. 이를 테면 공업용수를 공장밖으로 배출할 때, 회사는 규제에 순응하고 있기 때문에 위반은 없다고 하는데 대해서 개인은 자연환경 개선의 양심에서 배출은 해서는 안 된다든가 정화장치를 설치해야 한다고 생각하는 경우이다.

기술과가 제품개발책으로 선택한 방법에 대해 엔지니어 한 명이 다른 방법이 좋다고 생각하는 경우는 자주 있다. 그래도 과가 선택한 방법에 따라 일을 해야만 할 때 엔지니어는 고심한다. 이런 종류의 갈등은 사람에 따라서는 건강을 해치기까지 해서 불면, 고혈압, 부주의 사고 등을 일으키거나 때로는 그 이상으로 악화되기도 한다. 관리자의 경우, 조직운영에 장해를 가져온다. 시간이나 에너지를 소모하거나 조직내 정보유통을 저해하기도 한다.

그러나 개인의 갈등은 부정적인 면만 있는 것이 아니라 문제를 해결하려고 노력하는 가운데서 창조성이 발휘되는 경우도 있다. 상충되는 개념을 이것저것 생각하다 새로운 개념을 만들어 내거나 새로운 제품의 아이디어가 나오기도 한다.

■ 개인간의 갈등

사내에서 가장 빈번하게 일어나는 갈등이다.

개인간의 불일치는 대개 개성의 차이 혹은 자아의 충돌로 치부되기 쉽다. 상사는 개인문제에 관여해서는 안 된다고 해서 방임하려는 경향이 있다. 물론 방임으로 불일치가 해소될 때도 있다. 반대로 심각해졌을 때는 대립자 중 부서에서 중요하지 않은 사람을 다른 부서로 옮기든가, 아니면 유연고용제에서는 해고에 의해 해결하려고 한다. 대립하는 양쪽을 똑같이 처벌할 수도 있지만, 한 부서에서 구성원 두 명을 동시에 잃는 것은 손실이 너무 크기 때문에 거의 실행되지 않는다.

실제로는 개인간의 불일치는 조직내에서 제한된 인원, 예산, 설비 등을 이용하여 각자가 주어진 업무를 수행하다 보니 마찰이 생기는 경우가 많다. 대립자의 성격이 이 마찰을 더 악화시키기도 한다. 이를 테면 판매과장과 영업과장의 불일치이다. 한정된 마케팅 예산을 가지고 판매과장은 할당된 판매목표 달성을 위해 점두판매 촉진비에 써야 하고, 영업과장은 장기효과를 노려 광고비와 상품화 비용에 쓰려고 한다. 개인적으로 사이가 좋은 두 과장 사이라도 일에서는 갈등을 빚는 경우를 종종 볼 수 있다.

마케팅부장이 영업과장과 친해서 갈등을 자아의 충돌로 판단하고 판매과장을 이동시키거나 해임시켜도 직무와 결부된 불일치이기 때문에 해결은 되지 않는다. 이것은 대증요법으로 증상을 없앤 것에 불과하다. 후임과장의 선택과 동시에 문제의 본질에 관하여 갈등을 해소할 필요가 있다.

제조과장과 품질관리 과장도 상대적으로 갈등을 빚기쉬운 위치에 있다. 출하금액과 제조원가에 책임이 있는 제조과장은 제품시방서(示方書)를 가능한 한 느슨하게 해석해서라도 품질이 최저의 제품이라도 출하하고 싶 한다. 품질관리 과장은 불량제품을 내서는 안 된다고 생각하고 제품시방서와 비교해서 기준에 아슬아슬한 제품은 출하하지 못하도록 한다. 원가는 높아져도 이런 제품이라면 파기를 명한다. 양쪽 모두 부과된 책임을 수행하려고 하다 보니 갈등이 불거지게 되는 것이다.

이런 사례는 기업에 무수히 많이 존재한다. 모든 경영관리자는 하나의 경영목표를 향해 협력해야 한다는 원칙론적인 가정을 전제로 하면서도, 매일매일의 현실에서는 직무를 수행하려고 하는 사람들 사이에서 이런 종류의 갈등이 끊임없이 발생한다는 사실에 유의해야 한다.

■ 개인과 집단간의 갈등

여기서 집단은 개인이 속하는 4, 5명의 소집단이거나 하나의 부서 혹은 회사전체를 가리킨다.

집단은 각각 업무목적과 성장방향을 갖고 있으며 일정한 범위의 활동이 있고 공통의 가치관과 같은 집단문화를 가지고 있다. 그 속에 있는 개인은 자신의 가치관, 능력범위, 전문성을 갖추고자 하는 방향, 개인과 가족상황에서 오는 경제적 욕구, 인생목표를 갖고 있다.

이들 양자가 일치하지 않을 때 개인과 집단간에 갈등이 발생한다.

회사는 직장배치를 할 때 집단에 대한 설명을 하고 개인의 희망도 반영되도록 서로 대화를 한다. 경력사원을 채용할 때는 면접에서 회사와 소속부서에 대한 설명을 하고 본인도 자기설명을 한다. 따라서 개인과 집단간의 불일치는 가급적 있어서는 안 된다. 그러나 대화나 면접도 시간이 짧기 때문에 서로 잘 이해하지 못하는 것이 보통이므로 배치전환, 중도채용된 후에 개인은 집단의 특징을 발견하게 된다. 또한 오래있다 보면 각 부서나 회사 전체의 목표도 변화하고 구성이나 성격도 변하기 때문에 이전에 없던 개인과 집단간의 갈등이 새롭게 발생하는 경우도 있다. 이 불일치는 개인의 갈등과 얽혀서 병존하는 경우가 많다.

■ 집단간의 갈등

기업은 집단으로 구성되어 있다. 집단은 인원, 예산금액, 설비 등 회사의 한정된 자원을 서로 나누어서 업무에 따라 그 차지하는 분량이 다르다. 게다가 각각의 집단에는 서로 다른 업무와 책임이 있기 때문에 각기 다른 운영을 하고 있다. 이들 차이에서 집단간의 갈등은 끊임없이 일어난다.

이런 종류의 불일치는 기업활동을 하고 있는 한 존재하기 때문에 실례는 무수히 많다. 앞에서 제조과장과 품질관리 과장 개인간의 갈등을 예를 들었지만, 양자간에는 집단간의 갈등도 쉽사리 발견할 수 있다. 납기에 맞추기 위해 제조과가 서둘러 조립을 하고 있는데 품질검사원이 들어와 품질데이터를 뽑으려고 하거나 제품을 집어들고 랜덤샘플링을 하기도 한다.

판매과와 제조과는 재고량에서 의견이 대립한다. 제조과는 재고량을 적게 할 책임이 있고 재고회전율의 높이로 평가된다. 판매과는 언제든지 다량의 재고를 갖고 있고 거래문의가 있을 때 빠른 시일 안에 출하를 약속하고 주문을 받고자 한다. 한쪽은 재고가 낮을수록 적량이라 하고, 다른 한쪽은 많을 수록 편리하다고 하기 때문에 양자간의 갈등은 늘 존재한다.

영업과는 매출액 확대를 위해 제품라인을 많게 해서 라인안에서 제품에 다양성을 갖게 하려고 한다. 제품개발 기술과는 적은 기술자로 한정된 연구개발비와 짧은 개발기간 안에서 개발하기 때문에 가능한 한 제품라인의 다양성을 적게 하려고 한다. 여기에도 집단간의 갈등이 발생한다.

위 예는 1대1 집단간에 대해서지만, 복수집단간의 불일치도 있다. 회사가 새로운 사업부를 시작할 때, 처음에는 새 사업부에 수입이 없기 때문에 기존 사업부의 이익으로 운영한다. 기존 사업부(복수)는 같은 자금으로 자신들의 사업을 확대하고 싶기 때문에 새 사업부와 기존 사업부간에 이해관계의 대립이 발생한다. 이것이 새 사업부와 그 이외 사업부와의 갈등으로 번지게 된다.

혹은 고과성적을 매기는 방식이 자주 문제가 된다. 다른 집단에는 다른 전문가가 모여 있다. 고과의 운영도 그룹간에 차이가 있다. 그러므로 인적자원과가 회사전체의 통일된 고과성적 서식을 만들어도 적용의 가능성 정도가 다르다. 전문분야가 다른 전문가의 성적은 동렬로 매기기 어렵다. 이를 테면 제품개발 엔지니어와 세일즈맨을 동일한 고과항목과 서식으로 평가하기는 어렵다. 고과를 매기는 관리자에 따라 점수가 후한쪽도 있고 그렇지 않은 쪽도 있다. 그래서 집단간에 '어떤 집단은 점수가 후해서 고과성적이 모두 좋다. 자기집단은 불리하다'고 하는 다수의 집단간의 불일치가 발생한다.

이상의 불일치 이외에 회사간의 커다란 갈등도 있다. 독점금지법 위반이나 부당경쟁 등 정당한 경영활동을 넘어선 행위를 했을 때의 문제이다. 이 대책에는 정부나 사법기관, 혹은 업계기관이 개입하기 때문에 본 절에서는 제외하기로 한다.

4.2 갈등의 대처

갈등에는 여러 가지 형태와 원인이 있지만, 이는 질병과 흡사하다. 감기라든가 위장장해, 소화불량 등의 원인으로 열이 났을 때 열은 증상의 하나이다. 해열제로 열을 내리고 증상에 대한 응급조처는 할 수 있지만, 병인을 고치지 않으면 병은 낫지 않는다. 회사내의 갈등에서 눈에 띄는 것은 대부분이 증상이다. 그래서 재빠르게 증상에 대처하기는 쉽지만 병인을 고치지 않으면 다시 재발한다. 이하에서는 갈등의 증상 혹은 병인에 대한 전형적인 대처에 대해 논의하고자 한다.

■ 예 방

갈등이 불거지고 난 뒤 대처하기 보다는 사전에 가능한 한 불일치가 생기지 않도록 하는 것이 현명하다.

직원은 직무위촉의 변경, 조직변경 등 변화를 싫어한다. 변화가 없으면 종래의 방식에 안주할 수 있지만 변화가 있으면 새로 노력을 해야만 한다. 이것을 꺼리는 편협함이 있다. 한편, 기업은 점점 성장해야 하므로 경제, 시장 등 경영환경의 변화에 대응하기 위해 항상 변화해야만 한다. 그래서 가능한 한 급변을 피하고 갈등을 예방하기 위한 노력이 필요하다.

이를 테면 컴퓨터의 새 사업부를 만들 때 우선 관련이 있는 일렉트로닉스 기기사업부 안에서 컴퓨터 사업활동을 시작하여 성장함에 따라 사업부로 독립시키는 것처럼 단계를 밟는 방법이다. 기업리스크를 줄일목적으로도 이 방법은 실행된다. 또 정보부족이 갈등의 원인이 되기도 한다. 업무변경에 대해서는 당사자에게, 조직변경에 대해서는 회사전체에 설명하고 관련정보를 제공할 필요가 있다. 대외비밀이나 인사비밀이 있어서 사전에 설명이 불가능한 경우도 있지만, 가능한 한 사전에 발표하고 발표후에는 충분히 설명하고 정보를 제공해서 오해를 줄이도록 해야 한다.

■ 대 화

이 대처법은 갈등의 당사자에게 상사가 정기적으로(이를 테면 매주) 혹은 사태가 변화했을 때 서로 대화하듯이 지시하고 양자가 실행하는 경우이다. 불일치의 예로 든 판매과장과 제조과장의 재고량에서의 불일치를 대화로 해결한 사례도 있다. 판매과장이 제조과장에게 수주 가능성에 대해 시종일관 정보를 전하고 갑자기 큰 수주가 들어올 것 같은 경우에는 미리 예고한다. 이로써 제조과장은 생산계획을 수정할 수 있다. 제조과장은 수주가 예측대로 발생하지 않았기 때문에 재고가 되어 있는 제품량을 판매과장에게 전달해서 판매의 촉진을 의뢰한다. 이로써 갈등은 줄어든다. 판매과장과 제조과장의 마케팅예산의 배분도 마찬가지로 대화로 해결한 사례가 있다.

예를 들어 대립자끼리 앞으로 출세코스가 평행하고 있는 경우 대화는 성공할 가능성이 낮다. 판매과장과 제조과장이 여기에 해당한다. 판매과장과 제조과장처럼 쌍방이 마케팅부장을 노리고 있어서 장래가 교착되어 있을 때는 경쟁심 때문에 대화자체가 지속되기 어렵다.

■ 회 피

불일치로 인한 갈등을 의식적으로 피해가는 대처법이다. 관리자가 이 방법을 취할 경우는 불일치가 자신의 조직에 있어 별로 중요하지 않거나 상사의 양해를 미리 받아놓을 필요가 있다. 회피는 불일치의 대증요법으로, 원인을 없애는 것이 아니기 때문에 악화할 위험을 내포한다.

회피에는 3단계가 있다. 첫째는 불일치의 무시이다. 많은 경영관리자는 이 방법을 취하고 싶어한다. 가벼운 정도의 불일치는 당사자가 대립하고 있는 것이 바보스럽다고 생각해서 무시하고 있는 사이에 불일치가 없어지거나 표면상으로는 보이지 않게 되는 경우도 있다. 그러나 대부분의 경우, 악화되기 때문에 다음 방법을 취하게 된다.

제2단계의 회피는 부분적 분리이다. 같은 직장내 개인과 개인간의 갈등일 경우 대립자의 좌석이 멀리 떨어져 업무상으로도 가능한 한 접촉이 없도록 한다. 집단간의 경우에는 특정업무에 대해서만 접촉하도록 하거나 상사가 개입하는 회의를 통해 접촉하도록 한다. 아무튼 업무수행의 능률은 나빠진다.

제3단계의 회피는 대립자를 완전히 분리하는 방법이다. 원래 불일치는 업무상의 접촉점에서 발생하기 때문에 이 방법은 대부분의 경우 해당 업무자체를 없애지 않으면 실시할 수 없기 때문에 완전분리는 논의를 위한 논의라는 생각이 든다.

실행방법의 하나는 대립자의 한쪽 혹은 양쪽의 직장을 교체하든가 아니면 해고이다. 그러나 이하에 서술하는 대처방법이 남아있기 때문에 직장교체나 해고는 적절한 대처법이라고 하기는 힘들다. 회피는 불일치가 없는 것처럼 대처하지만, 아래 대처법에서는 적어도 불일치의 존재를 인정하고 행한다.

■ 유연화

관리자가 대립자와 대화해서 양쪽의 동의를 이끌어내는 방법이다. 관리자의 목적은 조직내의 조화와 평화의 강조에 있다. 대립자에게는 조화와 평화에서 오는 이점에 양자의 공통점이 많다고 설명하고 동의를 얻어내도록 한다. 일면으로는 높은 차원의 목적에서 냄새나는 물건에 뚜껑을 덮는 느낌이 들 수도 있으므로 이 느낌을 드러내지 않도록 주의를 요한다. 이것으로 불일치가 해결되는 경우도 있다. 그러나 원인에 대해서는 언급하지 않고 조직내의 조화와 평화라는 양자에 있어서는 별개의 목적으로 증상을 가볍게 했을 뿐이기 때문에 불일치가 형태를 바꾸어 재연되는 경우도 있다.

■ 강권개입

조직상 두 대립자 혹은 대립집단에 공통의 상사가 불일치의 해결을 명령하는 방법이다. 자주 사용되는 방법이다.

이점으로는 조직내에서 가장 즉효가 있는 대처법으로, 존재하는 명령계통을 재확인하는 힘이 있다. 결점은 불일치의 원인을 다루지 않기 때문에 즉시 해결은 되지만 좀 더 심각한 형태로 재현될 가능성을 내포하고 있다. 강권으로 해결을 강요하기 때문에 대립자의 한쪽 혹은 양쪽이 명령자에게 반감을 품게 될 가능성도 있다. 또 이처럼 명령에 의한 해결은 한쪽이 부당한 처우를 받았다고 이의를 제기하는 사태가 생길 수도 있다.

■ 타 협

관리자 혹은 제3자인 인적자원 부문의 과장이 중개해서 대립자(집단) 간에 대화로 타협점을 찾는 방법이다. 이 방법의 목적은 협동으로 불일치를 해소하는 해답을 발견하려고 하는 데 있다. 이 방법에서는 문제의 원인을 짚어보기 때문에 적어도 문제의 일부는 해결하게 된다. 타협점에서는 대립하는 양쪽이 만족할 수 있는 것을 찾아내고 불만인 부분은 적어도 무승부가 되도록 한다. 대화가 잘 이루어진 경우는 타협점은 대립자 양쪽에 만족감을 준다.

■ 대 결

타협의 경우처럼 중개자 입회하에 대립자끼리 회의에서 대결 혹은 대화하는 경우이다.

여기서는 불일치의 원인이 직접 다루어진다. 대결에 의해 상대방의 생각을 알 기회가 있다. 대결에서는 개개의 대립자와 집단의 목표나 이해보다도 회사전체의 목표의 이해와 그 달성이 중요시된다. 중개자는 회사전체의 목표가 달성되지 않으면 당사자 개개인의 목표와 이익도 얻을 수 없다고 강조한다. 집단간 대결회의의 결과, 양자간에 인적교환이 자주 이루어진다. 이로써 앞으로 계속해서 상대방의 이해와 정보교환 채널을 열려고 하는 것이다. 타협으로도 대결로도 해결할 수 없는 경우는 강권개입외에 달리 방법이 없는 사태가 된다.

■ 집단개발

대립집단 전원 혹은 대표자를 구성원으로 해서 불일치해소 팀을 만드는 경우이다. 이 팀이 불일치 원인의 해소를 꾀한다. 원래 대립하고 있는 집단의 사람들이기 때문에 팀 멤버를 임명한 것만으로는 활동은 진전되지 않는다. 인적자원 과장이나 사외의 경험자가 진행계와 조정자로서 관여할 필요가 있다. 타협에 의한 대책과 비슷하지만, 팀으로 해결하려고 하는 점이 다르다.

팀 운영에는 시일이 걸리는 단점이 있지만, 성공하면 대립자의 만족도는 높다. 이 대처법은 미국에서는 널리 응용되고 있으나 팀 운영의 가이드라인 같은 것은 아직 개발되지 않았다. 따라서 성과는 조정자 자신의 문제이해와 문제해결 역량에 따를 수밖에 없다.

■ 조정, 중재

그밖에 노동조합과 회사가 대립하여 파업이 장기화한 경우라든가 직원이 전근이나 해고에 대해 이의신청을 할 경우에 중대한 갈등이 야기된다. 이들 대부분은 독특한 내용을 갖고 있는 특수한 경우이다.

이에 대한 대처법에는 조정, 중재, 재판이 있다. 이런 경우는 사태를 악화시키기 전에 사내의 경험자, 변호사 혹은 컨설턴트에게 상담하도록 권한다.

이상, 본 장에서는 경영관리자가 사람을 통해서 성과를 올리기 위해 해야만 하는 업무위촉과 권한위양, 그리고 위촉에 의해 분산된 업무활동을 기업목표를 향해 통합하기 위해 요구되는 리더십, 분산에 의해 발생하는 갈등 혹은 불일치와 그 대처법에 대해 논의하였다.

토의문제

1. 과거 자신이 경험했던 모든 교사, 지휘자, 관리자들 중에서 일지향적인 사람과 직원지향적인 사람들을 골라 이 리더들의 독특한 특성들을 설명해보라.

2. 리더십이 불필요한 상황이 있다는 것에 동의하는가? 왜 그런가? 또는 왜 그렇지 않은가?

연습문제

1. 업무위촉과 권한위양은 서로 다른가? 만약 그렇다면 어떻게 다른가?

2. 리더십과 관리는 서로 다른가?

3. 허어시와 블랜차드의 상황적 리더십이론에서 강조하는 상황변수를 설명하고 상황에 따른 보다 효율적인 리더십 유형을 설명하라.

4. 회사내에서 갈등을 대처하는 방안에 대하여 설명하라.

CHAPTER

05

지식사회와 지식노동

01 지식사회의 도래
02 지식사회와 조직
03 지식노동의 특성
04 지식근로자의 의의
05 지식경영의 구조

삼성SDS는 다양한 업무수행의 경험공유와 개인 및 조직의 지식발굴/공유를 통한 생산성 향상, 급변하는 기술변화에 대응, 지식자본을 보유한 기업의 가치평가가 상승하는 환경, 다양한 고객의 요구 및 신속한 응답의 필요성, 인력의 이동으로 인한 업무의 공백현상의 해소, 전문지식 작업장(intelligent knowledge workplace)의 필요성 등 지식경영 도입의 필요성을 인식하고 지식경영을 추진하게 되었다[2][4][7][9].

삼성SDS의 지식경영의 목표는 개인 및 조직의 지식의 발굴과 공유를 통한 생산성 향상과 이러한 지식의 자산화를 통한 기업가치 창출이다. 지식공유문화를 정착시키고 핵심지식, 지식프로세스의 관리와 지식관리시스템을 통하여 기업의 가치를 창출해 내고자 지식경영을 도입하였다.

삼성SDS의 지식경영이 처음으로 도입된 것은 1996년이다. 이 당시 지식의 공유와 협업을 위한 조직문화를 창조하기 위해 시도된 것이 지식경영이다. 이 당시 지식경영을 도입하는 기업이 많이 없었기에 삼성SDS는 한국에서 지식경영을 도입한 early adopters중에 하나라고 할 수 있다. 분명한 것은 개인과 조직의 지식을 창출과 공유를 통한 생산성 향상을 통해 기업의 가치를 높일 수 있는 하나의 도구로써 지식경영을 시도하려 했다는 것이다.

삼성SDS의 지식경영 전략

삼성SDS의 지식경영 전략은 3단계로 이루어져 있다(그림 1). 첫 단계는 커뮤니티 지향적 지식경영, 두 번째 단계는 프로세스 지향적 지식경영, 마지막 단계는 자산지향적 지식경영이다[3].

삼성SDS는 1996년부터 커뮤니티 지향적 지식경영을 시작하였는데 본 전략의 주된 목적은 지식공유 문화의 창출이다. 본 전략을 기반으로 ARISAM(Acknowledge Reusable Information in SAMsungSDS, 삼성SDS의 지식관리시스템의 이름)에서는 기업전반에 걸친 실행공동체(CoP : Communities of Practices)가 생성되었다. 두번째 전략인 프로세스 지향적 지식경영은 2002년부터 시작되었다. 본 전략의 목적은 각 부서의 핵심 사업 프로세스를 정의하고 다른 부서 혹은 조직원들과 지식내재적인 프로세스를 만드는 것이다. 본 전략을 기반으로 비즈니스 리엔지니어링 방법론이 사업 프로세스 모델링에 채택되었고, 2003년 총 602개의 프로세스가 표준화되었고 기업 전반에 걸쳐 재사용되었다. 2003년 초반 삼성 SDS는 지식경영전략의 마지막 단계인 자산 지향적 지식경영을 착수하였다. 본 전략의 목적은 핵심 사업 지식을 베스트 프랙티스로써 고착화시키는 것이다. 본 전략을 통해 핵심 지식

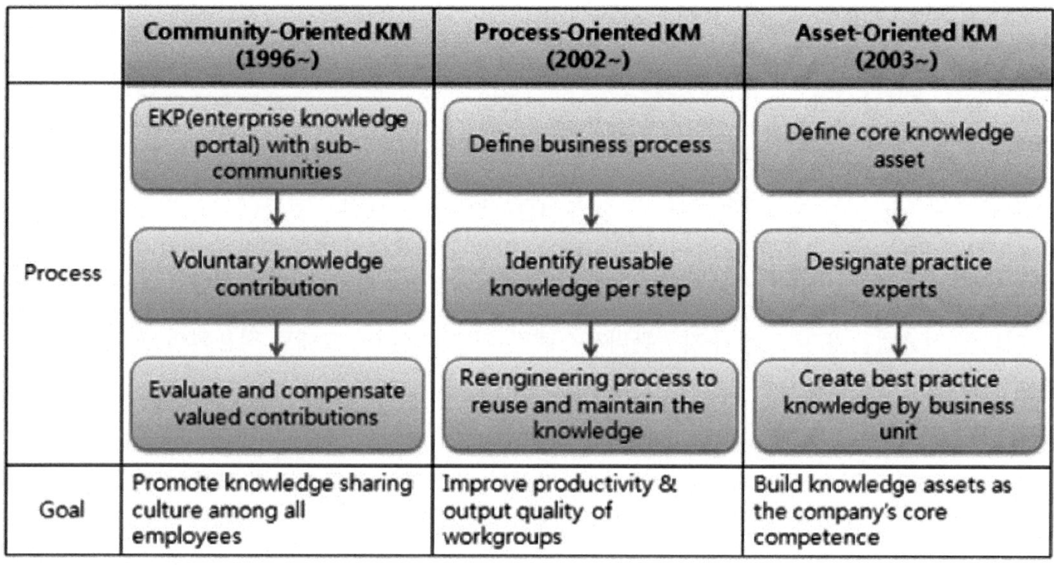

[Fig. 1] Knowledge Management Strategy at SamsungSDS[11]

600개 이상이 베스트 프랙티스로 고착되고 공유되었다[11].

삼성SDS는 경영전략을 지원하기 위해 핵심 역량에 따라서 핵심지식을 정의하였다. 즉, 도구로써의 지식경영을 바라본 것이 아니라 경영전략과 지식경영을 연계에서 바라보고 있다는 것이다(표 1).

〈Table 1〉 Knowledge Contents of SamsungSDS

Management strategy	Core competence	Core knowledge contents
Professionalism oriented organizational culture	Cultivating human power	- New technology report - How to get certificates of qualification - Internal expert information
Securing high value-added competitiveness of projects	Variety of experience in different business line of customers	- projects know-how(prepositions to customer) - Industry knowledge - Best practice
	Advanced quality assurance system	- Methodology for the projects
	Stable information resources	- IT know-how - Trouble shooting know-how
Global network management system	Global operations	- Global standard knowledge

삼성SDS의 지식경영 성숙단계 모델

삼성SDS의 지식경영이 가시적인 성과를 얻기 시작한 시기는 2001년에서 2002년 사이이다. 삼성SDS는 그들의 지식경영전략 뿐만 아니라 지식경영의 성숙한 진화를 위해 그들 나름대로의 성숙모델을 수립, 이를 기반으로 그들의 지식경영의 성숙수준을 높여갔다. 그들의 성숙단계가 높아져감에 따라 그들이 추구하고자 하는 가시적인 성과가 나타나게 된다. 이러한 체계적이고 분석적인 전략과 접근법으로 인해 모든 단계가 완료될 무렵 그들의 성과가 가시적으로 내부적 뿐만 아니라 외부적으로도 드러나게 된 것이다. 이러한 접근법은 또한 그들의 지식관리시스템인 ARISAM에도 그대로 적용되어, ARISAM의 성과 역시 이 흐름을 그대로 따르고 있다[2][4][7][9].

성숙모델의 첫 단계는 도입 단계(introductory stage)인 "what"모델 시기이다. 본 단계에서 지식생성이 가장 강조되며, 암묵적 노하우가 강조된다. 지식의 표준화와 프로젝트 방법론의 시작이 이 단계에서 시작된다. 성숙 모델의 두 번째 단계는 확산단계(propagation stage)로서 "who"모델 시기이다. 본 단계에서는 전문가 기반 지식경영이 수행된다. 기업 전반에 걸쳐 구체적인 프로젝트수행 노하우와 경험과 관련된 지식의 공유가 발생한다. 마지막 단계는 안정화 단계(settlement stage)로서 "how"모델 시기이다. 본 단계에서는 문제해결기반 지식활동이 강조된다. 구체적인 프로젝트에서의 지식활용은 질의 응답식으로 수행된다.

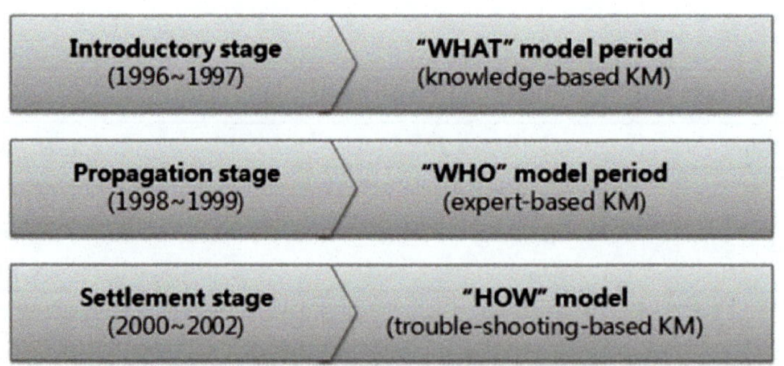

[Fig. 2] A Stage Model of KM maturity

지식경영을 위한 전담조직

삼성SDS의 지식경영 운영 및 관리 조직체계는 지식 책임담당관, 지식관리센터, 지식관리자, 그리고 지식마스터 등으로 구성되어 있다. 이들의 역할과 기능을 살펴보면, 먼저 지식책임담당관(Chief

[Fig. 3] KM structure in SamsungSDS[3]

Knowledge Officer)은 지식경영 전략수립 및 지식관리 프로세스 승인 등의 역할을 담당한다[2][4][7][9].

기업의 지식경영팀으로써 지식관리센터(Knowledge Management Center)는 크게 다섯 가지 기능을 수행한다. 전사적 차원의 지식경영 제도와 정책을 수립/시행, 지식경영 기획·홍보·교육기능, 전사의 지식분류체계정의 및 지식 맵 구축과 컨텐츠 운영기능, 각종 지식경영관련 행사 기획·시행 기능, 지식관리시스템 기획 및 운영, 지식마스터 임명 및 그들의 활동을 모니터링하는 역할 등을 담당한다.

지식관리자는 사업부별·부서별 지식관리자로 구분된다. 전자는 사업조직(23개)별 지식관리자로 지식관리체계를 수립 및 시행하고, 사업부원들의 지식경영활동 참여를 유도하는 동시에 사업부 우수지식인 및 우수부서 시상 등 자체행사를 실시한다. 후자는 사업조직 산하 부서(127개)별 지식관리자로 부서별 특성에 맞는 컨텐츠를 발굴하고 부서원의 지식경영 활동 참여를 유도하는 부서별 지식마스터로서의 역할을 담당한다. 마지막으로 지식마스터는 담당분야별 지식창조는 물론 지식검증과 정제 등과 같은 세부적인 지식관리를 담당하며, 우수지식에 대한 추천 활동도 병행한다.

삼성SDS의 지식관리시스템 아리샘

삼성SDS는 인트라넷 기반의 지식관리시스템인 아리샘/ARISAM(의미: 언제나 마르지 않는 크고 깊은 샘)을 1996년 개발하여 매년 그 미비점을 보완·개선하여 운영해 오고 있다(표 2).

이 당시 아리샘이 기존의 정보시스템과 다른 점은, 종전의 정보시스템이 대개 사내에서만 사용가능한 것이었던데 반해 아리샘은 사내·외 어디서나 접속이 가능하도록 글로벌 시스템으로 설계되었다는 점이다. 삼성SDS는 영문 아리샘의 운영을 통해 5개 해외 현지법인의 현지인과 지식교류 및 활용이 이루어지도록 했다. 그리고 기존의 사내 정보시스템이 지원부서를 대상으로 한 관리목적 및 처리 위주의 시스템이었다면, 아리샘은 한 단계 진보한 전략정보시스템으로서 경험, 검증, 입증된 정보, 기술, 노하우 및 사례 등을 축적하여, 임직원들의 업무수행 전과정에 걸쳐 참조 및 직접 활용이 가능하도록 만들어졌다.

〈Table 2〉 History of ARISM[3]

Criteria		Contents
Progress	ARISAM v1.0 (1996.6-1998.9)	- Implementing strategies for integrating knowledge management of benchmarking and consulting - Acquiring core competences in conjunction with the new management promotion
	ARISAM v2.0 (1998.10-1999.10)	- 109 persons selected as Knowledge Master - Initiating the Mileage - Improving productivity through PJT outcome reuse
	ARISAM v3.0 (1999.11-2000.12)	- Knowledge valuation by introducing cyber money - 450 persons selected as Knowledge master - Integrating business process and knowledge process
	ARISAM v4.0 (2001.1-2001.12)	- Providing community-oriented space for knowledge application - Systems provide personalized services - Knowledge push service
	ARISAM v5.0 (2002.12-Present)	- Human network/process-centered KM - Change management(competence development, performance measurement KM) - Providing the expert information - Enterprise knowledge portal(EKP)

ARISAM의 구축 목적

아리샘 구축을 통해 삼성SDS가 얻고자 하는 이점은, 회사 측면에서는 새로운 지식 자원의 발굴, 저장 및 관리를 용이하게 하는 것과, 조직원의 관점에서는 사업수행에 필요한 핵심지식을 제공하는 것이다. 상세한 이점은 다음과 같다[1][3][10].

- 지식공유로 인한 업무 생산성의 향상 : 산출물 제작에 걸리는 시간 감소, 프로세스 및 기술적 설계 시간절감, 절약된 시간을 고부가가치 업무에 사용 가능
- 부가가치가 높은 지식자원의 자산화: 개인지식의 조직적 자산화 및 사내 전문가의 파악이 용이하여 정보의 전략화 가능
- 업무문화 개선으로 인한 스피드 경영 실현: 지식의 수평이동 강화로 조직 활성화 도모 및 모빌 오피스 실현 가능
- 지식 재창출의 상승효과: 조직 구성원간의 지식축적 및 공유를 통한 신지식 발견 가능
- 지식자원의 적기공급으로 고객 서비스의 고품질화: 고객에 대한 고품질 서비스 제공에 요한 적시 정보 제공

• 출처: 임명성 (2013) 언제나 마르지 않는 크고 깊은 샘 : 삼성SDS의 지식 경영 사례, 디지털융복합연구, 11:10, 321-329

드러커는 20세기 후반부터는 노동생산성 향상 경쟁이 끝나고, 지식이 다른 지식과 결합하여 또 다른 지식을 창출하는 지식혁명(Knowledge Revolution) 혹은 지식생산성 혁명(Knowledge Productivity Revolution)의 지식사회 시대라 구분하였다.

본 장에서는 지식이 지식에 적용되는 지식사회를 개관하며, 구체적인 학습목표는 다음과 같다.

1. 지식이 지식에 적용되는 지식사회를 개관한다.
2. 지식사회에서 조직성과로 연결되는 지식노동의 생산성을 올릴 수 있는 길을 이해한다.
3. '성과'에 초점을 맞추어 지식노동의 세 가지 범주를 살펴본다.
4. 지식근로자의 의의를 살펴보고, 화이트컬러와의 차이를 고찰한다.
5. 지식경영의 지식창조와 지식자산 활용이라는 두 가지 활동으로 구성되는 순환구조를 살펴본다.

지식사회의 도래[1]

하나의 사회를 다른 사회와 구분하여 명명할 때, 예컨대 수렵채집 사회, 농업사회, 산업사회라고 부를 때는 그 구분기준이 되는 것은 각 사회의 중심노동력이다. 수렵채집 사회는 사냥꾼, 농업사회는 농부, 산업사회는 육체노동자가 중심 노동력이었다. 드러커는 산업사회 다음의 사회는 지식근로자를 중심노동력으로 파악하였다. 드러커는 자본주의 이후의 사회(1993)[2]에서 '지식의 의미와 기능변화'라는 관점에서 사회와 인류의 발전을 다음과 같이 구분했다.

- 지식이 주로 인간의 내부에 적용되어 자기자신을 알고, 인격을 연마하는 목적으로 사용된 고대사회에서 산업혁명 이전시대
- 지식이 처음으로 인간외부의 기계, 도구, 프로세스, 상품 등에 적용되어 자본생산성을 향상한 산업혁명(Industrial Revolution)시대(18세기 중반~19세기 후반)

1) 이 장의 집필에는 피터 드러커의 '프로페셔널의 조건'(이재규 역(2005), 청림출판)과 이재규(2012)의 미래는 어떻게 오는가(21세기북스)를 많이 참조하였다.

2) Peter F. Drucker(1993), *The Post Capitalist Society*, Harper Business

- 지식이 인간의 일하는 방식, 즉 생산방식에 적용되어 육체노동자의 생산성을 향상시킨 노동생산성 혁명(Labor Productivity Revolution)시대(19세기 후반~20세기 중반)
- 20세기 후반부터는 노동생산성 향상경쟁이 끝나고, 지식이 다른 지식과 결합하여 또 다른 지식을 창출하는 지식혁명(Knowledge Revolution) 혹은 지식생산성 혁명(Knowledge Productivity Revolution)의 지식사회시대

이하에서는 지식이 지식에 적용되는 지식사회를 개관한다.

1.1 노동생산성의 종말

1750~1880년 사이, 즉 산업사회의 첫 번째 기간에 기계를 비롯한 자본에 대한 투자는 엄청난 성과를 올렸다. 그러나 그 기간 노동자의 생산성은 조금도 달라지지 않았다. 따라서 노동자의 소득은 전혀 늘어나지 않았고 작업시간도 줄어들지 않았다. 그 뒤 1881~1950년까지 70여 년 동안 나타난 폭발적인 생산성 향상은 지식을 작업방식에 적용한 결과였다. 그것이 바로 과학적 관리법이 가져온 진정한 혁명이다. 드러커는 과학적 관리법에 따른 노동생산성의 획기적 증가를 산업혁명과 구분하여 생산성 혁명(productivity revolution)이라고 규정했다.

테일러가 작업연구를 시작했을 무렵, 제조현장, 농장, 광산, 운송업 등에서 일하는 작업자 열 명 중 아홉 명은 물건을 생산하고 운반하는 육체적인 일을 하고 있었다. 따라서 작업방식을 혁신함으로써 육체노동자의 생산성을 향상시킬 수 있었다. 1950년대에도 모든 선진국에서 육체노동자들이 여전히 다수를 차지했지만 1990년에는 전체 노동력의 5분의 1로 줄어들었다. 앞으로는 10분의 1이 채 안 될 것이다. 따라서 이제 육체노동 생산성의 혁명은 끝났다. 제조업, 농업, 광업, 운송업 등에 종사하는 육체노동자들의 생산성 증가로는 더 이상 부를 창조할 수 없다.

20세기 전반에 우리는 농부들의 쇠퇴와 육체노동자들의 등장을 보았고, 20세기 후반에는 육체노동자의 쇠퇴를 보았다. 21세기에는 지식근로자의 등장을 보게 될 것이다.

1.2 새로운 경쟁자의 등장과 유산비용

20세기 후반이 되자 시애틀에는 각종 회사가 등장하면서 명석하고도 야심찬 젊은이들이 모여들었다. 그들의 무기는 삼림이라는 천연자원이 아니라 두뇌였다. 그들은 소프트웨어

를 개발했고, 바이오기술, 휴대전화, 닌텐도 게임을 개발했다. 그들은 새로운 종류의 회사를 만들었던 것이다. 그것은 보잉같은 거대한 구조를 갖고 있는 조직이 아니라 아메바나 해파리 같이 고정적인 형태가 없는 조직이었다.

그중 하나가 바로 마이크로소프트(MS)다. 1975년 갓 스물이 된 두 청년 빌 게이츠(William Bill Gates)와 폴 앨런(Paul Allen)은 개인용 컴퓨터(PC)를 위한 기초프로그램 언어인 베이직(BASIC)을 완성해 엘테어 마이크로컴퓨터 제조회사인 MITS에 팔았다. 그들은 곧 마이크로컴퓨터의 Micro와 소프트웨어의 Soft를 합해 'Microsoft'라는 이름의 회사를 설립했다. 창업초기부터 근무한 대부분의 MS 직원들은 모두 백만장자가 되었다. 그러나 MS 사무실은 수백 명의 백만장자와 수십 명의 억만장자가 일하는 곳이라고 느낄 만한 특별한 것이 하나도 없다. "대부분 그런 것을 생각할 시간도 없다"라고 어느 직원이 말했다.

미국인의 삶의 질을 향상시킨 유통혁명의 선구자 시어스(Sears)는 100년 기업역사를 이어오면서 숱한 경영혁신에 성공했고, 위대한 전문경영인을 배출했다. 그러나 시어스는 한때 자사 직원이었던 샘 월튼(Samuel Walton)이 세운 월마트에 추월당하고 말았다. 시어스의 경쟁자는 미국내에서 등장했지만 자동차산업은 도요타, 현대자동차 등 외국기업들로부터 심각한 도전을 받고 있다.

파이낸셜 타임즈는 2005년 "올들어 미국에서 생긴 '추락한 천사'(fallen angels)가 모두 15개사로 지난해 같은 기간의 11개사보다 많이 증가했다"라고 보도했다. 추락한 천사란 투자적격 등급을 상실한 기업을 뜻한다. GM과 포드가 동시에 정크본드 수준으로 신용등급이 하락하면서 이 용어가 언론에서 사용되었다. 역대 추락천사 중 최대규모 부채(2,918억 달러)를 가진 GM의 신용등급 하락은 미국경제에 크나큰 충격을 주었다. 특히 부품 · 판매 등 직 · 간접분야 종사자 90만 명을 거느린 매출액 1,930억 달러의 공룡기업이라는 점에서 GM사태는 미국정부로서도 좌시할 수 없는 중대한 사안이었다. GM이 이렇게 된 이유는 단순했다. 회사형편에는 아랑곳 없이 자신들의 이익챙기기와 복지추구에 급급했던 노조의 행태가 위기를 불러온 것이다. "회사가 이익을 내든 못 내든 납득할 만한 보상을 해주지 않으면 설비가동률을 80퍼센트 밑으로 떨어뜨릴 수 없고 해고도 할 수 없다"라는 과거에 맺은 노사협약 때문이다. 그 노사협약에 따르면 생산라인이 멈춰도 2년마다 이뤄지는 고용재계약 때까지 회사는 놀고있는 근로자들에게

임금을 지급함은 물론, 의료보험과 연금을 부담하도록 되어 있다. 매출이 줄고 적자가 커지는 상황에서는 소위 유산비용(legacy cost, 회사가 직원뿐 아니라 퇴직자, 그리고 그 가족의 평생건강을 위해 부담하는 의료보험과 연금비용)을 감당하기가 버겁고 이 때문에 갈수록 글로벌 경쟁에서 살아남을 힘을 잃고 있다. GM이 이 유산비용을 부담하려면 자동차 한 대당 약 1,600달러씩, 연간 56억 달러(5조 6,000억원)를 지출해야 하는 상황이다.

1.3 전쟁없이 조용히 진행되는 지식혁명

우리는 정보혁명이라는 진실로 혁명적인 것의 영향을 이제 막 피부로 느끼기 시작했다. 그러나 그 충격에 기름을 부은 것이 '정보' 그 자체는 아니다. 그것은 '인공지능'(artificial intelligence)에서 비롯된 것도 아니다. 그것은 의사결정, 정책 또는 전략수립에 활용하는 컴퓨터나 자료처리 기법에서 비롯된 것도 아니다. 그것은 실질적으로 아무도 예견하지 못했으며, 몇 십년 전만해도 사람들 입에 오르내리지도 않았던 것, 즉 전자상거래에서 비롯되었다. 전자상거래는 범세계적으로 상품, 서비스, 그리고 놀랍게도 관리업무와 전문직업까지 유통시키는 하나의 주요한, 궁극적으로는 가장 중요한 통로가 될 인터넷의 폭발적인 증가 때문에 가능해졌다. 산업혁명시대에 철도는 거리를 단축시켰지만, 인터넷은 아예 거리를 없애버렸다.

1950년경 새로운 '기적', 즉 컴퓨터가 등장했을 때, 그 주요 시장에 대한 전망은 군대와 과학 계산분야, 예컨대 천문학 분야일 것이라는 생각이 압도적이었다. 그러나 그 당시에도 몇몇 사람은 컴퓨터는 기업에서 주요한 적용영역을 찾을 것이고, 따라서 기업경영에 큰 영향을 줄 것으로 내다보았다. 그런 주장을 편 사람들은 또한 기업경영 분야에서 컴퓨터는 급여업무나 전화요금 청구 등과 같은 잡다한 서류를 매우 빠른 속도로 계산하는 기계이상의 역할을 할 것으로 내다보았다. 구체적인 분야에 대해서는 '전문가들'의 생각이 서로 달랐지만 한 가지 사실에는 생각이 같았다. 즉 컴퓨터는 기업정책, 기업전략, 그리고 기업의 사결정에 최고로 그리고 최초로 영향을 미칠 것이라는 점, 그래서 컴퓨터가 경영자의 업무를 혁신할 것이라는 점에서는 의견의 일치를 보았다.

정보기술이 제공해주는 자료에 대해 최고경영자가 느낀 실망이 새로운 차세대 정보혁명을 촉발하고 있다. 정보기술론자들(information technologists)은, 특히 기업의 최고 정보책임자들(CIO)은 회계자료는 그들의 동료들(즉 최고경영자들)에게 필요한 것이 아니라는 사실을 인식했다. 그리고 기업의 최고경영자들은 지난 수십 년 동안 "우리들이 임무를 수행하기 위해서는 어떤 정보개념이 필요한가?"라고 차례로 질문하기 시작했다. 지금 그들은 그들에게 필요한 정보를 제공하는 전통적 정보제공자, 즉 회계사들에게 새로운 형태의 정보를 요구하기 시작했다. 그것들은 자료(data)가 아니라 의사결정에 도움을 주는 정보를 제공하는 것을 목표로 한다. 그리고 그것들은 최고경영자를 위해 고안되었고, 최고경영자의 임무 그리고 최고경영자의 의사결정에 필요한 정보를 제공하기 위해 디자인되었다.

의료건강 분야에서도 비슷한 개념이동이 일어날 것 같다. 건강의 개념은 질병과의 싸움에서 육체적 · 정신적 기능의 유지로 바뀔 것 같다. 물론 질병과의 싸움은 의료분야의 중요한 부분으로 남아있다. 그러나 그것은 논리학자들이 말하는 소위 부분집합에 지나지 않는다. 전통적인 의료건강 제공자들, 즉 병원과 일반의사 가운데 어느 것도 이런 변화를 거스를 수 없을 것 같으며, 확실한 것은 현재의 형태와 기능으로는 이런 변화를 극복할 수 없다. 따라서 교육과 의료 및 건강분야에서도 기업의 경우와 마찬가지로 중심은 IT(information technology)의 "T"(technology)에서 'I'(information)로 이동할 것이다.

1.4 IT혁명의 본질은 지식혁명

IT혁명이란 정보처리와 정보전달의 고도화에 따라 경제와 사회가 경험하는 커다란 변화이다. IT혁명은 산업혁명에 필적할만한 경제사회 혁명이라고 하는데 그 영향력은 아직까지 다 드러난 것이 아니다. IT혁명이 초래한 효율성 및 스피드, 시공간의 초월은 결국 20세기 초부터 시작된 산업정보화(예를 들어 원격생산지와 시장을 전신으로 연결하는)와 실질적으로 다를 바 없는 것이다.

이에 대해 지식 그 자체가 경제사회의 주요 엔진이 되는 것이 지식혁명이다. 미국경제학자인 프리츠 마흐럽(Fritz Machlup)은 이미 1950년대에 경제의 중심이 중공업에서 지식산업(교육, 통신, 연구개발, 출판인쇄, 정보기기 등)으로 이행될 것이라고 예측했다. 그러나 현재 일어나고 있는 변화는 일부의 지식산업의 발전에 그치지 않는다. 이는 더욱 넓고 깊은 변화, 즉 모든 산업의 지식화이다(그림 5-1 참조).

IT에 따른 방대한 정보가 보급되면 그 정보를 얼마나 이해하고 활용하는가 하는 '지식'이 중요해진다. 바야흐로 IT혁명의 선두에 21세기의 주역으로서 지식이 일어나고 있는 것이다.

그림 5-1 지식혁명의 대두

지식산업의 대두 X IT혁명 => 지식혁명

지식혁명
(21세기)
전 산업의 지식화
지식이 가치의 원천

IT혁명
(20세기부터 현재)
· 데이터, 정보를 활용한 시공간의 제약 초월
· 컴퓨터 제어
· 효율성과 스피드 추구
· 새로운 비즈니스 모델에 따른 편익 제공

인터넷
(글로벌한 사회적 네트워크)

정보사회화
(20세기 후반)

지식산업의 대두
(1960년대)
프리츠 마흐럽의 예측
· 교육, 통신, 연구개발, 출판인쇄, 정보기기, 정보서비스, 방송 등이 지식산업으로 대두
· 엔터테인먼트, 라이브러리, 데이터베이스, 커뮤니케이션에 따른 산업발전
· 과학자, 기술자, 계획, 정보처리, 디자이너, 컨설턴트, 벌률가 등 전문가 증가

산업과 정보기술의 종합
(20세기 초반)

02 지식사회와 조직

지식사회에서는 전문지식이 각 개인과 경제전체에 있어 가장 기본적인 생산요소가 된다. 경제학자들이 말하는 전통적인 생산요소인 토지와 노동 그리고 자본이 사라진 것은 아니다. 그러나 그것들은 부차적인 것이 되어버렸다. 토지와 노동 그리고 자본은 획득될 수 있다. 전문지식이 있다면 더욱 쉽게 얻을 수도 있다. 그러나 역시 전문적인 지식이 아무리 많더라도 그 자체만으로는 아무것도 생산할 수 없다. 전문적인 지식은 어떤 과업과 연결되었을 때에만 생산적이다. 이러한 사실이 왜 지식사회가 곧 조직사회인지를 설명해준다. 영리조직이든 비영리조직이든 모든 조직의 목적과 기능은 공동과업 수행을 위한 전문지식의 통합에 있다. 지식사회의 중심은 조직이며 조직이 중심이 된 사회는 필연적으로 긴장을 내포하고 있다. 즉 조직사회에서의 긴장은 안정에 대한 공동체의 요구와 변화에 대한 조직의 요구사이에서 발생한다. 또한 조직의 자율성 요구와 사회의 공동선 추구사이에서 긴장이

야기되며, 전문적 지식을 가진 전문가와 그런 전문가들로 하여금 하나의 팀처럼 작업하도록 바라는 조직의 요구사이에서도 긴장이 발생한다.

사회(Society)와 지역사회(Community) 그리고 가정은 모두 안정을 추구하는 집단이다. 그들은 안정을 유지하려고 애쓰는 한편 변화를 막기위해, 혹은 최소한 변화를 더디게하기 위해 노력한다. 그러나 이와 반대로 현대의 조직은 안정파괴자(destabilizer)로서 변화를 추구한다. 현대의 조직은 혁신할 수 있도록 조직되어야 하며, 그리고 혁신은 슘페터에 의하면 창조적 파괴이다. 조직은 기존의 구조와 관습, 그리고 친숙하고 따뜻하게 느껴지는 모든 것들-제품, 서비스, 제조공정기술, 인간관계, 사회적 관계 혹은 조직 그 자체까지도-을 체계적으로 폐기하는 것을 전제로 조직되어야 한다. 말하자면 조직은 끊임없는 변화를 전제로 조직되지 않으면 안된다. 조직의 기능은 지식을 작업에 적용하는 것이다. 작업도구에, 제품에, 제조공정에, 작업디자인에 그리고 지식 그 자체에 지식을 응용하는 것이다. 그리고 지식은 빨리 변한다. 오늘은 확실했던 것이 내일이면 어리석은 것이 되어 버리는 것이 지식의 본질이다. 따라서 새로운 조직사회에서 어떤 한 분야의 전문지식을 지니고 있는 지식인은 4년 내지 5년마다 '새로운 지식'을 습득해야 한다. 그렇지 않으면 소유하고 있는 지식이 모두 진부한 것이 되어버려 시대에 뒤떨어진 사람이 되고 만다.

새로운 지식을 습득하는 것이 중요한 또 한 가지 이유는 어떤 한 분야의 지식체계에 가장 심각한 영향을 미치는 변화는 원칙적으로 다른 지식분야에서 비롯되기 때문이다. 예를 들면 구텐베르크가 활판인쇄술을 발명한 지 400여년이 지날 때까지는 인쇄술에 있어 실질적으로 아무런 변화가 없었다. 증기기관이 등장할 때까지는. 철도에 대한 도전은 철도자체에서 나온것이 아니라 자동차, 트럭, 그리고 비행기로부터 비롯되었다. 오늘날 제약산업은 유전공학과 미생물학에 의해 그리고 약 40년 전에는 생물학자들이 들어보지도 못했을 이론들에 의해 심각한 변화를 겪고 있다.

새로운 지식을 창조하고 구기술을 진부하게 만드는 것이 과학이나 기술의 혁신 뿐만은 아니다. 사회적 혁신도 똑같이 중요하며, 때로는 이것이 과학적 혁신보다 훨씬 더 중요할 수 있다. 예를 들면 19세기부터 성공적으로 존속해 온 사회기관인 상업은행들이 전세계적으로 위기에 봉착하게 된 것은 컴퓨터나 다른 기술적인 변화때문이 아니었다. 그것은 아주 오래 전부터 존재해 왔지만 미미한 영향력밖에 발휘하지 못했던 비은행계 금융기관들이 상업어음을 이용하여 기업들에게 자금을 공급해 주면서 200여년 동안 상업은행이 독점했던 그리고 그들의 가장 수익성 높은 사업분야였던 대출사업을 빼앗아 갔기 때문이다.

이러한 지식의 역동성은 경영자들에게 한 가지 불가피하고도 명백한 요구를 하고 있다. 그것은 모든 조직은 변화의 관리를 조직구조 자체에 짜 넣어야만 한다는 것이다. 한편 이것은 모든 조직이 지금 하고 있는 모든 것을 폐기할 준비를 해야함을 의미한다. 경영자들은 수년마다 모든 공정에 대해, 제품에 대해, 절차에 대해, 정책에 대해 매번 다음과 같은 질문을 던져야 한다. "우리가 이것을 기존에 하고 있지 않았다면, 그래서 지금 이것을 알게 되었다면, 지금 이것을 시작해야 하는가?" 만일 그 대답이 "아니다"라면 또 다른 질문을 해야 한다. "그렇다면 우리는 무엇을 해야 하는가?" 보다 구체적으로 말하면 모든 조직은 세 가지의 체계적인 관행을 갖추어야 한다.

첫째, 조직은 하고 있는 모든 일을 끊임없이 개선해야 한다. 일본기업은 이를 '카이젠(改善)'이라고 한다. 일본식 카이젠의 목적은 가급적 빠른 시간내에 제품 및 서비스를 향상시켜 완전히 새롭고 남다른 것으로 만드는 것이다.

둘째, 모든 조직은 지식을 활용하는 방법을 배워야 한다. 즉 이미 성공을 거둔 어떤 지식을 응용하여 새로운 제품을 창출해내는 방법을 배워야만 한다. 지금까지는 일본기업들이 이런 일을 가장 잘해왔다.

마지막으로 모든 조직은 체계적인 혁신방법－혁신은 조직적으로 될 수 있으며 또한 조직적이어야 한다－을 배워야만 한다. 이렇게 하지 않으면 지식중심의 조직은 조만간 진부해진 자신의 모습을 보게 될 것이다. 또한 업무수행능력이 뛰어날 뿐만 아니라 조직의 성과에 큰 영향을 미칠 수 있는 높은 자질과 지식을 지니고 있는 사람들을 유인하고 유지하는 능력을 잃어버린 자신을 발견하게 될 것이다.

2.1 지식사회의 조직성과

'조직'이라는 말은 이제 일상적으로 자주 사용되는 용어가 되었다. 누군가 "우리 조직은 고객중심의 경영을 실천합니다"라고 하면 모두 그 말이 무엇을 뜻하는지 대충은 짐작한다. 그리고 전부는 아니더라도 선진국의 사회적 과제들 대부분은 이런저런 종류의 조직에서 그리고 조직에 의해서 수행된다.

사회, 지역사회, 가정과는 달리 조직은 목적지향적으로 구성되어 있고 항상 전문화되어 있다. 사회와 지역사회는 그들 구성원 간의 유대관계에 의해 규정되는데, 이 유대관계는 언어, 문화, 역사 또는 지리적 근접성 등에 의해 형성된다. 반면에 조직은 자신이 수행하는 과업에 의해 규정된다. 관현악단은 환자를 돌보려 하지 않고 오직 음악만 연주하며 병원은 환자를 돌보지만 베토벤의 음악을 연주하려고 하지는 않는다. 진정으로 조직은 단 하나의 과업에 관심을 집중하고 있을 때에만 효과적이다. 다각화는 조직－기업이든, 노동조합이든, 학교든, 병원이든, 봉사기관이든, 교회이든-의 수행 능력을 파괴한다. 사회와 지역사회는 다차원적이어야만 한다. 사회와 지역사회는 우리를 둘러싼 환경이기 때문이다. 하나의 조직이란 곧 하나의 도구이다. 조직은 도구인 까닭에 전문화 될수록 주어진 특수한 과제를 수행하는 능력이 더욱 커진다.

현대조직은 각자 한정된 일정분야의 전문적 지식을 가진 전문가로 구성되어 있다. 따라서 조직의 사명은 투명한 유리구슬처럼 명확하게 드러나 있어야 한다. 조직은 오직 한 곳에만 관심을 쏟아야 한다. 그렇지 않으면 구성원들은 혼란에 빠지게 된다. 오직 모든 구성원이 집중하고 인정할 수 있는 공동의 사명만이 조직을 하나로 묶어주고 성과를 낼 수 있게 해준다. 그러한 명확한 사명이 없으면 조직은 조직으로서의 가치와 신뢰를 잃게되고 결과적으로 성과를 내기위해 필요한 인적자원을 유인할 수 없게 된다.

2.2 지식노동의 생산성

그럼 지식사회에서 조직성과로 연결되는 지식노동의 생산성을 올릴 수 있는 길은 무엇인가? 지식사회로의 이행과정에서 우리가 처음으로 배워야만 했던 것은 지식을 이용하는 일에 있어서는 결코 자본이 노동(즉 인간)을 대신할 수 없다는 사실이다. 또한 새로운 기술도 그 자체로는 지식노동의 생산성을 증가시키지 못한다는 사실이다. 물건을 생산하고 운반하는 일에 있어 자본과 기술은 경제학자들의 용어에 따르면 '생산요소'들이다. 지식노동에 있어 그것들은 '생산도구'들이다. 그것들이 생산성을 향상시키느냐 아니면 저하시키느냐 하는 것은 사람이 그것을 어디에 어떻게 사용하느냐에 달려있다. 즉 사용 목적이나 사용자의 기능 여하에 달려있다. 30년 전 우리는 컴퓨터가 회계 및 사무직 종사자들을 대대적으로 감축하게 될 것으로 확신했다. 오늘날 자료처리 장비에 대한 투자는 원자재 가공기술에 대한 투자와 그 규모가 비슷하다. 다시 말해 재래식 기계류에 대한 투자와 그 규모가 비슷하다.

그러나 사무직 및 회계직 종사자는 정보기술이 도입된 이래 그 이전보다 훨씬 빠른 비율로 늘어났다. 그리고 노동의 생산성은 실질적으로 증가되지 않고 있다. 예를 들면 오늘날 병원들은 초음파, 바디스캐너, 핵자기 영상장치, 혈액 및 세포조직 분석기, 무균실 그리고 그 밖에 많은 최신설비와 기술에 엄청난 투자를 하고 있는 가장 자본집약적인 기관이다. 각 병원들은 기존 직원들을 거의 단 한명도 감축하지 않은 채 최신기술의 도입으로 필요하게 된 고인건비 직원들을 추가로 채용하고 있다. 사실상 전세계에 걸쳐 나타나고 있는 의료비 증가현상은 주로 병원이 경제적인 거대괴물이 되어버린 데에 기인한다. 병원이 고도로 노동집약적이면서 또한 자본집약적 조직인 까닭에 경제적인 측면에서 경쟁력이 없다는 것이 모든 경제학자들의 지적이다. 하지만 병원은 최소한 그 업무수행 능력만큼은 상당히 향상시켰다. 병원을 제외한 지식노동의 다른 영역에서도 투자와 직원 수를 계속 늘리면서 비용을 높이고 있을 따름이다.

의료비의 급증을 막을 수 있는 유일한 대안은 병원 생산성의 대폭적인 향상이다. 그리고 이 생산성의 대폭적인 향상은 '보다 현명하게 일하기(Working smarter/WS)'를 통해서만 달성될 수 있다. 그러나 어떤 경제학자도 기술자도 '보다 현명하게 일하기'가 생산성 향상의 관건이라고 지적하지 않는다. 경제학자는 자본투자를, 기술자는 기술을 생산성 향상의 관건이라고 내세운다. 그러나 과거의 '보다 현명하게 일하기' 방식–그것이 과학적 관리, 산업공학, 인간관계론, 능률공학, 혹은 작업연구의 무엇이든 간에–이야말로 생산성 폭발의 주된 원동력이었다. 선진국에서는 테일러가 작업연구를 하기 이전–즉, 산업혁명의 처음 100년간–이나 이후나 똑같이 자본과 기술이 풍부했다. 그런데 '보다 현명하게 일하기'가 효력을 발휘하기 시작하자 물건을 생산하고 운반하는 일의 생산성이 급격히 향상되기 시작했다. '보다 현명하게 일하기'는 물건을 생산하고 운반하는 육체노동의 생산성을 향상시키는 데 있어 하나의 열쇠이다. 그러나 지식노동의 생산성을 향상시키는 데는 '유일한' 열쇠이다. 지식노동에서 '보다 현명하게 일하기'는 육체노동의 그것과는 엄청나게 다르다.

2.3 지식노동의 과업

테일러는 훗날 사람들이 '과학적 관리'라고 부르게 된 바로 그 '모래를 삽질하는 일'을 연구하기 시작하면서 '해야 할 과업이 무엇인가?', '왜 그것을 하는가?'라는 질문은 하지 않았다. 그가 한 질문은 '그것을 어떻게 수행해야 하는가?'라는 것뿐이었다. 거의 50년이 지난 후 하버드 대학의 메이요 등도 과학적 관리를 분쇄하려고 '인간관계론'을 제창했지만 그 역시 테일러와 마찬가지로 '해야 할 과업이 무엇이고, 왜 그것을 하는가?'라는 질문은 하지 않았다. 호손 공장의 실험에서 그가 한 질문은 오직 '어떻게 하면 전화배선 장치를 가장 잘 만들 수 있는가?'라는 것 뿐이었다. 물건을 생산하고 운반하는 육체노동에서의 과업은 항상 그것이 무엇인지에 대해 생각해볼 필요가 없는 당연한 일로 간주된다. 그러나 지식노동의 생산성 향상에 있어 가장 먼저 해야 할 질문은 '해야 할 과업은 무엇인가, 우리는 무엇을 수행하려 하는가? 그리고 왜 그것을 해야하는가?'이다. 지식노동의 생산성을 향상시키기 위해서는 반드시 과업을 다시 정의해야 하며 특히 꼭 하지 않아도 될 일을 제거하는 것이 중요하다. 물건을 생산하고 운반하는 일을 하는 육체노동자는 한 번에 한 가지의 일만 한다. 테일러의 연구대상이었던 육체노동자는 모래를 삽질하는 일을 할뿐, 화덕에 불을 지피는 일은 하지 않았다. 메이요의 실험에 참여했던 배선작업실의 여성 근로자는 납땜질만 했을 뿐 완성된 전화배선을 시험하는 일은 하지 않았다. 옥수수를 심던 농부가 하던 일을 중단하고 밭에 트랙터를 팽개쳐 놓은채 회합에 참가하지는 않는다.

한 가지 일에 집중하는 것은 지식노동에 있어서도 마찬가지다. 외과의사는 수술실에서 전화를 받지 않으며, 변호사도 사건의뢰인과 상담하는 중에는 걸려온 전화를 받지 않는다. 그러나 대부분의 지식노동자들이 일하고 있는 조직에서는 한 사람이 여러 가지 일을 하는 경우가 늘어나고 있다. 최고경영자의 자리에 있는 사람들의 경우 때때로 하나의 일에만 전념할 수 있을 것이다. 하지만 조직에서 지식노동의 대부분을 실제로 담당하고 있는 사람들-엔지니어, 교사, 판매원, 간호사, 일반적인 중간관리자-은 거의 또는 전혀 가치를 창출하지 않는 잡무, 그리고 그들의 기본적인 업무와는 거리가 먼 다른 부가적인 일들 때문에 점점 더 허덕이고 있다.

이러한 문제에 대한 대책은 아주 단순하다. 몇몇 병원에서는 간호사들이 하던 서류처리 업무를 하급사무직 직원에게 넘기고 전화를 받고 병실을 정리하는 등의 일도 그들에게 맡겼다. 그 결과 간호사들이 본연의 임무, 즉 환자를 돌보는 일에 더욱 전념할 수 있게 되었고, 그 병원의 의료서비스 수준도 향상되었다. 당연히 남아도는 간호사가 생겼고 병원은 간호사의 수를 3분의 1 내지 4분의 1까지 감축할 수 있었다. 덕분에 간호사들에게 지급하는 인건비 총액을 늘리지 않고도 남아 있는 간호사들의 봉급을 올려 줄 수 있었다. 이처럼 지식노동자들의 생산성을 높이기 위해서는 모든 지식노동에 관하여 다음과 같은 질문을 해야한다. "우리는 무엇에 대하여 봉급을 지불하는가?" 그리고 "이 직무는 어떤 가치를 창출하기로 되어 있는가?"

03 지식노동의 특성

3.1 지식노동의 세 가지 범주와 전제조건

지식노동은 일반적인 노동처럼 취급되어서는 안 된다. 지식노동들은 서로 간에 동질성을 갖는 것으로 간주될 수 없다. 지식노동들은 세 가지의 뚜렷한 범주로 나누어 취급되어야 한다. 각각의 범주들은 상이한 분석과 상이한 조직을 필요로 한다. 물건을 생산하고 운반하는 일에 있어서는 생산성 향상의 초점이 '작업 그 자체'에 맞추어진다. 하지만 지식노동에서는 '성과'에 초점을 맞추어야만 한다. '성과'에 초점을 맞추어 지식노동의 세 가지 범주를 살펴보면 다음과 같다.

- 지식노동들 중 몇 가지 직무들의 성과는 곧 질을 의미한다. 그 하나의 예가 연구소의 연구원들이 수행하는 직무인데 이 직무에서 성과의 양-연구결과의 수-은 질적인 문제에 비해 부차적인 것에 불과하다. 연간 2,000만달러에서 3,000만달러 정도의 매상을 올리는 20개의 '모조 약'보다는 10년간 시장을 지배하면서 연간 5억달러의 매상을 올리는 '신약' 한 가지가 훨씬 더 큰 가치를 지닌다. 이러한 사실은 기본정책이나 전략을 결정할 때에도 마찬가지로 적용된다. 또한 의사들의 환자진료, 포장지 디자인 작업, 잡지 편집 등과 같은 일에도 똑같이 적용된다.
- 성과가 질과 양 두 가지로 구성되는 지식노동도 상당히 많다. 백화점 판매원의 작업이 그 한 예다. '고객의 만족은 질적인 성과이기 때문에 측정하기가 쉽지 않다. 그렇지만 그 질적인 성과는 판매전표의 매수나 총판매액과 같은 양적인 성과 못지 않게 중요하다. 건축설계와 같은 지식노동에 있어서는 대체로 질적인 부분이 성과의 대부분을 차지한다. 수공업을 하는 장인의 작업에 있어서는 질이 필수적이지만 양 또한 중요하다. 엔지니어, 증권회사의 지방영업소장, 의료기술자, 지방은행의 지점장, 통신원, 간호사, 자동차보험 청구조정자' 등 대다수 지식노동자들이 질과 양 두 측면 모두에서 성과를 측정받는다. 따라서 이러한 지식노동의 생산성을 향상시키기 위해서는 질과 양의 두 측면 모두에 대한 연구가 필요하다.
- 끝으로 그 성과가 양적인 측면에 있는 작업도 있다. 즉 보험회사에서 보험금 청구서의 기입과 처리를 하는 일이라든지 병원에서 병상을 꾸미는 일 등과 같이 그 성과가 물건을 생산하고 운반하는 일, 즉 육체노동과 비슷한 작업들도 꽤 많다. 이러한 작업들에서 질은 성과를 달성하는 데 있어 하나의 전제조건이자 제약조건일 뿐이다. 그것은 성과 그 자체라기보다는 외적인 조건이다. 질적인 측면은 작업과정 속에 이미 포함되어 있어야 하며 성과는 대부분 작업의 양에 의해 측정된다. 예를 들어 병상을 꾸미는 일에서의 성과는 그 일을 하는 데 걸린 시간으로 측정된다. 이러한 직무들은 물건을 생산하고 운반하는 일과는 직접적인 관련이 없지만 사실상은 '생산작업'이다.

지식노동이 이렇게 뚜렷한 세 가지 범주로 나뉘는 까닭에 지식노동의 생산성을 향상시키기 위해서는 특정 직무가 어느 범주에 속하는지를 먼저 따져볼 필요가 있다. 그러고 난 다음에야 비로소 우리가 '해야 할 일'이 무엇인지 알게 될 것이다. 또한 '분석해야 할 일'과

'개선해야 할 일', 그리고 '변화시켜야 할 일'이 어떤 것인지도 결정할 수 있게 될 것이다. 그 이유는 그렇게 해야만 특정의 지식노동에 있어서 생산성이 뜻하는 바가 무엇인지를 알 수 있기 때문이다.

지식노동의 생산성을 증대시키기 위해서는 과업을 정의하고 그것에 전념하며 그리고 성과를 규정하는 일 외에 다른 여러 가지 일이 더 필요하다.

우리는 성과가 주로 질을 뜻하는 직무들에 있어서는 그 작업과정을 어떻게 분석해야 될지 잘 모르고 있다. 이런 지식노동에 있어서는 오히려 "무엇이 효과를 발휘하는가?"라고 물어야 한다.

성과가 질과 양 둘 다를 의미하는 직무들에 대해서는 위의 두 가지를 모두 다 해야 한다. 즉 작업과정을 단계별로 그리고 활동별로 분석해야 하고 또한 '무엇이 효과를 발휘하는지'를 물어야 한다.

마지막으로 성과가 양으로 평가되는 생산작업에 있어서는 질의 기준을 규정하고 그것을 생산공정에 반영할 필요가 있다. 하지만 그러한 작업에 있어서의 실질적인 생산성 개선은 상당히 전통적인 산업공학, 즉 개개의 단순 과업들을 합쳐서 하나의 완전한 '직무'로 구성하는 과업분석을 통해서 이루어진다.

이러한 조치를 취하기 전에 필요한 조건이 한 가지 있음에 유의해야 한다. 그것은 우리가 제2차 세계대전 이후 물건을 생산하고 운반하는 일의 생산성을 향상시키는 과정에서 배운 것을 실제로 응용해야 한다는 것이다. 즉 지식노동의 생산성을 향상시키는 일은 실제로 지식노동을 담당하고 있으면서 앞으로 더욱 생산적으로 일하게 될 사람들과 파트너가 되어 추진되어야 한다. 그리고 그 목표는 작업의 수준, 난이도, 기능의 정도에 관계없이 모든 지식노동자가 생산성 향상과 성과에 대한 책임을 자신이 수행하는 작업의 일부로 짜 넣는 것이 되어야만 한다. 과거 테일러, 메이요, 프로이트, 수 많은 기업의 CEO, 그 누구도 노동자들의 의견을 물어보지 않았다. 그들은 미숙한 존재로만 취급되었던 것이다.

그러나 제2차 세계대전이 일어나자 공장에 있던 엔지니어, 심리학자, 현장감독은 모두 전쟁터로 차출당했고 공장에는 미숙한 노동자들만 득실거렸다. 노동자들에게 직접 의견을 물어보는 이외에 다른 방법이 없었다. 막상 노동자들에게 의견을 물어본 사람들은 모두 깜짝 놀랐다. 노동자들은 자신들이 하고 있는 작업, 그 작업의 논리와 리듬 그리고 작업에 필요한 도구와 질 등에 관하여 아주 많이 알고 있었다. 노동자들에게 그들이 하고 있는 일에 대한 질문을 하는 것은 바로 생산성과 작업의 질을 향상시키기 위한 출발점이었다. 이러한 작업은 오늘날에도 매우 소수의 기업에서만 실시되고 있는 것이 사실이다. 그러나 자기직무에 관한 노동자의 지식이 생산성과 질 그리고 성과 모두를 향상시키느 데 있어서 출발점이 된다는 것은 적어도 이론상으로는 일반적으로 받아들여지고 있다. 지식노동에 있어 책임있는 노동자와의 파트너십은 '유일한' 생산성 향상 방법으로서 그 밖의 다른 어떤 방법도 전혀 효과를 발휘하지 못할 것이다.

3.2 지식사회와 교육받은 사람(=지식인)

지식사회에서는 교육받은 사람이 중심이 되어야 한다. 지식사회는 교육받은 사람에 대한 보편적인 개념을 가져야만 하는데 그 이유는 지식사회는 전문지식의 사회이고 또한 범세계적인 사회이기 때문이다.

지식은 돈처럼 비인격적인 존재가 아니다. 지식은 책이나 자료은행 또는 소프트웨어 프로그램 안에 머물러 있는 것이 아니다. 책이나 자료은행, 혹은 소프트웨어 프로그램들은 오직 정보만을 담고 있다. 지식은 언제나 사람속에 구현되어 있고 사람이 갖고다니며 사람에 의해 창조되고 증대되거나 개선된다. 지식은 사람에 의해 적용되고 사람에 의해서 가르쳐지고 전달되며 사람에 따라서 잘 이용되거나 잘못 사용되어지곤 한다. 따라서 지식사회로의 이동은 사람을 사회의 중심에 위치하게 한다. 그렇게 함으로써 지식사회로의 이동은 새로운 도전과 새로운 쟁점 그리고 지식사회를 대표하는 교육받은 사람(드러커는 교육받은 사람을 전문적 직업훈련을 받았거나 또는 고도의 전문적 지식을 갖춘 전문인에 가까운 의미로 사용하고 있다)에 관한 전례가 없는 새로운 문제들을 야기한다.

지식사회 이전의 모든 사회에 있어서 교육받은 사람은 장식품에 지나지 않았다. 그들은 쿨투어(Kultur)-두려움과 조롱의 뜻이 혼합된, 영어로는 적당하게 번역할 수 없는 독일어-라는 말로 표현되었다. 그러나 지식사회에서는 교육받은 사람이 사회의 표상이자 상징이며 또한 사회의 표준이다. 교육받은 사람을 사회학자들의 용어로 표현하면 '사회적 원형(archetype)'이라고 한다. 이들에 의해 사회의 실행능력이 결정된다. 또한 이들에 의해 사회적 가치, 신념, 헌신이 구체화된다. 만약 중세초기에서는 봉건제도하의 기사가 가장 분명한 사회적 중심이었고, 자본주의 사회에서는 부르주아가 사회의 중심이었다면 지식이 핵심자원이 되는 자본주의 이후의 사회에서는 교육받은 사람이 그 중심이 될 것이다.

04 지식근로자의 의의

오늘날 모든 조직들은 한결같이 “사람이 우리의 가장 큰 자산입니다”라고 말한다. 그러나 그 말을 실천하는 조직들은 많지 않다. 대부분의 조직에서는 여전히 그들이 사람을 필요로 하는 게 아니라 사람이 조직을 필요로 한다고 믿고 있다. 그러나 사실은 그 반대이다. 조직들은 제품과 용역을 시장에 팔기 위해서 그러는 것처럼–그리고 그 이상으로 인적자원을 얻기위해 자신을 외부에 알려야 한다. 조직은 사람들을 끌어들여야 하고 붙들어 두어야 한다. 그들의 능력을 인정해 주고 적절한 보상을 하며, 일할 수 있는 동기를 부여해 주어야 한다. 또한 그들에게 헌신해야 하고, 만족을 주어야 한다.

지식근로자와 그들이 몸담고 있는 조직과의 관계는 그 관계를 설명할 적당한 용어가 없을 만큼 분명히 새로운 현상이다. 예를 들어, 지금까지 직원이라고 하면 ‘조직에서 일하는 대가로 조직으로부터 급료를 받는 사람’을 말했다. 그러나 지금 미국에서 ‘직원들’의 가장 큰 단일집단은 비영리기관에서 보수를 받지않고 일주일에 몇 시간씩 일하는 수백만 명의 남녀들로 구성되어 있다. 그들은 분명히 ‘스태프(staff)’이며 그들 스스로도 그렇게 생각하고 있다. 그러나 그들은 보수를 받지않는 자원봉사자들이다. 이와 유사하게 직원처럼 일하고 있는 많은 사람들 중에 법적으로는 조직에 고용된 것이 아닌 사람이 많다. 그들은 다른 사람이나 조직을 위해 일하는 것이 아니므로 직원처럼 일은 하지만 고용되었다고는 말할 수 없는 것이다. 50년 내지 60년 전에는 그런 사람을–모두 그런 것은 아니지만 대부분의 사람이 교육받은 전문가이다–독립적이라고 했을 테지만 오늘날에는 그런 사람을 ‘자영업자(self–employed)’라고 부르고 있다.

종속적인 위치에서 단순한 육체노동을 하는 직원들–예를 들면 슈퍼마켓의 직원, 병원청소부, 트럭운전기사–에게는 직원이라는 말의 의미가 과거에 비해 크게 변하지 않은 것처럼 느껴질 수 있다. 실제로 그들의 위치는 과거의 임금생활자 내지 육체노동자들과 크게 달라지지 않았다.

그러나 조직과 지식근로자들–전체 직원에서 3분의 1 혹은 적어도 5분의 2정도를 차지하고 있는–사이의 관계는 조직과 자원봉사자들과의 관계와는 근본적으로 다르다. 지식근로자들은 조직이 있기 때문에 일을 할 수 있다. 따라서 지식근로자와 조직은 상호의존적이다. 그러나 동시에 지식근로자들은 ‘생산수단’, 즉 지식을 소유하고 있다. 이런 점에서 보면 지식근로자는 독립적이며 이동성이 매우 높다.

지식근로자들도 육체노동자들과 마찬가지로 지식외에 여전히 생산도구를 필요로 한다. 그러나 지식근로자들이 필요로 하는 생산도구, 예를 들면 개인용 컴퓨터 등은 지식근로자가 지식을 몸에 익혀서 지니고 다니지 않는 한 생산으로 연결되지 않는다. 공장에서 일하는 기계공들은 지시받은 대로 일한다. 기계공들이 사용하는 기계는 기계공으로 하여금 무엇을 해야 하는지 알려줄 뿐만 아니라 어떻게 할 것인가도 알려준다. 지식근로자도 기계를 필요로 한다. 그것은 컴퓨터일 수도, 초음파 분석기일 수도, 혹은 현미경일 수도 있다. 그러나 그 기계들은 지식근로자에게 무엇을 해야 하는지, 어떻게 해야 하는지에 대해 알려주지 않는다. 그 기계를 조작할 수 있는, 지식근로자의 몸에 밴 지식없이는 그 기계는 아무런 소용이 없다.

산업사회시대에는 기계공들과 같은 모든 육체노동자들은 언제나, 무엇을 어떻게, 언제까지 해야 하는지에 대해 지시를 받으며 일했다. 하지만 지식근로자들에 대해서는 이런 식의 감독을 할 수가 없다. 지식근로자는 자신이 하는 일에 대해 그 누구보다 잘 알고 있기 때문이다. 자신의 전문분야에 대해 조직 내의 다른 어떤 사람보다 잘 알고 있지 않으면 지식근로자들은 근본적으로 쓸모없는 존재가 되고 만다.

예를 들면 마케팅관리자는 시장 조사자에게 신제품의 디자인에 관해 회사에서 알아야 할 것이 무엇이며, 그 제품의 목표시장이 어디인지를 말해줄 수 있을 것이다. 그러나 시장조사에 필요한 것이 무엇인지, 어떻게 시작해야 하는지 그리고 조사결과의 의미가 무엇인지를 사장에게 보고하는 것은 전적으로 시장조사자의 업무이다.

1980년대에 미국기업들이 많은 희생을 치르면서 대대적인 구조 조정을 하던 시기에 수천 명의 지식근로자들이 직업을 잃었다. 그들이 일하던 회사들은 팔리거나 합병당했고 또는 분할되거나 청산되었다. 그럼에도 직업을 잃었던 지식근로자들 대부분이 수개월 내에 자신들의 지식을 활용할 수 있는 새로운 직업을 찾았다. 전환기는 고통스러웠고, 새로 일자리를 얻은 사람들도 전보다 적은 돈을 받으며 일해야 했고 또한 전처럼 즐겁지도 않았다. 그러나 일시 해고되었던 지식근로자들은 그들에게 지식이라고 하는 '자본'이 있다는 사실을 깨달을 수 있었다. 그들은 생산수단을 소유하고 있었다. 조직에서도 생산을 위한 물리적 도구들을 소유하고 있었다. 지식근로자와 조직은 서로를 필요로 했다.

이 새로운 관계가 초래한 하나의 결과는-이것이 현대사회에 또 다른 새로운 긴장을 낳고 있다-이제 더 이상 봉급을 주는 것만으로는 조직에 대한 직원들의 충성심을 확보할 수 없다는 것이다. 조직은 지식근로자들에게 그들의 지식을 작업에 투입할 수 있는 특별한 기회를 제공하고 있음을 증명함으로써 지식근로자들의 충성심을 확보하지 않으면 안 된다. 얼마전까지만 해도 우리는 노동(labor)이라는 용어를 사용했지만 이제는 인적자원(human resources)이라는 용어를 더 많이 사용하고 있다. 이런 용어의 변화가 우리에게 상기시켜 주는 것은 '어떻게 하는 것이 조직에 공헌하는 것인지' 그리고 '어떻게 하는 것이 지식으로부터 성과를 얻는 것인지'를 결정하는 것이 조직이 아닌 개개인, 특히 고도의 지식과 기술을 가진 지식근로자라는 사실이다.

현대의 조직은 주로 지식전문가로 구성되어 있는 까닭에 동등한 입장에 있는 사람들의 조직이 되어야 한다. 그들은 모두 동료내지는 협력자여야 한다. 지식 그 자체로서 서열을 매길 수는 없다. 지식의 서열은 그것이 공동의 과제에 공헌하는 바에 따라 평가되는 것이지, 지식 그 자체로서 우월하다거나 열등하다는 평가를 내릴 수는 없다. 그러므로 현대의 조직은 상사와 부하직원으로 구성된 조직이 될 수 없다. 현대의 조직은 팀처럼 조직되어야 한다.

이러한 지식근로자는 기존의 화이트컬러와는 구분되어야 한다. 즉 계층과 분업속에서 균일한 노동을 하고 있는 화이트컬러를 대신하여 개개인이 자율적으로 근무하고 네트워크를 통해 지(知)를 결집하는 지식근로자의 시대가 도래한 것이다.

기존의 화이트컬러가 '간접부문'을 의미하는 것에 반해 지식근로자라는 말에는 '직접부문'이라는 뜻이 내포되어 있다. 공장 및 하드웨어가 가치를 창출하고 화이트컬러가 사내관리 및 조율을 담당하는 식의 과거모델은 종식되었으며 문제해결 및 지식서비스를 제공하는 지식근로자가 가치를 창출하는 새로운 모델이 등장하고 있다.

지식사회가 정보사회의 단순한 연장선상에 있는 것이 아니라 두 사회는 완전히 반대의 세상이라는 점에 유의해야 한다. 톰 피터스(Tom Peters)는 '2004년까지 95%의 화이트컬러는 사멸될 것이다'라는 언급은 이러한 측면을 정확하게 전달하고 있다. 개인의 존재를 중시하고 조직에 속해 있으면서도 조직에 얽매이지 않는 지식근로자는 지금까지와는 다른 매니즈먼트가 필요하다(그림 5-2 참조).

그림 5-2 지식근로자와 화이트컬러의 차이

기업중심의 시대에서 개인중심의 시대로

기업중심시대	개인중심시대
· 공장이 가치를 창출한다. · 기업정보(기간업무)가 중심 · 화이트컬러가 정보를 관리 · 개인이 네트워크에 종속 · 전략 및 계획, 지시에 따라 개인이 움직인다.	· 지식(조직,사람,노하우)이 가치창출 · 개인정보(고객업무)가 중심 · 지식근로자가 정보를 다루고 지식을 창조 · IT능력이 높은 개인에 의한 '지(知)적 네트워크'가 주체 · 개인 연결을 통한 효율적인 조직

05 지식경영의 구조

5.1 지식경영의 본질

본래 지식경영은 전체적으로 보았을 때 지식창조와 지식자산 활용이라는 두 가지 활동으로 구성되는 순환구조를 갖고 있다. 사업의 목적과 과제에 대한 조직차원의 지식창조를 사업차원에서 지식자산 활용으로 전환하는 프로세스와 지식자산을 활용하면서 새로운 지식

그림 5-3 지식창조와 지식자산 활용의 선순환

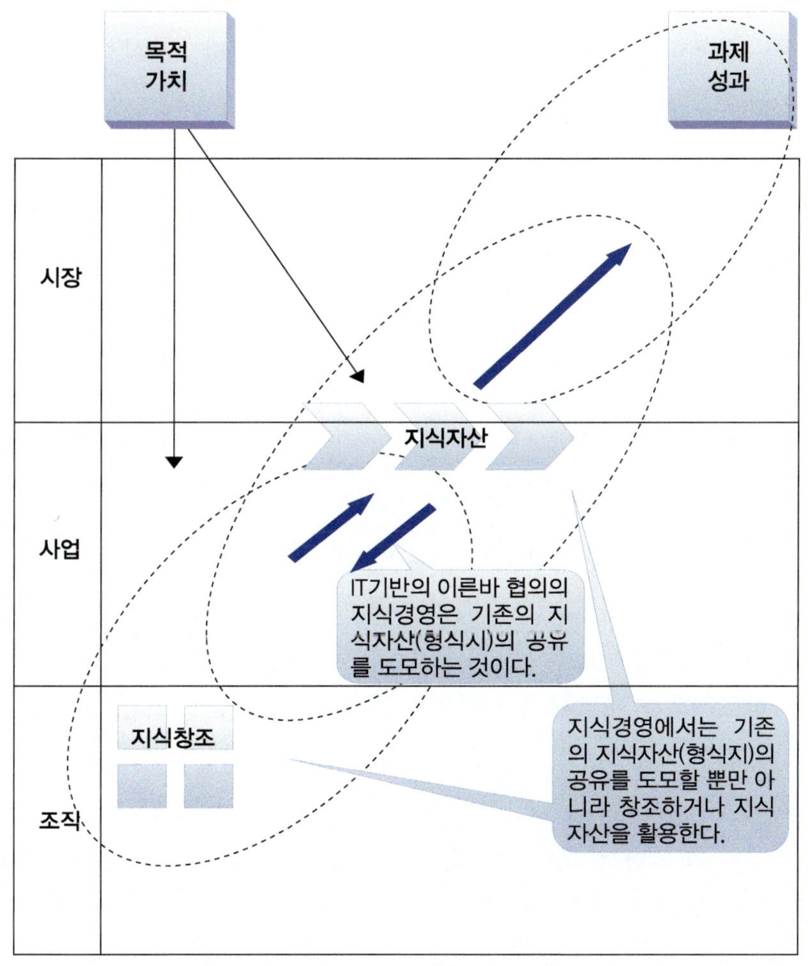

창조를 수행하는 프로세스를 역동적으로 연동시키는 것이 지식경영의 근간이다.

이에 대해 최근에 활발해진 문서위주의 지식공유는 협의의 지식경영이라 할 수 있으며 지식자산상의 형식지 부분을 IT를 이용하여 공유하고자 하는 접근방식이다.

그러나 지식공유는 어디까지나 초기적이며 부분적인 노력이라는 점을 잊어서는 안 된다. 기업전체의 지식창조와 지식자산 활용은 단순히 형식지를 공유하거나 정보검색 구조를 만들어 활용하는 것에서 나오는 것이 아니다. 암묵지를 부단히 수용하여 형식지화 하기 위한 장(場)을 만들어야 하며 이를 뒷받침하는 조직을 만들어 가는 것이 중요하다(그림 5-3 참조).

5.2 지식창조 프로세스

조직적인 지식창조란 개인이나 조직의 차원에서 기업환경으로부터 알 수 있는 여러 지식을 새로이 창조(생산)하는 것이다. 암묵지와 형식지의 관계는 암묵지를 어떻게 활성화, 형식지화하여 활용할 것인지를 보는 프로세스가 중요하다. 지식창조 프로세스는 암묵지와 형식지의 상호호환이며 이러한 순환 프로세스를 통한 지식의 질적 · 양적 발전인 것이다.

암묵지와 형식지의 상호작용은 다음 네 가지 프로세스로 나타낼 수 있다. 지식창조 프로세스는 각각의 머리글자를 따서 'SECI(세키)'라고 부른다(그림 5-4 참조).

- 공동화(Socialization) : 암묵지에서 암묵지를 얻는다.
- 표출화(Externalization) : 암묵지에서 형식지를 얻는다.
- 연결화(Combination) : 형식지에서 형식지를 얻는다.
- 내면화(Internalization) : 형식지에서 암묵지를 얻는다.

SECI프로세스를 지속하기 위해서는 지식창조의 원동력과 관성유지, 즉 풍요로운 암묵지를 프로세스 속에 도입하는 것, 프로세스에 관여하는 사람들이 자기성장을 하는 것이 중요하다. 즉 지식창조 프로세스를 기업이나 조직을 구성하는 '개인이나 팀'의 관점에서 보면 스스로의 지식(사고나 비전 등의 암묵지)이 형식지화되고 조직 속에서 정당화되면서 다시금 자신에게 피드백되는 프로세스가 있음을 알 수 있다(그림 5-5 참조).

개인이나 팀의 지(知)는 형식지로 공유되며 조직내에서 상식으로서 정당화된다는 프로세스를 거쳐 기업 내에 흡수된다. 이러한 프로세스 속에서 암묵지를 보유하는 개인은 스스로의 지식이 객관화되면서 보다 풍성한 것이 되어 다시 자신에게 돌아온다는 '경험=본래의(知)를 흡수'하게 된다.

이는 지식창조의 나선형이 개인이나 팀의 자기계발 및 자기초월을 가져오는 것을 뜻한

그림 5-4 지식창조는 암묵지와 형식지의 상호작용 프로세스

1. 사내를 둘러보며 암묵지를 획득
2. 사외를 둘러보며 암묵지를 획득
3. 암묵지 축적

4. 암묵지 전수, 이전
5. 자신의 암묵지를 표출
6. 암묵지에서 형식지로 치환 · 번역

신체 · 오감을 구사하여 직접 경험을 통한 암묵지의 공유 및 창조(암묵지의 형식지화)

대화와 사고에 의한 개념 · 디자인 창조

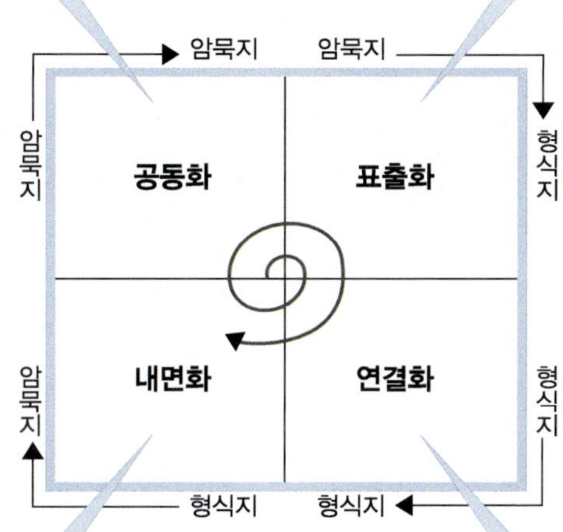

형식지를 행동 · 실천하는 차원에서 전달, 새로운 암묵지로서 이해 · 학습

형식지의 조화에 따른 새로운 지식창조(정보활용)

7. 새로운 형식지 획득과 통합
8. 형식지의 전달 · 보급
9. 형식지의 편집

10. 행동 · 실천을 통한 형식 지체화(體化)
11. 시뮬레이션 및 실험에 의한 형식 지체화

다. 지식근로자는 일상업무를 하는 화이트컬러에 비해서 월등히 높은 생산성을 보이는데 이는 끊임없는 발상의 전환에 의한 지식작업혁신이 가져온 결과이다. 따라서 지식근로자에게 있어서 지식창조를 통한 자기초월 체험은 가장 큰 동기부여이자 자극이 된다.

지식경영이란 지식자산을 활용하여 가치를 극대화하기 위한 비전의 형성과 그 구체화를 말한다. 이를 위해서는 지식전략이 필요하다. 이를 테면 다양한 제품과 서비스가 상품화되는 가운데 기업의 독자적인 암묵지는 가장 큰 경쟁우위 요인이다. 따라서 기업전략을 지식경영이라는 관점에서 다시 수립해야 한다.

지식전략의 구성요소는 지식비전, 지식지도, 시나리오, 장(場), 지식리더십 다섯 가지인데 그 중에서도 지식비전은 나머지 네 가지를 이끄는 가장 중요한 요소이다. 이는 치밀한

그림 5-5 지식발전의 나선형 모형

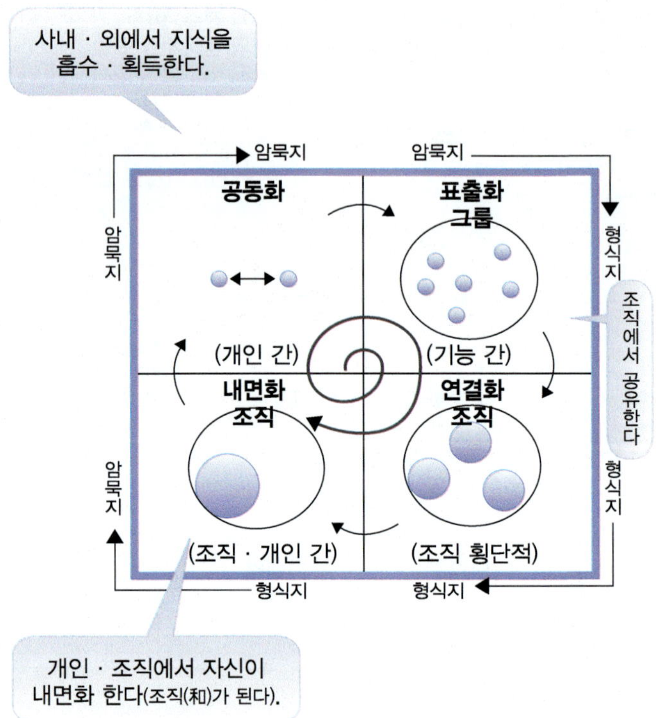

전략계획서를 작성하는 것이 아닌 지식근로자의 자발적인 활동을 촉진하기 위한 지침을 마련하는 것이다(그림 5-6 참조).

지식전략과 관련하여 '개선인가 수익창출인가', '형식지를 중심에 둔 지식자산 집약인가 암묵지를 포함한 지식자산 연계인가' 등의 사안에 대해 고민하고 있다면 지식전략에 알맞은 지식경영유형을 음미할 필요가 있다. 지식경영을 위한 지식자산활용의 유형에는 그 활용수단과 활용목적에 따라 네 가지를 들 수 있다. 어느 유형을 선택할 것인지는 지식전략뿐만 아니라 과거의 지식자산에 대한 태도 등 기업문화의 적합성과도 연관이 있기 때문에 신중하게 생각해야 한다(그림 5-7 참조).

- **베스트 프랙티스 공유형** : 조직 내의 성공사례연구, 일상업무 분석을 통해 지식을 공유, 이전하고 업무효율화 및 비용절감, 질적 향상실현을 목적으로 한다.
- **전문지(知) 네트워크형** : 조직 내외의 전문지식 및 의사결정권을 갖는 사람을 글로벌한 네트워크 및 커뮤니티로 연결하여 과제해결 및 의사결정지원을 목적으로 한다.
- **지적자본형** : 특허 및 라이센스, 프로그램 등의 저작물, 브랜드 등의 지식자산을 사내

그림 5-6 지식경영을 실천하기 위한 골자

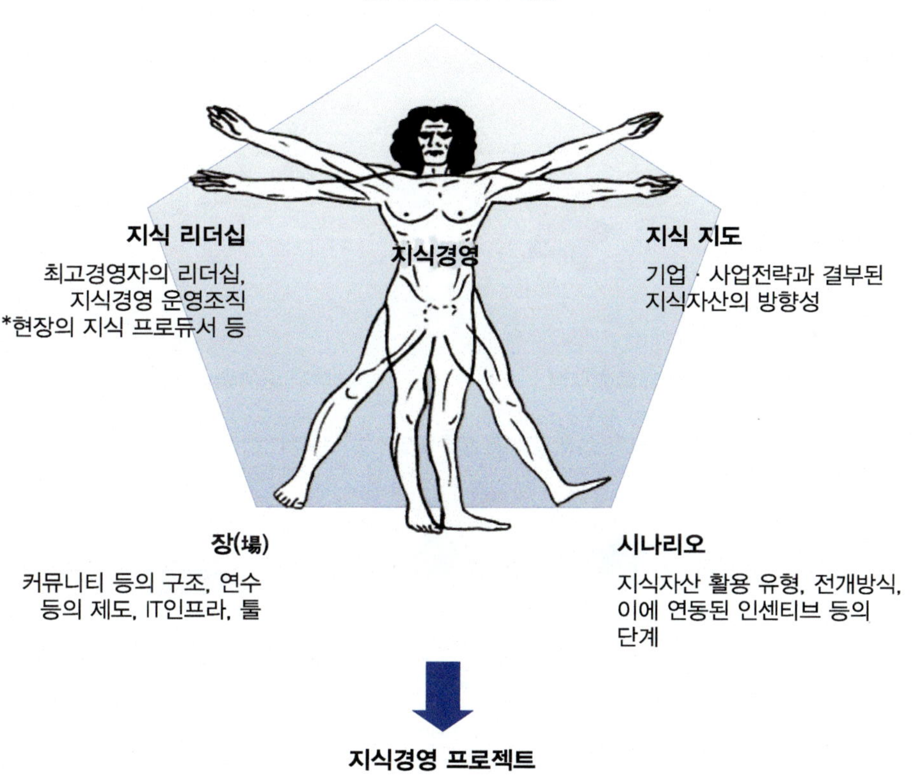

*지식경영을 운영할 때 CKO(Chief Knowledge Officer)의 필요성에 대해 논의되는데 CKO는 필요조건이 아니다. 오히려 최고경영자의 비전 및 책임, 조직적인 장(場) 만들기를 담당하는 운영조직의 존재가 중요하다.

외에서 활용하여 수익으로 연결시키는 것을 목적으로 한다. 중요한 것은 지적소유권 자체가 아닌 이를 활용하는 사내의 지식이다.

- 고객지(知) 공유형 : 고객과의 지식공유 및 지속적인 고객에 대한 지식제공에 초점을 맞추어 고객의 니즈를 파악하고 신규 사업개발의 관건인 '성장기반 구축'을 목표로 한다.

그림 5-7 목적과 수단으로 본 지식자산 활용유형

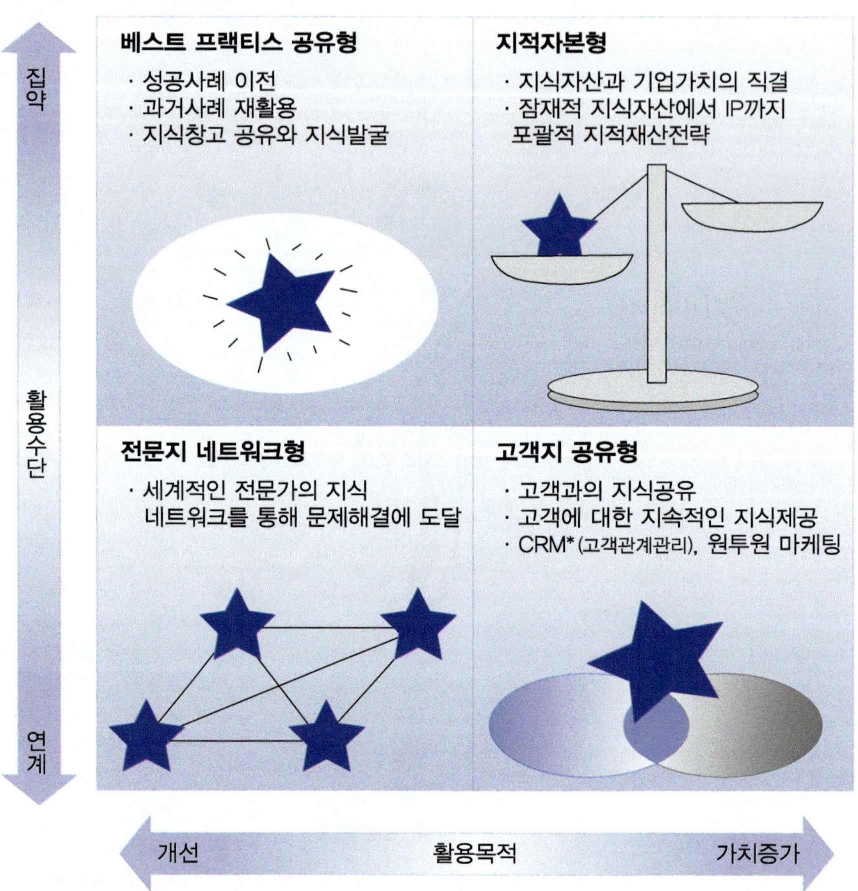

5.3 지식경영의 3단계

지식경영에는 몇 가지 단계가 있는데, 여기서는 지식자산 전략의 세 가지 단계를 살펴보자. 이 세 단계는 전략과 동시에 순서를 밟아 실행해야 하는 지식경영의 로드맵이기도 하다.

- **조직단계** : 조직단계에서는 조직적 노하우 및 개인의 지식 등 지식자산의 공유 · 창조 프로세스 매니즈먼트가 중심이 된다. 지식경영 사례의 대부분은 이 단계에서의 활동이다. 반도체 업계에서는 인텔 및 내셔널반도체 등을 들 수 있다.
- **제품 · 서비스 단계** : 이 단계에서는 제품 및 서비스가 지능화 · 상품화 되어 솔루션과 융합된다. 즉 지식을 서비스로서 제공하거나 제품이 지식제공 플랫폼으로 전환되거

그림 5-8 지식경영의 3단계 모델

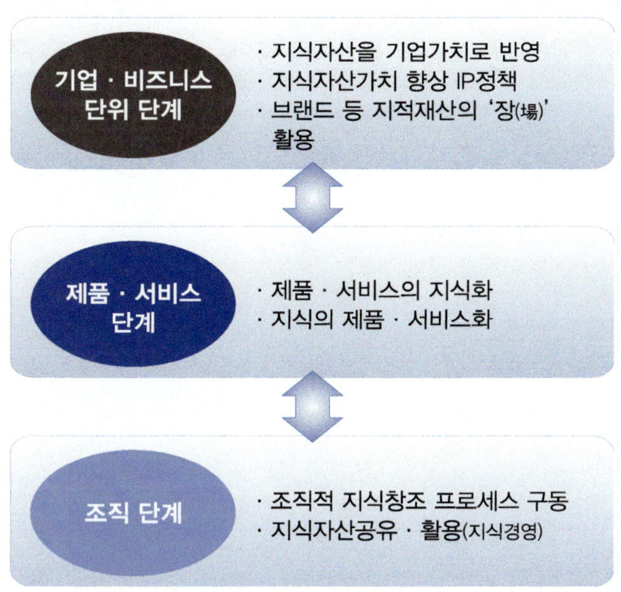

나 하는 단계이다. 솔렉트론 등의 EMS(Electronic Manufacturing Services)가 이 단계이다.

- 기업 · 비즈니스 단위단계 : 이 단계는 지식경영 활동 및 제품 · 서비스를 통해 제공되는 지식이 시장에서 평가되거나 브랜드가치로서 구체화되는 단계이다. 위의 두 단계를 거치게 되면 지식자산이 회사의 수익에 기여한다는 것이다. 반도체 설계 · 개발 노하우 공여를 특화한 램버스사를 예로 들 수 있다(그림 5-8 참조).

토의문제

1. 자본과 기술의 발달이 지식노동의 생산성을 증가시킬까? 왜 그런가? 또는 왜 그렇지 않은가?

2. 지식노동자들의 생산성을 증가시키기 위한 방법은 무엇일까?

연습문제

1. 지식노동의 특성에 대해 설명하라.

2. 지식근로자의 의미를 설명하라.

3. 지식창조 프로세스란 무엇이며, 지식창조를 지속하기 위하여 중요한 것은 무엇인가?

4. 지식경영이 왜 중요한지 설명하라.

5. 지식경영을 위한 지식자산활용 유형 네 가지를 비교하라.

CHAPTER

06

전략경영

01 전략경영 모델
02 전략의 계층
03 사업전략의 구축
04 전략형성의 주요 이슈

삼성전자 AI 전략은 '온디바이스 AI'…
"모든 제품에 AI 적용해 차별화 시도"

한종희 삼성전자 대표(부회장)가 '삼성 개발자 콘퍼런스 2023'에서 기조연설을 하고 있다.

삼성전자가 '온디바이스 AI(On-device AI)'와 '홈 AI 엣지 허브(Home AI Edge Hub)' 기술로 개인화한 홈 서비스를 제공하겠다고 밝혔다. 즉 모든 제품에 인공지능(AI)을 탑재, AI를 통한 개인화로 차별점을 만들겠다는 전략이다.

삼성전자(대표 한종희, 경계현)가 미국 샌프란시스코 모스코니 센터에서 '삼성 개발자 콘퍼런스 2023 (SDC 2023)'를 열고 AI 기반 개인화 홈 서비스 등 사업 비전을 소개했다고 6일 밝혔다.

SDC는 삼성전자의 소프트웨어, 서비스, 플랫폼 등 종합 비전과 혁신을 공유하는 글로벌 행사로, 올해 9번째를 맞이했다. 전 세계 개발자와 파트너, 미디어 등 약 3000명이 참석했으며, 기조연설 등은 온라인 생중계도 진행했다.

한종희 삼성전자 대표(부회장)는 기조연설을 통해 "연간 판매되는 삼성전자 제품의 개수가 5억대를 넘고, 연간 삼성계정 이용자는 6억명이 넘는다"라며 "삼성전자는 제품과 서비스 사용자에게 보다 진화한 솔루션을 제공할 수 있도록 맡은 바 책임을 다 할 것"이라고 말했다.

이를 위해 ▲개인 최적화 경험을 제공하는 '스마트싱스' '빅스비' '삼성 녹스' '타이젠' 등 플랫폼 혁신 ▲스마트 TV, 생활가전, 스마트폰을 통한 제품 경험 확대 ▲수면, 건강, 푸드를 중심으로 한 헬스 경험 강화 방안 등을 제시했다.

특히 AI 활용과 연결성을 핵심으로 꼽았다.

AI 전략의 키워드로는 '온디바이스 AI'를 제시했다. 온디바이스 AI란 칩 형태로 AI를 제품에 탑재, 클라우드 연결없이 곧바로 기기에서 AI 기능을 빠르고 안전하게 구현하도록 하는 것이다. 이처럼 자체 학습한 AI는 개인화를 위한 핵심 요소가 된다.

이를 위해 삼성전자는 지난달 독일에서 열린 유럽 최대 가전 전시회 'IFA2023'에서 내년부터 모든 제품에 자체 개발 신경처리망장치(NPU)을 탑재한다는 계획을 발표했다.

온디바이스 AI전략을 채택한 타 업체로는 애플을 꼽을 수 있다. 애플 역시 AI 기술을 자체 개발 칩에 탑재하고 있다.

더불어 삼성전자가 소개한 홈 AI 엣지 허브 기술은 AI 기능을 수행할 수 있는 기기가 AI 기능이 없는 다른 기기에서도 음성 인식, 식품 인식 등의 기능을 수행할 수 있도록 도와주는 기술이다. 한마디로 모든 가전에 AI 기술을 적용하겠다는 계획이다.

AI는 하드웨어뿐 아니라 서비스 형태로도 제공된다. 대표적인 예가 올해 새롭게 론칭한 '삼성 푸드 서비스'다.

이를 삼성전자 기기 전체에 적용, ▲개인 맞춤형 푸드 경험을 제공하기 위한 '푸드 AI'와 '비전 AI' 기술 ▲사용자가 좋아하는 요리법을 쉽게 공유하고 활용할 수 있도록 지원하는 '크리에이터' 프로그램 ▲앱을 통한 식료품 구매, 요리 설정 자동화, '삼성 헬스'와 연계한 개인 맞춤형 레시피 추천 등으로 AI 라이프를 확대해 나갈 것이라고 전했다.

가전제품 간 연결성을 확장하기 위해 지난해 스마트싱스에 '매터(Matter)' 표준 규격을 적용한 데 이어 올해는 HCA(Home Connectivity Alliance)를 적용하고 있다고 밝혔다.

음성 지원 인터페이스 빅스비를 통해 여러 기기를 연결한 공간에서도 사용자 명령의 맥락과 기기 상태 등을 고려해 정확한 명령을 수행해낼 수 있다고 설명했다. 내년에는 보안 솔루션 녹스 볼트를 갤럭시 A 시리즈와 스마트 TV 등으로 확대한다.

이 외에도 삼성전자는 사용자와 기기, 서비스를 연결하는 '커넥티드 헬스 케어'를 구현한다고 밝혔다. ▲갤럭시 워치와 다양한 가전 제품을 연동한 개인 맞춤형 수면 환경 조성 ▲TV와 삼성 헬스를 연계한 피트니스, 명상 서비스 ▲스마트싱스 쿠킹과의 연동 등을 소개했다.

한편 이번 SDC에서 C랩 전시장을 처음 마련해 삼성전자가 육성한 스타트업을 선보였다. ▲IoT(사물인터넷) 기반 인터렉티브 수업 솔루션을 제공하는 태그하이브 ▲인지행동 치료 기반 디지털 치료제를 개발하는 웰트 ▲수의사 원격상담 서비스를 제공하는 닥터테일' ▲대용량 AI 모델 구현을 위한 자동압축변환 솔루션을 개발하는 클리카 ▲머신러닝 플랫폼 전문 베슬에이아이 ▲AI 기반 데이터 플랫폼 전문 셀렉트스타 등이 혁신 기술을 소개한다.

이 가운데 셀렉트스타는 'AI, 대형언어모델(LLM) 산업 동향 및 과제, 그리고 삼성이 스타트업과 협력하는 법'을 주제로 발표했다. 황민영 셀렉트스타 부대표는 AI 기술 및 산업, 그리고 규제 동향을 데이터 스타트업 관점에서 설명했다.

• **출처: AI Times, 2023년 10월 6일자**

근래 경영의 문맥에서 '전략'이란 용어는 전통적인 용어-장기계획-대신에 업적목표를 달성하기 위해 조직의 상층부에 의해 기획된 의사결정과 행동의 특정한 패턴을 가리키는것으로 이해되고 있다. Wheelen& Hunger(1995, p.3)는 전략경영을 '기업의 장기업적을 결정하는 경영자가 수행하는 일련의 의사결정과 행동'이라고 정의하고 있다. 여기서 전략경영은 상호 의존관계에 있는 세 가지 요소(최고경영자, 환경, 자원)의 지속적인 조정이 필요한 계속적 활동이라 할 수 있다.

본 장에서는 전략경영에 대하여 살펴보며, 학습목표는 다음과 같다.

1. 전략경영 모델을 이해한다.
2. 조직의 전략적 의사결정 계층에 대하여 살펴본다.
3. 사업전략을 구축하기 위한 사업의 경제성 분석, 외부환경 분석, 업계분석, 내부분석을 고찰한다.
4. 전략형성의 주요 관점과 새로운 비즈니스의 창출 패턴을 이해한다.

원래 strategy(전략)란 말은 그리스어로 '최고 지휘관'을 뜻하는 strategus에서 유래하였으며, 1656년에 영어로 처음 사용되었다. 이 말의 전개과정과 사용법은 stratos(군대)와 agein(이끄는 것)으로 구성되어 있다는 것을 보여주고 있다.

근래 경영의 문맥에서 '전략'이란 용어는 전통적인 용어–장기계획–대신에 업적목표를 달성하기 위해 조직의 상층부에 의해 기획된 의사결정과 행동의 특정한 패턴을 가리키는 것으로 이해되고 있다. Wheelen & Hunger(1995, p.3)는 전략경영을 '기업의 장기업적을 결정하는 경영자가 수행하는 일련의 의사결정과 행동'이라고 정의하고 있다. Hill & Jones(2001, p.4)는 전략을 '회사가 보다 높은 업적을 올리기 위해 취하는 행동'이라고 정의하고 있다. 여기서 전략경영은 상호 의존관계에 있는 세 가지 요소(최고경영자, 환경, 자원)의 지속적인 조정이 필요한 계속적 활동이라 할 수 있다(그림 6–1 참조).

01 전략경영 모델

전략과 관련된 텍스트를 보면 전략경영에 대해 대개 몇 개의 활동이 순차적으로 나타나는 하나의 사이클로 파악하고 있음을 알 수 있다. 전략경영의 프로세스는 다음 다섯 단계

그림 6-1 전략계획의 전통적인 3요소

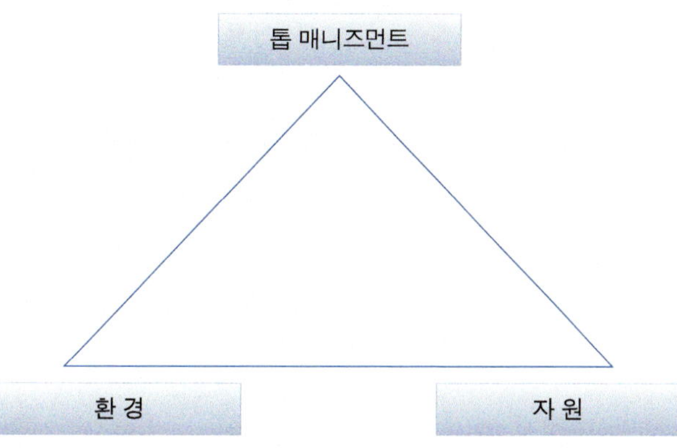

· 출처 : Aktouf(1996)

로 세분화된다.

① 미션과 목표, ② 환경분석, ③ 전략수립, ④ 전략실행, ⑤ 전략평가이다.

[그림 6-2]는 전략경영의 다섯 단계가 어떻게 상호작용하는지를 보여주고 있다. 전사수준에서 전략경영 프로세스는 현시점에서의 조직미션과 목표로부터 전략평가에 이르기까지의 일련의 활동을 포함하고 있다.

전략경영 모델의 첫 단계는 최고경영자가 조직의 현시점에서의 자사의 위상에 대한 평가를 바탕으로 미션과 목표를 설정하는 것으로 시작한다. 미션은 조직의 가치관과 목적을 나타낸 것이다. 그것은 조직의 존재의의이며 최고경영자가 향해야할 방향성을 보여주고 있다. 조직목표는 조직에서 실제의 업무절차를 통하여 추구되는 목표지점이며 전형적으로는 단기적으로 측정가능한 결과로 기술된다.

환경분석은 조직내부의 강약, 외부환경이 주는 기회와 위협을 분석하는 것이다. 조직의 미래에 있어 가장 중요한 전략적 요소는 SWOT-Strengths〈강점〉, Weaknesses〈약점〉, Opportunities〈기회〉, Threats〈위협〉-라는 두 문자로 요약된다.

전략수립은 최고경영자가 관여하는 가운데 매니저를 조직목표달성에로 이끄는 전략적 요소와 전략적 선택간의 상호작용에 대한 평가를 포함한다. 전략은 전사, 사업, 특정 직능의 각 수준별로 수립된다. '전략적 선택'이란 용어에는 누가 무엇때문에 선택했는가 하는 의문이 제기된다. 나아가 전략적 선택개념은 다양한 결정이나 행위가 당해 조직 내의 매니저와 같은 '파워를 가진' 집단이 행하는 '정치적 프로세스'로서 이해된다. Child(1972, McLoughlin & Clark, 1988, p.41에서 인용)는 의사결정에 대해 다음과 같이 설명하고 있다.

그림 6-2 전략경영 모델

· 출처: Bratton & Gold(2003), p.40

'조직이론에서 전략적 선택개념을 구체화하고자 할 때 이러한 선택이 본질적으로 정치적인 프로세스를 통해 이루어진다는 것을 우리는 인식하고 있다. 그 정치적 과정에서 여러 가지 제약이나 기회가, 의사결정자들의 사상적 가치관에 기초하여 행사되는 권력에 의해 창출되는 것이다.'

전략경영의 정치적 모델에서는 해당 조직내에서의 권력의 분포가 고려되고 있다. Purcell & Ahlstrand(1994, p.45)에 의하면 '권력이 어디에 존재하고 있는가, 어떻게 해서 권력이 지금에 이르렀는가, 권력이 경합한 결과 어떤 결과에 이르렀는가, 최고 경영층내의 협력이 어떻게 직원 관계와 연결되고 있는가'와 같은 문제의식을 고려해야만 한다. 조직적 의사결정에 있어 전략적 선택이라는 관점을 도입함으로써 전략의 기술은 '보다 구체적인 것'으로 되고 고용관계가 어떻게 관리되는가라는 점에 관한 중요한 통찰이 부여되게 된다.

전략실행은 매니저가 전략을 실행하기 위해 사용하는 기법에 초점을 맞춘 활동영역이다. 특히 리더십 스타일, 조직구조, 정보와 통제시스템, 인적자원관리를 다루는 활동들과 관계가 있다(그림 6-2 참조). 많은 연구자나 컨설턴트들은 전략실행 중 리더십이 가장 중요하고도 어려운 영역이라고 지적하고 있다.

전략평가는 실제의 변화와 업적이 당초 기대된 변화나 업적과 어느 정도 일치하고 있는가 하는 것을 평가하는 활동이다.

전략경영 모델에서는 이들 다섯 가지의 주요한 활동을 중심으로 이 활동들이 합리적이고 직선적인 프로세스를 형성하는 것으로 상정되고 있다. 그러나 이 모델은 어디까지나 규범적인 모델이라는 점에 유의해야 한다. 결국 전략경영은 실제로 최고경영자에 의해 무엇이 이루어지고 있는 가를 나타내는 것이라기 보다 어떻게 실행되어야만 하는 가를 나타내는 것이다. 전술한 바와 같이 전략적 의사결정이 정치적 과정이라는 사고방식은 이론적 모델과 현실간에 잠재적인 차이가 있다는 것을 함의하고 있다.

02 전략의 계층

많은 부문을 포괄하는 기업조직의 전략경영이 가진 하나의 측면은 전략상의 문제를 적용하는 수준에 대한 것이다. 통상 다음 세 가지 수준의 전략계층이 존재한다고 볼 수 있다(그림 6-3).

- 전사수준(corporate-level strategy)

그림 6-3 전략적 의사결정 계층

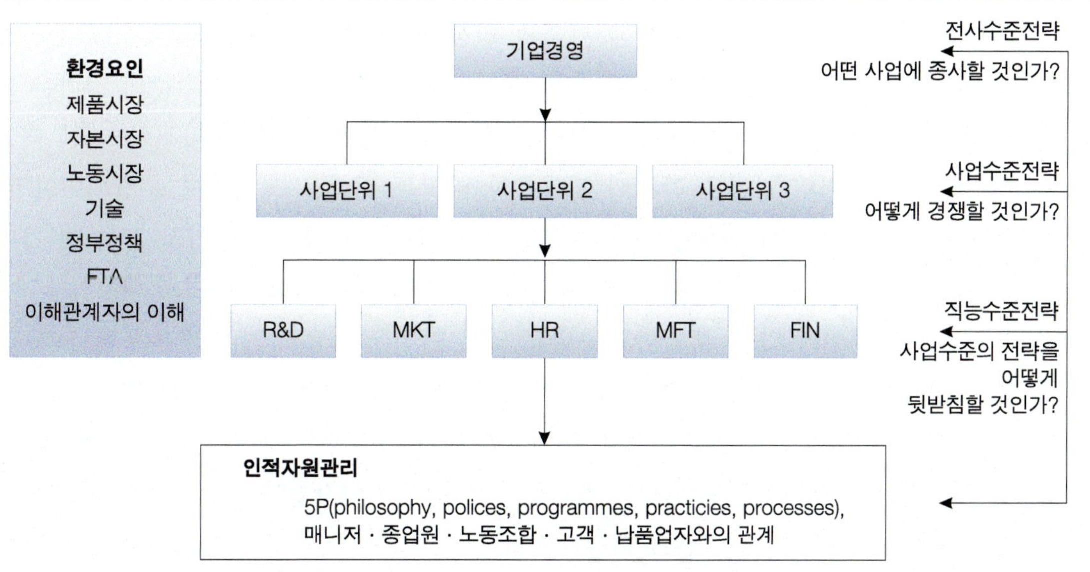

· 출처 : Bratton & Gold(2003), p.421

- 사업수준(business-level strategy)
- 직능수준(functional-level strategy)

2.1 전사수준 전략

전사수준 전략은 여러 사업단위의 성장이나 경영을 지향한 전사지침의 관점에서 그 기업이 전체로서 추진해 나가야 할 방향에 대해 기술해놓은 것이다. 이 전사수준 전략은 기업이 종사하고자 하는 사업종류나 어떤 사업단위가 필요하며 또한 수정되거나 매각되어야만 하는가 하는 것을 규정한다. 이 전략은 '우리는 어떤 사업에 종사하고 있는가'라는 물음을 던지고 있다. 다부문을 포괄하는 기업이 전략을 고안하기 위해서는 우선 다음과 같은 네 가지 점을 고려해야 한다.

- 투자의 우선사항을 결정하고 자원을 가장 매력적인 사업부문에 투입하기 위한 준비
- 기업이 최초로 관여한 사업부문으로부터 얻어진 업적을 개선하기 위한 활동
- 업적증대를 위해 관련된 사업부문 간의 상승효과를 높이는 방법의 제시
- 사업다각화에 관한 결정

2.2 사업수준 전략

사업수준 전략은 각 사업단위에 관련된 의사결정이나 활동들을 다루며 그 주된 목적은 각 단위가 그 시장에서의 경쟁력을 보다 높이도록 하는 것이다. 이 수준의 전략은 '어떻게 경쟁할 것인가'라는 문제를 제기한다. 사업수준 전략은 '상류'인 전사전략으로부터 도출된 것인데 사업단위의 경영은 각각의 경영상황에 맞는 전략을 고려하여 수립되어야만 한다. 1980년대 포터(Porter, 1980, 1985)는 코스트 리더십, 차별화, 집중화와 같은 세 가지 경쟁전략으로 이루어진 분석틀을 제시하여 사업전략의 수립에 크게 기여하였다.

코스트 리더십 전략은 경쟁상대 보다도 낮은 단위 코스트와 가격의 추구를 통해 그 기업의 시장점유율을 증가시키고자 하는 시도이다. 코스트 리더십의 대극에 있는 것이 차별화 전략이다. 차별화 전략은 경영자가 독자적인 서비스나 제품, 고품질을 제공함으로써 동종업종의 다른 경쟁사들로부터 자사제품을 구별하여 소비자들에게 코스트를 가격으로 전가시켜 부담하게 하는 전략이다. 집중화전략이란 경영자가 특정의 구매자 집단이나 지역시장에 초점을 맞춘 전략이다. 시장전략이 좁은 범위의 것이 되는지 혹은 넓은 범위의 것이

되는지는 틈새시장의 개념이 넓게 정의되는가 좁게 정의되는가에 따라 달라진다. 이런 과정을 거쳐 기업은 특정한 사업영역에서 경쟁우위를 확립하고 이익을 획득하기 위해 일반적으로 네 가지의 사업수준 전략–코스트 리더십, 차별화, 차별화 집중화, 코스트 집중화–으로부터 사업전략을 선택하게 된다.

Miles & Snow(1984)는 방어형(Defenders), 탐색형(Prospectors), 분석형(Analysers), 수비형(Reactors)의 네 가지 전략을 개념화하였다.

- 방어형 기업은 한정적인 제품라인과 운영상의 효율개선에 초점을 맞춘 경영을 하는 기업이다. 방어형 기업에서는 이처럼 코스트에 집중하기 때문에 최고경영자가 신규영역을 개척하는 일은 드물다.
- 탐색형 기업은 제품개발과 시장개척에 초점을 맞추어 상당히 광범위한 제품라인을 갖춘 기업이다. 이러한 판매지향을 통해 탐색형 기업의 최고경영자는 '능률을 이기는 창조성'을 강조한다.
- 분석형 기업은 한편으로 안정적인 제품시장에, 다른 한편으로 변화가 심한 제품시장과 같은 적어도 두 개 이상의 다른 제품시장 영역에서 사업하는 기업을 가리킨다. 이런 상황하에서 최고경영자는 안정적인 제품시장 영역에서는 효율성을, 가변적인 영역에서는 혁신을 강조한다.
- 수비형 기업이란 수미일관된 전략–구조–문화간의 관련성을 구축하지 않은 기업이다.

이러한 수비지향 기업에서는 환경변화나 압력에 대한 최고경영자의 반응은 통일성을 결여한 전략적 조정을 행하는 경향이 있다. 단일산업에서 경쟁하는 기업은 이들 네 가지 전

그림 6-4 포터의 경쟁전략

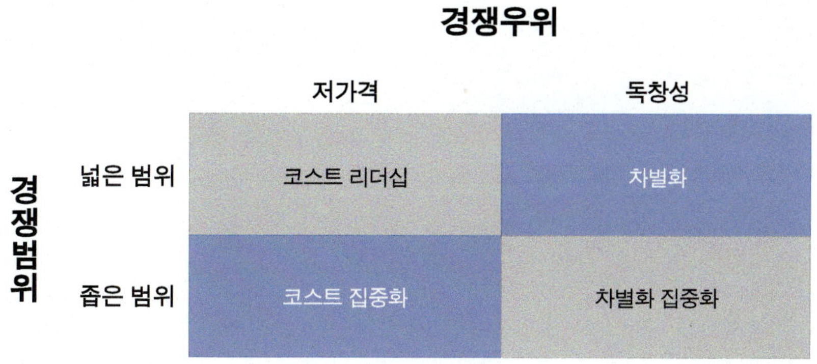

경쟁범위 \ 경쟁우위	저가격	독창성
넓은 범위	코스트 리더십	차별화
좁은 범위	코스트 집중화	차별화 집중화

· 출처 : Porter(1985)

략 중 어느 하나를 선택할 수 있게 되며 경영환경에 적응할 수 있는 전략과 구조, 문화, 프로세스의 수미일관된 조합을 선택할 수 있다. 이들 서로 다른 경쟁전략은 '하류'의 직능전략에 영향을 미친다.

2.3 직능수준 전략

직능수준 전략은 연구개발, 마케팅, 제조, 재무, 인사를 포함한 사업부문에 있어 주요한 직능의 운영에 관한 것이다. 이 전략수준은 전형적으로 주로 자원생산성의 극대화와 관련이 있으며, '사업수준 전략을 어떻게 지원할 것인가'하는 과제와 연계되어 있다. 직능수준에서는 이 직능수준 전략과 합치하는 형태로 인적자원관리 정책과 그 실천이 이루어져 사업전략의 달성을 지원하게 된다.

전사, 사업, 직능이라는 전략의 각 수준은 많은 부문을 거느린 거대기업에서 전략의 계층을 이루고 있다. 기업별로 각 전략 계층의 구체적인 운영은 하향식(top-down) 혹은 상향식(bottom-up) 같은 전략수립 과정의 차이에 따라 달라진다. 하향식은 '하류'의 전략결정이 보다 '상류'의 전략결정에 구속받는다는 점에서 '연속하는 다단계 폭포'와 유사하다. 상향식 전략수립은 그 조직의 밑바닥에 있는 개개인이 전략계획에 기여할 수 있다는 점을 인정하고 있다. 민츠버그(Mintzberg(1978))는 이러한 '상향식' 사고방식을 '창발전략'(emergent strategy) 모델에 반영하여 경영자층에는 없는 직원들의 예측불가능한 상황에서의 즉각적인 대응능력으로 개념화하였다.

전략경영의 각종 문헌은 다음 예에서 보는 바와 같이 서로 다른 전략수준간의 완전한 통합을 강조하고 있다.

> 서로 다른 수준의 전략은 서로 연계될 필요가 있다. 전사수준의 전략은 하위계층 수준에 반영되어야만 한다. 동시에 모든 사업부문의 전략은 최상위의 기업목표와 정합성을 가지도록 운영되어야만 한다(F.A. Maljers, Chairman of the Board of Unilever, Wheelen & Hunger, 1995, p.20).

03 사업전략의 구축

3.1 사업의 경제성 분석

전략을 코스트면에서 분석하기 위한 사업경제성의 사고방식에는 ① 사업규모의 크기에 따라 저코스트를 실현하고자 하는 '규모의 경제', ② 누적경험량을 증대시켜 코스트다운을 꾀하려는 '경험곡선', ③ 사업활동의 범위를 확대함으로써 자원을 유효하게 활용하고 경제효율을 높이려는 '범위의 경제'의 세 가지를 들 수 있다.

1. 규모의 경제

일반적으로 기업의 코스트는 생산량에 상관없이 일정한 고정비와 생산량에 비례하는 변동비로 분해할 수 있다. 단위당 변동비는 제품의 생산량이 증가하더라도 일정하지만 단위당 고정비는 생산량이 증가하면 저하한다. 즉, 고정비는 규모가 커질수록 코스트 효율이 향상된다(엄밀히 말하면 고정비도 생산량의 증대에 따라 약간은 증대할 수밖에 없지만 생산량보다는 증가분이 훨씬 적다). 이를 규모의 경제(economics of scale)라 한다.

고정비에 대해 규모의 경제가 작동하는 것은 경제적으로 명백하다 할 것인데, 변동비는 어떠할까? 사실은 변동비에 대해서도 규모의 경제가 일정부분 작동한다고 볼 수 있다. 예를 들면 회계상으로는 변동비로 분류되는 원재료의 구입가격도 생산량의 증가에 따라 구매

그림 6-5 규모의 경제

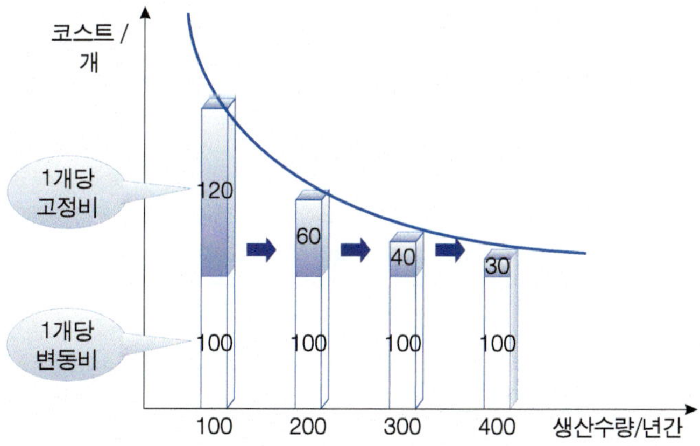

량이 증가하게 되면 구매자의 교섭력이 증가하여 구입단가의 할인을 요구할 수 있게 된다. 이런 논리는 개발, 생산, 조달, 마케팅, 영업활동의 모든 단계에서 작동하게 된다. 이런 활동에 대해 어느 정도 규모의 경제가 작동할 수 있는가를 각 부문별로 검토함으로써 사업전략의 입안시 중요한 의미를 발견할 수 있게 된다.

그러나 예외로서 제품이나 서비스 분야에 따라서는 규모의 경제가 거의 없거나 역으로 규모가 증가하면 거꾸로 코스트가 증가하는 경우도 있다. 규모가 커지게 되면 관리나 조달 코스트가 발생하는 등 조직의 비효율화가 초래되는 것이 그 주된원인이라 할 것이다.

2. 경험곡선

규모의 경제는 일정시점에서의 규모, 즉 과거는 어찌되었든 현재 어느 정도의 생산량이 있는가 하는 관점이다. 이와는 달리 현시점까지의 누적생산량, 즉 누적경험량이 증가하는 만큼 코스트 저하로 연결되는 것을 경험곡선(experience curve)이라 한다.

이는 원래 항공기 조립코스트의 학습효과로 알려진 것이다. 노동자의 숙련에 의한 생산효율의 향상, 작업의 표준화 및 작업방법의 개선에 의한 생산성 향상에 더하여 모든 원가요소에 누적경험의 효과가 발생한다고 말해진다. 이와 같은 코스트 저하를 감안하여 가격을 낮게 설정함으로써 우선 시장점유율을 높이고자 하는 전략이다.

그림 6-6 경험곡선

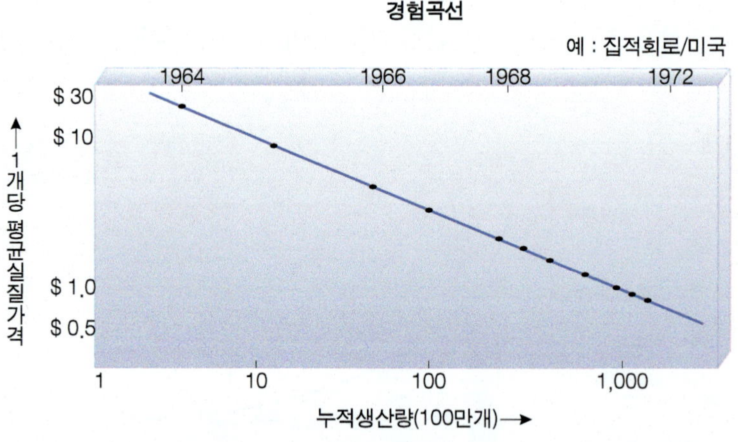

· 출처 : 보스톤 컨설팅그룹

3. 범위의 경제

범위의 경제(economics of scope)란 기업이 복수의 사업활동을 전개함으로써 보다 경제적인 사업운영이 가능하게 되는 것을 말한다. 이는 단일사업에서 규모의 확대를 통해 얻어지는 효과는 아니다. 다양성이 증가함으로써 경제성이 높아지는 것은 몇 가지의 경영자원을 공유함으로써 그것을 유용하게 이용할 수 있기 때문에 얻어지는 효과이다. 자사가 기존사업에서 가진 판매채널, 브랜드, 고유기술, 생산설비 등 경영자원이나 노하우를 복수사업에서 공유할 수 있다면 그만큼 경제적이라 할 수 있을 것이다. 예를 들면 맥주회사의 의약품사업으로의 전개는 바이오기술을 공유자원으로 활용함으로써 다각화를 꾀하는 범위의 경제의 전형이라 할 것이다.

다만 여기서 주의해야 할 것은 예를 들어 어떤 경영자원을 유효하게 활용할 수 있다 하더라도 그것이 복수의 사업을 가짐으로써 발생하는 마이너스 효과를 보전할 수 있느냐 하는 점이다. 따라서 사전에 경영자원의 공유에 따른 효과를 정확하게 평가할 필요가 있다. 예를 들어 보자. 가정이나 직장에 매일아침 음료를 배달하는 여성배달원을 많이 고용하고 있는 음료메이커가 이들의 강력한 판매력을 활용할 생각으로 화장품판매에 나설 수가 있다. 그러나 기업측의 기대와는 달리 고객은 화장품과 음료를 같은 사람으로부터 사는 것에 강한 저항감을 나타내어 실패하고 말았다. 이는 사업선택을 잘못하면 범위의 경제가 작동하지 않는다는 것을 보여주는 좋은 예라 할 것이다.

3.2 외부환경분석

전략을 수립하는 과정에서 자사가 처해있는 현실을 정확하게 파악하기 위해 환경분석을 실시한다. 이 경우 자사의 외부와 내부환경에 주목해야 하는데 이 때 분석의 누락이나 중복을 피하기 위해 분석에 필요한 요소를 정리한 도구로서 활용될 수 있는 프레임워크를 알아두는 것은 유용하다. 여기서는 매크로 환경분석, 3C분석, SWOT 분석에 대해 알아보기로 하자.

1. 매크로 환경분석

매크로 환경분석에서는 기업을 둘러싼 외부환경 중에서 자사에서 통제할 수 없지만 기업활동에 영향을 미치는 요인을 검증한다. 구체적으로는 인구동향(인구구성 등), 정치, 법률(법개정, 규제, 세제, 외압 등), 경제(경제성장률, 개인소비 신장률, 산업구조 등), 문화(라이프스타일, 풍속 등), 사회, 환경(교통, 치안, 자연환경, 공해 등), 기술과 같은 항목이 분석대상이다. 이 중 대표적인 항목인 정치, 경제, 사회, 기술은 각각의 두문자를 따서 'PEST'라 부른다. 분석대상 항목을 모두 망라하여 보려면 방대한 시간이나 코스트를 필요로 하기 때문에 자사의 사업에 관계가 깊은 중요한 요인이나 환경변화에 집중할 필요가 있다.

2. 3C분석

매크로 환경보다 더욱 개별화된 구체적 분석을 실시할 때의 프레임워크로서 '3C분석'이 있다. 이는 시장(고객/Customer), 경쟁(Competitor), 자사(Company)의 두 문자를 택한 것이다. 시장분석과 경쟁분석이 외부분석, 자사분석이 내부분석에 해당한다.

(1) 고객(시장)분석

자사의 제품이나 서비스를 구매할 의지나 능력이 있는 잠재고객을 파악한다. 구체적으로는 시장규모(잠재고객의 수, 지역구성 등)나 성장성, 고객욕구, 구매결정 프로세스(구매요인, 정보수집방법, 필요한 검토기간, 구매행동의 특징 등), 구매결정자(의사결정자는 누구인가, 구매시 누구의 의견을 듣는가 등) 등의 관점에서 분석한다.

(2) 경쟁분석

경쟁상황이나 경쟁상대에 대해 파악한다. 특히 경쟁상대로부터 어떻게 시장을 탈환(혹은 수비)할 것인가 하는 시점에서 과점도(경쟁상대의 수), 진입장벽, 경쟁상대의 전략, 경영자원이나 구조상의 강약점(영업인원 수, 생산능력 등), 경쟁상대의 실적(매출액, 시장점유율, 이

그림 6-7 3C분석

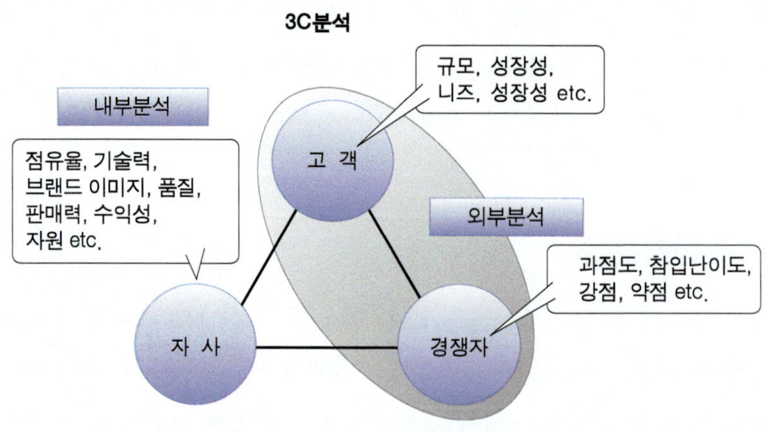

익, 고객수 등) 등에 착안한다. 경쟁상대와의 비교는 자사의 상대적인 강·약점을 파악하는 데도 도움이 된다.

(3) 자사분석

자사의 경영자원이나 기업활동에 대해 정성적 측면과 정량적 측면에서 객관적으로 파악한다. 구체적으로는 매출액, 시장점유률, 수익성, 브랜드이미지, 기술력, 조직역량, 인적자원 등을 분석한다. 또한 부가가치를 창출하는 기능이나 코스트 드라이브(코스트를 변동시키는 요소)에 착안한다.

3. SWOT분석

외부환경을 분석하는 목적은 시장에서의 기회(Opportunity)를 찾고, 자사에서의 위협(Threats)요소를 파악하기 위한 것이다. 또한 내부분석에서는 자사의 강점(Strengths)과 약점(Weaknesses)을 파악하는데 주안점을 둔다. 이 네 가지 요소를 조합한 것이 SWOT분석이다. 환경분석의 최종목표는 자사의 사업기회를 발견하는 것이나 SWOT를 정리함으로써 성공요인(KSF)이나 자사에 있어서의 사업기회를 쉽게 도출할 수 있게 된다.

구체적으로는 다음 순서대로 생각한다. 우선 매크로환경이나 업계, 시장환경을 분석하여 시장에서의 '기회'와 '위협'을 정리한다. 이 때 무엇이 사업의 핵심 성공요인(CSF)인가를 충분히 검토하는 것이 중요하다. 다음은 자사와 경쟁상대를 분석하여 자사의 '강점'과

그림 6-8 SWOT분석

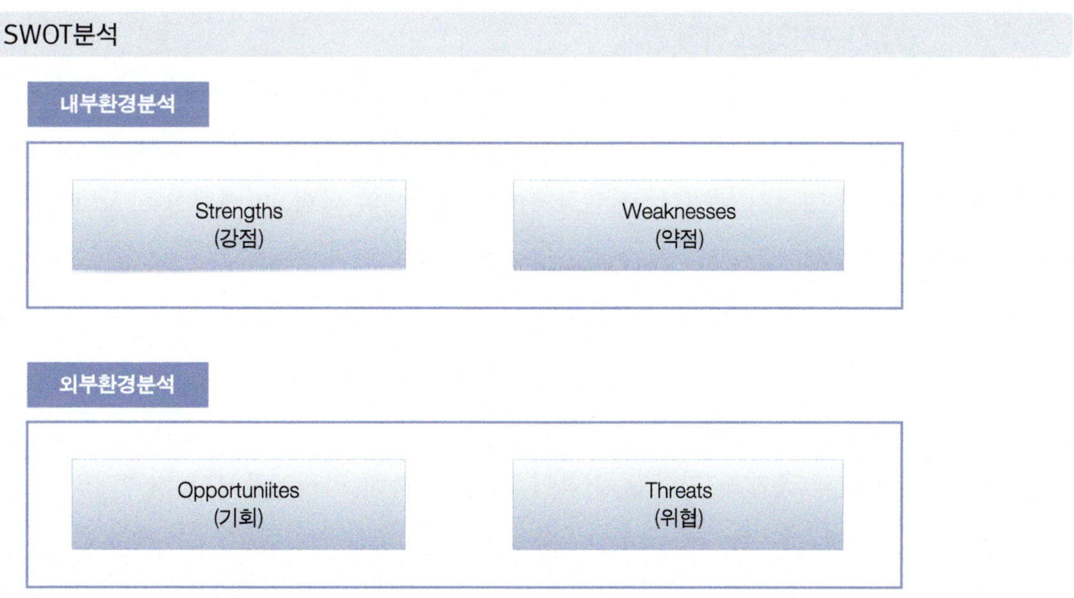

'약점'을 정리하여 핵심역량을 잘 파악한다. 그리고 시장에서의 기회와 위협에 대해 자사의 강점을 살리고 약점을 극복할려면 어떻게 하는 것이 좋은지 잘 살펴서 자사의 기회를 발견한다. 사업의 CSF와 자사의 핵심역량이 적합하지 않는 경우에는 KSF 그 자체를 변화시키기 위해 적극적으로 외부환경을 움직여서 업계의 룰을 바꾼다든가 자사의 핵심역량의 구조를 변화시켜 CSF와의 적합도(Fitness)를 높여가는 노력이 필요하다.

3.3 업계분석 : 업계구조와 포터의 '5요인'

업계분석에는 '5요인'에 착안하는 것이 좋다. ①신규진입의 위협, ②대체품의 위협, ③구매자의 교섭력, ④공급자의 교섭력, ⑤업계내의 경쟁사를 분석하는 것이 도움이 된다.

1. 기업 수익성과 업계구조

사업전략의 수립 시 중요한 것은 기업을 그 환경과의 관련성에서 보는 것이다. 그러나 업계내에서의 경쟁상태에만 주목하게 되면 구조적인 측면을 놓칠 수가 있다. 기업의 수익성은 업계내의 경쟁력에 의해서만 결정되는 것은 아니고 업계자체의 수익성으로부터도 영향을 받는다. 그리고 업계의 수익성은 업계구조에 따라 규정된다. 이러한 관점에서 업계구조를 분석할 때 필요한 프레임이 포터(M. Porter)의 '5요인'분석(Five Forces Analysis)이다.

2. 업계구조를 결정하는 5요인

(1) 신규진입의 위협

신규진입은 경쟁기업의 수가 증가하는 만큼 경쟁률의 변화를 초래하게 된다. 신규진입이 용이한 업계(진입장벽이 낮다)에서는 업계의 수익성이 높아지면 곧 진입자가 증가하여 수익성이 떨어져 버린다. 진입장벽에는 기술상의 장벽, 마케팅상의 장벽, 설비투자의 장벽 등 여러 가지가 있다. 해외기업의 신규진입이 위협으로 작용하는 경우도 많다. 자동차 업계는 개발, 생산, 광고, 딜러망 구축 등에 규모의 경제(그림 6-3 참조)가 작용하기 때문에 신규진입이 어려운 업계 중 첫 번째로 손꼽힌다.

(2) 대체품의 위협

대체품의 존재도 커다란 위협이 되는데, 특히 자사제품보다 가격대비 성능면에서 훨씬 우수한 제품이 출시된 경우나, 혁신에 의해 종래의 기능을 전혀다른 제품으로 대체한 경우, 혹은 이업종의 진입에 의해 종래의 상관습과는 다른 제품이나 서비스의 공급형태가 출

그림 6-9 업계구조를 결정하는 5요인

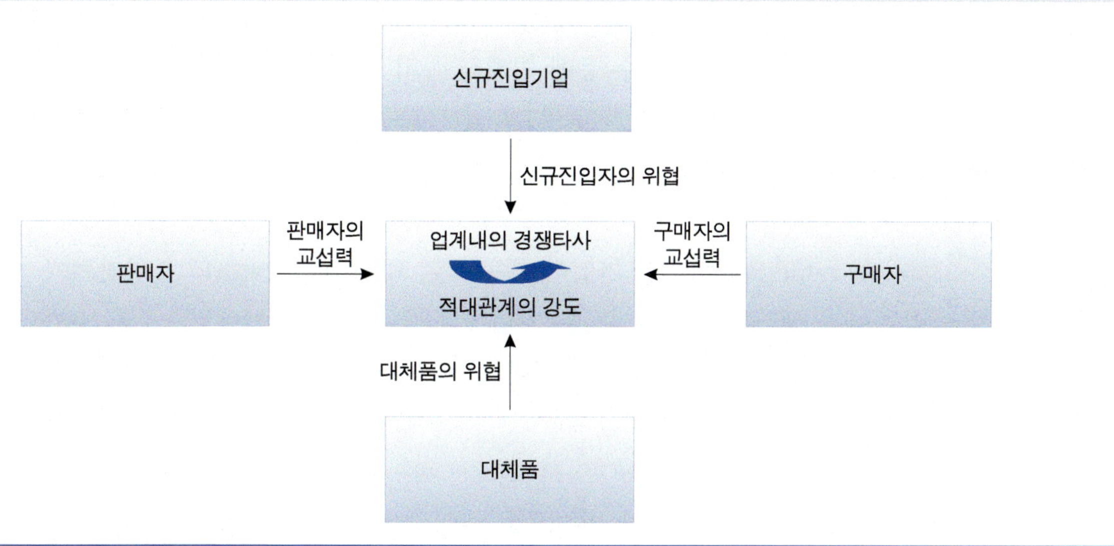

· 출처 : M.E. Porter, '경쟁전략'에서 편집

현한 경우 그 영향이 매우 크다.

예를 들면 과거 뛰어난 통신수단이었던 무선호출기(삐삐)는 혁신에 의해 고성능화, 저가격화가 급속도로 진전된 휴대전화에 의해 대체되면서 무선호출기(삐삐) 사업은 손쓸 새도 없이 급속히 사양길로 접어들게 되었다. 이는 대체품에 의한 위협의 좋은 예라 할 것이다.

(3) 구매자의 교섭력

구매자(User)의 교섭력이 강해지는 것은 구입량이 많다거나 판매자의 총거래량에서 차지하는 비율이 높을 경우, 제품의 차별화가 어려워 다른 기업도 유사제품을 쉽게 공급할 수 있는 경우, 구매자의 정보량이 많은 경우 등이다.

(4) 공급자의 교섭력

공급자(Supplier)의 교섭력이 강해지는 것은 공급이 소수기업에 과점되어 있는 경우, 혹은 자사가 속한 업계가 공급자 입장에서 그다지 중요하지 않은 경우, 공급자가 공급하는 제품이 자사가 속한 업계에서 상당히 중요한 부품으로 취급되는 경우 등이다.

(5) 업계내의 경쟁타사

업계내의 경쟁이 격화되는 것은 대개 동업자 수가 많은 경우, 비슷한 규모의 회사가 많이 있는 경우, 업계의 성장이 늦은 경우, 장치형 산업과 같이 고정비 비율이 높은 경우 등이다. 특히 한번 진입하면 철수가 상당히 힘든 업계(거액의 설비투자가 필요한 업계 등)에서 경쟁이 격화하면 끝없는 가격인하 경쟁에 내몰리게 될 염려가 있다. 업계내의 힘관계는 외부기업에 의한 경쟁상대의 매수 등에 의해 급속히 변화할 수도 있다.

3.4 내부분석 : 가치사슬

가치사슬(Value Chain)이란 기업이 제공하는 제품이나 서비스의 부가가치가 사업활동의 어느 부분에서 생기는가를 분석하는 기법이다. 부가가치에 착안함으로써 자사의 우위성의 원천을 파악하여 기본전략을 강구하거나 경쟁분야를 결정할 수 있게 된다.

1. 가치사슬의 의의

내부분석의 목적은 경쟁사와 비교했을 때의 자사의 강점과 약점을 파악하는데 있다. 이를 통해 자사의 경쟁우위를 확보하는 방향이나 극복해야 할 과제를 알 수 있다. 이러한 내부분석에 필요한 것이 포터의 가치사슬이라는 사고방식이다. 이는 사업활동을 기능별로 분해하여 어떤 부문(기능)에서 부가가치가 발생하는가를 분석함으로써 사업전략을 구축하거나 개선하는데 활용하고자 하는 것이다.

하나의 제품이 고객에게 전달되기까지는 여러 가지 업무활동이 개재된다. 포터는 [그림

그림 6-10 가치사슬

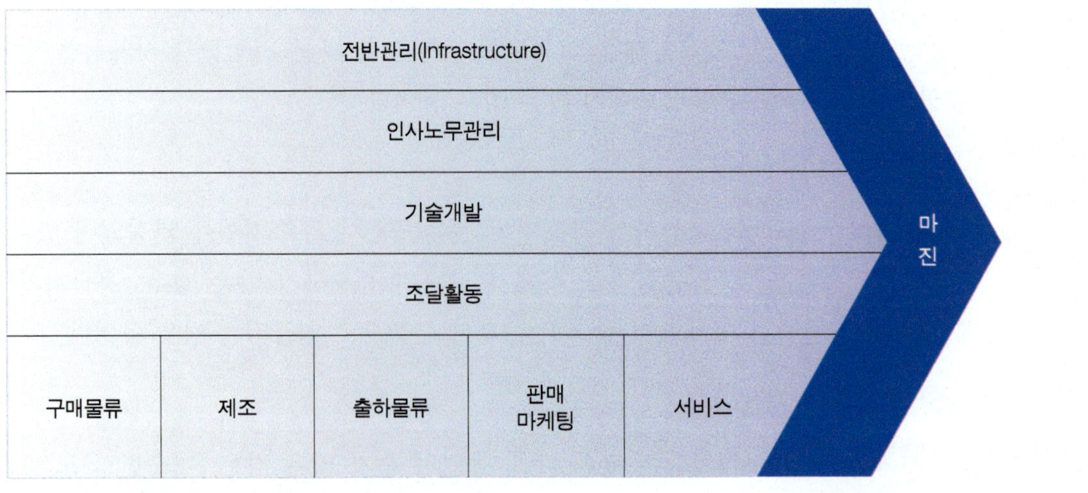

· 출처 : M.E. Porter, '경쟁우위 전략'

6-10]과 같이 '물건의 흐름'에 착안하여 기업활동을 주활동과 지원활동으로 나누고 거기에 마진(이익)을 더하여 전체의 부가가치를 표시하고 있다. 주활동은 부품이나 원재료 등의 구매, 제조, 출하물류, 판매와 마케팅, 애프터서비스 등이다. 지원활동은 주활동을 지원하는 인사나 경리, 기술개발 등의 간접부문이다.

이 분석에서는 여러 활동을 엄밀하게 분류하는 것이 목적이 아니고 각각의 활동의 역할, 코스트, 그리고 전체로서의 사업전략에의 공헌도를 명확하게 파악하는 것이 주안점이다.

2. 가치사슬의 활용

자사의 활동에 대한 우위성 구축의 원천을 파악하는 것은 자원배분의 검토나 기본전략의 결정에 필요하다. 예를 들면 우위성 구축에 그다지 영향을 미치지 않는 기능은 외부자원의 이용을 검토하는 등 전략상보다 유효한 기능에 자사의 경영자원을 투입할 수 있게 된다. 또한 가치사슬의 어느 부분에서 코스트를 삭감할 수 있는가를 파악함으로써 저코스트를 무기로 한다거나 고부가가치를 산출하는 기능에 집중하여 차별화를 꾀하는 등 자사의 강점을 살린 전략을 검토할 수 있게 된다.

가치사슬 분석은 업계구조 분석에도 이용할 수 있다. 사업에서 매우 중요한 기업활동을 부각시킴으로써 업계특성이나 성공요인을 이해할 수 있게 된다. 예를 들면 의약품 업계에서의 연구개발이나 판매력, 문구업계에서는 물류체제가 특히 중요하다.

나아가 업계전체의 가치사슬을 분석함으로써 자사의 위치를 확인한다거나 어떠한 부가가치를 산출하고 있는가를 파악한다면 자사의 사업영역을 상류 혹은 하류부문으로 발전(수직통합)시킬 것인가, 혹은 M&A 등에 의해 동종업계내에서 사업을 확대(수평통합)할 것인가를 검토하는데 좋은 시사점을 얻을 수 있다.

3. 코스트 드라이브

포터는 사업분석 시 코스트에 주목하여 코스트를 결정하는 구조적 원인을 정리하고 있다. 전략책정 시 경제성 분석이 반드시 뒷받침되어야 한다. 최적의 전략을 수립하기 위해서는 아래의 코스트 드라이브(Cost Driver)가 어떤 식으로 자사의 가치사슬에 영향을 미치는가를 정량적으로 파악하는 것이 매우 중요하다. 단지 모든 요소가 커다란 영향을 미치는 것은 아닌 만큼 상황이나 분석의 니즈에 맞게 중요한 요소를 잘 골라서 분석하는 것이 필요하다.

- 규모의 경제(또는 규모의 비경제)
- 경험곡선(학습, 경험의 공유 등)

- 범위의 경제(다른 사업단위와의 활동의 공유화, 시너지 등)
- 설비 등의 이용상황(이용도와 고정비와의 관계, 이용도의 변화 등)
- 연결관계(가치사슬의 최적화, 공급자나 유통채널과의 관계)
- 통합(수직통합 등에 의한 '5요인'의 변경)
- 타이밍(선행자의 유리, 불리)
- 자유재량으로 결정할 수 있는 정책(제품정책, 기술, 마케팅수단의 선택 등)
- 요소코스트(원재료나 노동력 등의 변화)
- 제도적 요인(규제, 법률, 노동관행 등의 영향)

04 전략형성의 주요 이슈

4.1 전략형성의 주요 관점

전략형성의 접근방법에는 몇 가지 학파가 있다. 헨리 민츠버그는 10개의 학파로 유형화하기도 하였다. 근래에는 1980년대 이후 주류인 포지셔닝 학파와 함께, 학습학파, 컨피규레이션 학파가 주목을 받고 있다. 또한 내부자원에 주목하여 전략을 입안하는 자원기반관점(RBV)도 주목받고 있다.

1. 학습학파와 창발적 전략

지금까지 본 전략론은 민츠버그가 정의한 10학파 중에서도 디자인 학파, 플래닝 학파, 그리고 포지셔닝 학파의 사고방식에 근거하고 있다. 다른 한편 근래의 복잡하고 변화무쌍한 경영환경 하에서는 톱다운에 의한 분석적인 전략수립으로는 적시의 적절한 대응이 어렵고 또한 전략도 모방하기 쉽기 때문에 보다 현장에 밀착된 전략제안이 중요하다고 생각하는 사람들이 나타났고 이러한 전략수립을 가장 중시하는 것이 학습학파(The Learning School)이다. 학습학파의 대표는 '학습하는 조직'을 제안한 피터 생게이며, 핵심역량(Core Competence)을 제창한 게리 하멜이나 K. 프라하라드 등도 이 범주에 속한다. 민츠버그는 이렇게 생겨난 전략을 창발적 전략(Emergent Strategy)이라 부르고 있다.

창발적 전략에 대해 민츠버그는 다음과 같은 요건들을 강조하고 있다.

- 전략은 창발적인 것으로 형식적인 계획으로 생겨나는 것이 아니다.
- 전략가는 조직의 도처에 존재하고 있다.
- 전략의 형성과 실행은 서로 결합하여 있다.
- 조직내에서 창발된 아이디어나 행동을 전략으로 정리하여 조직수준에서 전개하는 것이 중요하다.
- 조직학습이 창발적 전략의 입안, 실행, 수정을 촉진한다.

학습학파의 접근방법은 한국기업에 있어서는 결코 새로운 것은 아니다. 오히려 과거 한국의 성공기업에 있어 전략입안, 실행의 모습을 이론화한 것으로 볼 수 있을 것이다.

2. 컨피규레이션 학파

컨피규레이션 학파(The Configuration School)는 조직을 컨피규레이션(특징이나 행동이 수미일관한 집단. 조직구성이나 구조의 특징으로 나타남)으로 포착하여 어떤 특정한 조직은 환경에 가장 적합한 컨피규레이션을 가진다고 생각한다. A. 챈들러나 민츠버그가 대표격이다.

컨피규레이션 학파는 가장 포괄적인 전략형성론으로서 다른 학파의 주장도 자신의 이론으로 설명하고자 한다. 예를 들면 플래닝 학파는 비교적 안정된 상황에 놓인 조직(성숙한 대량생산형 사업 등)에 유효하며, 포지셔닝 학파는 경제합리성이 강하게 작동하고 있는 상황에 놓여있는 조직(미국의 많은 생산재 사업 등)에 유효하고, 학습학파는 예측이 어렵고 아이디어가 중시되는 업계(하이테크 사업 등)에서 유효하다고 하는 식이다.

조직은 환경에 적합한 컨피규레이션을 취한다는 사고방식은 필연적으로 환경의 변화에 따라서 변혁(Transformation)함으로써 어떤 하나의 컨피규레이션에서 다른 컨피규레이션으로 비약할 것을 요구하고 있다.

그림 6-11 민츠버그가 정의한 전략 10학파

디자인 학파 The Design School	플래닝 학파 The Planning School	포지셔닝 학파 The Postioning School	기업가 학파 The Entrepreneurial School	인식학파 The Congnitive School
학습학파 The Learning School	파워학파 The Power School	문화학파 The Culture School	환경학파 The Enviromental School	컨피규레이션 학파 The Configuration School

· 출처 : H. Mintzberger, '전략사파리'에서 발췌

3. 자원기반 관점

자원기반 관점(Resource Based View)은 사내자원에 눈을 돌려 그 유효한 활용을 꾀해나가는 전략을 구축하고자 하는 사고방식으로 학습학파(나아가서는 플래닝 학파나 문화학파의 일부)의 사상과 특히 친화성이 높다. 사내자원의 유효한 활용은 어떤 의미에서는 당연한 것이라 할 것이나 때때로 낭비의 배제나 적재적소와 같은 문맥으로 거론되는 경우도 많다. 그것을 전략수준으로까지 응용한 면에 참신함이 있다 할 것이다.

그리고 여기서 말하는 자원은 생산설비나 개별인재에 그치지 않는다. 하멜(Gary Hamel)이나 프라하라드(C.K.Phalad)가 제창한 핵심역량이나 스토크(G.Stalk) 등이 제안한 조직능력(Organizational Capability)과 같은 눈에 보이지 않는 노하우나 스킬 등도 포함하고 있으며, 오히려 이들 무형의 자원을 유효하게 활용하는 것이야말로 모방가능성을 줄여 지속적인 경쟁우위로 연결되게 한다는 생각이다.

자원기반 관점에서는 또한 자원의 희소성이나 전유가능성 등이 기업의 경쟁우위로 연결된다는 점에 주목한다. RBV나 그 기초가 되는 학습학파가 강력히 주장하는 것은 경영자의 역할이란 전략을 입안하는 것 이상으로 자원의 확대발전이나 학습이 촉진되도록 조직을 구축하는 것이라는 점이다.

4.2 가치사슬의 재구축(새로운 비즈니스 모델)

정보화진전의 영향을 받아서 과거에는 당연한 것으로 생각되었던 사업의 정의나 룰이 근본적으로 변화하여 업계전체의 비즈니스 모델이 바뀌는 경우가 있다. 이러한 변화는 기업에 있어 커다란 위협이지만 때로는 새로운 경쟁우위를 구축할 수 있게 해주는 기회가 되기도 한다.

1. 가치사슬의 재구축

혁신의 영향으로 기업활동의 부가가치 구조가 파괴되어 새로운 비즈니스 시스템으로 리모델링함으로써 지금까지 당연한 것으로 보여지던 사업의 정의나 룰이 근본적으로 변화하는 것을 '가치사슬의 재구축'이라 부른다. 가치사슬의 재구축은 금융, 증권, 항공, 중고차 판매, 출판인쇄 등 다양한 업계에서 일어나고 있다. 특히 PC나 인터넷의 보급, 디지털기술의 고성능화와 저코스트화를 기점으로 한 최근의 정보화의 진전은 이러한 움직임을 더욱 가속화하고 있다.

그림 6-12 가치사슬의 재구축

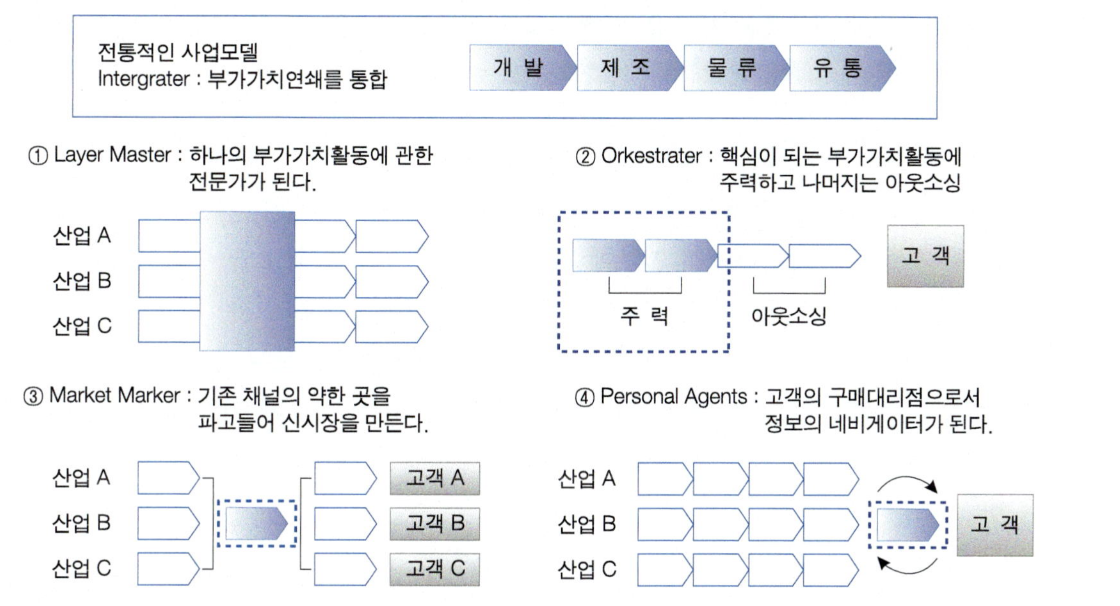

업계 룰이나 성공요인이 변화하는 배경에는 소비자 니즈로 대표되는 외부요소 이상으로 기업내의 경제성에 관한 조건이 변화하고 있는 경우가 많다. 예를 들면 기술변화에 따라 가치사슬 전체중에서 생산코스트의 중요성이 저하하면 코스트 경쟁력에서 업계를 리드하고 있던 유력한 기업이 경쟁우위를 상실하여 수익성의 저하로 고민에 빠지게 된다.

이러한 사태변화를 피하기 위해서는 변화를 선취하여 새로운 전략을 짜내야 한다. 거기에는 자사의 사업이 가치사슬의 재구축의 영향을 받을 것인지 어떤지를 파악하고 새로운 가능성을 탐색할 필요가 있다. 그를 위한 첵크리스트로서 컨설팅회사인 BCG는 다음과 같은 다섯 가지 질문을 제안하고 있다.

- 가치사슬 전체 가운데 코스트 삭감에 기여도가 낮은 부분은 어디인가?
- 가치사슬 전체 가운데 자사사업은 고객과 어떠한 관계를 가지고 있는가?
- 자사의 사업에서 네트워크화의 영향을 받는 것은 어디인가?
- 가치사슬이 변화함으로써 현재의 전략적 자산 중 짐이 되는 것은 어디인가?
- 새로운 가치사슬에서는 어떤 새로운 활동과 능력이 필요한가?

2. 새로운 비즈니스 모델의 패턴

가치사슬의 재구축은 새로운 경쟁우위를 구축하는 기회로 삼을 수도 있다. BCG는 새로운 비즈니스의 창출패턴을 다음과 같은 네 가지로 분류하고 있다.

(1) 레이어 마스터(Layer Master)

특정한 부가가치 활동에서 우위를 구축하는 방법이다. 메이커는 가치사슬을 모두 갖추려 하기 쉽지만 가치사슬의 일부에 특화함으로써 우위를 확보할 수도 있다. 예를 들면 마이크로 소프트나 인텔은 특정부품에 부가가치 부분을 집중시키는 전략을 택하고 있다. 즉 컴퓨터라는 큰 제품군에 포함되는 것들 중 마이크로소프트는 OS에 집중하였고 인텔은 CPU에 집중하여 지금처럼 성장한 전략이 바로 레이어 마스터 가치사슬 전략이다. 하나의 요소에서 지배적 지위를 확립할 수 있다면 다른 부가가치 부분에 대해서는 전략적 제휴방법을 택할 수도 있다.

(2) 오케스트레이터(Orchestrater)

독립한 기업이 연계하여 새로운 가치사슬을 구축, 운영하여 전체의 부가가치를 높이는 방법이다. 예를 들면 PC를 판매하는 델은 재고판매형이 아니라 수주생산형을 채용하여 부품메이커의 조직화나 업무의 아웃소싱 등을 이용하여 효율적인 시스템을 구축하고 있다. 델의 경우 인텔의 CPU를 사용하고 삼성의 RAM을 사용하고 PC에 들어가는 여러 가지의 부품을 사용하여 PC를 구성하고 구성된 PC를 소비자에게 판매하지만 그렇다고 해서 삼성의 RAM이나 인텔의 CPU가 델의 것은 아니다. 이런 것이 오케스트레이터 가치사슬 전략이다. 단, 이 경우에도 핵심이 되는 것은 해당 전략시행사가 보유하고 있다. 델의 경우에는 유통망, 조립방법 등과 같은 부분은 델의 것이다. 남은 부분은 외부자원을 활용하고 이 모든 것을 종합하여 소비자에게 제공하게 된다.

(3) 마켓 메이커(Market Maker)

기존 채널의 약점이나 결함에 대해 신시장을 개척하는 방법이다. 예를 들면 인터넷에 의한 중고차 판매는 중고차의 영상이나 견적 등을 이메일로 보냄으로써 보다 광범위하고 신속하며 활발하게 거래할 수 있게 하였다. 앞으로는 정보통신의 인프라를 이용한 비즈니스가 점점 더 증가하게 될 것으로 전망된다. 또 다른 예로는 현재의 업무흐름 및 시장의 형태에 효율성이 없는 경우 이를 계기로 미충족된 욕구가 나타난 경우 새로운 시장형성 전략을 시행하게 되면 좋은 결과를 얻을 수 있을 것이다.

(4) 퍼스널 에이전트(Personal Agents)

넷상의 무수한 정보를 정리하는 네비게이터가 새로운 구매대리점으로 기능하는 방법이다. 예를 들면 쇼핑 사이트인 옥션은 출점기업과 고객사이에서 넷상의 점포관리 운영노하우의 제공이나 고객의 구매활동에 대한 어드바이스 등을 행하고 있다.

4.3 글로벌화와 규격경쟁

기업은 여러 가지 형태로 글로벌화와 IT(정보기술) 발달의 영향을 받고 있다. 여기서는 글로벌 전개의 방법과 종래와는 다른 경쟁룰이 작동하는 디팍토 스탠다드(de facto standard/사실상의 표준)를 둘러싼 경쟁에 대해 살펴보고자 한다.

1. 글로벌화와 기업형태

기업이 글로벌 전개를 지향하는 이유는 크게 두 가지를 들 수 있다. 첫째는 시장확대에 의한 성장기회의 추구이다. 국내시장의 성숙화에 따라 자동차메이커나 가전메이커가 새로운 성장기회를 찾아 해외로 진출하고자 하는 것이 대표적인 예이다. 두 번째 이유는 저코스트 혹은 차별화를 실현하여 경쟁사에 대해 우위를 확보하고자 하는 것이다. 예를 들면 막대한 개발코스트가 드는 의약품 업계에서는 국경을 넘은 대형합병이 빈발하고 있다.

글로벌 전개를 꾀하는 경우 주된 전개패턴은 세 가지이다. 첫 번째는 국가나 지역마다 R&D나 마케팅, 생산 등의 기능을 가짐으로써 현지 시장에 대한 적합성을 중시하는 패턴(Multi-domestic 전략)이다. 이 패턴은 지역별로 분산형의 운영방식을 취하기 때문에 지역수준(local level)에서는 잘 운영될지 모르지만 글로벌 수준에서의 규모의 경제나 노하우의 공유화는 실현하기 힘든 단점이 있다. 두 번째는 본사의 지휘하에 공통의 제품과 그 변종을 전세계에 공급하는 통합 중시패턴(Global 전략)이다. 이 경우 글로벌 전개에 의해 효율화는 얻을 수 있겠으나 현지의 니즈에 세심하게 대응할 수 없는 단점이 있다. 세 번째는 양자의 중간적인 패턴으로 어떤 부분에서는 구심력을 작동시켜가면서 각국의 자주적 운영부분과의 균형을 꾀하는 패턴이다.

2. 디팍토 스탠다드(de facto standard)

IT나 네트워크가 발달함에 따라 국경의 의미가 희박해지면서 경쟁구조에도 변화가 일어나고 있다. 특히 하이테크산업 등에서의 디팍토 스탠다드(사실상의 표준)를 둘러싼 경쟁(규

그림 6-13 해외이전전략의 검토 요소

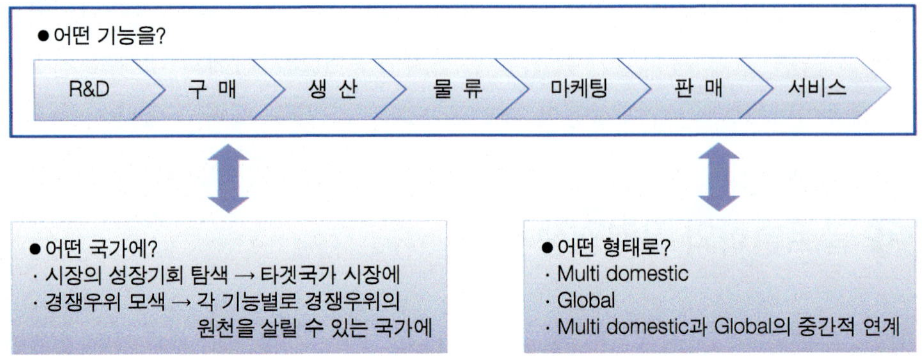

격경쟁)에는 종래의 상식과는 다른 측면이 있다. 예를 들면 기술적으로 가장 뛰어나 다른 기업보다 선구적으로 기술개발에 성공한 기업이 반드시 높은 시장점유율을 가진다거나 다른기업보다 우위에 선다는 보장이 없다는 것이다. 기술적 우위성이 없더라도 자사기술을 스탠다드로서 인정받은 기업이 시장을 제패하는 경우가 있다.

규격경쟁과 통상적인 경쟁의 차이로서는 우선 제품의 라이프사이클 이론대로 전개되지 않는다는 점이다. 즉 경쟁이 격화하는 것은 성장기가 아니라 제품출시 직전이나 출시직후라는 것이다. 또한 현금흐름이 플러스로 전환하는 성숙기가 되더라도 이익이 나지 않을 수 있다. 시장침투를 염두에 두고 기업연합을 결성하여 기술을 싸게 제공하는 경우가 많지만 투자를 충분히 회수할 수 없는 것은 사실상의 표준을 획득하더라도 이익에 직결되지 않는 경우가 많기 때문이다. 이런 경우에는 규격경쟁에만 매달릴 것이 아니라 보완제품에 승부를 거는 방법(예를 들면 복사기 본체보다 기기 사용에 따른 리스료나 소모품 판매로 후방에서 승부를 거는 방법)을 검토하지 않으면 안 된다.

또한 경쟁상의 지위에 따른 전략의 정석이 해당되지 않는 경우도 있다. 예를 들면 규격경쟁에서는 리더의 동질화 전략(하위기업의 전략을 모방하는 전략)은 유효하지 않다. 이는 애플이 자사의 MacOs(Operating System)를 마이크로 소프트의 윈도즈와 근소한 차이가 있는 것으로 가져가는 것은 의미가 있다하더라도 그 역으로는 남는 것이 없다는 점에서도 알 수 있다. 더욱이 경쟁의 룰을 바꾸지 않는 한 경쟁상의 지위의 역전은 어렵다. 사용자 수가 증가하면 할수록 그 재화의 효용이 높아지는 '네트워크 외부성'이 작동하기 때문이다. 윈도즈의 예를 보면 윈도즈 이용자가 증가하게 되면 윈도즈 대응 소프트를 개발하는 기업이 증가하여 윈도즈 이용자는 더 많은 수혜를 받게되는 구도가 됨으로써 윈도즈의 지위는 확고부동하게 된다.

이외에도 통상적이라면 공개하지 않는 핵심역량을 외부에 판매하는 경우가 있다. 자사의 규격을 채용하는 기업을 늘린다든가 적극적으로 타사에 공여함으로써 기술개발 등에 소요되는 방대한 투자를 회수하기 위해서다.

이러한 규격경쟁은 IT관련기업, 특히 전자업계나 통신업계에서 현저하게 볼 수 있는 현상이다. 이들 업계에서는 정석대로가 아닌 시장이나 경쟁환경, 기술동향을 종합적으로 판단하여 기민하게 대응하는 것이 요구되고 있다.

4.4 사회적 책임

기업은 고객이나 주주, 직원에 대해 책임을 다해야 할 뿐만 아니라 널리 사회전체에 대해서도 '사회적 책임'(CSR : Corporate Social Responsibility)을 다해야 하며, 또한 일정한 가치를 제공하지 않으면 안 된다는 사고방식이 널리 확산되고 있다.

구체적으로는 법령준수(Compliance)와 같이 사회시민으로서 해야 할 윤리적 행동의 준수와 동시에 적극적인 환경대책이나 장애자 고용, 빈곤퇴치 지원 등에 대한 적극적인 공헌 등의 양 방향에서 기업에 대한 기대가 커지고 있다.

1. 기업의 사회적 책임확대의 배경

20세기 기업경영에서 가장 중시된 이해관계자는 직원, 주주, 고객의 3자였다. 이는 21세기 들어서도 불변의 사실이지만 최근에는 또 다른 하나의 중요한 이해관계자로서 '사회'

그림 6-14 수동적 CSR에서 전략적 CSR로

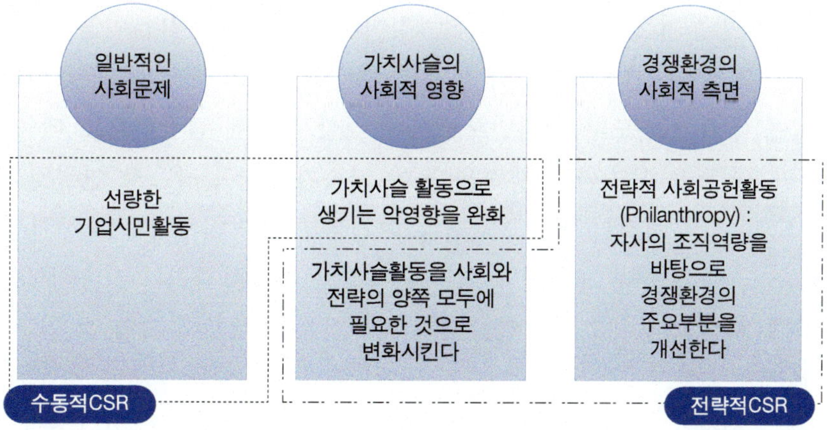

가 존재감을 높이고 있다.

원래 기업(특히 대기업)은 공익적 성격이 강해서 사회에 가치를 환원하는 것이 자연스러운 것으로 여겨졌다. 그러나 20세기 중 그 방법은 상품 · 서비스의 제공, 납세, 고용의 제공 등으로 이루어졌다. 일상적인 기업활동에 매진하는 것이 사회에 가치를 환원하는 것과 연결되는 것으로 여겨져 왔다고 볼 수 있다.

그러나 특히 1990년대 이후 적어도 선진국에서는 이러한 단순한 사고방식은 적용할 수 없게 되었다. 생활이 풍요롭게 됨에 따라 이익이나 경제성장과 같은 '결과'만 좋으면 수단이 모두 정당화된다는 사고가 더이상 발붙일 수 없게 되었다. 또한 1980년대 이후 특히 유럽을 중심으로 산성비나 온난화 대책 등 '미래에 무엇을 남길 것인가'를 사회 전체로서 진지하게 생각하지 않으면 안 된다는 의식이 강해졌다. 이러한 책무를 확실하게 수행하는 기업이야말로 사회로부터 존경받고 지속적으로 성장할 수 있다고 생각하게 된 것이다.

2. 기업행동의 윤리성을 담보한다

기업이 최저한의 윤리적 행동을 다하는 것으로 법령준수, 내부통제, 위험관리 등을 들 수 있다. 이것들은 기업경영의 투명성이나 감시기능을 높이는 것으로 기업의 폭주를 방지하고자 하는 의도를 가지고 있다. 원래 기업시스템이 감사기능을 가지고 있지만 최고경영자를 비롯한 경영진이 윤리적 행동의 필요성을 강하게 인식하지 않으면 이들 기능은 제대로 작동할 수 없다. 점점 엄격해지는 경영환경 속에서 어떻게 유혹을 뿌리치고 윤리적인 행동을 할 것인가가 중요한 과제가 되고 있다.

3. 보다 나은 사회를 만들기 위해 사회에 가치를 제공한다

유럽을 중심으로 20세기 후반부터 사회적 문제가 된 것이 어떻게 하면 지속적으로 보다 좋은 사회를 만들어 갈 수 있을까 하는 것이다. 특히 환경이나 빈곤 등의 문제는 일조일석에 해결될 수 있는 것이 아니어서 현재의 수수방관적인 태도는 훗날 커다란 화근이 될 수 있다. 이에 대해 기업도 사회시민으로서 이러한 문제에 적극적으로 대응하는 것이 브랜드 가치나 인재획득을 둘러싼 경쟁력을 높여 지속가능한 성장으로 연결될 수 있다는 생각이 확산되고 있다. 구체적인 영역으로서는 이전부터 환경대책이나 노동환경의 개선 등이 주목받아 왔다. 예를 들면 재생지 등의 재활용품을 이용한다거나 상용차에 에코 카를 채용하는 것, 유니버설 디자인을 채용함으로써 장애자들도 쉽게 움직일 수 있는 환경을 제공하는 것 등이다.

최근에는 이에 더하여 빈곤국의 제품을 적극적으로 구매한다거나 독재국가의 제품에 대한 불매운동, 지역에 대한 교육프로그램의 지원 등 보다 정치 · 행정에 가까운 영역도 CSR에 포함되고 있다. 규제완화나 민영화가 진전되어 지금까지 행정이 담당했던 역할을 기업이 보다 수월하게 담당할 수 있게 된 점을 감안한다면 앞으로 이러한 흐름은 더욱 가속화할 것으로 전망된다.

이에 더하여 CSR과 관련하여 포터 교수는 자사가 가진 가치사슬을 유효하게 활용할 필요가 있다고 주장하고 있다. 예를 들면 청량음료 메이커가 초등학생의 교육을 효과적으로 지원하는 것은 어려운 일일지도 모른다. 그러나 학원이나 영어회화 스쿨 등에서는 본업이 초등학생을 대상으로 하고 있지 않다 하더라도 그 노하우나 경영자원을 효율적으로 전용함으로써 사회적 공헌을 할 수 있을 것이다.

4.5 사회적 기업가

사회의 존재양태에는 여러 가지 왜곡이나 비합리성이 있다. 이러한 문제를 신제품, 신서비스, 신사업창조에 의해 해결하고 그에 따라 사회변혁을 실현하고자 하는 기업가를 '사회적 기업가'라고 한다. 의료, 교육, 빈곤퇴치 등의 분야에 특히 많다. 정치, 행정의 입장에서도 그들을 적극적으로 지원하여 그들의 에너지를 활용함으로써 사회개혁을 효과적으로 촉진할 수 있어서 주목받고 있다.

1. 사회적 기업가 등장의 배경

유럽에서 사회적 기업가(Social Entrepreneur)라는 말이 확산된 것은 대처 정권하의 영국이었다. 당시 대처정권은 규제완화나 민영화를 촉진하여 비효율적인 공공서비스를 개선하고자 하였다. 이러한 시도는 일정한 성공을 거두었으나 다른 한편으로 영리를 목적으로 하는 기업에서는 돌볼 수 없는 사회적 약자를 발생시켰다.

또한 성급한 규제완화로 인해 사회의 양극화가 진행되어 공동체가 피폐해지는 문제를 초래하였다. 이런 와중에 공동체의 유지들을 중심으로 의료나 교육 등에 관한 문제해결을 정부에만 맡겨둘 것이 아니라 공동체 내에서 해결해보려고 하는 기운이 높아졌다. 당초 이러한 활동은 자원봉사 혹은 NPO의 형태로 이루어지는 경우가 많았지만 서서히 조직화, 효율화가 진행되어 비즈니스 형태에 가깝게 전개되었다(보다 엄밀히 말하면 비즈니스화한 활동가가 우위에 서게 되었다). 이러한 움직임이 지방으로부터 영국전역, 나아가 유럽전체로 확산되어 1990년대에는 많은 국가에서 폭넓은 영역에 걸쳐 사회적 기업가가 활약하게 되었다.

한편 미국은 원래 기업가를 많이 배출하는 풍토가 있었고 또한 이민문제나 도시의 슬럼화 등 많은 사회적 문제를 내포하고 있었다. 더구나 '작은 정부'를 선호하여 민간의 힘을 적극적으로 활용하고자 하는 국민성 등 본래부터 사회적 기업가가 활약하기 좋은 토양을 가지고 있었다고 할 수 있다. 당초는 NPO가 그러한 역할을 담당하였으나 영국과 같이 정부 지출이 삭감되는 가운데 보다 효율적인 운영이 요구되게 되어 NPO의 비즈니스화가 추진되었다.

2. 사회적 기업가의 예

한국에서 사회적 기업가가 커다란 관심을 끌게 된 것은 2006년 노벨평화상이 방글라데시 그라민 은행(Grameen Bank)과 이 은행의 설립자이며 총재인 무함마드 유누스(Muhammad Yunus)에게 공동수여된 이후이다. 이 은행의 융자에 의해 방글라데시에서는 빈곤층의 많은 사람들의 생활이 향상되게 되었다.

또 다른 유명한 사회적 기업의 예로서는 페어 트레이드(Fair Trade)를 들 수 있다. 그들은 개발도상국 내에서도 특히 사회적 입장이 취약한 노약자, 농촌 여성이나 소규모 농가,

그림 6-15 한국 사회적 기업의 정의

**사회적 목적을 우선적으로 추구하면서
영업활동을 수행하는 기업 및 조직**

사회적 목적

- 취약계층에게 일자리 또는 사회서비스 제공
  (취약계층 : 저소득자, 고령자, 장애인, 성매매피해자, 장기실업자, 경력단절여성 등)
- 지역사회 바전 및 공익 증진
- 민주적 의사결정구조(서비스 수혜자, 근로자, 지역주민 등 이해관계자가 참여)
- 수익 및 이윤 발생시 사회적 목적 실현을 위한 재투자(상법상 회사, 이윤 2/3이상)

영업활동

- 조직형태는 비영리법인 단체, 조합, 상법상 회사 등 다양하게 인정
- 유급근로자를 고용
- 영업활동을 통한 수입이 노무비(인건비)의 30% 이상

사회적 가치창출				경제적 가치창출
전통적 비영리 기관	수익창출 활동을 하는 비영리기관	사회적 책임기업	사회적책임 활동을 하는 기업	전통적 기업

사회기업 영역

· 출처 : 한국사회적 기업진흥원 홈페이지

도시슬럼에 거주하는 사람들을 지원하고 있다. 자연자원이나 농산물, 전통기술을 보유하고 있으나 상품개발의 노하우나 판매채널이 없는 까닭에 빈곤에서 벗어나지 못하고 있는 사람들에 대해 제품디자인의 아이디어 제공, 품질향상 연수를 위한 자금원조, 판매자로서 유리한 거래조건(지불형태나 지불사이트 등)을 제공하고 있다.

3. 한국의 대응과 과제

한국의 사회적 기업활동은 1990년대 초반 빈민지역을 중심으로 한 생산공동체 운동, 노동자 생산협동조합 등에서 시작되었다. 그 이후 장애인 재활 및 자립사업 등을 거쳐 1997년 외환위기때는 공공근로가 시작되었다. 2003년 실업자 증대와 사회적 양극화의 심화를 극복하기 위해 저소득 소외계층에 대한 사회서비스의 일환으로 사회적 일자리 사업이 추진되었고 2007년 사회적 기업육성법이 제정되면서 정부차원에서 사회적 기업에 대한 지원이 본격화되고 있다. 한 마디로 한국의 사회적 기업은 취약계층에 대한 일자리 해결문제와 사회서비스 수요에 대한 공급확대 방안으로 시작되었다(한국 사회적기업진흥원 홈페이지 참조). 한국에서 사회적 기업에 대한 정의는 사회적 기업의 법적개념(사회적기업육성법 제2조)에서 다음과 같이 정리하고 있다.

- 취약계층에게 사회서비스 또는 일자리를 제공하여 지역주민의 삶의 질을 높이는 등의 사회적 목적을 추구하면서 재화 및 서비스의 생산 · 판매 등 영업활동을 하는 기업
- 주주나 소유자를 위한 이윤극대화를 추구하기 보다는 우선적으로 사회적 목적을 추구하면서 이를 위해 이윤을 사업 또는 지역공통체에 다시 투자하는 기업

그림 6-16 사회적 기업가의 성공요인

· 출처 : 한국사회적 기업진흥원 홈페이지

이러한 사회적 기업에 대한 일반의 기대가 증대되면서 중요하게 해결해야 할 과제도 적지 않게 대두되고 있다. 우선 첫 번째 과제로는 인재문제이다. 사회적 기업가에게는 통상의 기업가 이상으로 높은 비즈니스 능력이나 커뮤니케이션 능력, 높은 의지력이 요구된다. 그러나 현실에서 이러한 인재는 사회적 기업가를 지향하는 경우가 드물다. 또한 공익적 활동에 높은 뜻을 품은 사람은 종종 이익추구 활동을 경시하는 경향이 있다(사회적 기업가에 공공섹터나 NPO출신이 많은 것도 그러한 원인이다).

둘째로는 사회적 기업의 운영과 관련하여 사회적 합리성과 기업적 합리성의 균형달성이라는 어려운 과제의 수행이 쉽지않아서 사회적 기업의 지속가능한 성장이 어렵다는 점이다. 따라서 행정측면에서의 컨설팅을 통한 세심한 지도와 지원이 지속적으로 뒷받침되어야 할 것으로 보인다.

토 의 문 제

1. 여러분의 현 상황에 대한 SWOT 분석을 통해 미래 전략을 세워보라. 자신의 약점이 무엇이며, 약점을 개선하기 위한 전략은 무엇이 있는가?

2. 기업이 보유하고 있는 노하우나 경영자원을 효율적으로 전용함으로써 사회적 공헌활동을 한 예를 살펴보고 기업의 사회적 책임활동은 기업매출에 긍정적인지, 부정적인지 토의하라.

연 습 문 제

1. 전략의 계층을 세 가지 수준에서 사례를 들어 설명하라.

2. 전략을 코스트면에서 분석하기 위한 사업경제성의 사고방식 세 가지는 무엇인가?

3. 3C분석에서 두 문자는 무엇인지 구체적으로 설명하라.

4. 포터의 5요인 모델을 이용하여, 우리나라 자동차 업체들의 산업구조를 분석하라.

5. BCG가 제시한 비즈니스 창출패턴 중 마켓메이커를 우리나라 기업의 사례를 들어 설명하라.

6. 기업의 사회적 책임은 무엇이며, 이해당사자들에 대한 기업의 사회적 책임에는 어떠한 것들이 있는가?

7. 기업들이 글로벌 시장에서 윤리적 행동과 사회적 책임에 대해 어떠한 영향을 미칠 수 있는가?

PART 2

고객과 경영

제7장 고객의 이해

제8장 고객중심적 마케팅

CHAPTER

07

고객의 이해

01 고객중심적 경영
02 고객의 창조와 유지
03 소비자 구매행동의 이해
04 마케팅조사 : 고객정보의 수집과 분석

시간·비용·자원 아끼는 '시장조사 AI' 활용 증가세

▮퀄트릭스, 2024년 시장 조사 주요 동향 발표
▮더 나은 기술과 데이터 위해 AI 도입

시장조사 연구자들은 2024년에 새로운 기술을 수용하고 싶어하지만, AI를 따라잡는 데 어려움을 겪고 있으며 사기 가능성에도 부담을 느끼고 있는 것으로 나타났다. 한편 마케팅 예산의 삭감에도 불구하고 전 세계 조직들은 전략을 알리고 수익을 높이며 고객이 원하는 것이 무엇인지 이해하기 위해 시기적절하고 철저한 소비자 조사에 힘을 기울이고 있는 것으로 조사됐다.

이는 퀄트릭스(Qualtrics)가 14개국 3000명 이상의 시장 조사자들에게 연구 산업을 형성할 동향과 이것이 2024년 조직의 우선 순위에 어떤 영향을 미칠지에 대해 질문해 작성한 '2024년 시장 조사 동향 보고서'에 따른 것이다.

시장 조사를 위한 AI

조직들은 적적한 시장 조사를 위해 AI를 활용하고 있다.

연구자 중 47%는 이미 AI를 사용하여 설문 조사 데이터, 제품 리뷰, 포커스 그룹 기록 등의 대규모 정성적 데이터 세트를 신속하게 분석하여 추세와 패턴을 파악하고 인간의 분석보다 더 빠르게 의미 있는 비즈니스 권장 사항을 제공하고 있다.

전통적으로 대면 포커스 그룹과 대규모 설문조사와 같은 조사 방법을 통해 의미 있는 통찰력을 수집하는 것은 느리고 노동 집약적이며 비용이 많이 들 수 있다. AI 기반 도구는 많은 반복적이고 지루한 작업을 줄여준다.

46%의 연구자들은 편견, 가독성, 중복 질문과 같은 일반적인 함정에 대한 설문조사 콘텐츠를 분석하기 위해 AI를 '확실히' 사용할 것이라고 답했다. 또한 AI는 더 적은 비용으로 더 많은 작업을 수행할 수 있도록 지원한다. 43%의 응답자는 AI를 통해 동일한 팀 규모와 예산으로 더 많은 연구를 수행할 수 있다고 말했다.

AI가 사람을 대체하는 것에 대한 전 세계의 우려하고 있지만, 실제 응답자의 25%만이 AI가 개인 또는 팀 능력을 능가하는 것에 대해 우려하고 있으며 87%는 고용 안정성에 대해 만족하고 있는 것으로 조사됐다.

원격 및 가상 연구로 더 깊은 이해

코로나19 팬데믹 기간 동안 많은 연구자들은 디지털 채널을 통해 원격으로 연구를 수행해야 했고, 그 결과 기술은 빠른 속도로 발전했다.

연구자 중 87%는 연구의 절반 이상이 원격으로 수행되고 있다고 답했다. 연구원들은 온라인 조사가 대면 방법보다 비용 효율적인 방식으로 더 깊고 미묘한 피드백을 얻는 데 도움이 된다고 말했다.

하지만 응답자 중 36%는 온라인에서는 참가자들과 직접 대면하는 것만큼 좋은 관계를 형성할 수 없다고 지적했다.

더 나은 기술 + 더 나은 데이터 = 더 나은 결정

62%의 연구자들은 기업들이 지난 2년보다 현재 연구와 통찰력에 훨씬 더 의존하고 있다고 말하며, 마케팅 예산이 전년 대비 변동이 없음에도 불구하고 예산이 증가하고 있다고 보고했다.

조직들이 전략적 결정을 알리기 위해 점점 더 시장 조사에 의존하고 있는 반면, 연구자들은 생성AI 및 원격 데이터 수집과 같은 기술이 제시하는 새로운 과제에 직면해 있다. 전 세계 연구자 중 43%가 '온라인 공급자를 통해 데이터를 수집할 때 AI가 생성한 응답을 식별하거나 방지하는 것이 어렵다'고 답했다.

그러나 AI는 인간보다 더 효율적이고 효과적으로 수천 개의 데이터 포인트를 조사하여 시간, 비용, 자원을 절약할 수 있는 기능을 제공한다. 79%의 연구자들은 품질이 좋지 않은 응답을 매우(37%) 또는 매우 유용하게(42%) 파악하기 위해 자동화된 데이터 품질 솔루션을 찾을 것이라고 응답했다.

기술 격차 확대, AI가 해소

사내 연구팀들은 새로운 방법을 따라잡는 데 어려움을 겪고 있고, 연구에 대한 수요가 증가하고 있으며, 데이터를 통찰력으로 전환하는 분석 기술이 부족하다고 토로했다. 전 세계 연구자 중 33%는 팀이 내부적으로 프로젝트를 관리할 수 있는 연구 기술이 없기 때문에 프로젝트를 아웃소싱한다고 응답했다.

그러나 시장 조사자들은 보고서용 데이터 정리 또는 서식 지정, 워크플로 자동화, 설문조사 질문 생성, 구조화되지 않은 피드백의 주제와 통찰력 요약 같은 반복적인 작업을 완료하기 위해 AI와 자동화를 수용하고 있는 것으로 나타났다.

이러한 자동화 솔루션을 통해 연구자들은 인간의 통찰력이 필요한 업무에 집중할 수 있을 뿐만 아니라 기술을 향상할 수 있는 기회를 찾을 수 있다.

• **출처: GTT KOREA 2023년 11월 9일자**

고객은 기업존립의 기반이다. 고객이 없이는 기업이 존립할 수 없다.

기업은 고객과의 교환을 창조하고 유지하는 과정을 통해 기업의 목표를 달성할 수 있다. 이를 위해서 기업의 모든 활동은 고객중심적인 것이 되어야 한다. 기업은 고객의 욕구가 무엇인가를 파악하여 고객에게 경쟁자보다 더 큰 가치를 제공해야 한다. 이 장의 학습목표는 다음과 같다.

1. 고객과 고객중심적 경영철학에 대해 이해한다.
2. 고객의 창조와 유지를 위한 기본적인 개념인 욕구, 가치, 고객만족, 고객관계관리에 대해 이해한다.
3. 소비자 구매의사결정 과정과 구매에 영향을 미치는 요인에 대해 이해한다.
4. 고객정보를 수집하고 분석하기 위한 마케팅조사에 대해 살펴본다.

01 고객중심적 경영

1.1 고객은 기업존립의 기본조건이다

기업의 존립을 가능하게 하는 가장 기본적인 조건은 자사의 제품을 구매해 줄 고객(customer)이 존재해야 하며, 고객에게 만족을 줄 수 있는 교환을 이끌어내야 한다는 점이다.[1] 교환은 교환의 당사자 모두에게 교환의 이전보다 더 나은 상태를 만들어 주므로 가치를 창조하는 과정이라고 할 수 있다. 고도로 분업화되고 전문화된 현대사회에서 교환은 개인의 욕구충족이나 조직의 목표달성을 위한 주요수단이다.

기업과 고객과의 교환을 생각해 보자. [그림 7-1]에서 보는 것과 같이 고객은 기업과의 교환을 통해 필요로 하는 것을 획득함으로써 욕구를 충족하며 기업은 고객과의 교환을 통해서 자사가 추구하는 목표를 달성할 수 있다.

기업과 고객 중 어느 편이 교환을 적극적으로 이끌어내려 하는가는 시장의 상황에 따라 달라진다. 수요가 공급을 초과하는 판매자 시장(seller's market)상황에서는 고객이 필요한 것을 획득하기 위해 교환에 더 적극적이 된다. 반면 공급이 수요를 초과하는 구매자 시장

1) 여기에서 고객이란 기업과의 교환에 참여하거나 참여할 가능성이 있는 사람, 즉, 자사제품을 구매하거나 구매할 가능성이 있는 사람을 말한다. 일반적으로 고객이란 용어는 고객집단을 의미하는 시장(market) 또는 생산자와 대비되는 개념인 소비자(consumer)와 혼용된다.

그림 7-1 교환과정

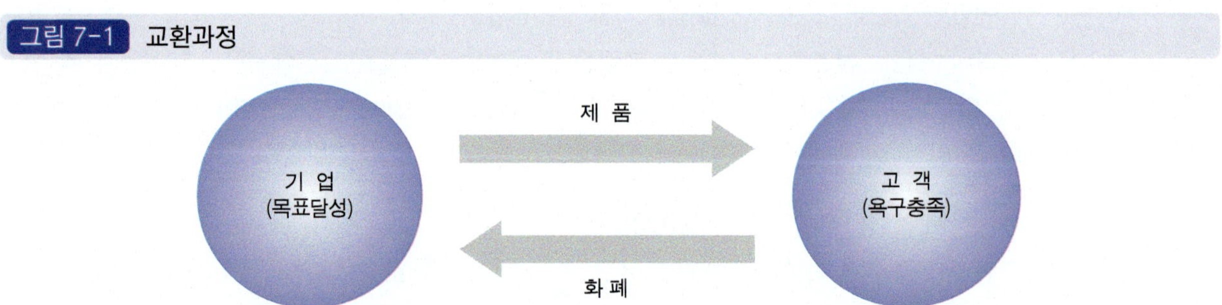

(buyer's market)상황에서는 기업이 고객과의 교환을 적극적으로 이끌어내기 위해 노력하지 않으면 안 된다.

따라서 오늘날과 같이 경쟁이 치열한 기업환경 하에서 기업은 고객과의 교환을 창조하고, 유지해 나가는 과업이 기업활동의 핵심이라고 할 수 있다. 이러한 과업을 효과적으로 달성하기 위해서 기업은 누가 우리의 고객인가를 확인하여야 한다. 그리고 고객이 추구하는 욕구가 무엇인지를 파악하여 그 욕구를 경쟁사보다 잘 충족시킬 수 있는 제품이나 서비스를 제공함으로써 그들을 만족시켜야 한다.

1.2 고객중심적 경영철학

'고객은 왕이다', '고객을 위한 가치창조' 등 고객이 강조되는 슬로건에서 보듯이 고객중심적인 경영이 오늘날의 추세이다. 애플이나 삼성, 월마트, 나이키 등과 같이 탁월한 경영성과를 올리고 있는 기업들은 모든 노력을 고객에게 집중시킨다. 이러한 기업은 고객의 욕구를 세밀히 파악하여 그 욕구를 충족시키는 제품이나 서비스를 제공하여 고객을 만족시키는데 탁월한 능력을 가지고 있다. 이들 기업의 직원들은 자신들이 수행하는 모든 과업이 고객에서 시작하여 고객에서 끝난다는 고객중심적 경영철학을 철저히 따르고 실천에 옮긴다. 즉 기업의 모든 활동이 경쟁자보다 더 높은 가치를 제공함으로써 고객을 만족시키는 과정으로 이해한다는데 공통점을 가지고 있다.

기업의 경영철학은 시대적 상황의 변화에 따라 생산중심적 경영철학에서 고객중심적 경영철학으로 변천되어 왔다. 생산중심적 경영철학은 고객은 쉽고 싸게 구매할 수 있는 제품을 선호할 것이라고 생각한다. 따라서 생산중심적 기업은 고객이나 시장에 맞추어진 것이 아니라 생산효율을 높여 원가를 절감하는 것을 무엇보다 중요하게 생각한다. 이러한 경영철학은 수요가 공급을 초과하여 만들기만 하면 팔려나가는 판매자 시장(seller's market)상

CASE 포드사의 성공과 실패

생산중심적 경영철학을 가장 잘 실천한 대표적인 경영자는 포드자동차의 창업자인 헨리 포드(H. Ford)였다. 포드는 많은 사람들이 자동차를 구매할 수 있도록 제품을 값싸게 공급해야 한다고 생각하고, 원가절감을 위해 'T Model' 하나만을 집중적으로 생산하였다. 그 결과 당시 5,000불이 넘던 자동차의 생산원가를 900불 대로 낮추어 일반인들이 엄두를 내지 못했던 자동차를 싼 가격으로 구매할 수 있게 하였다.

그러나 고객의 소득이 증대하여 고객의 욕구가 다양화됨에 따라 T Model은 더 이상 고객들에게 가치가 있는 것이 아니었다. 고객들은 제품의 소유 그 자체보다는 자신의 개성이나 라이프 스타일을 반영할 뿐만 아니라, 즐거움이나 자부심을 느끼게 하는 제품을 원하게 되었다. 그러나 포드는 이와 같은 고객의 변화를 무시한 채 "고객은 값이 싼 실용적인 자동차를 선호할 것"이라는 생각에 사로잡혀 무려 18년 반 동안 T형 모델 하나만을 고집하였다. 이에 반해 GM은 고객의 욕구가 변화하고 있다는 것을 깨닫고 가격, 디자인, 성능 면에서 다양한 차종을 생산하였다. 당시 GM의 슬로건은 "고객이 원하는 어떤 차도 GM에서는 살 수 있다"는 것이었다. 그 결과 1920년에는 20%에도 미치지 못했던 GM의 시장점유율은 37년에는 42%로 올라갔고, 상대적으로 60%이상의 시장점유율을 가지고 있었던 포드는 21%로 추락하였다.

황이거나 고객의 차별화가 어려운 제품을 생산하는 기업에게 적합한 경영철학이다.

반면 고객중심적 경영철학은 기업목표의 달성이 고객의 필요와 욕구를 먼저 파악하여 그것을 경쟁자보다 더 효과적이고 효율적으로 충족시키고자 하는 경영철학이다. 이러한 경영철학은 오늘날과 같이 공급이 수요를 초과하는 구매자 시장(buyer's market)상황이 도래하고, 특히 소득이 증대하여 고객의 욕구가 다양화되면서 대부분의 기업에 의해 채택되고 있다.

고객중심적 경영철학을 채택하는 기업은 누가 우리의 고객인가를 정의하는데서 출발하여, 고객의 욕구를 충족시키기 위해 기업의 모든 노력을 통합하며, 이익은 이러한 노력을 통해 실현된 고객가치와 고객만족의 결과로 본다. 고객중심적 경영철학의 특징을 정리해 보면 다음과 같다.

- **고객지향성** : 고객지향성이란 고객을 철저히 이해하는 것을 말한다. 고객지향적 경영철학을 추구하는 기업은 고객을 기업활동의 핵심에 두고 고객의 눈으로 보고 고객의 입장에서 생각한다. 고객의 욕구를 깊이 이해하기 위해 시장조사를 실시하고, 신제품에 대한 아이디어를 수집하고, 제품을 테스트하여 지속적으로 개선을 한다.

- **통합성** : 고객의 욕구를 충족시키기 위해 수행되는 기업의 모든 기능은 고객중심적으로 조정/통합되어야 한다. 제품의 설계, 가격결정, 유통경로의 선정, 광고 등과 같은 마케팅 활동뿐만 아니라 생산, R&D, 재무, 인사 등의 모든 기능도 고객중심적인 것이 되어야 한다. 이것은 기업내의 각 부서가 부분의 목표달성보다는 고객욕구충족을 극대화하기 위해 서로 협력해야 한다는 의미이다.
- **고객만족을 통한 이윤획득** : 기업의 이윤은 목표가 아니라 결과이다. 기업은 생산한 것을 판매하여 이윤을 획득하는 것이 아니라, 팔릴 수 있는 제품을 생산하여 이윤을 획득하는 것이다. 이윤은 궁극적으로 고객에게 높은 가치와 만족을 제공한 대가로 실현되는 것으로 파악한다.

02 고객의 창조와 유지

기업이 고객과의 교환을 창조하고 유지하기 위해서는 고객이 기업활동의 출발점이 되어야 한다. 그리고 경쟁사보다더 큰 가치를 가진 제품이나 서비스를 제공하여 고객을 만족시켜야 한다. 교환의 창조 및 유지와 관련된 핵심적인 개념들을 살펴보기로 하자.

1. 고객의 욕구

고객은 자신의 욕구를 충족하기 위해 기업과의 교환에 참여한다. 그러므로 기업은 먼저 고객이 가진 욕구를 이해하고 예측하는데서 출발해야 한다. 욕구에는 본원적 욕구(needs)와 구체적 욕구(wants)가 있다. 본원적 욕구란 인간이 타고난 것으로 무엇인가 부족함을 느끼는 상태를 말한다. 여기에는 음식, 옷, 따뜻함과 안락을 원하는 생리적 욕구를 비롯하여 소속감과 애정을 원하는 사회적 욕구, 다른 사람들로부터 인정을 받거나 지식과 자기표현을 추구하는 욕구에 이르기까지 다양하다. 구체적 욕구란 개인이 속한 문화나 라이프스타일, 개성 등에 의해 형성되는 것으로 본원적 욕구를 충족시킬 수 있는 구체적인 수단에 대한 욕구를 말한다. 예를 들어 배가 고프다는 것은 필요이지만 밥이나 라면을 먹고 싶다는 것은 구체적 욕구이다. 구체적인 욕구가 생기면 고객들은 가장 큰 가치와 만족을 주는 제품을 구입하려고 한다.

2. 가치와 경쟁우위

(1) 가치의 개념

가치는 교환을 통해 고객에게 전달되는 가치 즉, 고객전달 가치(customer delivered value)로서 기업과의 교환을 통해 고객이 제품을 획득하는데서 얻게되는 총 혜택(benefit)에서 그 제품을 획득하는데 소요되는 총 비용(cost) 간의 차이를 의미한다.[2] 예를 들어 "고객을 위한 가치창조"라는 슬로건에서 나타난 가치는 바로 이러한 개념이라고 할 수 있다.

가치 = 총 혜택 - 총 비용

교환이 성립되기 위해서는 고객에게 경쟁제품에 비해 자사제품이 더 큰 가치를 제공해야 한다. 여기에서 가치의 개념을 좀 더 자세히 살펴보자. 제품은 여러 가지 혜택을 결합한 것이다. 예를 들어 아이폰을 통해 얻을 수 있는 혜택들을 나열해 보면, 사용의 편의성, 좋은 화질, 세련된 디자인 등 여러 가지가 있다. 이와 같은 혜택을 얻기 위해서 고객은 아이폰을 구매한다고 할 수 있다.

제품이 제공하는 혜택에는 어떤 것들이 있을까? 여기에는 실용적 혜택, 감성적 혜택, 상징적 혜택이 있다.

- **실용적 혜택** : 실용적 혜택은 제품의 성능과 관련된 속성으로 확인되는데 예를 들어 연비가 좋은 자동차, 따뜻한 옷, 기능적 운동화 등과 같은 실질적 혜택을 말한다.
- **감성적 혜택** : 감성적 혜택은 제품을 사용함으로써 느끼는 즐거움이나 기쁨과 관련된 것이다. 디자인이 좋은 패션의류, 짜릿한 여행경험, 포근하고 안락한 카페 등과 같이 제품이나 서비스를 체험함으로써 느끼는 즐거움이나 긍정적 감정을 말한다.
- **상징적 혜택** : 상징적 혜택은 제품을 사용함으로써 느끼는 자부심이나 품위, 또는 차별화된 지위를 반영하는 것이다. 상징적 혜택은 고급시계나 명품의류, 고급승용차 등에 반영된다.

기업이 제품을 설계할 때 어떤 혜택을 더 중요시해야 할 것인가는 고객이나 제품에 따라 다르다. 예를 들어 세탁기는 낮은 전기료로 옷감이 상하지 않고 세탁이 잘되는 실용성이, 패션의류는 감성이, 고급브랜드 제품들은 상징성이 상대적으로 더 중요할 것이다. 한편 자

2) 가치(value)는 고객이 지불하는 제품의 가격으로 사용되기도 하며, 또는 제품이 제공하는 혜택이나 효용을 의미하기도 한다.

동차라도 경차를 구매하는 고객은 실용성을, 고급승용차를 구매하는 고객은 상징성을 더 중요시할 것이라고 생각할 수 있다. 고객은 제품이 제공하는 혜택을 구매하는 것이므로 기업은 고객이 어떤 혜택을 더 중요하게 생각하는지를 파악하여 제품에 반영하여야 한다.

이러한 혜택을 얻기위해 고객이 지불하는 비용에는 가격에 해당하는 금전적 비용이 대표적이다. 하지만 비용에는 금전적 비용 뿐만 아니라, 비금전적 비용도 포함된다. 예를 들어 제품의 탐색 및 구매에 들어가는 시간과 노력 등의 거래비용, 설치나 보관과 관련된 사용비용, 제품이 자신의 이미지와 어울리는가를 걱정하는 것과 같은 심리적 부담 등은 비금전적 비용이다. 따라서 기업은 고객이 지불하는 비용을 줄이기 위해 원가절감 뿐만 아니라 거래비용이나 사용비용 그리고 심리적 비용을 줄이려는 노력도 게을리해서는 안된다.

가치는 제품을 생산하는 기업이 결정하는 것이 아니라 제품을 구매하는 고객에 의해 결정된다. 그러므로 고객이 제품에 대해 부여하는 가치를 제대로 파악하기 위해서는 기업내부의 관점에서 가치를 정의해서는 안되며, 바깥에서 고객들의 눈으로 가치를 정의해야 한다. 기업의 활동이 고객중심적이어야 하는 이유는 바로 여기에 있다.

(2) 경쟁우위

고객은 여러 기업들의 제품을 비교하여 가치가 가장 크다고 생각되는 제품을 구매한다. 앞의 가치 등식을 볼 때 기업이 가치를 높이는 방법에는 크게 두 가지가 있다. 첫째, 총 비용이 경쟁제품과 동일하다면 더 많은 혜택을 제공해야 한다. 둘째, 총 혜택이 경쟁제품들과 동일하다면 고객이 지불하는 총 비용을 낮추어야 한다. 이와 같은 점을 고려할 때 기업의 경쟁우위전략은 다음과 같은 두 가지로 생각할 수 있다.

- **원가우위전략** : 원가우위전략은 제품을 경쟁사보다 낮은 비용으로 생산하여 시장에서 전반적인 원가리더십을 확보하고자 하는 전략이다. 기업은 낮은 생산비용과 유통비용을 통해 가격경쟁에서 우위를 확보하려고 한다. 원가우위는 효율적 규모의 설비투자, 경험곡선효과에 의한 원가의 감소, 간접비의 효율적 통제 등을 통한 생산성 향상에 의해 달성된다. 이 전략을 택하는 기업은 주로 믿을 수 있고 좋은 품질의 제품이나 서비스를 값싸고 손쉽게 얻고자 하는 고객을 겨냥한다.
- **차별화전략** : 차별화전략은 경쟁사가 모방하기 어려운 독특한 제품의 생산을 통해 고객에게 제공되는 혜택을 차별화함으로써 높은 마진을 추구하려는 전략이다. 차별화는 고품질, 우수한 디자인, 탁월한 고객서비스, 호의적이고 강력한 브랜드 이미지 등 경쟁기업과는 다른 차별적 특성을 제공함으로써 달성된다.

  차별화전략을 택하는 기업은 고객에 대한 상세한 지식을 갖춤으로써 고객의 특별한 욕구를 만족시키는데 특별한 노력을 기울인다. 이런 기업은 주로 자신이 원하는 것과 정확히 일치하는 제품이나 서비스에 대해 더 비싼가격을 지불할 용의가 있는 고객을 대상으로 하며, 고객충성도를 구축하기 위해 많은 노력을 기울인다.

3. 고객만족

고객은 제품을 구매하기 전에 광고, 판매원, 주변사람 등으로부터 얻은 정보를 바탕으로 제품의 가치에 대한 기대를 형성한다. 그리고 제품을 사용함으로써 성과나 성능을 지각하게 된다. 고객은 제품의 가치에 대한 기대와 사용후 지각한 실제성과를 비교하여 만족 또는 불만족의 감정을 경험한다. 구매한 제품이 기대에 비해 더 큰 가치를 가진다고 느낄 때 고객은 만족한다. 만일 제품의 가치가 기대에 미치지 못하면 고객은 실망하게 된다. 이러한 기대와 성과간의 차이가 클수록 고객의 만족이나 불만족은 커지게 된다.

높은 수준의 고객만족은 기업이 추구하는 궁극적인 목표라고 할 수 있다. 만족한 고객은 차후에 반복적으로 제품을 구매하며, 다른 사람들에게 긍정적 사용경험을 전파한다. 반면 불만족한 고객은 만족한 고객과 다르게 반응한다. 그들은 구매를 중지하고, 나쁜 입소문을 내며, 반품이나 환불을 요구하는 등 여러 가지 불평행동을 하게 된다.

고객만족은 더 높은 고객충성도, 더 나아가서 높은 시장점유율, 수익성의 향상 등 기업성과를 올리는데 핵심적인 요소이다. 이런 이유에서 고객만족을 기업의 최종적인 목표로 삼고 경영활동을 전개하는 경영방식을 고객만족 경영이라고 한다.

4. 고객관계관리 : 고객과의 관계구축

기업은 단순히 신규고객의 획득에 그쳐서는 안 된다. 기업은 고객과 관계를 유지하여 지속적으로 제품을 구매할 수 있도록 고객관계관리를 해야 한다.

고객관계관리(CRM : Customer Relationship Management)란 탁월한 고객가치와 고객만족을 제공함으로써 수익성있는 고객관계를 구축 · 유지하는 전반적 과정을 말한다. 고객관계관리는 오늘날 기업에서 매우 중요시되고 있다. 그 이유는 새로운 고객을 획득하는 것보다 기존 고객을 유지하는 비용이 4분의 1 정도에 불과하다는 점이다. 고객관계관리는 적은 비용으로 충성도가 높은 고객을 확보함으로써 반복구매를 유도할 뿐만 아니라, 그들이 좋은 입소문을 냄으로써 신규고객을 확보하는데도 매우 효과적이다. 고객과의 관계를 적극적으로 유지하기 위한 방법에는 다음과 같은 것들이 있다.

- **고객만족** : 고객만족은 고객과의 관계를 유지하는데 기본이 된다. 그러므로 고객에게 경쟁자보다 더 큰 가치를 제공하여 고객을 만족시켜야 한다. 만족한 고객은 제품에

대한 충성심과 애착이 높아져 지속적인 고객관계를 유지할 가능성이 높아진다.

- **고객 데이터베이스의 구축** : 고객 데이터베이스의 구축으로 충성도가 높은 고객을 가려내고 이들에게 금전적인 또는 비금전적인 인센티브를 제공한다. 고객 데이터베이스를 활용하여 제품의 구매빈도나 구입액에 따라 혜택을 차별화하는 마일리지 프로그램이나 고객을 회원으로 가입시켜 여러 가지 혜택을 제공하는 멤버십클럽 등을 운영한다.
- **불만족의 신속한 해결** : 고객이 불만을 제기하였을 경우 이를 신속하게 충분한 보상을 제공했을 경우 오히려 전보다 충성도가 더 높은 고객이 될 수 있다. 고객이 불만을 제기하여 잘 해결된 경우 다시 만족한 고객이 되어 다음 번에 자사의 제품을 재구매할 가능성은 매우 높아진다.
- **전환장벽의 구축** : 고객이 경쟁제품으로 전환하지 않도록 전환장벽을 구축한다. 전환장벽이란 고객이 경쟁사의 제품으로 전환하지 못하게 하는 금전적, 비금전적 장벽을 말한다. 예를 들어 경쟁제품을 구매할 때 추가적인 비용이 든다거나, 판매원과 인간적 관계를 쌓은 단골고객이 다른 점포가 더 매력적이더라도 쉽게 점포를 옮기지 못하는 것 등은 전환장벽이다.

03 소비자 구매행동의 이해

경쟁사보다 더 높은 가치를 제공하여 고객을 만족시키기 위해서는 소비자들의 구매행동에 대해 깊이 있는 이해가 필요하다. 소비자들은 욕구충족을 위해 수시로 구매결정을 내리는데 이들이 어떤 브랜드를 언제, 어떻게, 어떤 방법으로, 왜 구매하는가를 이해하게 되면, 고객의 만족도를 높일 수 있는 효과적인 전략을 수립할 수 있을 것이다.

소비자 구매행동은 기업이 제품의 구매를 유도하기 위해 사용하는 마케팅자극에 소비자들이 어떻게 반응하는가와 관련된 것이다. [그림 7-2]의 소비자 구매행 동모델에서 보는 것과 같이 경쟁하는 여러 기업들이 활용하는 마케팅자극(예 : 신제품, 가격, 광고, 쿠폰 등)과 환경적 자극을 받게되면, 소비자의 Black Box(내부구조)에서 구매의사 결정과정을 거쳐 특정한 반응을 불러일으킨다.

그러나 소비자들이 유사한 자극을 받더라도 선택하는 브랜드나 점포는 제각기 다른데 이것은 구매의사 결정과정에 소비자의 문화, 라이프스타일, 개성 등과 같은 영향요인이 작용

그림 7-2 소비자 구매행동 모델

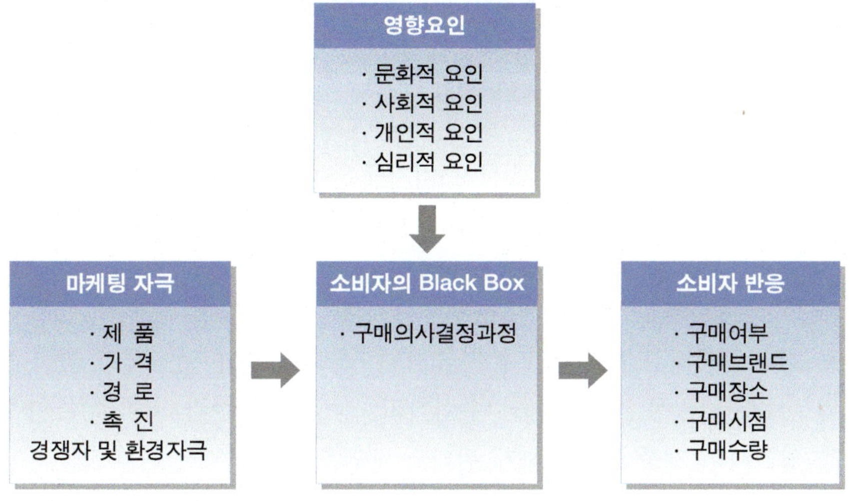

하기 때문이라고 할 수 있다. 그러므로 소비자 구매행동을 이해하기 위해서는 구매의사결정과정과 이에 영향을 미치는 요인을 살펴보아야 한다.

3.1 구매의사결정과정

소비자 구매의사결정과정은 [그림 7-3]과 같은 5단계를 거친다.

구매의사 결정과정은 소비자 개인이나 제품 그리고 상황에 따라 생략되거나 달라질 수 있다. 예를 들어 라면이나 오렌지 쥬스는 별다른 생각없이 습관이나 기억에 의존하여 대충 구매를 하지만, 자동차나 가구는 기억속의 정보뿐 아니라 판매원이나 주변사람 등과 같은 외부정보원으로부터 다양한 정보를 탐색하여 신중하게 구매한다.

이와 같이 소비자가 어떤 구매에 대해 관심을 가지는 정도나 중요하게 여기는 정도를 관여도(involvement)라고 하는데 관여도는 다음과 같은 세 가지 요인에 의해 결정된다.

- 개인적 특성 : 사진작가는 사진기를 구매할 때 관여도가 높아진다. 이와 같이 같은 제

그림 7-3 구매의사결정과정

품이라도 소비자 개인의 특성에 따라 관여도는 달라진다.

- **제품** : 가격이 높거나 자아이미지와 관련된 제품을 구매할 때에는 관여도가 높아진다.
- **상황** : 포도주를 구매할 때 자신이 마시는 경우보다 상사에게 선물을 하는 경우 관여도가 높아지는 것처럼 구매나 사용상황에 따라 달라진다.

구매에 대한 관여도가 높아질수록 소비자들은 더 많은 제품정보를 탐색하며 신중하게 대안을 평가한다. 관여도에 따라 구매의사 결정과정은 포괄적 문제해결, 제한적 문제해결, 일상적 문제해결의 세 가지 유형으로 구분된다.

- **포괄적 문제해결** : 주택이나 자동차의 구매와 같이 관여도가 높을 때에는 소비자가 외부로부터 많은 제품정보를 수집하고, 상당한 시간과 노력을 들여서 신중하게 대안을 평가하여 제품을 선택하게 된다.
- **제한적 문제해결** : 관여도가 비교적 낮을 때에 한정된 제품정보를 수집하고, 비교적 적은 시간과 노력을 들여서 의사결정을 하는 경우를 말한다.
- **일상적 문제해결** : 치약이나 라면의 구매와 같이 관여도가 매우 낮을 때에는, 아무런 생각없이 습관적으로 구매를 하게 된다. 이 경우 추가적인 정보탐색이나 대안의 평가가 생략된다.

관여도가 높은 포괄적 문제해결을 중심으로 구매의사 결정과정을 살펴보면 다음과 같다.

1. 욕구의 인식

욕구의 인식이란 소비자가 현재의 상태와 이상적인 상태간의 차이를 지각할 때 일어난다. 욕구는 배고픔과 같은 내적자극(internal stimuli)이나, 음식점에서 풍기는 음식냄새와 같은 외적자극(external stimuli)에 의해 환기된다. 이러한 욕구가 충분히 높은 수준에 도달하여 행동을 유발할 만큼 강한욕구 즉, 동기(motive)가 될 때 소비자들은 문제해결을 시도하게 된다.

동기가 유발된 소비자는 식품이나 음식점 등에 관한 정보탐색, 대안의 평가, 구매와 같은 구매의사결정을 시작하게 된다. 따라서 기업은 어떠한 욕구나 문제가 발생했는지, 무엇이 이러한 욕구를 유도했는지를 먼저 파악해야 한다.

2. 정보탐색

욕구가 인식된 소비자는 욕구를 해소시켜 줄 수 있는 대안들의 정보를 탐색하게 된다.

정보탐색에는 내적 탐색과 외적 탐색이 있다. 내적 탐색(internal search)은 소비자가 자신의 기억속에 저장되어 있는 정보들을 검토하는 것이며, 외적 탐색(external search)이란 외부의 정보원으로부터 정보를 탐색하는 것이다. 일반적으로 음료수 등과 같이 구매에 대한 관여도가 낮은 경우에는 주로 내적 탐색만을 하지만, 승용차와 같이 관여도가 높은 경우에는 외적 탐색을 통해 추가적으로 정보를 획득한다. 소비자는 다음과 같은 다양한 정보원천으로부터 외부정보를 획득한다.

- 상업적 원천 : 광고, 매장 점원, 포장, 전시물
- 개인적 원천 : 가족, 친구, 이웃, 아는 사람
- 공공적 원천 : 대중매체, 소비자 단체
- 경험적 원천 : 제품의 시용, 검토

정보탐색을 통해 소비자는 선택대안으로 고려할 브랜드, 브랜드를 평가할 때 사용하는 평가기준(휴대폰의 경우 디자인, 사용편의성, 가격, 보증 등의 제품속성), 그리고 브랜드별로 평가기준에 대한 지식(예: 갤럭시는 화질이 매우 좋다)을 얻게 된다.

기업은 소비자들이 정보탐색을 통해 자사의 브랜드를 인지하게 하고, 브랜드에 대한 정보를 쉽게 얻을 수 있도록 정보원천들의 특성을 잘 파악하여 이를 최대한 활용해야 한다.

3. 대안의 평가

소비자는 정보탐색 단계에서 수집한 정보를 바탕으로 브랜드 대안들을 비교 · 평가한다. 예를 들어 어떤 소비자가 옵티머스, 갤럭시, 베가라는 세 가지 선택대안을 네 가지의 제품속성(디자인, 사용편의성, 가격, 보증)을 기준으로 평가한다고 가정하자. 만일 옵티머스가 모든 속성에서 최고로 평가되었다면 이 소비자는 당연히 옵티머스를 선택할 것으로 예측할 수 있다.

그러나 모든 속성에서 특정 브랜드가 우수한 경우가 드물기 때문에 한 속성에 약점이 있더라도 다른 속성의 강점에 의해 이 약점을 보완하여 전반적인 평가를 할 수 있다. 예를 들어 디자인이 마음에 안들더라도 가격이 좋을 경우 가격이 디자인을 보완하는 식으로 여러 가지 속성의 강 · 약점을 동시에 고려하여 평가를 하는 것이다. 이러한 평가방식을 보완적 평가방식이라고 한다.

경우에 따라서는 소비자가 가장 중요시하는 한 속성만을 기준으로 평가를 할 수도 있다. 예를 들어 소비자가 가장 중요시하는 속성이 사용편의성이라고 할 때 다른 속성을 고려하지 않고 오직 사용편의성이 가장 높은 휴대폰을 선택할 수 있다. 이와 같이 한 속성의 약점이 다른 속성의 강점에 의해 보완되지 않는 평가방식을 비보완적 평가방식이라고 한다.

소비자는 모든 구매상황에 적용되는 단일한 평가과정을 거치지 않는다. 소비자가 어떻게 브랜드를 평가하는가는 개인이나 제품, 상황 등과 같은 관여도에 따라 달라진다. 자동차와 같이 가격이 비싸서 관여도가 높은 경우에는 보완적 평가방식을 이용할 가능성이 높다. 반면에 라면이나 치약과 같이 관여도가 낮은 제품의 경우에는 비보완적 방식을 이용하여 평가노력을 단순화하거나, 평가과정을 생략하고 습관적으로 구매할 수도 있다. 경우에 따라서 소비자들은 충동적으로 구매하거나 직관에 의존하여 구매하기도 한다.

기업은 소비자가 실제로 브랜드를 어떻게 평가하는지를 연구함으로써 제품을 개선하거나 평가상황에 적합한 커뮤니케이션 전략을 수립할 수 있다.

4. 구매결정

대안의 평가를 통해 소비자들은 가장 선호하는 브랜드에 대한 구매의도를 형성한다. 그러나 어떤 경우에는 자신이 선호하는 브랜드의 구매로 이어지지 못하는 경우도 있다. 구매의도와 구매결정 사이에는 두 가지 요소가 개입된다.

첫째, 다른 사람들의 태도로서 구매에 커다란 영향을 미치는 어떤 사람이 그 브랜드를 원하지 않을 경우 그 브랜드를 구매할 가능성이 낮아질 수 있다.

둘째, 예상치 않은 상황요인으로서 재정상태의 악화, 경쟁사의 가격인하, 새로운 대안의 출현 등 이다. 이런 경우 소비자는 구매를 연기하거나, 평가과정을 다시 거치거나, 구매를 포기하기도 한다.

5. 구매 후 행동

소비자는 제품의 사용 후 기대와 성과를 비교하여 만족 또는 불만족을 경험하게 되며 그 결과에 따라 구매 후 행동이 뒤따르게 된다. 만족한 소비자는 제품을 다시 구매하고 긍정적 소비경험을 다른 사람들에게 전달한다. 불만족한 소비자는 구매를 중지하며 나쁜 입소문을 낸다. 따라서 기업은 불만족한 소비자를 위한 전담부서를 설치하여 불만족 내용을 청취하고, 불만족을 즉각 해소시킴으로써 불만족한 고객이 만족한 고객으로 돌아올 수 있도록 해야 한다.

3.2 소비자행동에 영향을 미치는 요인

소비자의 구매행동은 문화적, 사회적, 개인적, 그리고 심리적 요인들에 의해 영향을 받는다. 이러한 요인들로 인해 소비자들은 동일한 자극을 받더라도 각기 다른 반응을 보이게 된다.

1. 문화적 요인

(1) 문화와 하위문화

소비자들은 자신이 속한 문화의 영향권 안에서 성장하면서 그 문화의 기본적 가치와 인식, 욕구, 행동양식을 습득한다. 또한 소비자들은 여행이나 TV, 영화, 인터넷 등을 통해 외국의 문화에 접하게 됨으로써 새로운 문화를 받아들인다. 문화는 소비자행동에 폭 넓고 깊은 영향을 미친다. 예를 들어 전통적으로 유교문화권에 속해 체면을 중요시하는 한국 사람들은 제품을 구매할 때 타인의 영향을 크게 받는다.

기업은 문화적 변화의 추세를 파악하여 새로운 사업기회를 찾아야 한다. 예를 들어 근래에는 웰빙(well-being)문화가 확산되면서 등산용품, 기능성 운동복, 저칼로리 유기농식품 등의 산업에 새로운 기회를 제공하고 있다.

한편 공통적인 인생경험이나 상황에 따라 서로 비슷한 가치관을 갖는 사람들끼리 공유하는 하위문화(subculture)가 형성된다. 예를 들어 인종, 지역, 종교, 세대에 따라 공유하는 하위문화가 다르다. 기업은 하위집단의 문화적 차이를 이해하고 이에 적응하기 위한 노력을 기울여야 한다.

(2) 사회계층

대부분의 사회는 상류층, 중류층, 하류층 등 사회계층(social class) 구조를 형성하고 있다. 사회계층은 소득과 같은 한 가지 요인에 의해 결정되기보다는 직업, 수입, 교육수준, 재산 등과 같은 여러 가지 요인에 의해 결정된다. 동일한 사회계층에 속한 사람들은 비슷한 가치관과 관심 및 구매패턴을 가지고 있다. 의복, 가구, 여가활동, 자동차 등의 제품들은 사회계층을 반영하는 경우가 많다.

2. 사회적 요인

(1) 준거집단

소비자는 구매결정을 내릴 때 주변 사람들이 무엇을 가지고 있는지, 혹은 자신을 어떻게 평가하는지에 대해 생각하는 경우가 많다. 특히 승용차, 의복, 골프채, 가방 등과 같이 다른 사람들의 눈에 쉽게 띄는 제품을 구매할 때 주변사람들을 의식하게 된다.

소비자가 구매결정을 할 때 비교의 기준으로 삼는 집단을 준거집단(reference group)이라고 한다. 준거집단은 가족, 친구, 직장동료, 동호회 등 자신이 소속되어 있는 집단이나, 자신이 소속되기를 원하거나 선망하는 집단(예를 들어 가수, 스포츠 스타, 성공한 비즈니스 맨 등)으로 구분된다. 준거집단은 개인의 생활양식이나 태도, 자아개념의 형성, 더 나아가서 특정 제품의 구매나 브랜드의 선택에 영향을 미친다.

준거집단 내에는 의견선도자(opinion leader)가 존재한다. 의견선도자는 특별한 기술, 지식, 개성으로 인해 주변사람들의 제품구매에 영향을 미치는 사람을 말한다. 이들은 입소문을 통해 유행을 만들어내고, 주변사람들에게 제품에 대한 지식을 전달하며, 제품을 구매하는데 영향을 미친다. 그러므로 기업은 특정한 제품의 의견선도자가 누구인가를 발견하여 자사의 제품과 브랜드를 홍보하는데 활용해야 한다.

(2) 가 족

가족은 소비자의 구매행동에 큰 영향을 미치는 준거집단이다. 개인이 소비하는 제품은 대체로 독자적으로 구매결정을 하지만 자동차, 주택, 여행 등은 가족들과 함께 구매결정을 하는 경우가 많다. 이와 같은 경우 기업은 남편, 부인, 자녀들이 구매과정에서 어떤 역할을 하는지, 어느 정도의 영향력을 행사하는지를 파악할 필요가 있다.

남편과 아내의 구매에 대한 관여의 정도나 역할은 제품이나 구매과정 그리고 라이프스타일에 따라 달라진다. 과거에는 식품, 가구, 냉장고 등의 가정용 제품은 아내가, 자동차나 주택 등의 고가제품은 주로 남편이 영향력을 행사하거나 구매결정을 하였다. 그러나 오늘날 여성의 사회참여도가 높아지고 가정에서 여성의 발언권이 커짐에 따라 자동차나 주택을 구매할 때에도 아내의 영향력이 커지고 있다.

이러한 변화는 과거기업이 제품을 디자인하거나, 광고메시지를 제작하거나, 광고매체를 선정할 때 여성 또는 남성만을 고려했지만 이제는 모든 성별에 관심을 기울여야 한다는 것을 의미한다.

3. 개인적 요인

(1) 나이와 패밀리 라이프사이클

제품이나 서비스의 구매는 나이를 먹어가면서 변화한다. 일반적으로 음식, 옷, 가구, 레저활동 등에 대한 취향은 나이와 관계가 있다.

패밀리 라이프사이클 단계(family life cycle stage)에 따라서도 구매행동이 달라진다. 시간이 흘러감에 따라 가족은 젊은 독신자 → 결혼초기 부부 → 유아를 둔 부부 → 청소년층 자녀를 둔 부부 → 자녀들이 분가해 나간 부부 → 노년기 부부로 변화하는 단계를 거친다.

이 변화단계에 따라 구매하는 제품의 종류나 유형이 달라진다. 예를 들어 신혼부부들은 육아용품, 소형가전제품, 실용적인 가구, 소형승용차를 구매하지만 중년부부들은 고급가구, 여가 상품, 건강보험 등을 구매한다. 기업은 주요고객의 나이나 패밀리 라이프사이클을 파악하고 그들이 어떤 제품을 선호하는가를 파악하여야 한다.

(2) 라이프스타일

라이프스타일(lifestyle)은 개인이 세상을 살아가는 방식 또는 시간과 돈을 소비하는 방식을 말한다. 라이프스타일은 소비자의 생활유형을 나타내는 활동(일, 취미, 쇼핑, 스포츠, 사교모임 등), 관심(음식, 패션, 가족, 직업, 오락 등), 의견(정치, 비즈니스, 제품 등)으로 표현된다. 사람들의 라이프스타일에 따라 구매하는 제품의 유형이나 양이 달라진다. 예를 들어 캠핑이나 등산과 같은 아웃도어 활동을 즐기는 사람과 가정에서 조용히 음악이나 독서를 즐기는 사람들이 구매하는 제품의 유형은 크게 다를 것이라고 생각할 수 있다.

기업은 라이프스타일을 분석함으로써 소비자 가치관이나 생활방식을 이해할 수 있고 이것이 어떻게 구매행동에 영향을 미치는가를 알 수 있게 된다. 오늘날 소비자의 라이프스타일 특성은 제품의 설계, 광고매체의 선택, 광고물의 제작 등에 광범위하게 활용된다.

(3) 개성과 자아개념

개성(personality)은 자신을 둘러 싼 환경에 대해 비교적 일관성 있고 지속적인 반응을 보이는 개인의 심리적 특성이다. 개성은 보통 자신감, 지배, 사교성, 자율, 방어성, 융통성, 공격성 등으로 표현된다.

개성은 특정제품이나 브랜드를 선택하는데 많은 영향을 미치기 때문에 기업은 주요 고객이 어떤 개성을 가지고 있는가를 알아내려고 한다. 예를 들어 스타벅스는 커피의 다량사용자들이 사교성이 강하다는 것을 알고 사람들이 커피를 마시고 쉬면서 사람들과 교제하는 환경을 만들어냈다.

또한 특정 제품이나 브랜드의 구매는 개인의 자아개념과 밀접하게 관련되어 있다. 자아개념(self-concept)은 자신에 대해 가지는 생각을 말한다. 자아개념에는 "나는 어떤 사람인가"하는 실제적 자아개념과, "나는 어떤 사람이고자 하는가"하는 이상적 자아개념이 있는데, 사람들은 실제적 자아개념에 어울리는 특정 제품이나 브랜드를 구매하거나 특정 제품이나 브랜드를 구매함으로써 이상적 자아개념을 달성하려고 한다.

4. 심리적 요인

(1) 동 기

소비자는 다양한 욕구를 가지고 있다. 욕구에는 배고픔, 목마름과 같이 신체적 긴장상태에서 오는 생리적인 것도 있고, 존경, 소속감 등에 대한 욕구와 같이 심리적인 것도 있다. 그러나 이러한 욕구들은 즉각적으로 행동을 불러일으킬 만큼 강하지 못한 경우가 많다. 욕구가 행동을 불러일으킬 만큼 충분한 수준의 강도를 가지고 있을 때 비로소 동기(motive)가 된다.

프로이드(Freud)에 의하면 인간의 행동을 결정짓는 동기는 본능적인 충동에서 비롯되는데 이것은 성장하면서 사회적 규범을 수용하는 과정에서 억제되어 자신도 이해하기 힘든 무의식 속에 자리잡게 된다고 한다. 그러므로 사람들은 자신의 행동에 대한 동기를 잘 인식하지 못한다. 예를 들어 BMW 자동차를 구매한 소비자에게 왜 그 자동차를 구매했는가를 물으면 승차감이 좋다든지, 성능이 뛰어나다든지 하는 대답을 할지 모른다. 그러나 내면을 깊이 파고들면 자신의 성공을 과시하고 싶어서일 수도 있다.

기업은 소비자의 무의식적 동기를 이해하기 위해 동기조사(motivation research)를 이용한다. 심층면접법이나 투사법 등은 브랜드와 구매상황에 잠재되어 있는 정서나 태도를 발견하기 위해 활용되는 동기조사방법이다.

(2) 학 습

학습(learning)이란 경험에 의한 신념, 태도, 행동의 변화를 말한다. 대부분의 학습이론가들은 거의 모든 인간행동은 학습된 것이라고 한다. 학습은 동인(drive), 단서(cue), 반응(response), 그리고 강화(reinforcement)의 상호작용으로 일어난다. 동인은 행동을 불러일으키는 강한 내적자극을 말한다. 예를 들어 배고픔은 어떤 사람으로 하여금 음식점을 찾도록 동기화시킬 수 있다. 단서는 사람들이 언제, 어디서, 어떻게 반응할 것인가를 결정하는데 영향을 주는 약한 자극이다. 예를 들어 길거리에서 음식점 간판을 보거나 친구의 맛있는 음식점에 대한 이야기는 구매에 영향을 미치는 단서이다. 반응은 충동이나 단서에 자극을 받아 취하는 행동을 말한다. 그는 단서에 따라 특정한 음식점을 찾게되는데 이 음식점에 만족한 결과를 얻었다면 반응은 강화될 것이다. 이로 인해 다음에 배가 고플 때 그는 그 음식점을 다시 찾을 가능성이 높아진다. 습관적 구매와 같은 일상적 구매행동을 하는 것은 학습의 결과이다.

마케팅 관리자에게 학습이론이 주는 중요성은 자사제품을 강한 동인과 연계시키거나, 동기를 유발하는 단서를 찾아 이를 활용하거나, 긍정적 강화를 제공함으로써 제품의 판매를 증대시킬 수 있다는 점이다.

(3) 신념과 태도

신념(belief)이란 어떤 대상에 대한 설명적인(descriptive) 생각으로서 어떤 제품에 대한 태도를 형성하거나 구매행동에 영향을 미친다. 예를 들어 어떤 소비자가 소나타는 연비가 좋고, 수리비용이 덜 들고, 안전성이 높다고 생각한다면 그 믿음은 그 소비자의 자동차 구매의사결정에 결정적인 영향을 미친다.

태도(attitude)는 한 개인이 어떤 대상에 대해 비교적 지속적으로 가지고 있는 호의적, 비호의적 감정을 말한다. 예를 들어 "딤채는 매우 좋은 김치냉장고이다"라는 말은 딤채에 대한 태도를 나타낸 말이다. 태도는 신념을 바탕으로 형성되며 소비자들의 제품에 대한 구매의도에 영향을 미친다.

기업은 커뮤니케이션 활동을 강화하여 소비자가 자사제품에 대해 올바른 신념을 갖도록 해야 한다. 또한 자사제품에 대해 긍정적 태도를 형성하도록 하거나 부정적 태도를 바꾸는 데 노력해야 한다.

04 마케팅조사 : 고객정보의 수집과 분석

4.1 마케팅조사의 중요성

고객에게 만족을 주는 제품이나 서비스를 제공하기 위해서는 고객에 관한 정보를 바탕으로 의사결정을 해야 한다. 특히 오늘날과 같이 고객의 라이프스타일과 구매패턴의 변화가 심하고 경쟁이 격화되는 상황에서 객관적인 정보없이 직관이나 주관적 판단에 의존하여 의사결정을 한 경우 의사결정의 불확실성과 위험성이 커진다.

마케팅조사(marketing research)는 의사결정의 불확실성이나 위험을 줄이기 위해 고객이나 환경과 관련된 객관적 자료를 수집하여 분석하고 이를 의사결정에 유용한 정보로 가공하는 활동을 말한다. 오늘날 마케팅조사는 〈표 7-1〉에서 보는 것처럼 고객의 충족되지 않은 욕구의 파악, 표적시장의 선택, 제품계획, 가격결정 및 광고 등의 마케팅 의사결정에 필수적인 것이 되고 있다.

표 7-1 마케팅조사가 지원할 수 있는 질문의 예

구분		질문의 예
계획수립		· 어떤 소비자가 자사제품을 구매하는가? / 그들은 어느 지역에 거주하고 있는가 / 그들의 소득은 얼마인가? · 자사제품의 시장은 증대되고 있는가? 감소되고 있는가? / 아직 침투되지 않은 유망한 시장이 있는가? · 자사제품의 유통경로에 변화가 일어나고 있는가? / 새로운 유통기관들이 출현할 것인가?
문제해결	제 품	· 고객의 충족되지 않은 욕구는 무엇인가? · 어떤 디자인이 가장 성공할 것인가? · 어떤 유형의 포장을 해야 하는가?
	가 격	· 자사제품의 가격을 어느 정도로 해야 하는가? · 가격을 변경하면 매출액은 어느 정도 커지는가?
	유 통	· 어떤 유통경로를 통해 자사제품을 판매해야 하는가? · 중간상 촉진을 위하여 어떤 유인책을 써야 하는가?
	촉 진	· 촉진비용을 어느 정도 사용할 것인가? / 촉진비용을 제품별 지역별로 어떻게 할당할 것인가? · 어떤 광고매체를 사용할 것인가? · 광고문안은 효과적인가?
통 제		· 자사의 시장점유율은? / 지역별, 고객유형별 시장점유율은? · 고객은 자사의 제품에 만족하고 있는가? / 자사의 서비스는 어떻게 평가되고 있는가? / 수익성은 어느 정도인가? · 자사에 대한 고객들의 평판은 어떤가? / 거래처의 평판은 어떤가?

4.2 2차자료와 1차자료

마케팅조사를 할 때에는 먼저 수집해야 할 자료의 유형을 결정해야 하는데, 자료의 유형에는 1차자료와 2차자료가 있다. 2차자료(secondary data)는 다른 목적을 위해 이미 수집되어 있는 기존의 자료를 말하며, 1차자료(primary data)는 당면한 특정의 조사목적을 위하여 직접 수집하는 자료를 말한다.

일반적으로 마케팅조사는 2차자료를 수집하는데서 시작하는데, 그 이유는 2차자료가 1차자료보다 비용이 저렴하고 신속하게 수집될 수 있기 때문이다. 2차자료로는 기업 내부의 데이터베이스에 저장된 자료, 정부간행물, 연구소나 경제단체에서 발행한 간행물 등을 들 수 있다. 그러나 2차자료는 당면한 조사문제 해결을 위해 기업이 직접 수집한 자료가 아니기 때문에, 그 자료가 조사목적에 적합하지 않거나, 자료가 너무 오래되었거나, 정확하지 않을 수도 있다. 또한 문제해결을 위한 2차자료가 존재하지 않을 수도 있다. 그러므로 문제해결을 위해서 대부분의 경우 1차자료를 수집하게 된다.

1차자료 수집을 위해서는 다음에서 살펴보는 것처럼 조사방법, 응답자 접촉방법, 표본추출계획, 조사수단을 결정해야 한다.

4.3 마케팅조사의 유형

1. 관찰조사

관찰조사는 조사대상자들의 행동이나 상황을 관찰하여 자료를 수집하는 것이다. 예를 들어 식품제조업자들이 조사원을 소매점포에 파견하여 자사상표와 경쟁상표의 진열위치나 가격, 또는 고객의 구매패턴과 구매량 등을 조사할 수 있다. 또한 의류 제조업체가 홍대입구에서 젊은이들이 선호하는 의류스타일이나 색상 등을 관찰할 수 있다. 가정내에서 CCTV를 부착하여 제품사용 습관을 관찰함으로써 제품을 개선하는데 활용할 수 있다.

2. 설문조사

설문조사(survey)는 설문지를 이용하여 자료를 수집하는 방법이다. 설문조사는 1차자료를 수집하기 위해 가장 널리 사용되는 수단으로, 관찰조사로는 수집할 수 없는 소비자들의 지식, 태도, 선호도와 같은 기술적인 정보(descriptive information)를 수집하는데 적합하다.

3. 실험조사

실험조사는 인과관계를 파악하는 데 적절한 조사방법이다. 실험조사는 실험대상자들을 몇 개의 집단으로 나누고, 집단별로 원인변수를 다르게 조작한 다음 결과변수에 대한 각 집단별 반응의 차이를 조사하는 것이다.

예를 들어 새로 제작된 세 개의 광고물의 효과를 평가하기 위해 소비자들을 세 집단으로 나누고, 각 집단에 서로 다른 광고물을 보여준 다음 집단들 간에 각 광고물에 대한 기억의 정도나 선호도에 차이가 있는지를 알아볼 수 있다.

4.4 응답자 접촉방법

조사자가 자료를 수집하기 위해 응답자와 접촉하는 방법에는 우편설문, 전화면접, 대인면접, 온라인이 있다. 〈표 7-2〉에서 보는 것과 같이 각 접촉방법은 장·단점을 가지고 있으므로 조사목적과 수집하고자 하는 자료의 유형과 양에 따라 적절한 방법을 선택해야 한다.

표 7-2 우편, 전화면접, 대인면접, 인터넷조사의 장·단점

	우 편	전 화	대인면접	온라인
융통성	나쁨	좋음	매우 좋음	좋음
데이터의 양	좋음	적당	매우 좋음	보통
면접자 영향력의 통제	매우 좋음	적당	나쁨	적당
표본의 통제	적당	매우 좋음	좋음	매우 좋음
데이터 수집의 신속성	나쁨	좋음	좋음	좋음
응답률	적당	좋음	좋음	좋음
비용	좋음	적당	좋음	매우 좋음

· 자료 : P. Kotler and G. Armstrong(2007), *Principles of Marketing, 12th ed.*, Pearson

1. 우편설문

우편설문(mail questionnaires)은 잠재적 응답자에게 설문지를 우송하여 정보를 수집하는 방법이다. 우편설문은 저렴한 비용으로 많은 정보를 수집할 수 있으며, 직접 면담을 하지 않으므로 면접자의 편견이 개입하지 않는다는 장점이 있다.

2. 전화면접

전화면접(telephone interview)은 정보를 신속하게 수집하는데 가장 좋은 방법이다. 또한 전화면접은 면접자가 질문에 대해 추가적인 설명을 해 줄 수 있으며, 상황에 따라 질문을 생략하거나 다른 질문을 할 수 있다는 점에서 융통성이 크다.

3. 대인면접

대인면접(personal interview)에는 개인면접과 집단면접이 있다. 개인면접은 집, 직장, 길거리, 쇼핑몰 같은 곳에서 직접 개인과 접촉하여 자료를 수집하는 방법이다. 개인면접은 매우 융통성이 높은 방법이다.

집단면접은 훈련된 사회자가 6~10명의 사람을 초청하여 사회자의 중재하에 참가자가 자신들의 생각을 잘 표현하게 함으로써 제품, 서비스 또는 조직에 관한 정보를 수집하는 방법이다.

4. 온라인 조사

최근에는 정보기술과 인터넷의 발달로 온라인 조사를 이용하는 기업이 늘고 있다. 기업

은 인터넷 설문조사, 온라인 패널, 온라인 집단면접 등과 같은 온라인 조사를 통해 1차자료를 수집한다.

4.5 표본추출방법

마케팅조사는 전체 조사대상인 모집단 가운데서 일부를 표본으로 추출하여 이들로부터 자료를 수집하고 이를 근거로 모집단의 생각이나 태도, 그리고 행동을 추정하는 표본조사가 일반적이다. 표본조사는 전수조사에 대해 시간과 비용을 절감할 수 있다. 표본추출을 위해서는 다음과 같은 요소들을 고려해야 한다.

첫째, 관심의 대상이 되는 집단인 모집단을 결정해야 한다. 일반적으로 표적고객이 모집단이 되는 경우가 많다.

둘째, 표본추출 방법을 결정해야 한다. 표본추출 방법에는 크게 확률표본 추출방법과 비확률표본 추출방법으로 구분된다. 확률표본 추출방법은 단순무작위 표본추출 방법과 같이 응답자가 표본으로 추출될 확률을 미리 알 수 있는 표본추출 방법이다. 이 방법은 표본오차의 추정을 통해 추출된 표본이 모집단을 얼마나 잘 대표할 수 있는가를 알 수 있는 표본추출 방법이다. 그렇지만 이 방법은 시간과 비용이 많이 드는 단점이 있다. 비확률 표본추출방법은 편의표본추출 방법과 같이 임의적으로 표본을 추출하므로 조사대상이 표본으로 추출될 확률이 어느 정도인지를 알 수 없는 표본추출 방법이다. 이 방법은 편리하고 시간과 비용이 적게 든다는 장점은 있으나 추출된 표본이 모집단을 얼마나 잘 대표하는지를 알지 못하므로 분석결과를 일반화시키는 데는 한계가 있다.

셋째, 표본의 크기를 결정해야 한다. 표본의 크기가 클수록 대표성과 신뢰성은 높아지지만 시간과 비용이 많이 소요되므로, 기업은 조사목적에 따라 두 요인을 적절히 조절하여야 한다.

4.6 조사수단

마케팅조사의 수단에는 설문지와 기계장치가 있다.

1. 설문지

설문지는 마케팅조사에서 가장 많이 이용되는 조사수단으로 응답자들이 적절히 응답할 수 있는 여러 가지 질문들로 구성된다. 잘못 설계된 설문지는 응답자로부터 부정확한 답변을 얻기 쉽기 때문에 설문지는 신중하게 개발되어야 한다.

설문지를 작성하기 위해서는 우선 수집해야 할 정보의 내용이 확정되어야 한다. 그리고 이 정보를 수집하기 위한 개별문항을 완성해야 한다. 개별문항은 〈표 7-3〉에서 보는 것과

표 7-3 질문의 유형

1. 선택형 질문		
구 분	설 명	예
이분형	선택 대안이 2개인 경우	귀하께서는 향후 3년 이내에 자동차를 구입할 예정이십니까? (1) 예________ (2) 아니오________
선다형	선택 대안이 3이상인 경우	귀하께서는 현재 어느 회사 제품의 자동차를 보유하고 계십니까? (1) 현대 (2) 대우 (3) 삼성 (4) 기아 (5) 기타
리커트척도	응답자의 동의정도를 묻는 질문	귀하가 사용하고 있는 자동차의 만족 정도를 평가해 주십시오. 매우불만족 불만족 보통 만족 매우만족 ① ② ③ ④ ⑤
어의차이형	양쪽 끝에 상이한 형용사를 표시한 질문	현대자동차는 경제적이다 ① ② ③ ④ ⑤ 비경제적이다 소음이 적다 ① ② ③ ④ ⑤ 소음이 많다
중요성척도	속성의 중요도를 나타낸 질문	자동차의 구매시 가격은 전혀 중요치 않다 ① / 중요치 않다 ② / 보통이다 ③ / 중요하다 ④ / 매우 중요하다 ⑤
구매의도 척도	구매의도를 평가하기 위한 질문	자동차 가격이 현재보다 20% 상승한다면 구입하시겠습니까? 반드시 구입한다 ① / 아마도 구입한다 ② / 확실치 않다 ③ / 아마도 구입안한다 ④ / 절대 구입안한다 ⑤
서열척도	개별상표의 선호도를 평가하기 위한 질문	귀하께서 선호하시는 자동차를 순서대로 표시하여 주십시오. 현대 ( )위 쌍용 ( )위 삼성 ( )위 기아 ( )위

2. 개방형 질문		
비체계형	형식에 상관없이 답하도록 하는 질문	현대자동차에 대한 귀하의 의견은? ________
단어 연상형	응답자에게 단어를 제시하고 연상되는 생각을 묻는 질문	다음 단어를 들었을 때 가장 먼저 떠오르는 생각은 무엇입니까? (1) 현대자동차 ________ (2) 기아자동차 ________
문장완성형	미완성 문장을 완성하도록 하는 질문	현대자동차의 개선사항은 ________

같이 질문방식에 따라 개방형 질문과 선택형 질문으로 나누어진다. 설문지는 본조사를 실시하기 앞서 초안에 대한 사전조사(pretest)를 통해 잘못된 것이나 응답자가 이해하기 어려운 내용이 없는지를 점검해야 한다.

2. 기계장치

설문지가 가장 많이 사용되는 조사수단이지만 기계장치도 많이 이용된다. 예를 들어 eye camera는 조사대상자의 눈동자의 움직임을 포착하여 시선이 어떤 부분에 먼저 머무르며, 얼마나 오래 머무르는지 등을 측정하는 장치로서 효과적인 광고물을 제작하는데 도움을 준다. TV시청률은 표본으로 선택된 가정에 people meter라는 기계장치를 부착함으로써 실시간 조사가 가능하다.

토 의 문 제

1. 가치란 제품을 구매했을 때 얻게되는 총 혜택에서 제품의 구매를 위해 지불하는 총 비용을 차감한 것을 말한다. 귀하가 휴대폰을 구매했을 때 얻게되는 혜택과 지불하는 비용을 구체적으로 설명하여 보아라.

2. 어떤 고급패션 의류점원이 “우리 고객은 고관여 구매행동을 보인다”고 말했다면 귀하는 이에 동의하는가? 그 이유는 무엇인가?

3. 인터넷을 통한 마케팅조사의 활용이 커지고 있다. 온라인에서 진행되는 마케팅조사의 강점과 약점에 대해 토론하여 보자.

연 습 문 제

1. 고객은 모든 기업활동의 초점이 되어야 한다. 그 이유는 무엇인가?

2. 소비자 욕구를 어떻게 발견하고 만족시키는지를 설명하여라.

3. 고객관계관리가 왜 중요한지 설명하여 보아라.

4. 포괄적 문제해결, 제한적 문제해결, 일상적 문제해결의 차이를 비교하여 보아라.

5. 소비자행동에 영향을 미치는 주요 요인에 대해 설명하여라.

6. 마케팅조사란 무엇인가? 왜 마케팅조사가 중요한가?

CHAPTER
08

고객중심적 마케팅

01 마케팅의 개념과 과정
02 마케팅전략
03 마케팅믹스

야놀자, 국내 1위 포지셔닝 강화…파격적 고객 혜택 전략 통했다

▮고객 최우선 전략 기반 가격 경쟁력 강조한 겨울 성수기 캠페인 인기…주요 앱 지표 압도적 1위

글로벌 여가 플랫폼 기업 야놀자(총괄대표 이수진)가 파격적인 고객 혜택 전략으로 올 겨울 성수기에도 국내 1위 포지셔닝을 강화하고 있다.

야놀자는 자체 보유한 국내 최다 여가 빅데이터를 분석한 결과, 전반적인 여행 비용 상승 및 글로벌 경기 침체의 영향으로 고객들의 가격 민감도가 높아질 것으로 예상해 고객 혜택을 강화해왔다. 올 겨울 성수기 역시 고객 최우선 전략을 기반으로 국내 최고 수준의 가격 경쟁력을 강조한 '킹특가 야놀자'를 진행 중이다. 트렌드에 대한 선제적인 파악과 이를 기반으로 한 대고객 전략으로 지난해 총 587억 원 상당의 혜택을 제공했으며, 캠페인 할인 혜택을 이용한 고객 수도 326만 명을 넘어섰다.

고객 혜택 강화 전략의 성공은 각종 지표에서도 두드러지게 나타났다. 지난 12월 야놀자 거래액은 팬데믹 이전인 19년 동기 대비 74% 신장해 견조한 성장세를 보였다. 또한, 모바일 빅데이터 플랫폼 기업 아이지에이웍스의 모바일인덱스 인사이트 추정 데이터(Android OS+iOS)에 따르면, 22년 12월 한 달간 야놀자는 MAU(월 순 방문자 수) 380만 명을 돌파했고 월간 총 사용 시간 · 활성기기 수 등 주요 앱 지표에서 여행 카테고리의 압도적 1위를 차지했다.

야놀자는 이러한 성장세를 이어가기 위해 오늘 오전 10시부터 'THE 놂' 이벤트를 진행한다. 이달 말까지 야놀자 앱에서 새해 여행 계획을 공유하면 추첨을 통해 최대 100만 원 상당의 여행 지원금을 제공한다. 또한, 지난 해 야놀자 최다 이용 고객, 야놀자 라이브 최다 구매 고객 등을 선정해 30만 원 상당의 포인트를 지급한다. 이외에도 2022년 야놀자 이용 데이터를 분석해 동물로 알아보는 나만의 여행 취향을 확인할 수 있다.

야놀자 관계자는 "고객을 최우선으로 두고 빠르게 변화하는 여가 트렌드를 선제적으로 반영해 가격 경쟁력을 강화한 결과, 이번 겨울 성수기에도 국내 1위 여행 플랫폼으로서의 입지를 공고히 할 수 있었다"

면서, "앞으로도 자체 보유한 국내 최다 여가 빅데이터를 기반으로 고객의 니즈를 고려한 차별화된 혜택과 서비스를 지속 선보일 계획"이라고 말했다.

• 출처: 대한뉴스, 2023년 1월 17일자

앞장에서 고객은 기업존립의 기반이라고 했다. 기업의 여러 가지 기능 중에서 마케팅은 주로 고객과 관련되어 있다. 마케팅부서는 고객에게 높은 가치를 제공하여 고객만족을 극대화하기 위해서 고객이 누구인가를 정의하고, 고객의 창조와 유지를 위해서 필요한 전략과 전술을 계획하고, 실행하고, 통제한다. 이 장에서는 고객중심적 마케팅전략과 마케팅믹스에 대해 살펴본다. 이 장의 학습목표는 다음과 같다.

1. 마케팅전략과 마케팅믹스에 대해 이해한다.
2. 시장세분화의 개념과 방법에 대해 이해한다.
3. 세분시장의 평가와 표적시장의 선정에 대해 살펴본다.
4. 제품의 포지셔닝에 대해 이해한다.
5. 마케팅믹스의 구성요소인 제품, 가격, 유통, 촉진과 관련된 의사결정에 대해 살펴본다.

01 마케팅의 개념과 과정

앞장에서 우리는 기업의 존립기반은 고객이며, 고객과 유익한 교환을 창출하고 유지하는 것이 기업의 핵심과업이라는 것을 살펴보았다. 이러한 과업을 달성하기 위해서 기업은 고객이 충족하고자 하는 욕구가 무엇인가를 파악하여 이를 반영하는 제품이나 서비스를 제공함으로써 그들에게 만족을 주어야 한다.

그러면 교환을 창출하고 유지하기 위해서 기업에서 어떤 기능이 수행되어야 하는가? 사실 기업이 수행하는 모든 기능들은 고객의 욕구충족을 극대화하기 위해 가치를 부가하는 활동으로 이해해야 하지만, 그 중에서도 고객이 누구인가를 정의하고, 고객과의 교환을 이끌어내기 위한 전략과 전술을 계획하고 실행하는 과업은 마케팅(marketing)기능과 관련되어 있다.

한국 마케팅학회에 따르면 마케팅을 다음과 같이 정의하고 있다.

> 마케팅은 조직이나 개인이 자신의 목적을 달성시키는 교환을 창출하고 유지할 수 있도록 시장을 정의하고 관리하는 과정이다.

위의 정의에서 보면 마케팅의 목적은 기업의 목표달성을 위해 시장(고객집단)과 교환을 창출하고 유지하는 것이다. 교환(exchange)은 마케팅의 핵심개념이다. 이 정의에서 교환의 창출과 유지란 신규고객을 창출하는 것뿐 아니라 창출된 고객과 지속적으로 관계를 유지하는 것을 의미한다. 이를 위해 기업은 시장(즉, 고객집단)이 누구인가를 파악하여 기업이 원하는 방향으로 시장의 행동을 이끌어 내려고 한다.

시장을 정의하고 관리하는 과업은 마케팅전략과 마케팅믹스 프로그램에 의해 달성된다. 마케팅전략(marketing strategy)은 고객가치의 창출을 위해 마케팅활동의 기본방향을 설정하는 것이다. 마케팅전략은 구체적으로 어떤 고객을 대상으로(시장의 선택), 어떻게 차별화된 제품이나 서비스를 제공할 것인가(포지셔닝)를 결정하는 것이다. 기업은 전체시장의 범위를 파악하고 그 시장을 비슷한 특성과 욕구를 가진 세분시장으로 나눈 후, 가장 매력적인 세분시장을 선택하고, 가치제안을 통해 그 세분시장의 고객을 경쟁사보다 더 잘 만족시킬 수 있는 방법을 모색하게 된다.

마케팅전략이 수립되면 기업은 선택된 포지션을 지원하기 위해 마케팅믹스(marketing mix) 프로그램을 설계한다. 마케팅믹스는 고객가치를 창출하기 위한 활동으로 기업이 통제가능한 네 가지 수단(4P)인 제품(Product), 가격(Price), 유통(Place), 촉진(Promotion)으로 구성된다. 기업은 고객을 획득하고 유지하기 위해 고객이 원하는 제품을 개발하여, 이를 적절한 가격에 공급하고, 촉진을 통해 제품의 정보를 제공하고 설득하며, 제품이 고객에게 전달될 수 있는 유통경로를 선택하고 관리해야 한다.

이상과 같은 마케팅과정을 통해 경쟁기업보다 더 높은 가치를 창출하여 고객을 만족시키고 더 나아가서 장기적 관계를 구축함으로써 기업은 원하는 시장점유율, 수익, 고객충성심과 같은 목표를 달성하게 된다.

02 마케팅전략

기업의 마케팅전략은 매스마케팅에서 표적시장 마케팅으로 이동해 왔다. 매스마케팅(mass marketing)은 고객의 차이와 욕구를 고려하지 않고 전체시장을 대상으로 단일의 제품이나 서비스를 제공하는 마케팅전략이다. 매스마케팅은 규모의 경제와 경험곡선 효과를 통한 원가절감으로 낮은 가격을 고객에게 제공할 수 있다는 장점이 있으나 다양한 고객의 욕구를 충족시키는데는 한계가 있다.

그림 8-1 마케팅전략 과정

반면 표적시장 마케팅(segmentation marketing)은 고객의 욕구가 다양화되고 고도화된 상황에서 적합한 마케팅이다. 이것은 고객의 욕구차이에 따라 시장을 세분화하여, 하나 혹은 그 이상의 표적시장을 선정하고, 각 표적시장에 적합한 제품과 마케팅 프로그램을 개발하는 것이다. 예를 들어 현대자동차는 제네시스, 그랜저, 소나타, 아반떼, 엑센트와 같이 각 세분시장의 욕구에 맞는 차별화된 모델들을 출시하여 고객의 다양한 욕구에 대응하고 있다.

표적시장 마케팅은 시장세분화 → 시장표적화 → 포지셔닝의 과정을 거친다.

2.1 시장세분화

1. 시장세분화의 개념

고객을 만족시키기 위한 마케팅을 위해서는 먼저 고객이 누구인가, 그리고 그들이 원하는 것은 무엇인가를 파악하여야 한다. 고객의 욕구는 동질적이지 않고 이질적이다. 예를 들어 고객의 소득, 나이, 사회계층, 라이프스타일, 개성에 따라 고객이 원하는 제품의 유형은 다르다고 할 수 있다. 그렇기 때문에 단일제품으로 모든 고객의 욕구를 충족시키기는 어렵고 고객의 다양한 욕구에 따라 각기 다른 제품을 제공해야 만족도가 높아질 것이다. 그러므로 고객중심적 마케팅은 시장세분화를 통해 고객의 욕구차이를 확인하는데서 시작된다.

시장세분화(market segmentation)란 전체시장을 동질적인 욕구, 특성, 행동을 보이는 작은 시장으로 분할하는 과정을 말한다. 시장세분화를 통해 확인되는 동질적 욕구를 가지는 작은 시장들을 세분시장(market segment)이라고 한다. 시장세분화를 통해 기업은 독특한 욕구나 특성에 적합한 제품과 서비스로 세분시장에 효과적으로 도달할 수 있다. 기업이 시장세분화를 하는 목적은 다음과 같다.

- 이질적이고 다양한 고객욕구를 보다 잘 충족시킬 수 있다. 고객의 욕구는 매우 이질적이고 다양하기 때문에 제품에서 기대하는 혜택이나 품질수준, 특징, 가격 등이 모

두 다르다. 그러므로 모든 소비자들에게 동일한 방식으로 접근하는 것 보다는 시장세분화를 통해 각 세분시장에 각기 다른 제품이나 마케팅 프로그램으로 접근하는 것이 고객의 욕구충족도를 높이는데 도움이 된다.

- 시장세분화를 통해 고객의 욕구를 보다 체계적으로 이해할 수 있기 때문에 자칫 눈에 띄지 않고 충족되지 않은 고객욕구를 발견함으로써 새로운 마케팅기회를 확인할 수 있다.
- 각 세분시장에 적합한 브랜드를 개발함으로써 자사 브랜드들 간의 불필요한 경쟁을 방지할 수 있다. 기업은 각기 다른 표적시장에 대해 차별점이 명확히 다른 브랜드를 제공함으로써 자사 브랜드들 간에 발생할 수 있는 불필요한 경쟁을 피할 수 있다.

2. 시장세분화의 방법

시장은 욕구나 특성이 다른 여러 유형의 고객으로 구성되어 있다. 따라서 기업은 어떤 기준으로 시장을 세분화하는 것이 가장 좋은 마케팅기회를 제공하는지를 판단해야 한다. 시장세분화 변수에는 고객이 누구인지를 나타내는 고객 특성변수(지리적 변수, 인구통계적 변수, 심리묘사적 변수)와 구매행동과 밀접한 관련이 있는 고객행동변수가 있다.

(1) 고객특성 변수

■ 지리적 변수

지리적 세분화(geographic segmentation)는 시장을 국가, 지역, 도시, 동네 등과 같이 특성이 서로 다른 지리적 단위로 구분하는 것이다. 예를 들어 편의점은 주택가, 사무실 주변, 대학가 등으로 입지를 구분하여 각 지역의 고객들이 자주 구매하는 품목으로 구색갖춤을 할 수 있다. 글로벌 마케팅을 하는 기업은 세계시장을 국가단위나 지역단위로 세분화하여 각 세분시장의 사회 · 문화적 특성에 맞는 마케팅 프로그램을 개발할 수 있다.

■ 인구통계적 변수

인구통계적 세분화(demographic segmentation)는 시장을 연령, 성별, 소득, 직업, 교육수준, 가족규모, 가족생애주기 등과 같은 변수를 기준으로 시장을 구분한다. 고객의 욕구는 나이와 성별, 소득 등에 따라 변화한다. 기업은 연령대별로 다른 제품을 제안하는데 의류, 가구, 레크리에이션 취향은 주로 나이와 관계가 있다. 성별은 의류, 화장품, 잡지 등의 제품에서, 소득은 자동차, 의류, 금융서비스, 골프회원권 등의 제품에서 많이 활용된다.

인구통계적 변수는 고객집단을 세분화하는데 가장 널리 활용되는 변수이다. 그 이유는 소비자의 욕구나 사용량 등이 인구통계적 변수와 밀접하게 관련되어 있을 뿐 아니라 세분시장의 규모를 측정하기가 용이하기 때문이다.

■ 심리묘사적 변수

심리묘사적 세분화(psychographic segmentation)는 고객을 사회계층, 라이프스타일, 개성과 관련된 특징을 기준으로 시장을 세분화한다. 동일한 인구통계적 집단에 속하는 사람이라고 하더라도 사회계층이나 라이프스타일이 서로 다를 수 있다. 사회계층(social class)은 비슷한 가치관과 관심사, 행동을 공유하는 사람들끼리 구성된 사회적 구분을 말한다. 모든 사회는 상류층, 중류층, 하류층 등으로 구분되는 계층구조가 있는데, 사회계층별로 의류, 가구, 레저활동, 자동차 등에서 비슷한 구매행동 패턴을 보인다.

라이프스타일(life style)은 사람들의 생활양식 또는 시간과 돈을 소비하는 방식을 말한다. 라이프스타일에 따라 사람들이 선호하는 활동(취미, 스포츠 등), 관심(음식, 패션, 레크리에이션 등), 의견(정치, 비즈니스, 제품 등)이 다르고 이에 따라 사람들이 선호하는 제품이 달라진다. 예를 들어 SUV는 아웃도어 활동을 선호하는 라이프스타일을 가진 고객집단을 주요 공략대상으로 한다.

(2) 고객행동 변수

■ 추구혜택

고객이 제품에서 추구하는 혜택을 기준으로 시장을 세분화하는 것이다. 치약은 충치예방(페리오), 향기(클로즈 업), 미백효과(트라이덴) 등과 같이 추구하는 혜택을 기준으로 세분화되고 있다.

■ 사용상황

어떤 시간과 장소 그리고 어떤 경우에 제품이 사용되는가에 따라 시장을 세분화할 수 있다. 컨디션은 술마신 후에, 프로스팩스 W는 워킹의 상황에 초점을 맞추고 있다.

■ 사용량

제품을 소비하는 양에 따라 고객을 소량사용자, 중간사용자, 다량사용자로 시장을 구분할 수 있다. 일반적으로 소수의 다량사용자들이 전체 소비에서 높은 비율을 차지한다. 80/20 룰에 의하면 20%의 소비자가 80%의 소비를 한다. 다량사용자는 소량사용자와는 다른 특징을 가지는 경우가 많으므로 기업은 사용량에 따라 마케팅 프로그램을 달리할 수 있다. 밀러사는 맥주의 다량사용자들이 맥주의 높은 칼로리로 인해 비만과 건강을 걱정하고 있음을 발견하고 칼로리가 낮은 라이트 맥주를 출시하여 성공을 거두었다.

CASE 에이스침대는 침대시장의 고객들이 추구하는 혜택을 기준으로 일차적으로 시장세분화를 하고, 각 세분시장에 속한 고객들의 인구통계적 특성을 파악하여 기능성을 중시하는 세분시장 2를 새로운 표적시장으로 삼아 "침대는 가구가 아니라 과학입니다"라는 슬로건으로 큰 성공을 거두었다.

표 에이스침대의 시장세분화

	세분시장1	세분시장2	세분시장3
추구혜택	정통성, 다양성	기능성, 저렴한 가격	조화성
인구통계적 특성	35세 이상 주부	25~34세 주부	미혼 여성
경쟁브랜드	에이스 기타 침대전문업체	종합가구업체 (바로크, 보르네오 등)	종합가구업체 군소가구업체

■ 브랜드 충성도

브랜드 충성도(brand royalty)란 어떤 브랜드에 대해 애착을 가지고 지속적으로 그 브랜드를 구매하려는 성향을 말한다. 고객을 브랜드 충성도의 수준에 따라 세분화하여 충성도가 높은 고객에게는 충성도를 지속적으로 유지하도록 우대조치를 취하며, 충성도가 낮은 고객에게는 무료샘플이나 쿠폰을 제공하여 자사브랜드를 사용할 기회를 제공할 수 있다.

(3) 시장세분화 변수의 복합적 사용

기업이 하나의 변수를 가지고 시장세분화를 하는 경우는 많지 않다. 기업은 잘 정의된 표적시장을 발견하기 위해 여러 가지 세분화변수를 복합적으로 활용하는데 먼저 고객 행동변수를 이용하여 시장을 세분화한 다음, 고객특성 변수를 이용하여 각 세분시장을 파악하는 것이 일반적이다.

고객행동 변수는 구매행동과 관련이 있으므로 비슷한 욕구를 가지고 있는 집단을 파악하는데 효과적이다. 그러나 행동변수를 이용하여 시장을 세분화했다고 하더라도 고객특성 변수를 이용하여 각 세분시장을 구성하고 있는 고객들이 누구인지를 파악해야 효율적으로 이들에게 접근할 수 있다.

예를 들어 특정한 혜택을 추구하는 세분시장의 라이프스타일이나 인구통계적 특성을 파악하여 광고메시지를 제작하거나 이들이 선호하는 매체를 선택함으로써 마케팅 커뮤니케이션 효과를 높일 수 있다.

3. 효과적인 시장세분화의 조건

시장세분화가 효과를 거두기 위해서는 다음과 같은 조건들을 갖추어야 한다.

- **측정가능성** : 세분시장의 크기와 구매력을 측정할 수 있어야 한다. 세분시장의 크기나 구매력을 측정할 수 있을 때 이익이나 매출액 등을 추정할 수 있을 뿐 아니라 효과적인 마케팅전략의 수립이 가능하다.
- **접근가능성** : 세분시장의 고객들에게 효과적으로 접근할 수 있어야 한다. 효과적 커뮤니케이션을 하기 위해서는 세분시장의 고객들이 어떤 매체에 주로 노출되는지, 어떤 지역에 거주하는지를 알아야 한다. 예를 들어 컴퓨터에 익숙하지 않은 노인들을 대상으로 인터넷마케팅을 하는 것은 접근가능성에 문제가 있을 수 있다.
- **적절한 규모** : 세분시장은 진출할만한 적절한 규모와 수익가능성이 있어야 한다. 세분시장은 맞춤형 마케팅 프로그램을 추구할 가치가 있을 정도로 규모가 크면서도 동질적인 집단으로 구성되어야 한다.
- **차별화 가능성** : 서로 다른 세분시장에 속하는 고객들은 욕구나 행동의 차이가 뚜렷할 뿐 아니라 서로 다른 마케팅 프로그램에 대해 다르게 반응해야 한다. 예를 들어 기혼여성과 미혼여성이 향수세일에 비슷하게 반응한다면 이는 다른 세분시장이라고 할 수 없다.

2.2 시장표적화

시장표적화(targeting)는 시장세분화를 통해 파악된 각 세분시장의 매력도를 평가하여 하나 혹은 그 이상의 표적시장을 선택하는 과정이다. 표적시장(target market)은 기업이 진출하고자 하는 공통된 욕구와 특징을 가지고 있는 시장을 말한다.

기업은 여러 세분시장을 평가하여 어떤 세분시장에 그리고 몇 개의 세분시장에 진출할 것인가를 결정해야 한다. 기업은 경쟁사에 비해 우월한 가치를 제공하고 경쟁우위를 확보할 수 있는 매력적인 세분시장을 표적시장으로 삼아야 한다.

1. 세분시장의 평가

세분시장을 평가할 때에는 각 세분시장의 규모와 성장률, 구조적 요인, 기업의 자원과 목표를 살펴보아야 한다.

(1) 세분시장의 규모와 성장률

세분시장의 규모와 성장률은 기업의 자원과 능력 그리고 경쟁정도에 비추어 볼 때 적절해야 한다. 적절한 규모와 성장률이란 상대적인 것이다. 규모가 크고 성장속도가 빠른 세분시장이 항상 모든 기업에 매력적인 것은 아니다.

중소기업에게는 규모가 큰 세분시장에 진출하는데 필요한 자원과 기술이 부족하거나, 너무 경쟁이 치열하여 덜 매력적일 수 있다. 이런 기업은 규모가 작고 덜 매력적인 시장이지만 수익가능성이 높은 세분시장을 겨냥할 수도 있다.

(2) 구조적 요인

구조적 요인은 시장에 직접 또는 간접적으로 참여한 기업들이 어떤 행동을 보이는가와 관련된 것이다. 시장에 이미 강력하고 공격적인 경쟁자가 들어와 있거나 대체재가 다수 존재하는 시장은 매력도가 낮다.

구매자의 힘이 상대적으로 큰 시장은 매력적이지 않다. 자사에 비해 상대적으로 강한 교섭력이 있는 구매자는 가격을 낮추고, 더 많은 서비스를 요구하는 등 강압적인 행동을 할 수 있다. 또한 공급가격을 통제하거나 제품의 품질과 양을 통제할 수 있는 강력한 공급자가 있다면 그 시장의 매력도는 낮아진다. 그리고 세분시장의 진입장벽이 낮아 새로운 경쟁자가 쉽게 들어올 수 있는 시장도 매력도가 낮다.

(3) 기업의 목표와 자원

어떤 세분시장이 규모가 적정하고 성장가능성이 크며 또 구조적으로 매력적이라고 할지라도 그 세분시장이 기업의 목표와 자원, 기존 시장 그리고 기존 사업과 부합되는지를 고려해야 한다.

매력적인 세분시장도 기업의 장기적인 사명이나 목표와 부합되지 않기 때문에 무시될 수 있다. 예를 들어 고급 프레미엄 제품을 가진 기업은 이미지가 저하될 것을 우려하여 저가시장에 진출하는 것을 꺼린다. 또한 기업이 보유한 자원이나 기술이 부족하기 때문에 그 시장에 진출하기 어려울 수도 있다.

2. 표적시장의 선정

세분시장의 평가를 통해 기업은 어떤 세분시장에 진출할 것인가를 결정하게 된다. 표적시장의 범위와 수준에 따라 마케팅전략은 비차별적 마케팅, 차별적 마케팅, 집중적 마케팅으로 구분된다.

(1) 비차별적 마케팅

비차별적 마케팅(undifferentiated marketing) 혹은 대량마케팅(mass marketing)은 세분시장의 차이를 무시하고 하나의 제품으로 전체시장을 공략하는 전략이다. 비차별적 마케팅은 고객의 욕구차이보다는 공통점에 초점을 맞추어 대량유통과 대량촉진을 통해 가장 많은 수의 고객에게 소구할 수 있는 제품과 마케팅믹스 프로그램을 설계한다.

비차별적 마케팅은 설탕이나 소금 등과 같이 모든 고객이 대체로 동일한 선호를 가지는 경우 적합하다. 기업은 하나의 제품과 마케팅믹스 프로그램을 고객에게 제공함으로써 연구개발, 생산, 수송, 광고, 제품관리 등의 비용을 낮추어 낮은 가격으로 고객을 끌어들일 수 있다. 그러나 고객의 욕구가 다양할 경우 하나의 제품으로 모든 고객을 만족시키는 제품을 개발하는 것이 어려울 뿐 아니라, 각기 다른 세분시장을 대상으로 차별화된 마케팅을 전개하는 기업과 경쟁하는데 한계가 있다.

(2) 차별적 마케팅

차별적 마케팅(differentiated marketing)은 다양한 고객의 욕구에 최대한 부응하기 위해 여러 개의 세분시장을 표적시장으로 하여 각 표적시장의 특성에 맞게 차별화된 제품과 마케팅믹스 프로그램을 개발하는 전략이다. 예를 들어 아모레 화장품은 헤라, 설화수, 아이오페, 라네즈, 마몽드 등의 다양한 제품으로 각기 다른 세분시장을 공략한다.

기업은 각 세분시장별로 제품과 마케팅믹스 프로그램을 차별화하여 각 세분시장에서 높은 매출과 강력한 포지션을 구축할 수 있다. 그렇지만 차별적 마케팅은 다양한 제품을 생산하는데서 오는 연구개발비와 생산비 뿐만 아니라 추가적인 마케팅조사와 촉진비용을 증대시킨다. 그러므로 차별적 마케팅전략을 사용할 때 그로 인한 매출의 증가와 비용의 증가를 비교해 보아야 한다.

(3) 집중적 마케팅

집중적 마케팅(conceptration marketing)은 하나의 세분시장만을 표적시장으로 하여 기업의 마케팅노력을 집중시키는 전략이다. 예를 들어 아가방은 유아용품 시장에만 진출하여 그 분야에서 명성을 얻고 있다. 집중적 마케팅을 하는 기업은 특정 세분시장에 대한 풍부한 지식과 전문성 그리고 명성을 이용하여 경쟁우위를 확보할 수 있다.

집중적 마케팅은 특히 자원이나 역량에 한계가 있는 중소기업이나 전문화나 고급 이미지로 해당 세분시장에서 고수익을 추구하는 기업들이 사용하는 경우가 많다. 그렇지만 고객의 욕구가 변하거나 규모가 큰 대기업이 이 시장에 진출하게 되면 상당한 위험이 있을 수 있다.

3. 표적시장 선정시 고려요인

기업이 표적시장 선정전략을 선택할 때에는 다음과 같은 요인들을 고려해야 한다.

- 기업의 자원 : 기업의 자원이 한정되어 있을 때에는 집중적 마케팅이 합리적이다.
- 제품의 가변성 : 비차별적 마케팅은 설탕, 소금, 포도, 철강 등과 같이 표준화된 제품에 적합하다. 반면 의류, 자동차, 카메라 등과 같이 디자인이나 제품의 속성에서 차이가 많은 제품은 차별적 또는 집중적 마케팅이 적합하다.
- 제품수명주기 : 기업이 신제품을 시장에 소개하는 도입기에는 단일제품으로 비차별적 마케팅이나 집중적 마케팅을 하는 것이 좋다. 그러나 제품수명주기가 성숙단계에 있는 경우 차별적 마케팅이 더 적합하다.
- 시장의 가변성 : 모든 구매자가 동일한 기호를 가지고 있을 경우에는 비차별적 마케팅이 적합하다.
- 경쟁사의 전략 : 경쟁사가 차별적 마케팅이나 집중적 마케팅을 하는 경우 비차별적 마케팅은 적절하지 않다. 반대로 경쟁사가 비차별적 마케팅을 사용하는 경우 기업은 차별적 마케팅이나 집중적 마케팅을 함으로써 경쟁우위를 확보할 수 있다.

그림 8-2 표적시장 선정 전략

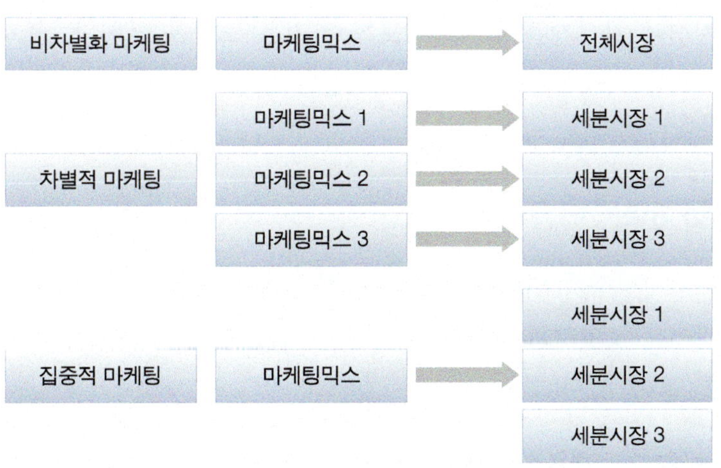

2.3 포지셔닝

1. 포지셔닝의 개념

기업이 표적시장을 선정한 다음에는 어떻게 차별화된 가치를 만들어 그 시장에서 어떤 포지션을 점유하기를 원하는지 결정해야 한다. 제품의 포지션(position)은 자사제품이 소비자의 마음 속에서 경쟁제품에 비해 상대적으로 차지하고 있는 위치이다.

예를 들어 칠성사이다는 카페인이 없는 순수한 청량음료로, 딤채는 김치냉장고로, 말보로 담배는 강한 남성용 담배로, 죽염치약은 잇몸치료용 치약으로, 꼬꼬면은 하얀국물의 라면으로 포지션되어 있다.

기업은 자사제품에 대해 독특한 포지션을 구축하기를 원한다. 그 이유는 자사제품이 시장내 다른 경쟁제품과 차이가 없는 것으로 지각된다면 고객이 자사제품을 구매해야 할 이유가 없기 때문이다.

포지셔닝(positioning)이란 표적고객이 자사제품을 구매해야 하는 적절한 이유 즉, 가치를 제안하는 것으로 표적고객의 마음속에 경쟁제품과 비교하여 명확하고, 차별화되고, 바람직한 포지션에 자사제품이 자리잡도록 하려는 노력을 말한다. 포지셔닝을 할 때 기업은 먼저 경쟁우위를 제공할 가치의 차별점에는 어떤 것이 있는지를 규명하여 포지션의 근간으로 삼아야 한다.

2. 차별화 전략

제품을 포지셔닝하기 위해서 기업은 먼저 비용과 혜택의 측면에서 경쟁우위를 제공할 가치의 차별점이 무엇인가를 규명해야 한다. 기업은 제품, 서비스, 유통경로, 직원, 이미지에서 차별화를 할 수 있다.

- 제품 차별화 : 제품의 물리적 속성을 차별화하여 경쟁우위를 구축할 수 있다. 기업은 제품의 특성, 성능, 품질, 디자인, 내구성, 신뢰성 등을 경쟁제품과 비교하여 상대적으로 우수한 속성을 발견하여 포지셔닝할 수 있다.
- 서비스 차별화 : 기업은 제품에 수반되는 서비스 예를 들어 주문의 용이성, 배달의 신속함, 유지 및 보수, 설치, 보증 등의 서비스를 차별화 요소로 활용할 수 있다. 예를

들어 도미노피자는 30분 이내의 배달을 약속하며, 현대자동차는 미국에서 다른 자동차보다 더 긴 10년, 10만마일 보증서비스를 제공한다.

- 인적 차별화 : 기업은 경쟁사보다 더 우수한 인력을 고용하고 훈련시킴으로써 강력한 경쟁우위를 확보할 수 있다. 특히 서비스산업에서 친절하고, 예의바르고, 고객과 공감대를 형성하고, 탁월한 업무처리능력을 가진 직원의 존재는 경쟁우위확보에 매우 중요하다.
- 이미지 차별화 : 성능에서 동일한 제품이라고 하더라도 고객은 좋은 이미지를 가진 제품에 대해 애착을 보인다. 따라서 강력하고, 호의적이며, 차별화된 이미지를 구축함으로써 경쟁우위를 확보할 수 있다.

3. 포지셔닝에 활용할 차별점의 선정

경쟁우위가 될 수 있는 몇 개의 잠재적인 차별점을 발견했다면 기업은 포지셔닝 전략을 구축하는데 토대가 될 구체적인 한 두개의 포지션을 선정해야 한다. 기업은 다음과 같은 요인을 고려하여 적합한 포지션을 선정해야 한다.

- 중요성 : 차별점은 표적고객에게 매우 중요한 혜택을 제공해야 한다.
- 독특성 : 경쟁사가 차별점을 제공하지 못하는 자사만의 독특한 것이어야 한다.
- 우수성 : 차별점은 소비자가 동일한 혜택을 얻을 수 있는 다른 방법보다 우수해야 한다.
- 의사소통 가능성 : 차별점이 표적고객에게 명확히 전달될 수 있어야 한다.
- 선점 가능성 : 경쟁사가 차별점을 쉽게 모방할 수 없어야 한다.
- 구매 가능성 : 구매자가 차별점에 대해 적절한 금액을 지불할 수 있어야 한다.
- 이익 가능성 : 차별점을 이용한 포지셔닝 전략을 통해 이익달성이 가능해야 한다.

4. 선택된 포지션의 실행

포지션이 선택되면 기업은 표적고객에게 포지션을 전달하기 위한 마케팅믹스 프로그램을 개발해야 한다. 기업은 의도한 포지션을 전달하기 위해 포지션에 맞는 제품의 개발, 가격결정, 유통망의 구축, 포지셔닝의 촉진 등과 같은 마케팅믹스 요소들을 통합적으로 활용해야 한다.

03 마케팅믹스

전술한 것과 같이 기업이 마케팅전략을 통해 표적시장을 선정하고 표적시장 내에서 경쟁자와 대비되는 포지션을 결정한 후에는 선택된 포지션을 전달하기 위한 마케팅믹스 프로그램을 설계하고 실행해야 한다.

마케팅믹스(marketing mix)란 기업이 표적시장의 고객들로부터 원하는 반응을 얻기 위해 사용하는 통제가능하고 전술적인 마케팅도구들의 집합을 말한다. 마케팅믹스는 4P 즉 제품(Product), 가격(Price), 유통(Place), 촉진(Promotion)으로 구성되어 있다. [그림 8-3]은 네 가지 마케팅믹스 요소의 예를 보여 주고 있다.

- **제품** : 제품은 기업이 표적시장에 제공하는 재화와 서비스의 묶음이다.
- **가격** : 가격은 제품을 획득한 대가로 지불해야 할 금액이다.
- **유통** : 유통은 표적고객이 제품을 쉽게 이용할 수 있도록 하는 활동이다.
- **촉진** : 촉진은 제품의 장점을 알리고 표적고객이 자사제품을 구매하도록 설득하는 활

그림 8-3 마케팅믹스 요소 : 4P

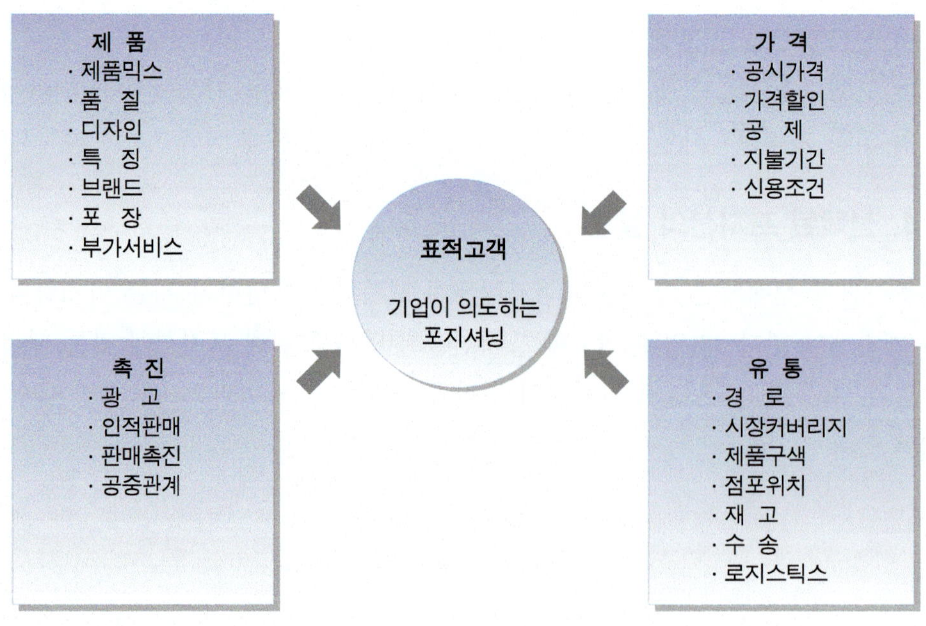

동이다.

마케팅믹스가 효과를 거두기 위해서는 모든 마케팅믹스 구성요소를 통합적으로 잘 결합하여야 한다. 예를 들어 기업이 자사의 제품에 대해 "비싼 가격으로 최고의 품질을"이라는 포지션을 구축하기로 결정했다면 기업은 최고의 품질을 생산하고, 가격을 높게 책정하고, 고품질의 제품을 취급하고 품격높은 서비스를 제공하는 점포를 통해 제품을 유통시키고, 우월한 제품과 서비스를 전달할 광고메시지를 개발하여 고품격 미디어에 광고해야 한다.

3.1 제품관리

제품은 교환의 대상물로서 욕구충족을 위하여 시장에 제공되는 것을 말한다. 고객은 궁극적으로 적절한 가격으로 자신이 추구하는 혜택이 큰 제품을 기대한다. 그러므로 기업이 경쟁사보다 표적시장의 욕구를 더 잘 충족시킬 수 있는 제품을 개발하고 관리하는 것은 마케팅믹스의 핵심이라고 할 수 있다.

1. 제품의 유형

제품은 크게 소비용품과 산업용품으로 나눌 수 있다. 소비용품은 최종소비자가 자신의 욕구충족을 위해 구매하는 제품이며, 산업용품은 제품을 생산하는데 투입하기 위해 구매되는 제품이다.

(1) 소비용품

소비용품은 쇼핑습관에 따라 다시 편의품, 선매품, 전문품으로 구분된다.

- **편의품** : 편의품은 청량음료, 비누, 치약, 과자 등과 같이 빈번하게, 최소의 노력으로 구매하는 제품이다. 편의품은 보통 저가격으로 판매되며 고객이 필요로 할 때 쉽게 이용할 수 있도록 여러 점포에서 취급된다.
- **선매품** : 선매품은 가구, 가전제품 등과 같이 적합성, 품질, 가격, 디자인 등을 비교하여 구매하는 제품이다. 소비자는 선매품의 구매과정에서 정보수집과 대안의 평가에 상당한 노력을 투입한다. 선매품은 보통 선별된 소수의 점포에서 취급되며, 고객이 대안을 비교하는 과정을 돕기위해 판매원이 중요한 역할을 한다.
- **전문품** : 전문품은 고급카메라, 오디오시스템 등과 같이 독특한 특성이나 브랜드 정체성을 가지고 있어 구매자들이 특별한 구매노력을 기울이는 제품이다. 고객들은 특

정한 브랜드에 높은 충성심을 가지고 있어서 다른 대안을 고려하지 않으며 구매를 위해 먼 곳까지 여행을 마다하지 않는다.

(2) 산업용품

산업용품은 생산공정에 투입되는 정도에 따라 다음과 같이 분류한다.

- **원자재와 부품** : 원재료(농산물, 철광석 등), 가공재(철강, 시멘트 등), 부품(타이어, 모터 등)과 같이 제품에 직접 투입된다.
- **자본재** : 제품생산에 도움을 주는 것으로 공장, 사무실, 공장설비, 기계장치와 같은 장비가 여기에 해당된다.
- **업무용 소모품과 서비스** : 종이, 연필, 수선 · 유지서비스 등이 여기에 해당된다.

2. 개별제품 의사결정

제품은 고객의 관점에서 볼 때 혜택(benetit)의 묶음이다. 고객이 제품을 구매하는 본질적인 이유는 실용적 혜택, 감성적 혜택, 상징적 혜택과 같은 여러 가지 혜택을 제공하기 때문이다. 이러한 혜택은 제품개발 과정에서 유형제품과 무형의 서비스로 구체화된다.

그러므로 기업이 제품을 개발할 때에는 먼저 고객이 제품으로부터 어떤 혜택을 기대하는가를 확인하여야 한다. 그리고 이 혜택을 구체적인 유형적 측면 즉, 품질, 특성, 디자인, 브랜드, 포장으로 구체화해야 한다. 고객은 유형적인 제품과 동시에 무형적인 서비스도 구매한다. 그러므로 제품을 개발할 때에는 유형적인 측면뿐만 아니라 애프터서비스, 배달, 신용제공, 보증, 제품설치 등의 부수적인 서비스도 동시에 고려해야 한다.

(1) 제품의 속성

고객이 제품으로부터 추구하는 혜택은 품질, 특성, 디자인과 같은 제품의 속성을 통해 고객에게 커뮤니케이션 되고 전달된다.

제품의 품질은 기업이 제품포지셔닝을 할 때 이용하는 주요 수단이다. 품질은 제품의 성능에 영향을 미치며, 고객가치와 고객만족에 밀접하게 연관되어 있다. 기업은 품질에 대한 고객의 욕구와 고객이 지불해야 할 비용, 경쟁제품의 품질수준 등을 고려하여 적절한 품질수준을 선택해야 한다.

기업은 기본모델에서 시작하여 다양한 특성을 추가함으로써 경쟁제품과 차별화할 수 있다. 그러므로 추가되는 특성이 고객에게 주는 가치와 지불해야 하는 가격을 비교하여 높은 가치를 부여하는 특성을 제품에 추가해야 한다.

고객가치를 추가하는 또 다른 방법은 독특한 디자인을 활용하는 것이다. 오늘날 디자인은 제품차별화의 주요 도구로 활용된다. 좋은 디자인은 미적인 측면뿐만 아니라 사용상의 편의성을 높이며, 생산원가를 절감하며, 제품성능을 향상시켜 경쟁우위를 창출하는데 기여한다.

(2) 브랜드

브랜드는 제조업자가 누구인지를 식별할 수 있게 하는 이름과 심벌, 디자인 등이 결합된 것을 말한다. 좋은 브랜드는 제품의 가치를 높이는데 기여한다. 브랜드는 브랜드명이나 심벌 그 이상을 의미한다. 브랜드는 고객과의 관계를 구축하는데 핵심적인 요소로서 제품에 대한 고객의 지각과 느낌을 상징한다.

강력한 브랜드는 브랜드자산을 가진다. 브랜드자산은 브랜드로 인해 얻게 되는 상징적, 차별적 효과를 말한다. 강력한 브랜드는 제품에 대한 고객의 선호와 충성심을 높이고, 가격민감도를 낮추며, 매출 및 수익을 증대시키는데 기여한다. 따라서 기업은 브랜드를 육성하여 지속적으로 브랜드자산을 높여 나가야 한다.

(3) 포 장

포장은 제품의 가치를 높이는 주요 마케팅도구가 되고 있다. 전통적으로 포장의 주요 기능은 제품을 보호하는 것이었다. 오늘날에는 진열대에서 고객의 주의를 유발하고, 제품을 설명하는 말 없는 판매원의 기능을 수행한다. 또한 포장은 제품개선의 주요수단으로 활용되기도 한다. 훌륭한 포장은 경쟁우위를 확보하는데 중요한 수단이다.

(4) 서비스

제품에는 서비스가 포함되는데 오늘날 기술수준의 평준화로 제품속성에서 경쟁우위를 확보하기가 어려워지고 있는 상황에서 서비스가 차지하는 비중이 커지고 있다. 많은 기업들이 고객가치를 높이기 위한 방안으로 유형적인 차별화보다는 무형적인 서비스의 차별화를 추구하고 있다. 서비스를 개발하기 위해서는 고객이 원하는 서비스의 욕구를 조사한 다음, 각 서비스를 제공하는데 드는 비용을 평가하여 가치를 최대화시킬 수 있는 서비스 수준을 결정해야 한다.

3. 제품믹스 의사결정

제품믹스(product mix)란 기업이 시장에 제공하는 모든 제품 및 품목들의 집합을 말한다. 제품믹스 의사결정은 제품믹스의 폭, 길이, 깊이를 결정하는 것이다. 제품믹스의 폭이란 기업이 서로 다른 제품계열을 얼마나 많이 취급하는가를 말하며, 길이란 제품믹스에 있는 품목의 총수를 말한다. 그리고 깊이란 제품계열 내의 각 제품에 얼마나 많은 변형을 제공하는가를 말한다.

(1) 제품믹스의 폭

제품계열은 수행되는 기능, 고객집단, 유통경로 등에서 유사성을 가진 제품들의 집합을 말한다. 예를 들어 LG전자는 TV, 휴대폰, 생활가전, 주방가전, 헬스케어 등의 제품계열을 가지고 있다. 기업은 성장성이 있다고 생각되는 새로운 제품계열을 추가하여 제품믹스의 폭을 넓히거나 사업성이 없다고 판단되는 제품계열에서 철수를 하여 제품계열의 폭을 줄일 수 있다.

(2) 제품계열의 길이

기업은 기존의 제품계열에 고품질, 고가격의 제품을 추가하여 상향확장을 할 수 있다. 예를 들어 도요다는 렉서스 브랜드를 도입하여 상향확장을 시도하여 성공을 거두었다. 이 전략은 고급제품을 추가함으로써 제품이미지를 높이거나 고급시장의 높은 성장률, 높은 마진을 얻기 위하여 사용한다.

경우에 따라서는 저품질, 저가격 제품을 추가하여 하향확장을 할 수 있다. 벤츠는 기존의 제품계열에 C클래스를 도입하여 하향확장을 하였다. 이 전략은 중저가시장이 급속히 커지거나 경쟁사가 중저가시장에 진입하는 것을 사전에 봉쇄하기 위해서 사용한다.

(3) 제품계열의 깊이

각 제품들은 여러 가지 품목으로 구성되어 있다. LG전자의 에어컨 제품은 특성과 크기가 다양한 품목들을 가지고 있다. 기업은 고객의 다양한 욕구에 대응하거나, 판매기회를 확대하거나, 추가이익을 얻기위해 현재의 제품계열의 범위 안에서 더 많은 품목을 추가할 수 있다.

4. 신제품개발과 제품수명 주기관리

모든 제품은 시장에 출시되어 제품수명 주기의 몇 단계를 거치다가 고객의 요구를 더 잘 수용하는 새로운 경쟁제품에 밀려 결국 시장에서 사라지게 된다. 이러한 제품수명 주기는 기업에 두 가지 과제를 제시한다. 첫째, 모든 제품은 결국 쇠퇴하므로 기존 제품을 대체할 신제품을 지속적으로 개발해야 한다. 둘째, 기업은 각 제품수명 주기단계를 거칠 때마다 바뀌는 고객, 기술, 그리고 경쟁에 적응하기 위한 마케팅전략을 개발해야 한다.

(1) 신제품개발

고객의 기호나 욕구의 변화, 과학기술의 발달, 경쟁의 격화 등으로 기업은 지속적으로 신제품을 획득해야 한다. 기업은 신제품을 획득하는 방법에는 기업의 합병이나 인수, 특허나 상표의 라이센싱 등을 통해 신제품을 획득할 수 있다. 다른 방법은 기업이 직접 신제품을 개발하는 것이다.

신제품은 기업의 성장과 수익의 주요 원천이다. 그러나 신제품개발은 비용이 많이 들며 투자의 실패위험성도 매우 크다. 많은 기업들이 많은 비용을 들여 신제품개발을 하지만 성공률이 매우 낮다. 신제품이 실패하는 주요 이유는 다양하다. 신제품 아이디어가 좋더라도 시장규모를 과대평가했거나, 실제제품이 부적절하게 설계되었거나, 표지셔닝이 잘못되었거나, 출시시기가 적절하지 못했거나, 가격이 적절하지 못했거나, 제품의 광고가 잘 안되었기 때문에 신제품이 실패한다. 그러므로 고객에게 높은 가치를 제공할 수 있는 신제품을 개발하기 위해서는 기업이 고객과 시장, 경쟁자를 잘 이해함과 동시에 체계적인 신제품개발 과정을 확립해야 한다.

(2) 제품수명 주기전략

신제품이 시장에 출시되어 사라질 때까지 매출액이 변화하는 모양을 보면 [그림 8-4]와 같이 대략 S자형 곡선이 된다. 이 곡선은 전형적으로 도입, 성장, 성숙, 쇠퇴의 4단계로 구분되는데 이것을 제품수명 주기(product life cycle)라고 한다. 제품수명 주기단계에 따라 제품, 시장, 경쟁업체가 변하기 때문에 기업은 각 단계별로 마케팅목표와 전략을 수정해야 한다.

그림 8-4 제품수명 주기

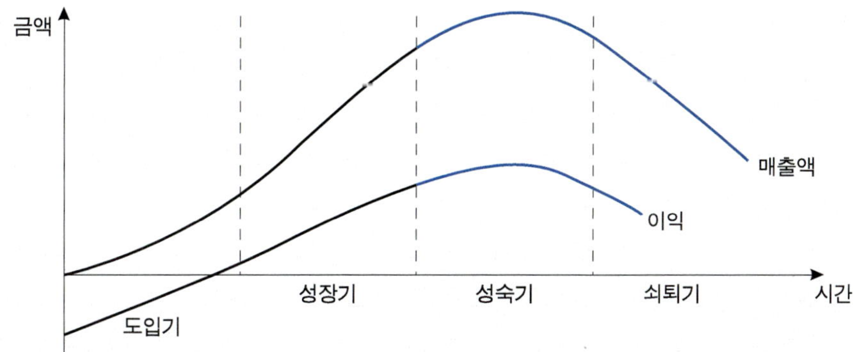

- **도입기** : 도입기는 신제품이 시장에 출시되면서 시작한다. 이 시기에는 매출이 서서히 증가하는데 그 이유는 신제품을 고객들에게 소개하고, 유통망을 구축하는데 시간이 필요하기 때문이다. 이익은 적자를 내거나 낮은데, 그 이유는 잠재적 소비자들에게 제품을 알리고, 시용을 유도하고, 유통망을 확보하는데 필요한 촉진비용이 매우 높기 때문이다. 도입기에서의 마케팅목표는 브랜드 인지도를 형성하고, 시용을 유도하는데 있다.
- **성장기** : 성장기에는 제품의 인지도가 높아지고 조기수용자들이 제품구매에 참여함으로써 매출은 급격하게 증가하며, 이익도 아울러 증가한다. 수요증가 추세에 따라 가격은 안정되거나 약간 하락한다. 새로운 경쟁기업이 들어오면서 기업은 제품에 새로운 특징을 추가하고 유통망을 확장한다. 이 단계에서는 효과적인 경쟁을 통해 시장점유율을 확대하는데 마케팅목표가 있다.
- **성숙기** : 어떤 시점에 도달하면 시장이 포화상태가 됨으로써 매출의 증가율이 낮아지게 되는데 이 때가 성숙기의 시작이다. 성숙기는 매우 오래 지속되며 대부분의 제품이 이 단계에 와있다. 이 시기에는 새로운 시장을 개척하거나, 제품을 개선하거나, 마케팅믹스를 수정함으로써 경쟁에 효과적으로 대응하려 한다. 성숙기의 마케팅목표는 시장점유율을 방어하고 이익을 극대화하는데 있다.
- **쇠퇴기** : 쇠퇴기에는 기술의 진보, 고객취향의 변화 및 경쟁의 격화 등으로 인해 매출과 이익이 감소한다. 이 단계에서 기업은 이윤이 남지 않는 모델을 제거하고, 취약한 유통경로에서 철수하며, 촉진도 최소한으로 한다. 쇠퇴기의 마케팅목표는 비용지출의 절감과 현금을 회수하는데 있다.

3.2 가격관리

가격(price)은 제품을 소유 · 사용하는 대가로 지불해야 하는 화폐량을 말한다. 기업의 입장에서 볼 때 가격은 이익을 결정하는 마케팅믹스 요소이다. '이익=수익(단위당 가격*판매량) – 비용'의 등식에서 보듯이 제품, 유통, 촉진과 같은 마케팅믹스 요소들이 비용을 유발하는데 반해 가격은 수익에 직접 영향을 미친다.

고객의 입장에서 볼 때 가격은 제품을 획득하는 대가로 지불하는 금전적 비용이다. 그러므로 가격은 고객가치를 결정하는 주요 요소이다. 가격의 높고 낮음에 따라 고객에게 전달되는 가치가 달라진다. 그러므로 기업의 이익과 고객가치가 조화를 이루도록 합리적인 수준에서 가격결정이 이루어져야 한다.

그림 8-5 가격결정의 상한선과 하한선

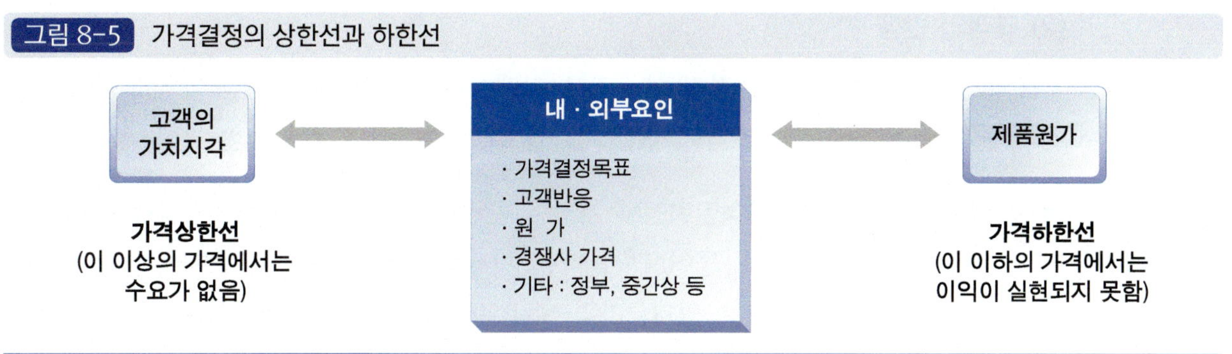

1. 가격결정시 고려요인

기업의 가격결정은 여러 가지 요인에 의해 영향을 받는다. [그림 8-5]는 기업이 가격결정을 할 때 고려해야 할 요인을 보여주고 있다. 고객의 제품에 대한 가치지각은 가격결정의 상한선이 된다. 만일 고객이 제품의 가치보다 가격을 더 높은 것으로 지각한다면 그 제품을 구매하지 않을 것이기 때문이다.

반면 제품의 원가는 가격결정의 하한선이다. 기업이 원가 이하로 가격을 책정한다면 이익을 얻지 못할 것이기 때문이다. 그러므로 가격은 고객의 가치지각과 제품원가라는 이 두 가지 극단적인 가격대 사이에서 결정된다. 기업이 가격결정을 할 때에는 [그림 8-5]에서와 같이 여러 가지 내 · 외부요인을 고려해야 한다.

(1) 기업의 가격결정 목표

가격결정은 가격결정 목표를 설정하는데서 출발한다. 가격결정 목표로는 단기이익 극대화, 시장점유율 극대화, 제품-품질의 선도 등을 들 수 있다.

- **생존** : 과잉생산, 극심한 경쟁, 소비자 욕구의 변화 등으로 고전하는 기업의 경우 단기적 목표로 생존을 추구한다. 생존이 목표일 경우 기업은 가격이 고정비와 변동비의 일부를 회수하는 수준에서 가격을 정한다.
- **단기이익 극대화** : 기업은 몇 가지 가격대안과 관련된 수요와 비용을 추정하여 최대의 단기이익을 내는 가격을 선택한다.
- **시장점유율 극대화** : 기업의 매출이 높을수록 규모의 경제나 경험곡선 효과로 인해 단위당 비용은 낮아지고 장기이익은 높아진다고 생각할 경우 저가격을 선택한다.
- **제품품질의 선도** : 고품질과 상징성을 고려한 프리미엄 제품에 대해서는 고가격을 책정한다.

(2) 고객의 반응

제품의 가격이 적절한지를 결정하는 것은 고객이다. 그러므로 기업은 가격변화에 따른 고객의 반응(수요)과 책정된 가격에 대한 지각을 검토해야 한다.

- **수요곡선 및 수요의 가격탄력성** : 기업이 책정하는 가격수준에 따라 수요의 수준이 달라진다. 기업은 구매자들이 각기 다른 가격에 어떻게 반응하는지를 조사하여 가격-수요관계를 추정할 수 있다. 가격-수요관계를 나타내는 곡선을 수요곡선이라고 하는데 일반적으로 가격이 높으면 수요는 줄어드는 역(-)관계를 보인다.
  수요의 가격탄력성이란 가격의 변화에 따른 수요의 변화를 말하는 것으로 가격에 대한 민감도를 반영하는 지표이다. 가격변화에 대해 수요가 거의 변화하지 않는다면 수요는 비탄력적이고 수요가 상당히 변하면 수요는 탄력적이다. 수요가 탄력적일수록 약간의 가격인하로 인한 매출액의 증가는 커질 것이므로 기업은 총 수익을 높이기 위해 가격인하를 고려할 필요가 있다.
- **가격에 대한 지각** : 구매자들이 책정된 가격을 어떻게 지각하는지는 구매자들의 준거가격, 유보가격, 최저 수용가격에 따라 달라진다. 준거가격(reference price)이란 제품의 가격이 적절한지를 판단하는데 기준으로 삼는 가격이다.
  준거가격은 구매자의 과거경험이나 현재 가지고 있는 가격정보를 기초로 형성된다. 예를 들어 고객이 자장면은 4,000원이 적당하다고 생각할 수 있는데, 이 가격은 고객들이 제시된 가격이 비싼지, 싼지를 판단하는데 준거가 된다.
  유보가격(reservation price)이란 구매자가 어떤 제품에 대해 지불할 용의가 있는 최고가격이다. 가격이 낮다고 구매자들이 무조건 그 제품을 좋아하는 것은 아니다. 가격이 어느 수준 이하로 내려가면 제품에 대한 품질을 의심하게 된다. 바로 이 수준의 가격을 최저 수용가격(lowest acceptable price)이라고 한다.

(3) 원 가

제품에 대한 고객의 지각가치는 가격의 상한을 결정하지만 원가는 가격의 하한을 결정한다. 그러므로 기업은 가격에 대한 구매자의 반응과 더불어 자사제품의 원가구조를 고려해야 한다.

- **원가구조** : 원가는 제품의 재료비, 노무비 등과 같이 생산량이나 판매량에 따라 변화하는 변동비(variable cost)와 임대료, 감가상각비, 고정급 등과 같이 생산량이나 판매량과 관계없이 일정하게 발생하는 고정비(fixed cost)로 구분된다. 또한 총변동비(단

그림 8-6 손익분기점

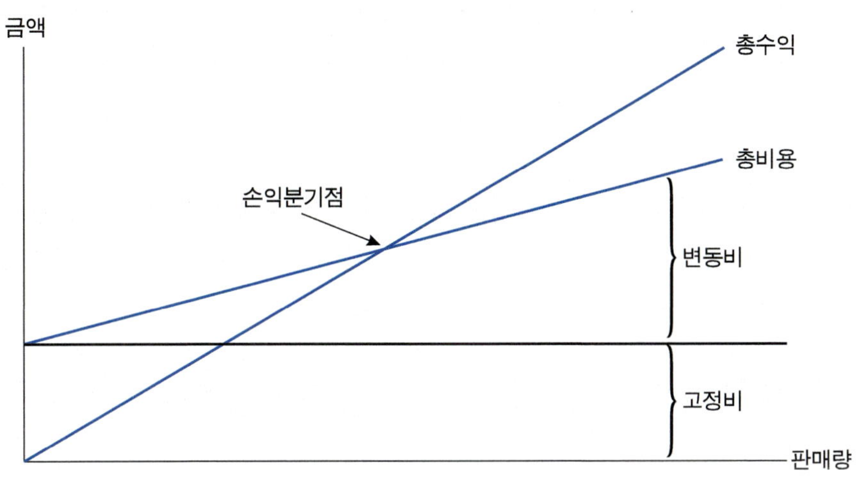

위당 변동비×생산량)와 고정비의 합을 총원가(total cost)라고 하며, 총원가를 생산량으로 나눈 것을 단위원가 또는 평균원가(average cost)라고 한다.

- **손익분기점** : 변동비 및 고정비와 밀접하게 관련된 개념으로 손익분기점(break-even point)이 있다. 손익분기점이란 총원가를 커버할 수 있는 판매량의 수준 즉, 매출액이 총원가와 같아져서 손실도 이익도 발생하지 않을 때의 판매량을 말한다. 손익분기점은 다음과 같은 공식으로 구할 수 있다. 손익분기점 분석을 통해 기업은 가격, 원가 그리고 생산량 간의 관계를 파악할 수 있다.

$$\text{손익분기점} = \frac{\text{고정비}}{\text{가격 - 단위당 변동비}}$$

예를 들어 가격= 5,000원, 변동비= 3,000원 고정비= 1,000,000원인 제품이 있다면 손익분기점은 500개가 된다.

기업은 손익분기점을 파악함으로써 일정한 고정비와 변동비 수준에서 기업이 책정한 가격으로 최소한 몇 개를 판매해야 손실이 발생하지 않는지를 알 수 있다.

(4) 경쟁사의 가격

기업은 가격목표, 원가, 고객의 반응, 경쟁구조 등을 고려하여 경쟁사보다 높은 가격, 낮은 가격 혹은 비슷한 가격을 책정해야 한다. 기업은 경쟁사의 원가와 가치를 준거점으로 하여 자사제품의 원가와 가치를 결정해야 한다. 이러한 준거점은 자사제품의 가격결정의 출발점이 될 수 있다.

고객은 제품의 가치를 판단할 때 비슷한 경쟁사 제품의 가격을 근거로 삼는다. 예를 들어 디지털카메라의 구매를 고려하고 있는 고객은 캐논제품의 가치와 가격을 니콘, 삼성, 소니 등 비슷한 경쟁제품의 가치와 가격을 비교하여 평가한다. 만일 고객이 캐논제품이 더 많은 가치를 제공한다고 판단하면 캐논사는 더 높은 가격을 책정할 수 있다.

고객이 자사제품과 경쟁제품의 가치에 차이가 없는 것으로 지각한다면 고객은 가격에 더 민감해질 수 있다. 이러한 상황에서 기업은 가격경쟁을 피하기 위해 경쟁사의 가격을 모방하거나 추종하기도 한다.

2. 가격결정 방법

기본적인 가격결정 방법에는 원가를 기준으로 하는 방법, 경쟁자를 기준으로 하는 방법, 지각된 가치기준법이 있다.

(1) 원가가산법

원가가산법(cost plus pricing)은 제품원가에 일정 비율의 이익을 더하여 가격을 결정하는 방법이다. 예를 들어 어떤 제품의 단위당 변동비가 100원이고, 고정비가 3,000,000원이라고 하자. 그리고 이 제품의 예상판매량이 50,000개라고 하면 이 제품의 단위원가는 다음과 같다.

단위원가 = 변동비 + 단위당 고정비 = 100 + 3,000,000 / 50,000 = 160(원)

이 제품을 판매하여 20%의 이익을 얻고자 한다면 가격은 다음과 같다.

단위당 판매가 = 단위원가 / (1 - 희망이익률) = 160/0.8 = 200(원)

원가가산법은 단순하다는 장점이 있으나 고객이나 경쟁자를 고려하지 않는다는 한계가 있다.

(2) 목표수익률법

목표수익률법(target-return pricing)은 목표로 하는 투자수익률을 달성할 수 있도록 가격을 결정하는 방법이다. 앞의 예에서 기업이 제품을 만들기 위해 총 50,000,000원을 투자하였고 이 금액에 대해 15%의 투자수익률을 기대한다면 가격은 다음과 같이 결정된다.

가격 = 단위원가 + (목표투자수익률×투자금액) / 예상판매량
= 160 + (0.15×10,000,000) / 50,000
= 190원

이 방법의 장 · 단점은 원가가산법과 동일하다.

(3) 경쟁기준법

경쟁기준법은 경쟁사의 가격을 기준으로 가격을 책정하는 방법이다. 기업은 주요경쟁사들의 가격과 동일하거나 아니면 조금 높거나 낮게 가격을 결정할 수 있다. 원가를 계산하기 어렵거나 경쟁사의 반응이 불확실한 경우 이 방법을 택하는 경우가 많다. 이 방법은 가격경쟁을 최소화할 수 있다는 장점이 있으나 고객을 고려하지 않는다는 한계가 있다.

(4) 지각된 가치기준법

이 방법은 고객이 지각한 가치를 기준으로 가격을 결정하는 방법을 말한다. 이 방법은 자사제품과 비교기준이 되는 준거제품을 선정하여 준거제품의 가치와 자사제품의 가치를 비교 · 평가하도록 하여, 준거제품대신 자사제품을 사용함으로써 얻게될 혜택의 증가분이나 감소분을 화폐단위로 계산하여 자사제품의 가격결정에 반영하는 방법이다. 즉, 자사제품의 가격=준거제품의 가격+자사제품의 혜택의 증가분(또는 감소분)이 된다.

이 방법은 고객관점에서 출발하고 있으므로 고객지향적이며, 경쟁제품의 특성과 자사제품의 원가를 모두 고려한다는 점에서 다른 가격결정방법보다 더 우월하다고 할 수 있다. 다만 제품에 대한 고객의 가치평가가 어렵다는 한계가 있다.

3. 가격조정

기업은 일반적으로 단일가격을 책정하는 것이 아니라 지리적 수요, 원가, 표적세분시장의 요구, 구매시기, 주문수준, 보증 등 여러 요인들의 차이를 반영하는 가격구조를 개발한다.

- **지리적 가격결정** : 지역의 차이에 따라 수송비에 차이가 있으므로 이 수송비를 누가 부담할 것인지를 고려한다. 균일수송 가격, 지역별 가격, FOB가격 등의 방법이 있다.
- **가격할인** : 기업은 정가를 조정하여 조기지불, 대량구매, 비수기구매에 대한 할인을 고려할 수 있다.
- **촉진가격결정** : 기업은 조기구매를 촉진하기 위해 미끼가격, 특별행사 가격, 현금환불, 단수가격, 장기할부 등의 방법을 활용할 수 있다.

■ 차별가격결정 : 가격차별화는 기업이 원가차이에 비례하지 않는 둘 이상의 가격으로 판매할 때 발생한다. 기업은 고객세분시장, 이미지, 경로차이, 위치, 시간대에 따라 가격을 달리 책정할 수 있다.

3.3 유통관리

1. 유통경로의 개념과 필요성

기업에서 생산된 제품은 유통경로를 거쳐 소비자들에게 전달된다. 유통경로(marketing channel)는 생산이후 제품이 고객에게 흘러가는 통로로서, 고객이 제품을 쉽게 구입하여 소비할 수 있도록 해주는 과정에 참여하는 조직이나 개인들로 구성되어 있다.

유통경로의 구성원들은 생산자로부터 소비자에게로 제품이나 서비스가 이동할 수 있도록 정보, 촉진, 접촉, 조정, 협상 등의 거래완성 기능과 물적유통, 금융, 위험부담 등의 거래조성 기능을 수행한다. 이러한 기능수행을 통해 생산자와 소비자 사이에 존재하는 소유권, 시간 및 장소적인 갭이 해소된다. 이러한 기능이 효과적이고 효율적으로 수행될 때 고객의 만족도가 높아진다.

일반적으로 유통경로에는 중간상이 개입되는 경우가 많다. 왜 생산자는 유통업무를 중간상에게 맡기는가? 그 이유는 중간상들이 그들의 네트워크, 경험, 전문성 및 운영상의 규모의 경제를 통해 제조업자들보다 더 효과적이고 효율적으로 경로기능을 수행할 수 있기 때문이다.

2. 유통경로의 유형

기업은 제품을 소비자에게 효율적으로 전달하기 위해 적절한 유통경로를 선택해야 한다. 기업이 활용가능한 유통경로의 유형에는 [그림 8-7]과 같다.

경로1은 직접 유통경로로 중간상을 거치지 않고 기업이 직접 소비자에게 제품을 판매하는 경로이다. 예를 들어 화장품의 방문판매, 농산물의 우편주문 판매 등은 이와 같은 경로에 해당된다. 근래에 들어 인터넷을 통한 직접 마케팅은 기업의 유통전략에서 매우 중요한 것이 되고 있는데 이것은 전통적으로 소매상에서 판매되어 온 제품에 대한 보완수단이 되고 있다.

경로2는 제조업자와 소비자 사이에 소매상이 개입되는 경로형태이다. 전통적으로 가구, 가전제품, 자동차 등의 선매품이나 전문품은 이와 같은 경로를 거쳐서 판매된다. 특히 이

그림 8-7 유통경로의 유형

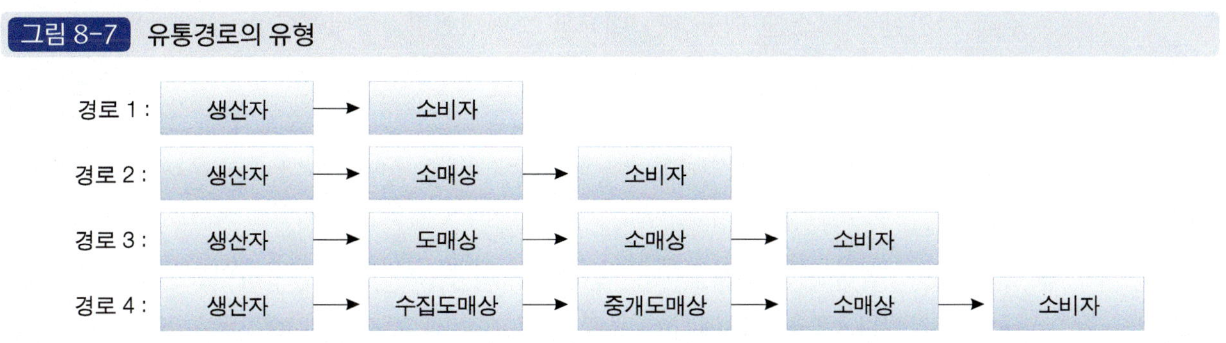

마트와 같은 대규모소매상은 생산자로부터 대량구매가 가능하므로 이러한 경로가 활성화된다.

경로3은 제조업자와 소비자 사이에 도매상과 소매상이 개입되는 경로형태이다. 이 경로는 전통적으로 지역적으로 널리 분산된 수많은 소매상을 통하여 제품을 판매하는 소비용품의 유통에 주로 활용되어 온 유통경로이다. 일상생활용품, 식품, 의약품 등은 이 경로를 거치는 경우가 많다.

경로4는 다양한 도매상이 생산자와 소매상 사이에 개입하는 형태이다. 예를 들어 농산물의 유통에서 보는 것 처럼 소규모로 생산되는 1차상품(야채, 과일 등)의 유통에는 산지 수집상, 대도시 농수산물 도매회사, 중개상 등과 같은 다양한 도매상이 생산자와 소매상 사이에 개입할 수 있다.

3. 소매상과 도매상

앞에서 살펴본 것처럼 기업은 도매상이나 소매상과 같은 중간상을 활용함으로써 유통효율을 높일 수 있는데, 기업이 활용할 수 있는 소매상과 도매상의 주요 유형에는 다음과 같은 것이 있다.

(1) 소매상

소매상은 개인의 욕구충족을 위해 제품을 구매하는 최종소비자에게 제품을 판매하는 상인을 말한다. 소매상은 점포 소매상과 무점포 소매상으로 구분할 수 있는데 점포 소매상의 주요 유형에는 다음과 같은 것들이 있다.

- **전문점** : 취급하는 제품계열은 한정되어 있으나 해당 계열내에서 매우 다양한 구색을 갖춘 소매상이다. 의류점, 화장품점, 스포츠 용품점 등이 여기에 해당된다.
- **백화점** : 의류, 가정용품, 잡화를 중심으로 다양한 상품구색을 갖추고 쾌적한 쇼핑공

간과 다양한 서비스를 제공하는 대규모 소매점이다. 롯데백화점, 신세계백화점 등이 대표적이다.

- **편의점** : 7-eleven, Ministop 등 주거지역이나 사무실 밀집지역, 대학가 등에서 회전율이 높은 편의품 중심의 한정된 상품구색을 갖추고 24시간 영업을 하는 소매점이다.
- **슈퍼마켓** : 식품과 가정용품을 취급하며 저비용, 저마진, 셀프서비스를 채택하는 대규모 상점이다. 우리나라에서는 규모가 비교적 작고 식품과 생활용품 위주의 상품을 취급하는 GS25, 롯데마트 등을 슈퍼마켓이라고 한다.
- **할인점** : 지가가 싼 지역에서 유명제조업체의 표준화된 상품을 일상적으로 낮은 가격에 판매하는 대규모 소매상을 말한다. E마트, 홈플러스 등이 대표적이다.
- **회원제 도매클럽** : 일정한 연회비를 내는 회원들에게 정상적인 유명제조업체 상품을 매우 저렴한 가격으로 판매하는 소매점으로 Costco, Sam's Club이 대표적이다.
- **슈퍼센터** : 슈퍼마켓과 할인점을 결합한 형태로서 일상적으로 판매되는 식품이나 비식품, 서비스 등 광범위한 상품구색을 갖춘 대규모 소매상이다. Walmart Super Center가 대표적이다.
- **전문할인점**(카테고리 킬러) : 한정된 제품계열에 대해 매우 깊은 상품구색을 갖추고 저가로 판매하는 대규모 소매상이다. 하이마트(가전), Toy's R us(장난감), 오피스 데포(사무용품) 등이 대표적이다.
- **제조업자 상설할인 매장**(factory outlet) : 다양한 재고품목을 정상 소매가보다 매우 낮은 가격으로 판매하는 제조업자 직영소매점을 말한다. 이 소매점들은 도시 외곽지역에 집단화되어 있는 경우가 많다. 여주의 신세계 프레미엄 아울렛이 여기에 해당한다.

위의 소매상은 점포소매상이지만 근래에는 점포를 가지지 않고 영업을 하는 무점포 소매상이 크게 성장하고 있다. 여기에는 방문판매, 카다로그 마케팅, 텔레마케팅, TV홈쇼핑, 자동판매기, 인터넷마케팅 등이 있다.

(2) 도매상

도매상은 재판매나 사업용으로 구매하는 고객에게 제품을 판매하는 상인을 말한다. 도매상의 주요기능은 다수의 제조업자로부터 상품을 구매하여 이를 소매상에게 분배하는 것이다. 도매상의 유형에는 다음과 같은 것이 있다.

- **상인도매상** : 직접 제품을 구매하여 소매상에 판매하는 도매상이다.

- 대리점 : 제품의 소유권을 가지지 않고 판매자와 구매자를 대표하여 영업을 하는 상인이다.
- 브로커 : 판매자와 구매자 간에 상품매매가 원활히 이루어지도록 중개하는 상인이다.

4. 유통경로설계와 관리

기업은 자사의 제품이나 고객의 특성을 고려하여 제품을 판매할 적절한 유통경로를 설계해야 한다. 이를 위해 기업은 고객의 욕구를 분석하여 경로목표를 설정하고 이 욕구를 적절한 비용으로 충족시킬 수 있는 주요 경로대안들을 파악하고 평가해야 한다.

(1) 고객욕구분석 및 경로목표설정

소비자들은 자신의 경제적, 사회적 욕구를 충족시킬뿐 아니라 가격, 상품구색 및 편의성을 기초로 선호하는 경로를 선택한다. 제품과 마찬가지로 유통경로도 세분시장이 존재하고 세분시장의 고객특성에 따라 점포의 선택과 쇼핑과정에서 요구가 다르다.

기업은 구매량, 대기 및 배송시간, 공간적 편의성, 제품의 다양성, 서비스 제공 등의 차원에서 고객의 욕구를 분석해야 한다. 경로상에서 더 많은 서비스가 제공되면 고객이 지불하는 비용과 가격도 함께 높아지게 된다. 어떤 고객은 백화점이나 뷰띠크 등에서 수준높은 서비스를 즐기면서 쇼핑한다. 그러나 오늘날 온라인점포나 할인점들의 성장은 많은 고객들이 절약을 위해 더 낮은 서비스도 받아들인다는 것을 의미한다.

그러므로 기업은 서비스제공 수준과 관련비용을 고려하여 경로목표를 설정해야 한다. 경로구성원들은 바람직한 서비스수준을 제공하면서도 비용을 최소화하도록 경로기능을 조정해야 한다.

(2) 경로대안의 파악

■ 중간상의 유형

기업이 활용할 수 있는 중간상의 유형에는 앞에서 살펴 본 것처럼 백화점, 할인점, 인터넷 등 여러 가지가 있다. 그리고 이들이 제공하는 서비스의 수준과 이들을 활용할 때 지불해야 할 비용은 매우 다양하다. 또한 어떤 기업은 통상적으로 활용되는 지배적인 경로를 활용하는 것이 어려울 수도 있고, 특정한 중간상을 이용하는데 비용이 많이 들며 또 효과적이지 않기 때문에 새로운 경로나 비정규적 경로를 선택할 수도 있다.

그러므로 기업은 고객이 기대하는 서비스수준과 비용, 제품의 특성, 기업의 마케팅기능의 수행능력 등을 고려하여 적절한 중간상을 선택해야 한다.

■ 유통집약도

기업은 유통목표를 달성하기 위해 얼마나 많은 점포들이 필요하며 각 점포는 어느 정도의 경로서비스를 제공해야 하는지를 결정해야 한다. 유통집약도란 특정 지역에서 자사제품을 취급하는 점포의 수를 말하는데 유통집약도 전략에는 전속적 유통, 선택적 유통, 집중적 유통이 있다.

- **집중적 유통** : 집중적 유통(intensive distribution)은 가능한 한 많은 상점이 자사제품을 취급하도록 하는 경로전략이다. 고객이 최소한의 노력을 들여 자주구매하는 편의품을 생산하는 기업은 집중적 유통전략을 택하는 경우가 많다. 담배, 스낵, 청량음료, 껌, 세제 등이 그 예이다.
- **전속적 유통** : 전속적 유통(exclusive distribution)은 고급시계나 명품의류에서 보는 것과 같이 일정지역에서 하나의 중간상에게 독점판매권을 주는 유통전략이다. 제조업자가 유통업자와의 관계를 강화하여 자사제품에 대한 적극적인 판매노력을 하게 하거나, 중간상의 서비스 수준을 강력하게 통제하려고 할 때 사용하는 전략이다. 고급시계, 패션의류, 고급가구 등과 같이 상표충성도가 높게 작용하는 전문품에 적합한 유통전략이다.
- **선택적 유통** : 선택적 유통(selective distribution)은 가구, 화장품, TV 등에서 볼 수 있는 것처럼 일정지역에서 몇 개의 점포를 선택하여 이들에게 상품을 공급하는 유통전략이다. 집중적 유통과 전속적 유통의 중간형태를 띠는 경로전략으로 제품에 대한 적절한 노출과 아울러 중간상으로부터의 판매노력을 기대하거나 적절한 수준의 통제를 원하는 등 양자의 장점을 취하려고 할 때 사용한다.

(3) 주요 경로대안의 평가

각 경로대안들은 경제력, 통제력, 적응력 기준에 따라 평가되어야 한다. 기업은 각 경로대안별로 예상판매량과 비용을 추정하여 경제성이 있는지, 기업이 적절하게 중간상을 통제할 수 있는지를 고려해야 한다. 특히 경로조직은 일반적으로 장기적인 관계를 맺게되므로 일단 형성된 경로를 바꾸기가 쉽지 않기 때문에 적응성 즉, 환경변화에 따라 경로를 변경할 수 있는지를 고려하여야 한다.

(4) 개별 중간상의 선정

기업은 최종적으로 자사제품을 취급할 개별 중간상을 선정하게 된다. 기업이 자사제품을 취급할 중간상을 모집하는 능력은 기업에 따라 다르다. 예를 들어 매출이 큰 대기업은 특정한 중간상을 이용하는데 어려움이 없지만, 중소기업의 경우에는 자사제품을 판매할 중간상을 확보하는데 어려움이 있을 수 있다.

개별 중간상의 능력은 제각기 다르기 때문에 기업은 취급하는 제품, 고객의 특성과 서비스 목표 등에 맞추어 적절한 개별 중간상을 선정해야 한다. 이 때 기업은 각 개별 중간상의 사업기간, 타제품라인의 취급여부, 과거의 성장률과 수익률, 협력성, 평판 등을 고려하여야 한다.

(5) 중간상의 동기유발

고객의 창출과 관계의 구축은 제품을 생산하는 기업혼자의 힘만으로 달성될 수 없다. 기업은 제품의 판매를 중간상에게 의존하고 있기 때문에 중간상의 협력이 없으면 기업의 목표를 달성하기 어렵다. 그러므로 기업은 최종소비자에 대한 관계뿐만 아니라 중간상들로부터 협력을 얻기 위해 중간상과의 관계도 관리해야 한다.

기업은 중간상을 더 나은 고객가치를 창출하는 데 공헌하는 파트너로 보고 이들과 긴밀하게 공동작업을 해야 한다. 공동의 목표를 설정하고 이 목표달성에 필요한 역할들을 적절히 분담해야 한다. 이를 위해 기업은 중간상이 원하는 수준의 이윤을 획득할 수 있도록 적절한 보상과 인센티브를 제공하며 매출증대를 위한 특별한 지식이나 노하우를 전수함으로써 중간상을 동기유발해야 한다.

3.4 촉 진

1. 촉진의 개념과 역할

고객을 창조하고 유지하기 위해서는 우수한 제품을 개발하고, 매력적인 가격을 책정하고, 적절한 유통경로를 통해 전달하는 것만으로는 부족하다. 기업은 고객에게 제품을 통해 얻게되는 가치가 무엇인가를 알리고 자사제품을 구매하도록 설득해야 한다.

촉진(promotion) 또는 마케팅 커뮤니케이션(marketing communication)은 고객이 자사제품에 대해 좋은 태도를 형성하거나 구매하도록 정보를 제공하고 설득하며, 더 나아가서 지속적으로 관계를 구축하고 유지하기 위한 커뮤니케이션 활동을 말한다. 촉진은 다음과 같은 기능을 수행한다.

- 고객들에게 제품의 품질, 이미지, 편의성 등의 혜택에 대한 정보를 제공한다.
- 제품에 대한 호의적인 태도를 형성하여 고객이 제품을 구매하도록 설득한다.

- 왜, 어떻게, 누가, 어디에서, 언제 제품을 사용하는가를 보여주고, 시용이나 사용에 대한 인센티브를 제공한다.
- 브랜드를 인지시키고 브랜드 이미지를 강화하여 브랜드자산을 구축한다.

2. 촉진믹스

기업은 고객들에게 가치를 설득력 있게 전달하고 고객관계를 구축하기 위해 광고, 인적판매, 공중관계, 판매촉진이라는 네 가지 수단을 활용한다. 이 네 가지 수단의 구체적인 조합을 촉진믹스(promotion mix) 또는 마케팅 커뮤니케이션 믹스(marketing communication mix)라고 한다.

(1) 광 고

광고(advertising)는 명시된 후원자가 제품이나 서비스의 정보를 전달하고 설득하기 위한 유료의 비인적 커뮤니케이션이다. 광고는 주로 신문, TV, 라디오, 잡지 등과 같은 매스미디어를 이용한 매스커뮤니케이션이 주를 이루지만 직접 우편, 카타로그, 전화, 온라인 마케팅과 같이 개별 고객별로 맞춤화된 직접 마케팅도 포함한다.

(2) 인적판매

인적판매(personal selling)는 제품을 소개하고, 판매하고, 고객관계를 구축하기 위해 수행하는 대면 커뮤니케이션 활동이다. 판매자와 구매자 사이에 개인적인 상호작용이 일어나므로 고객의 욕구와 특징을 관찰할 수 있고 신속하게 이에 대응할 수 있다. 제품에 대한 선호와 확신을 심어주고 고객과의 관계를 구축하는데 가장 효과적인 수단이다.

(3) 공중관계

공중관계(public relations)는 긍정적인 홍보나 호의적인 기업이미지를 구축하기 위해 일반대중, 언론, 정부기관, 주주 등의 공중과 우호적인 관계를 구축하는 것과 관련된 모든활동이다. 뉴스거리 제공, 특집기사, 후원행사 등이 여기에 해당한다.

(4) 판매촉진

판매촉진(sales promotion)은 제품의 시용이나 구매를 장려하기 위한 단기적인 인센티브를 말한다. 고객으로부터 주의를 이끌어내고, 강력하고 신속한 반응을 이끌어 내기 위해 쿠폰, 무료샘플, 세일, 이벤트 등을 활용한다. 광고가 "우리 제품을 사십시요"라고 제안하는 것이라면 판매촉진은 "지금 당장 사세요"라고 제안한다.

3. 통합적 마케팅 커뮤니케이션

효과적인 촉진을 위해서는 자사제품이 고객의 당면한 문제를 해결하는데 어떤 도움을 줄 수 있는지를 일관성 있게 보여주어야 한다.

통합적 마케팅 커뮤니케이션(IMC : Integrated Marketing Communication)은 기업의 모든 촉진노력이 고객에게 적절하며, 시간이 지나도 일관성을 유지하도록 하는 과정이다.

통합적 마케팅 커뮤니케이션이 효과를 거두기 위해서는 광고, 인적판매, 공중관계, 판매촉진 등을 개별적이고 단편적으로 활용하는 것이 아니라, 각 촉진수단의 전략적 역할을 평가하고 각 촉진수단의 특성과 장 · 단점을 고려하여 통일적인 메시지, 모습, 느낌을 가지도록 조정 · 통합해야 한다.

(1) 촉진수단의 특성

통합적 마케팅 커뮤니케이션의 개념은 기업이 촉진수단을 효율적으로 결합하여 조화로운 촉진믹스를 만들어야 한다는 것이다. 이를 위해 기업은 먼저 촉진수단의 특성과 장 · 단점을 고려해야 한다. 각 촉진수단의 장 · 단점을 살펴보면 〈표 8-3〉과 같다.

(2) 촉진믹스의 결정시 고려요인

기업이 최적의 촉진믹스를 설계하기 위해서는 다음과 같은 요인들을 고려해야 한다.

표 8-3 촉진수단의 장·단점

	장 점	단 점
광고	· 반복적으로 지역적으로 분산된 다수 소비자에게 도달가능 · 공공적 성격으로 제품이 합법적인 것으로 인식됨 · 장기적 이미지 구축가능 · 극적인 표현가능 · 노출단위당 낮은 비용	· 일방적, 비대면적 커뮤니케이션으로 설득력 약함 · 고객과의 관계구축의 한계 · 높은 총 비용
인적판매	· 직접 대면으로 설득력이 높음 · 쌍방향 커뮤니케이션으로 즉각적 반응획득 · 개별적인 요구나 특징에 적응할 수 있음 · 고객과의 관계구축이 용이함	· 노출단위당 높은 비용
공중관계	· 높은 진실성과 신뢰성 · 광고나 판매원회피형 고객에게 접근가능 · 회사나 제품에 대한 스토리의 전달가능	
판매촉진	· 강력한 자극 · 신속한 반응유도	· 단기적 효과 · 상표충성도 형성이나 이미지 구축에는 부정적

- **촉진예산의 규모** : 촉진활동에 소요되는 예산이 어느 정도인가에 따라 사용되는 촉진수단이 달라진다. 예산이 풍부한 기업은 광고, 판매촉진, 인적판매 등의 다양한 수단을 사용할 수 있지만, 예산이 한정된 기업은 TV광고와 같이 비용이 많이 드는 수단은 사용하지 못하고 중간상 판촉, 라디오, 지방신문 광고 등을 이용한다.
- **제품의 특성** : 기술적으로 복잡한 제품은 구매자들에게 많은 정보를 제공해야 하므로 인적판매가 더 적합하다. 산업용품은 소비용품보다 기술적으로 복잡하고, 가격이 높고, 구매자의 수가 적기 때문에 인적판매나 전문잡지를 이용한 광고가 많이 사용된다. 소비용품은 지역적으로 분산된 많은 소비자들에게 제품을 전달해야 하므로 광고와 판매촉진을 더 많이 사용한다. 그러나 소비용품이라고 하더라도 편의품은 상대적으로 광고와 판매촉진에 의존하며 가전제품, 자동차, 고급시계 등 선매품이나 전문품은 인적판매에 의존하는 정도가 높다.
- **풀촉진과 푸쉬촉진** : 기업이 유통경로 상에서 푸쉬촉진과 풀촉진 중 어떤 전략을 사용하는지에 따라 촉진믹스 결정에 영향을 미친다. 푸쉬촉진(push promotion)은 중간상들의 권장판매를 유도하는 전략이고 풀촉진(pull promotion)은 소비자들의 지명구매를 유도하는 전략이다. 푸쉬촉진은 유통경로를 통하여 최종소비자에게 제품을 밀어내는 것으로, 생산자는 중간상이 자사제품을 취급하고 최종소비자에게 자사제품을 촉진하도록 유도하기 위해 주로 인적판매와 중간상 판매촉진을 통해 중간상에 접근한다. 반면 풀촉진은 생산자가 소비자의 제품구매를 유도하기 위해 광고와 소비자 판매촉진을 통해 소비자에게 촉진활동을 한다. 만일 풀촉진이 효과적이라면 소비자는 중간상에게 그 제품을 요구하고 중간상은 다시 제조업자에게 제품을 주문할 것이다.
- **제품수명 주기** : 각 촉진수단의 효과는 제품수명주기에 따라 다르다.
  도입기에는 광고와 공중관계가 높은 인지도를 이끌어내는데 적합하고, 판매촉진은 시용과 조기구매를 촉진하는데 유용하다. 인적판매는 중간상이 자사제품을 취급하도록 유도하기 위해 사용된다.
  성장기에는 소비자와 중간상에게 더 적은 인센티브를 제공해도 충분하므로 판매촉진이 감소되는 반면 광고와 공중관계의 영향력은 지속된다.
  성숙기에는 판매촉진이 다시 광고에 비해 상대적으로 중요해진다. 구매자는 제품을 잘 알고 있기 때문에 광고는 단지 소비자가 자사제품을 상기하는데 사용한다.
  쇠퇴기에는 제품에 대한 상기수준에서 광고가 유지되고 공중관계는 줄어들게 되며, 판매원은 제품에 최소한의 관심만 기울인다. 그러나 판매촉진은 강력하게 유지된다.

5. 촉진예산의 결정

기업이 촉진예산을 결정하기 위하여 사용하는 방법에는 다음과 같은 다섯 가지가 있다.

(1) 가용자원법

가용자원법은 기업이 지출할 수 있다고 생각하는 범위내에서 촉진예산을 책정하는 것이다. 이 방법은 단순하다는 장점은 있지만 투자로서의 촉진의 역할과 매출에 대한 촉진의 직접적인 영향을 무시한다. 그러므로 연간촉진예산이 불확실하고 장기적인 촉진계획의 수립이 어렵다.

(2) 매출액 비율법

매출액 비율법은 예상 매출액의 일정비율을 촉진예산으로 책정하는 것이다. 이 방법은 단순하고 나름대로 일관성을 유지할 수 있다는 장점이 있다. 그러나 이 방법은 촉진비용을 매출액의 원인이 아니라 결과로 보는 논리적인 잘못을 범하고 있으며, 매출액이 감소하면 촉진비용도 감소하고 그 결과 매출액이 더 감소하는 악순환에 빠지기 쉽다는 한계가 있다.

(3) 경쟁자 기준법

경쟁자 기준법은 위의 매출액 비율법에서 촉진비용의 비율을 정할 때, 경쟁자들이 사용하는 평균비율을 그대로 쓰는 것이다. 이것은 경쟁자들의 평균지출이 산업의 집단적 지혜를 대표하며 촉진비용의 균형을 유지하는 것은 촉진경쟁을 방지하는데 도움을 줄 것이라는데 기반을 두고 있다. 문제는 회사의 명성, 자원, 기회, 목적 등이 모두 다르며, 이 방법이 촉진경쟁을 억제한다는 증거도 없다는데 있다.

(4) 목표과업법

목표과업법은 구체적인 촉진목표를 정하고, 이 목표를 달성하는데 수행되어야 할 과업들을 결정하고, 이 과업을 수행하는데 필요한 비용을 계산하여 촉진예산을 편성하는 방법이다. 이 방법은 매우 합리적이며 논리적이라는 장점이 있지만 최적 촉진비용을 도출해 준다는 보장이 없다는 한계가 있다.

토의문제

1. 귀하가 관심이 있는 제품분야를 선정하여 개략적인 마케팅전략과 마케팅믹스를 설계하고 서로 토론하여 보자.

2. 의류, 잡지, 신용카드 시장에서 어떤 세분화 변수가 활용되고 있는지 토론하여 보라.

3. 승용차의 핵심제품, 유형제품, 확장제품에 대해 토론하여 보자.

연습문제

1. 마케팅이란 무엇인가를 설명하여 보아라.

2. 고객지향적 마케팅전략의 핵심구성요소를 설명하여라.

3. 마케팅믹스란 무엇인가에 대해 설명하여라.

4. 시장세분화 변수에 대해 설명하여라.

5. 기업이 어떻게 매력적인 세분시장을 확인하고 시장표적화를 하는지 설명하여 보아라.

6. 포지셔닝에 활용할 수 있는 차별화 요인에는 어떤 것들이 있는가?

7. 제조업체들이 중간상을 활용하여 제품을 유통시키는 이유에 대해 설명하여 보아라.

8. 통합적 마케팅 커뮤니케이션이란 무엇인가?

PART 3
창업과 중소기업

제 9 장 창 업
제10장 중소기업 경영

CHAPTER

09

창 업

01 창업의 개념
02 사업성 분석
03 창업의 3요소

지난해 유니콘기업 7개 탄생…총 22개사 '역대 최다'

▮메가존클라우드·아이지에이웍스 등 신규 진입…쏘카·티몬 등 상장 및 인수·합병으로 졸업

지난해 말 기준 기업가치 1조원 이상 비상장기업인 국내 유니콘기업은 22개사로 역대 최다를 기록했다.

9일 중소벤처기업부에 따르면 2021년 말 18개사이던 국내 유니콘기업은 지난해 7개사가 추가되고 3개사는 상장, 인수·합병으로 졸업하면서 지난해 말 기준 22개사가 됐다.

이는 국내 유니콘 기업을 집계한 이래 연도 말 기준으로 가장 많은 숫자라고 중기부는 설명했다.

이영 중기부 장관이 지난해 9월 서울 마포구에 위치한 신규 유니콘기업인 아이지에이웍스를 방문, 마국성 대표에게 현판을 전달한 뒤 기념촬영을 하고 있다.(사진=중기부)

복합 경제위기로 지난해 글로벌 유니콘 탄생이 절반 이하(-52.1%)로 줄어든 것과 달리 국내에서는 연간 최다였던 2021년과 동일하게 7개사가 유니콘에 진입했다.

이 중 메가존클라우드, 아이지에이웍스, 트릿지는 중기부의 예비유니콘 특별보증에 선정된 이후 유니콘기업으로 성장했다.

메가존클라우드는 클라우드 컴퓨팅 인프라 구축과 솔루션 서비스를 제공하는 기업으로 클라우드 분야에서는 국내 최초로 유니콘에 등재됐다.

시프트업은 양대마켓 구글플레이, 앱스토어에서 매출 1위 게임('데스티니 차일드', '승리의 여신: 니케')을 개발한 모바일 게임 분야 스타트업이다.

아이지에이웍스는 빅데이터 기반 고객 분석, 기업 맞춤 마케팅을 제공하는 기업으로 2020년 중기부의 예비유니콘 특별보증에 선정된 바 있다.

또 여행 종합 플랫폼 기업 여기어때컴퍼니, 24시간 신선식품 배송 업체 오아시스, 전 세계 유일 농·축·수산물 데이터 및 무역 플랫폼 기업 트릿지, 경영관리 솔루션 기업 한국신용데이터도 새로 유니콘기업에 추가됐다.

반면 코스피에 상장한 쏘카, 인수·합병된 에이프로젠, 티몬 등은 유니콘 졸업기업이 됐다.

지난해 말 국내 유니콘기업 22개는 국제 비교 시 인용되는 '씨비 인사이트(CB Insights)' 등재 14개 기업과 중기부가 투자업계 등을 통해 추가 파악한 8개를 합한 것이다.

씨비 인사이트 기준 14개는 미국(651개), 중국(172개), 인도(70개) 등에 이어 세계 10위 수준이다.

이영 중기부 장관은 "지난해는 스타트업들에게 특히 어려운 한 해였음에도 국내 유니콘기업 탄생뿐 아니라, 졸업도 가장 많았다"고 밝히고 "스타트업에 필요한 자금을 적시에 공급하기 위해 벤처캐피탈에 투자촉진 인센티브를 부여하고 기술보증규모도 확대했다. 민간 벤처모펀드, 복수의결권 도입도 조속히 추진해 유니콘이 지속적으로 탄생할 수 있는 벤처생태계를 조성하겠다"고 강조했다.

※문의: 중소벤처기업부 벤처정책관 투자관리감독과(044-204-7727)

• 출처: 대한민국 정책브리핑 2023년 2월 9일자

새로운 기업을 시작하는 것을 창업이라 한다. 창업은 기본적으로 사업아이디어를 갖고 있는 기업가가 자본과 사업아이디어를 결합하여 사업 기회를 탐색하고 사업화하여 제품이나 서비스를 생산하는 과정을 의미한다.

사업기회를 탐색하는 과정은 기업의 외부환경과 내부적 역량을 분석하여 사업의 타당성을 분석하고 나아가 기업이 취할 전략이나 경영의 방향을 설정하는 것을 포함한다. 따라서 본 장에서는 기업가가 지녀야 할 역량이나 품성, 사업성 분석, 자본조달 등의 방법에 대하여 공부하게 된다.

구체적 내용은 다음과 같다.

1. 창업의 개념과 절차에 대하여 이해한다.
2. 사업성 분석의 절차와 방법으로서 예비사업성 분석, 시장성 분석, 기술성 분석, 경제성 분석, 창업전략 구상, 사업계획서 작성에 대한 이해를 높인다.
3. 창업의 3요소로서 기업가정신, 사업아이디어 개발법, 자본조달의 유형 및 방법에 대한 이해를 증진한다.

01 창업의 개념

1.1 창업의 의의

법적으로 창업이란 중소기업을 새로 설립하는 것으로 정의된다(중소기업창업지원법 제2조). 그런데 새롭게 사업을 시작하여 겉으로는 창업으로 보이더라도 실질적으로는 창업의 효과가 없는 다음과 같은 경우는 창업에 해당되지 않는다(중소기업창업지원법시행령 제2조).

첫째로, 타인으로부터 사업을 승계하여 승계전의 사업과 같은 종류의 사업을 계속하는 경우

둘째로, 개인사업자인 중소기업자가 법인으로 전환하거나 법인의 조직변경 등 기업형태를 변경하여 변경전의 사업과 같은 종류의 사업을 계속하는 경우

셋째로, 폐업후 사업을 개시하여 폐업전의 사업과 같은 종류의 사업을 계속하는 경우

이상과 같은 법적 정의는 정부정책의 추진이나 민 · 형사상의 문제가 개입되는 경우에

중요한 판단기준이 되겠지만 일반적인 의미에서 창업이란 말 그대로 사업을 개시하거나 새로운 사업을 시작하는 것으로 이해하면 될 것이다.

중소기업의 특징은 다산다사라 할 만큼 많은 기업들이 생겨나고 동시에 많은 기업들이 폐업하는 것이 현실이다. 그만큼 생존이 어렵기도 하지만 하루에도 많은 기업들이 생겨나곤 한다. 이처럼 새로운 기업을 만드는 것을 창업이라 하는데 창업이 성공적으로 이루어지고 그 기업이 경쟁력을 갖고 오랜 기간 성장 · 발전하기 위해서는 철저한 사전준비와 분석이 필요하다.

구체적으로 창업이란 기업가능력을 갖춘 개인이나 소집단이 사회기회를 포착하여 사업목표를 설정하고 자본 · 노동력 · 설비를 확보하고 사업을 시작하는 것을 말한다. 여기서 개인이나 소집단은 창업자를 의미하고, 사업기회란 사업아이디어를 말하며, 자본이 조달됨으로써 모든 투입요소(생산설비, 원자재, 에너지, 정보 등)를 동원할 수 있다. 이와 같이 기업이 창업되기 위해서는 창업자, 사업아이디어 및 자본이 기본적으로 동원되어야 하는데, 이들이 창업의 3대 요소이다. 이들 창업의 3대 요소가 상호작용하여 기업이 탄생되는 것이다.

그러나 이러한 창업의 기본요소가 모두 갖추어졌다 하더라도 경영환경이 급변하는 상황에서 많은 외부변수들이 창업에 영향을 미친다. 또한 창업이 과거보다는 쉬워졌지만 창업이 곧 성공은 아니다. 성공하기까지는 많은 난관이 있으며, 성공이란 이러한 난관들을 모두 극복하였다는 것을 의미한다. 중소기업진흥공단의 통계자료에 따르면 최근 매년 6만개 업체 이상의 신설법인이 창업하고 있는 것으로 나타나고 있으며, 이러한 증가추세는 매년 가파르게 상승하고 있는 것으로 나타났다. 여기에 소규모의 자영업까지 포함하면 매년 매우 많은 업체가 창업되고 있음을 알 수 있다. 특히 가족생계 유지를 목적으로 하는 소규모 창업이 증가하고 있는 것은 기업들이 경기변동과 M&A에 따른 잦은 구조조정을 실시함으로서 중장년층의 이직이 대폭 증가하면서 비교적 진입문턱이 낮은 서비스업 창업으로 몰리는 것이 주요한 원인으로 볼 수 있다. 또한 최근에는 괜찮은 직장이나 직업으로의 취업이 어려워지면서 학교를 졸업한 청년층이 취업을 포기하고 창업을 하는 경우도 늘고 있는 추세이다.

이처럼 창업이 증가함에 따라 기존 업체들과의 경쟁은 더욱 치열해지면서 창업 성공률은 낮아지고 있다. 조사에 의하면 우리나라 중소기업의 평균수명은 14년이고, 소규모 자영업의 수명은 4~5년이라고 한다. 미국의 경우도 매년 백만 명 이상의 사람이 사업을 시작하지만 통계적으로 40%가 1년 이내에 문을 닫으며, 5년 안에는 80%가 사업을 접는다는 것이다(김원호, 2008). 소규모 자영업의 경우는 사정이 더욱 열악하다. 지난 10여 년에 걸쳐 매년 평균 76.6만개의 사업체가 새로이 진입하였고, 75.2만개의 사업체가 퇴출하였다. 즉,

전체 사업체 수의 거의 1/4에 가까운 사업체가 매년 새로이 생겨나고, 그리고 또 사라져 갔다는 것이다. 창업에는 많은 사업비와 시간 등이 소요된다는 점에서 철저한 준비가 뒤따라야 할 것이다.

제조업이 중시되고 규모경제가 경쟁력의 원천이 되는 시기에서는 창업의 요소중에서도 자본이 큰 비중을 차지하였으나 최근지식과 창의성이 중시되면서 사업아이디어에 대한 중요성이 큰 비중을 차지하게 되었다. 또한 창업과정에서도 과거와 다른 특징들을 가지게 되었는데, 예를 들면 적은 자본으로 창업을 시도하고, 업종전환의 유연성을 고려하기 위한 조직구축, 신속성을 강조하기 위해서 아웃소싱 방식을 도입하거나, 경제적이고 시장성이 있는 아이디어나 창업자의 확실한 비전이 있다면 자본과 사람은 따라오게 되는 것이다.

창업은 사회 · 경제적으로 여러 가지 측면에서 중요성을 갖는다.

첫째, 부의 창출기능을 갖는다. 기업창업의 가장 직접적인 목표는 부를 창조하는 것이다. 창업에서 창출되는 부는 개인적으로 소중한 것일 뿐만 아니라 사회적으로 유용한 것이다. 좀더 많은 사람들이 물질적인 풍요로움의 혜택을 받기 위해서는 먼저 사회전체의 부의 크기가 증가해야 하는데, 창업은 이러한 결과를 위해 필요하고도 중요한 활동인 것이다.

둘째, 일자리의 창출이다. 기업의 창업은 일자리를 제공하게 된다. 이와 같은 일자리는 개인에게는 생활의 수단이며, 국가적으로는 경제활동 인구를 늘리고, 실업문제를 해결하는데 있어서 가장 근본적인 방안인 것이다. 최근 소규모 벤처기업에 대한 관심이 높아지고 정부의 지원도 대폭 증대되면서 능력있는 젊은이들의 벤처창업이 늘고 있다. 또한 온라인 네트웍을 바탕으로 가사를 하면서 동시에 자영업에 종사하는 경우 등을 들 수 있다.

셋째, 벤처창업의 경우는 전문기술을 활용함으로서 결과적으로 과학과 기술의 발달을 촉진하게 된다. 벤처기업은 대기업이 점유하지 못한 틈새를 노려 신기술로 시장을 개척한다. 기존 시장을 점유한 대기업과의 경쟁은 애당초 불리하기 때문에 규모의 경쟁보다는 범위의 경쟁을 통해 신시장 · 신제품개척을 통해 국민경제발전의 기반이 된다.

넷째, 벤처기업 창업이 기술에 기반을 둔다면, 소규모 개인창업은 대체적으로 전문기술이나 노하우를 갖지 않는 경우가 일반적이다. 따라서 개인 창업자는 대체적으로 판매 · 유통업과 서비스분야의 창업을 대상으로 하는 경우가 많은데 이러한 분야는 진입장벽이 낮고 다산다사의 특징이 있다. 따라서 치열한 경쟁에서 생존하기 위한 방법으로 차별화에 대한 관심이 많아지면서 끊임없이 신규 서비스의 개발하고자 한다는 점이다.

1.2 창업절차

창업은 사업아이디어를 갖고 있는 사업자가 자본을 투입하여 사업을 개시하는 것을 의미한다. 그러나 사업자가 자본과 사업아이디어만 믿고 사업을 시작한다고 그 사업의 성공을 의미하지는 않는다. 실제 사업을 시작하여 기제품과 서비스를 출시하기 전에 많은 조사와 분석 및 평가과정을 거칠 때 창업의 성공가능성은 커지게 된다. 많은 창업후보자들은 자신들의 경험과 지식을 과신하여 사전조사나 사업아이디어의 대안, 자금조달, 수요예측 등에 대한 면밀한 검토없이 자신의 의지와 감각적 판단에 따르는 경우가 많다.

창업은 창업자, 자본, 사업아이디어의 3대 요인을 핵심요소로 한다. 따라서 이들 중 어느 하나에 문제가 있는 경우 성공적 창업은 어렵다. 각 요소에 대한 문제점을 분석하고 평가하여 문제가 발견되는 경우 개선을 하거나 그것이 불가능하다면 창업을 보류할 수밖에 없을 것이다. 창업요소 중 사업아이디어는 생산제품이나 서비스와 관련되는 것으로 다른 요소에 비해 많은 분석과 평가가 요구된다. "아이디어는 돈이다"라는 말은 아이디어가 중요하다는 것을 강조하는 표현인데, 아이디어가 기업화되기 위해서는 많은 평가과정이 전제되어야 한다. 이러한 평가과정 중 가장 기본이 되는 첫 번째 단계가 사업아이디어에 대한 사업성 분석이다.

사업성 분석이란 사업아이디어를 바탕으로 제품이나 서비스를 생산하였을 때 과연 기업의 목적(존속, 발전, 이윤, 가치창출, 사회에의 봉사 등)을 달성할 수 있는 가능성을 조사하는 일인데, 이는 반드시 전문가에 의한 일정한 형식을 갖춘 조사만을 의미하지는 않는다. 전문가가 아니고 창업자가 사업성 분석을 하는 경우는 창업자의 경험에 따라 그 방법이 달라질 수도 있다. 중요한 점은 이러한 분석이 사업의 성공여부에 무엇보다도 중요한 역할을 한다는 것이다. 전문가나 창업팀에 의한 본격적 사업성 분석에 앞서 간단한 자료를 활용한 예비분석도 단계적 의사결정에 상당한 의미가 있을 것이다.

이처럼 창업의 평가과정에 창업의 3요소 외에도 상당히 많다. 창업의 3요소외에 창업에 영향을 미치는 인자를 창업 환경인자 또는 창업 주변인자라고 한다. [그림 9-1]은 앞에서 설명하였던 창업의 3요소와 창업과정 및 창업환경인자들의 관계를 나타내고 있다.

창업전략은 창업과 관련된 환경요인의 분석에서 시작하여 이에 적절한 사업목적을 설정하고 사업계획으로 구체화할 수 있는 기반을 설정해준다. 창업직후의 성공도 중요하지만 창업기업이 성공적으로 정착하고 지속적 발전을 이룩하기 위해서는 기업환경을 고려하는 전략적 접근이 필요하다. 따라서 사업성 분석의 최종 단계로서 기업의 성패에 중대한 영향을 미치게 될 기회요인과 위험요인에 대한 분석과 이에 따른 기업의 내부역량의 동원 및

그림 9-1 창업 3요소 및 창업절차

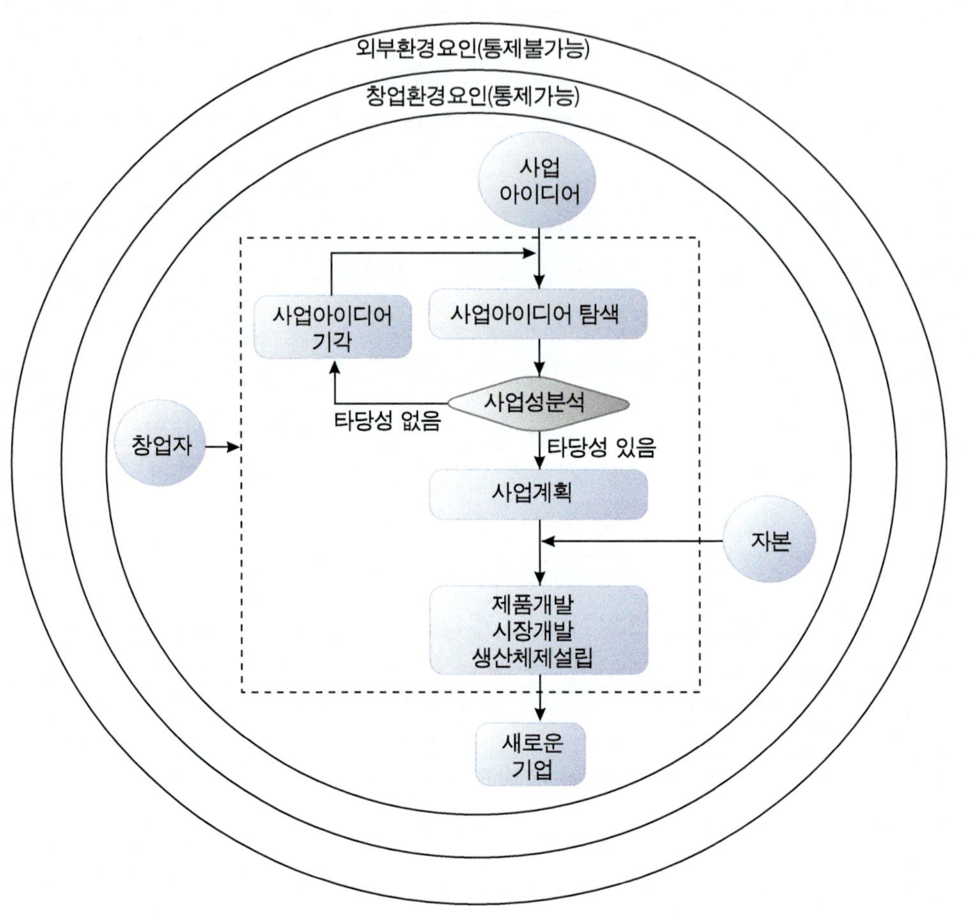

관리방법에 대해 고려해야 할 것이다. 따라서 효과적인 창업전략을 수립하기 위해서는 통제가 가능한 창업 3요소로 구성되는 내부환경과 통제가 불가능한 기업의 외부환경에 대한 평가가 선행되어야 한다.

02 사업성 분석

2.1 사업성 분석의 개요

1. 사업성 분석의 필요성

사업성 분석의 내용과 형식은 창업하고자 하는 사업의 특성에 따라 일정하지 않지만, 일반적으로 시장분석, 기술분석, 재무분석 등으로 구성된다. 특히 경쟁관계가 치열해지고, 기업환경이 급속도로 변화되고 있는 현실에 비추어 기업환경에 대한 분석도 필수적이다.

창업자는 이와 같은 사업성 분석을 통하여 고려하고 있는 사업의 성공이 예상될 때 기업설립에 착수하게 된다. 사업아이디어가 사업성 분석을 통하여 긍정적 결과에 도달하면 사업계획을 세우고 이에 필요한 자본을 동원하여야 한다. 사업자금이 확보되면 사업계획을 추진하게 되는데, 이때 포함되는 활동들은 원자재 조달계획, 제품계획, 시장개발계획, 생산계획, 인사계획, 이익계획 등이다.

사업계획서는 사업타당성 분석후 사업타당성이 입증되는 경우에 작성하는 것으로 창업을 실패로부터 지켜주고 성공확률을 높여줄 수 있기 때문에 중소기업 창업은 물론 아무리 적은 소규모 창업일지라도 필수적으로 작성해야 한다. 사업타당성 분석의 필요성을 요약하면 다음과 같다.

첫째, 창업자 자신의 주관적인 사업구상이 아닌 객관적이고 체계적인 사업타당성 분석은 계획하고 있는 사업자체의 성공률을 높일 수 있다. 사업성 분석을 통해 기업경영에 경험이 없는 신인창업자는 물론 다소의 경험이 있는 유경험자도 새롭게 설립하려는 기업의 모든 요소와 과정에 대한 이해도가 높아지게 된다.

둘째, 창업자들이 사업타당성 검토를 통해 구상하고 있는 기업의 여러 구성요소를 정확하게 파악하여 창업기간을 단축할 수 있고, 보완해야 할 사항을 미리확인하여 조치를 취함으로서 창업업무를 효율적으로 수행할 수 있다. 이러한 점에서 사업타당성 분석은 기업의 설계도 역할을 한다. 사업성 분석은 어떤 제품을 생산하는 것이 수익성이 있는가를 조사할 뿐만 아니라, 어떤 조건하에서 수익성이 극대화 될 것인가를 탐색하는 활동도 포함되므로 체계적인 사업성 분석의 결과는 기업의 최적설계에도 이용될 수 있다.

셋째, 사업타당성 분석은 창업자의 경영능력을 향상시킬 수가 있다. 오늘날과 같은 전문화 시대에는 창업자가 처음부터 기업경영에 필요한 모든 능력을 충분히 갖추기는 어렵다. 관리능력이 풍부한 사람은 생산과 관련된 기술이 부족하고, 반대로 기술자인 경우는 관리능력이 부족하기 쉬운데, 사업타당성 분석을 실시함으로서 관리적 측면과 기술적 측면 모두를 파악할 수 있어 부족한 부분에 대한 사전준비가 가능하다. 창업자가 사업성 분석에 참여하면 그는 사업에 대한 균형있는 지식을 보유할 수 있으며, 이는 창업자의 경영능력 향상에 도움을 준다.

넷째, 정부의 창업지원정책 등을 통해 전문가로부터 사업타당성에 관한 조언과 분석을 지원 받을 수 있다. 창업자는 독자적으로 점검해볼 수 없는 제품의 기술성, 시장성, 수익성, 자금수지계획 등의 전문적 분야에 대해 전문가로부터 지도를 받음으로서 해당 업종에 대해 깨닫지 못하는 부분에 대한 이해의 폭을 넓힐 수 있다.

기업이 창업을 하는 단계에서 사전에 사업성 분석을 행한다는 것은 사업의 성공가능성을 높여준다. 철저한 사업성 분석은 외부환경요소 중에 유리한 요소나 불리한 요소를 구분할 수 있으며, 이중 불리한 요소들에 대해서는 사전조치나 대처를 할 수 있게 되는 것이다. 그러나 현실적으로 중소기업이 창업을 하는 경우는 체계적인 사업성 분석을 행하지 못하는 경우가 많다. 실제적으로 사업타당성 분석을 실시하지 못하는 경우는 사업타당성 분석이 실질적으로 도움이 되지 않는다고 믿거나, 타당성 분석에 투입되는 자원(노력, 시간, 비용)에 비해 효용성이 낮다고 판단되거나, 사업가가 자신의 지식과 경험을 지나치게 과신하는 경우, 또는 체계적인 사업성 분석자체에 대해 잘 모르는 경우이다.

2. 사업성 분석의 절차

이상에서 살펴 본 바와 같이 사업성 분석은 본격적인 사업을 착수하기에 앞서 사업이나 창업의 성공여부를 판단하거나, 또는 사업개시를 전제로 하는 경우 사업에 필요한 제반사항들을 점검하는 절차이다. 사업성 분석의 단계는 [그림 9-2]와 같다.

사업성 분석의 첫 번째 단계는 예비사업성 분석과정이다. 고객이나 경쟁자, 또는 창업자 등을 통해서 얻게 되는 아이디어를 선별하여 후보 사업아이템을 선정하며, 각 아이템별로

그림 9-2 사업성 분석의 단계

상품성, 시장성, 수익성, 안정성에 대해 평가하는 과정이다. 이러한 예비사업성 분석 결과 긍정적 결과로 나타난 경우에는 다음 단계의 검증이 필요하며, 기각된 경우에는 상품화를 포기하거나 잠재적 아이템으로 보류하게 된다. 아이템의 채택과 보류는 각 단계에서 동일하게 적용된다.

사업성 분석에서의 두 번째 단계는 시장성 분석이다. 일반적으로 경쟁을 전제로 하여 창업을 시도한다는 점에서 잠재고객을 추정하고, 시장성이 있는 가는 매우 중요하다. 따라서 신제품이나 창업하고자 하는 아이템에 대한 수요가 불투명하거나 전망이 부정적이라면 사업의 개시는 의미가 없는 것이다.

세 번째 단계는 기술성 분석으로 창업하고자 하는 제품이나 서비스를 적질 · 적시 · 적가에 공급할 수 있는 능력에 대한 평가이다. 오늘날과 같이 기업 간 경쟁이 치열한 상황에서 다른 기업들과 비슷한 제품을 비슷한 가격에 생산 및 공급한다면 경쟁력을 갖기 어렵다. 따라서 타 기업 제품, 서비스와 차별화되거나, 높은 품질, 또는 낮은 가격으로 공급할 수 있는 능력을 보유하여야 할 것이다.

네 번째 단계는 경제성 분석이다. 이는 계획사업의 경제적 타당성을 분석하는 것이다. 투자하고자 하는 아이템을 사업화하는 경우 얻게 될 수익전망과 투자 효율성 등을 분석하는 것이다. 경제성 분석은 사업화 단계에서의 부분일수도 있으며, 나아가서 창업후 경영전략을 수립하기 위한 사전준비 과정일 수도 있다.

끝으로 다섯 번째 단계는 창업전략 구상단계이다. 창업하고자 하는 업종에 대한 외부환경으로서 기회적 요인과 위협적 요인을 탐색하고, 이에 따른 창업기업의 내적역량에 대한 강점과 약점을 파악하여 추후 성공적 창업에 필요한 전략적 대안을 도출하는 것이다.

2.2 예비사업성 분석

여러 가지 아이디어 원천에서는 생산가능하며 동시에 기업에게 많은 이익을 가져다 줄 수 있는 아이디어가 있는 반면 생산불가능한 아이디어도 있을 수 있다. 따라서 타당성이 없는 아이디어는 선별하여 제거시키거나 개발단계에서 탈락하게 된다.

선별과정에서는 수집된 아이디어의 분석 · 비교 · 검토를 통하여 최적의 것을 선택하게 된다. 즉, 수집된 아이디어가 기업의 목적에 일치하는가, 채산성 및 시장성은 있는가, 기술혁신상의 난이도는 없는가, 발명특허나 의장특허에 중복은 없는가 등을 고려하여 무리가 있거나 위험성이 지나치게 큰 경우는 탈락시켜야 된다.

성공적인 사업아이템을 발견하기 위해서는 될 수 있으면 많은 아이템을 탐구할 필요가 있다. 창업시 가능한 모든 분야에서부터 출발하여 점차 좁은 범위로 옮겨가면서 체계적인 분석을 하다보면 예비사업 아이템이 탐색되고 이어서 창업자에게 적합한 후보 사업아이템이 1차적으로 선정된다. 후보사업 아이템을 선정하는 과정 및 절차는 다음과 같다.

첫째, 창업상품과 시장과의 관계를 고려하여 결정하는 것이다. 구체적으로 창업에 적합한 경우는 소비자에게 만족을 주는 신상품을 개발하여 수요가 있는 기존시장에 판매하는 경우로 성공가능성이 상당히 높다. 또한 성장기 또는 성숙기에 있는 기존 상품을 사업아이템으로 하여 새로운 시장에 참여하는 경우에도 성공가능성이 비교적 높은 편이다. 그러나 신상품을 생산하여 새로운 시장에 판매하기 위해서는 소비자의 의식변화가 선행될 필요가

표 9-1 후보 아이템 평가시 검토항목

주요항목	평가요소	세부검토 사항
상품성	상품의 적합성	· 창업자가 잘아는 제품이나 공정인가? · 비필수품이거나 사치품은 아닌가?
	상품의 독점성	· 창업 중소기업의 참여를 배제하는 사실상의 독점은 없는가? · 정부의 인 · 허가에 의해 실제 창업이 제한되어 있지 않은가?
시장성	시장의규모	· 예상되는 고객의 수는 어느 정도인가? · 국내 및 해외시장규모는 금액으로 어느 정도 인가?
	경쟁성	· 경쟁자의 세력 및 지역별 분포는 어떤가? · 경쟁제품과 비교했을 때 품질과 가격관계는 유리한가? · 판매유통이 용이하며, 물류비용이 저렴한가?
	시장의 장래성	· 잠재고객 수의 증가가 예상되는가? · 새로운 창업기업의 침투 가능성은 어느정도 인가?
수익성	생산비용의 효익성	· 적정비용으로 제품을 생산할 수 없는 요인이 있는가? · 생산공정이 복잡하지 않고, 효율성은 있는가?
	적정이윤 보장성	· 원자재조달이 용이하고, 값은 안정적인가? · 필요한 노동력 공급이 용이하며 저렴한가? · 제조원가, 관리비, 인건비 등 모든 비용공제 후 적정이윤이 보장되는가?
안정성	위험수준	· 경제순환과정에서 불황 적응력은 어느 정도인가? · 기술적 진보수준은 어느 정도이며, 기술적 변화에 쉽게 대처할 수 있는가?
	자금투입의 적정성	· 초기 투자액은 어느 정도이며, 자금도달이 가능한 범위인가? · 이익이 실현되는데 필요한 기간은 어느 정도이며, 그동안 자금력은 충분한가?
	재고수준	· 원자재 조달, 유통과정상 평균재고 수준은 어느 정도이며, 재고상품의 회전기간은 어느 정도인가? · 수요의 계절성은 없는가?

· 자료 : 김철교 · 곽선호 · 강길원, 중소기업 창업론, 탑북스.

있고 비교적 고가상품인 경우 성공가능성이 매우 낮다. 또한 기존상품을 기존시장에 판매하기 위해서는 경쟁회사 또는 해외상품과 경쟁해서 이겨야 하는 경우에도 성공가능성이 낮은 편이다.

둘째, 현재 존재하는 상품이나 상품정보를 바탕으로 창업아이템의 성공가능성에 대해 조사한다. 성공가능성에 대한 판단은 정책적으로 지원하는 중소기업 업종에 해당하는 가의 여부, 무역박람회나 발명품 전시회참관, 제품아이디어 관련 간행물 등을 활용하는 것이 바람직하다.

셋째, 기존 상품의 응용 및 개선 가능성을 정밀검토한다. 색깔이나 모양을 변경하거나 순서, 부품, 패턴 등을 재배치하거나 확대, 축소, 대체, 결합 등의 방법을 동원하여 특징이 개선되고 성능이 우수해진다면 창업에 적합한 후보아이템이 될 수 있는 것이다.

성공적인 상품의 기본요건은 다음과 같다.

- **욕구충족형 상품** : 필요성은 인정되나 욕구를 충족시킬 수 있는 제품을 생산하는 방법을 아는 사람이 없거나, 욕구의 인식부족으로 인해 제품이 개발되지 않는 경우 또는 미래욕구 분출가능성이 있는 상품이다.
- **경쟁력이 있는 상품** : 실용신안, 디자인 등록, 성능개선 및 특징추가 등으로 품질이 향상된 상품이거나 저렴한 원재료개발 및 기술혁식으로 원가절감을 가져올 수 있는 경우이다.
- **일정기간 수요증가 예상상품** : 소비인구의 증가가 지속되는 경우, 소비자취향의 변화 및 소비자 의식의 변화가 예상되는 경우, 국민경제수준의 증가 등으로 수요증가가 예상되는 상품이다.

구체적으로 후보아이템을 평가시 다음과 같은 평가항목을 검토할 필요가 있다.

2.3 시장성 분석

창업에 있어서 시장조사는 반드시 거쳐야 할 부분이다. 목표시장의 현황을 정확하게 파악하지 않고 막연히 잘되는 사업, 잘되는 아이템이라 생각하고 창업한다면 성공보다 실패 확률이 높다. 사업의 성공과 실패의 분수령은 판매가 되는가에 있다. 아무리 품질이 우수하고 신제품이라 하더라도 판매가 되지 않으면 결코 사업이 성공할 수 없기 때문이다. 창업과 관련하여 시장성 분석을 실시하는 구체적인 조사목표는 다음과 같다.

표 9-2 시장성 분석 검토항목

구 분	분석요소	세부 분석 내용
전반적 시장 동향분석	시장규모분석	· 국내 동제품, 대체 및 유사제품에 대한 수급실적 · 동제품, 대체 및 유사제품에 대한 수출입실적
	시장의 특성 및 구조	· 시장의 성격/주요 수요처 · 동 제품/대체/유사제품 판촉전략 · 유통구조와 특성 : 유통경로, 고객특성, 변화추세 등 · 동 업계의 판매조직(대리점, A/S 제공형태 등)
	소비자 분석	· 소비자 구성분포 및 변화추세 분석
제품성 분석	제품의 강 · 약점 분석	· 제품의 특성, 품질 비교 · 제품의 강 · 약점 분석(기능, 브랜드 보유 여부)
	라이프사이클 및 보급률	· 제품의 라이프 사이클 분석 · 경쟁품 및 유사제품의 보급률 추정 및 향후 전망
경쟁적 지위 분석	재무상태 비교	· 자사 및 경쟁사의 재무상태 비교 : 자본금, 총자산, 부채, 상시직원 수, 매출액, 영업이익, 당기순이익 등
	생산능력, 실적	· 생산능력 및 생산실적 비교
	주요 경쟁요소 비교	· 가격경쟁력 · 제품에 대한 기술수준, 신제품개발 능력
제품의 채산성 분석	제품원가/마케팅코스트	· 제품원가 · 마케팅고스트 등의 분석
	마진율	· 마진율
	제품가격	· 제품의 가격정책 및 경쟁력 분석
수요예측	시장점유율	· 국내외 주요 경쟁업체의 시장 점유율 · 주요 경쟁업체의 시장점유율 변동추이
	판매량 증감 요인 분석	· 소비자 성향 변화추이 : 제품소비형태, 구매동기, 소비자 연령분포, 소비자 세분화, 기호변화 등 · 대체상품의 동향 및 출현 가능성(수입제품 포함)
	판매전망, 불황 적응도 및 계절성 분석	· 각 판매영역에 있어서의 제품별 판매가능량 추이 · 불황기의 수요변동 예측 · 계절성 제품의 수급대책 · 연도별 판매전망
시장 및 제품 환경분석	자연환경요인	· 인적 자원(경영층, 사무직 및 생산직)확보의 용이성 · 원재료 수급 용이성, 입수 가능성
	기술적 환경요인	· 보유제품에 대한 전반적 기술수준 · 신기술 및 신제품개발 능력 및 전망
	마케팅환경요인	· 판매방법 및 판매전략 · 판매대금의 회수방법 · 외상매출금 및 외상매입금의 효율적 관리방안

구 분	분석요소	세부 분석 내용
판매전략	판촉 및 광고 전략	· 경쟁사와의 판촉 및 광고전략 비교 · 광고 등의 판매량 증대효과 분석
	영업전략	· 효율적인 영업전략 수립 · 판매 및 영업조직의 효율성 제고방안

· 자료: 김철교 · 곽선호 · 강길원, 전게서.

첫째, 전반적인 시장동향의 분석이다. 계획제품에 대한 전체 시장규모가 어느 정도이며, 경쟁제품과 유사제품 그리고 수입제품에 대한 시장은 어떤 특성과 구조로 이루어지고 있는지를 분석함과 동시에 소비자 구성분포 및 변화추세 등도 분석목표로 삼는 것이 좋다.

둘째, 제품의 경쟁적 지위분석이다. 계획제품이 경쟁제품과 비교하여 어떤 특성을 갖고 있으며, 품질수준은 어느 정도인지, 경쟁회사에는 어떤 회사들이 있으며, 이들 회사의 기본적 재무상태와 영업실적, 가격경쟁력의 여부도 분석해야 할 목표이다.

셋째, 근본적인 시장성 분석목표인 계획제품에 대한 수요예측이다. 국내 주요 경쟁업체의 시장점유율 현황분석과 각 판매영역에 있어서의 제품별 가능수량을 향후 3년정도 추정하는 것도 조사목표의 하나이다.

넷째, 시장성 분석의 부수적 목표라 할 수 있는 시장 및 제품 환경분석과 판매전략의 수립이다. 아무리 정확한 수요예측이 이루어졌다 하더라도 이 예측은 시장 및 제품환경의 변화에 따라 유동적일 수밖에 없으며, 구체적인 판매전략이 수립되지 않으면 말 그대로 계획에 그치고 마는 결과밖에 되지 않는다. 따라서 시장성분석 목표로서 비록 부수적 목표라 하더라도 시장 및 제품환경 분석과 판매전략 수립을 시장성 분석의 목표로 삼는 것이 바람직하다. 환경 및 판매전략은 사업성 분석의 마지막 단계인 창업전략에서 좀 더 경영전략과 같이 좀 더 포괄적인 창업전략과 연계될 필요가 있다.

구체적으로 시장성 분석이란 생산할 제품이 시장에서 어느 정도 팔릴것인가를 분석하는 것이다. 수요가 확정된 경우에는 특별한 시장조사가 필요하지 않지만, 일반시장을 통해 판매하는 제품의 경우에 판매량을 예측한다는 것은 용이하지 않다. 시장조사에서는 판매량을 추정하기 위하여 기본적으로 다음과 같은 자료를 수집 · 분석한다.

이상과 같은 시장조사의 목표를 달성하기 위해 시장성 분석시 중점적으로 검토할 사항은 전반적인 시장동향, 재품성, 경쟁적 지위, 제품의 채산성, 수요예측, 시장 및 제품환경 분석 및 판매전략에 대한 것이다. 구체적 내용은 〈표 9-2〉와 같다.

2.4 기술성 분석

창업을 위해 계획한 제품을 생산하기 위해서는 기술성 분석이 선행되어야 한다. 기술성이란 계획제품의 생산과 관련되는 것으로 좁게는 기술적 · 공학적 특성, 제조공정, 생산설비와 규모 등 생산과 직접 관련된 사항뿐만 아니라 부품조달, 생산일정 및 입지, 생산에 따른 폐기물처리 등과 같이 광범위한 내용을 포함한다.

사업타당성 평가요소 중 가장 어렵고 전문성이 요구되는 부분이 바로 기술적 타당성 검토이며, 특히 요즈음과 같이 신기술 및 기술집약형 사업을 기업화하는 경우가 많아지는 추세를 감안할 때, 기술적 타당성 검토는 중요한 의미를 갖는다. 신기술 및 기술집약형 사업의 성공여부는 기술의 독창성 및 사업의 성공가능성에 있는 만큼 기술적 타당성 분석은 계획사업의 핵심기술에 대한 내용을 정확히 파악함은 물론 기술의 유용성, 기술의 위험요소 및 성공가능성 정도를 평가하는 것을 핵심과제로 하고 있다.

기술적 타당성 평가의 핵심은 제품을 확보가능한 기술진에 의해 원만히 생산할 수 있는지, 불량률을 목표수준까지 낮출 수 있으며, 이로 인한 제품의 경제성 및 경쟁력을 확보할 수 있느냐에 달려있다. 결국 제품이 당해 회사의 기술수준에 의해 원만히 생산되고, 생산된 제품의 불량률이 목표수준에 이름으로써 제품의 경제성이 인정되며, 나아가서 국내경쟁사의 경쟁제품 뿐만 아니라 외국의 제품(수입제품 포함)과 비교해서 품질 및 가격측면에서 경쟁력이 있을 때 기술적 타당성이 높다고 볼 수 있다. 그러나 현실적으로 이와 같은 제품을 발견하기란 어렵다. 설령 기술적 타당성이 높은 제품이라도 시시각각 출현하는 신제품 · 신기술 때문에 최고의 기술수준을 유지하기가 결코 쉽지 않다. 따라서 기술적 타당성 평가기준을 마련하기란 결코 쉽지 않은 일이다. 그러나 창업을 함에 있어 기술적 타당성을 갖지 못하면 사업은 실패할 수밖에 없는 바, 가능한 범위내에서 최선의 검토방법을 찾아야 할 것이다. 검토할 내용은 다음과 같다.

- 제품의 용도, 제품의 물리적 · 기계적 · 화학적 특성에 관련된 사항
- 제조공정에 대한 사항
- 수요량을 생산할 수 있는 생산일정 및 공장규모의 결정
- 구입할 기계의 규격, 공급가격, 입찰일정, 대금지불방식, 설비의 신뢰성과 성능, 기계설비의 유지 · 보수, 예비부속품의 조달가능성
- 기계설비의 장 · 단점을 충분히 비교 · 검토한 자료 및 기계설비의 배치
- 이용되는 기술로부터 예상되는 폐기품의 종류, 양, 처리방식 및 처리비용

2.5 경제성 분석

아무리 제품의 품질이 좋고, 시장성이 뛰어나서 성공적으로 생산 · 판매되더라도 수익이 제대로 창출되지 못하든가 투자의 경제성이 없다면 그 사업은 근본적으로 실익이 없는 것으로 판단할 수 있다. 이러한 재무타당성 분석은 사업타당성 분석의 최종단계일 수도 있으며, 나아가서 창업후 경영전략을 수립하기 위한 사전준비과정일 수도 있다.

경제성 분석과 관련해서는 단기적 장래의 수익전망, 손익분기점 매출액 산정, 계획사업의 경제성(수익율) 등을 중점적으로 살펴 볼 필요가 있다. 각 요소별로 검토할 내용은 다음과 같다.

1. 수익전망

수익전망은 추정 손익계산서를 근거로 하여 예측한다. 향후 3년내지 4년 간의 추정 손익계산서가 작성되면 손익계산서상 연도별 매출액, 매출총손익, 영업이익, 경상이익, 세전순이익, 그리고 당기순이익 등을 분석한다. 매출액에 대한 매출원가는 동업계와 비교하여 과다하지 않은지, 판매비와 일반관리비는 매출액 또는 전체적인 영업규모에 비해 과다하지

표 9-3 경제성 분석의 평가요소

구 분	평가요소	세부검토 사항
핵심 요소	수익전망	· 향후 3~5개년 추정손익계산서에 의한 연도별 당기순이익? · 2~3년 내 흑자 실현 가능성?
	손익분기점	· 손익분기점 매출액은 얼마이며, 언제 실현 가능? · 손익분기점 산출 후 판매수량, 판매금액, 고정비, 변동비 등의 타당성? · 가격, 변동비, 고정비, 판매량의 변동에 따른 민감도분석
	경제성 (수익율)	· 순현가법(NPV) 및 내부수익율법(IRR)에 의한 투자수익율 산정 · 예상 수익률이 시중은행의 이자율을 상회하는가? · 회수기간법에 의한 투자금의 예상 회수기간?
부차적 요소	소요자금규모 및 조달가능성 검토	· 총 소요자금 검토, 소요자금 증가요인 검토 · 자금조달 능력(방안) 검토
	자금조달 및 운용계획표	· 총괄자금계획 · 시설자금조달계획 · 연도별 소요자금 및 조달계획
	차입금 상환능력	· 연도별 매출액과 당기순이익의 규모 및 증가율 · 차입금 상환 및 이자납부 일정 검토

· 자료 : 윤주석 · 조준희, 전게서, 참조.

않은지 종합하여 분석해 보아야 한다. 그리고 최종적으로는 당기순이익 규모가 적정한지, 매출액에 대한 당기순이익률은 경쟁사 대비 어느 수준인지도 검토되어야 한다. 수익전망 분석에서 검토되어야 할 또 다른 요소는 흑자실현 가능시점의 분석이다. 몇 년이 지나도록 이익이 실현되지 못하고 있거나, 이월결손금 보전이 안 된 경우라면 결코 사업성이 있다고 볼 수 없다. 창업기업이라 하더라도 2~3년내에 이익실현이 불가능한 경우이거나 5년 이내에 이월결손금이 보전되지 않는 사업이라면 재고의 여지가 있다. 또한 대규모 장치산업이라 하더라도 중소기업에 있어서는 5년이내에 이익실현이 불가능한 경우라면 5년 이후에 큰 수익기대되더라도 사업자체를 재고하지 않으면 안된다. 5년내에 자금압박으로 도산해 버린다면 5년 이후의 큰 수익은 아무소용이 없기 때문이다.

2. 손익분기점 분석

손익분기점이란 기업경영에 있어서 수익총액과 비용총액이 일치하게 되는, 이익도 손실도 없는 매출액 또는 조업도를 말한다. 손익분기점은 어느 정도의 매출을 실현하여야만 이익도 손실도 아닌 분기점에 도달할 수 있는 것이며, 분기점 도달시점은 영업개시후 언제가 될 것이냐가 분석하는 것이다.

손익분기점 분석은 사업성패의 관건인 동시에 자금수급계획을 미리 수립하기 위한 척도로서 활용할 수 있다. 또한 손익분기점 산출후 손익분기점 달성시점을 재조정할 필요성이 있는 경우 판매수량, 금액, 고정비, 변동비 등의 타당성을 검토함은 물론, 이들 요소로부터 경비의 절약방안 등을 강구할 수 있어 손익분기점 자체를 재조정할 수도 있다. 손익분기점의 평가기준은 그 평가목적에 따라서 다양하다. 단순히 손익분기점 매출액을 산출하는 경우에는 손익분기점에 이르는 매출액 규모의 산출에 그 목적이 있으며, 이 손익분기점 매출액을 산출하면 이를 근거로하여 창업후 어느 시점에서 이익실현이 가능한지를 예측해볼 수 있는 것이다.

또한 손익분기점 분석은 예상했던 가격, 변동비, 고정비, 매출액 등이 기업환경의 영향을 변화되는 경우를 상정하여 각 요소별 변동에 따른 다른 요소의 변화를 예측하는 민감도 분석도 가능하다.

3. 경제성 분석

(1) 순 현재가치법(NPV)

순 현재가치법이란 어떤 투자안에 대한 투자액(현금유출)을 최소한의 자본비용, 즉 할인율로 할인한 현재가치와 투자자의 과실로 얻어지는 수익액(현금유입)을 시장할인율로 할인하여 현재 가치화한 후 수익액(현금유입)의 현재가치에서 투자액(현금유출)의 현재가치를 차감한 금액, 즉, 순현재가치(NPV)가 양(+)이면 투자안이 경제성이 있다고 평가하며, 음(–)이면 경제성이 없다고 평가한다. 따라서 2개 이상의 예비사업 아이템에 대해 순현재가치법으로 경제성 평가를 하는 경우에는 순현재가치의 크기가 큰 순으로 사업우선 순위를 결정하게 되는 것이다.

(2) 내부수익률법(IRR)

내부수익률법은 어떤 사업안에서 예상되는 투자액(현금유출)의 현재가치와 수익액(현금유입)의 현재가치를 일치시켜주는 할인율에 의해 사업안의 경제성을 평가하는 방법이다. 이때 내부수익율의 크기를 자본비용과 비교하여 자본비용보다 크면 투자안의 경제성이 있다고 평가하는 것이다. 물론 내부수익율이 크면 클수록 우수한 투자안이라 평가한다.

(3) 회수기간법

투자사업에 투입되는 총투자액(Cash Outflow)을 완전히 회수하는데 소요되는 기간을 기준으로 투자결정을 하는 기법으로 회수기간이 기업이 미리 설정한 최장의 회수기간보다 짧으면 그 투자안을 채택한다. 이 방법은 현금흐름에 대한 화폐의 시간적 가치를 고려하지 못하는 단점이 있어, 화폐의 시간적 가치를 고려하여 순 현가가 0이 되는 시점(Cash Outflow의 총계와 Cash Inflow의 총계가 일치하는 시점)이 투자자가 생각하는 정상회수 시점(통상 대출기간)이내인지 여부에 따라 투자를 결정하는 방법이다.

4. 소요자금 규모 및 조달가능성 검토

소요자금의 규모결정은 사업규모와 함께 생각하는 것이 좋다. 반면 사업규모는 자금조달능력에 의해서 결정되어진다. 따라서 소요자금규모 결정은 자금조달능력과 연계시켜 검토하는 것이 합리적이다. 자금조달 · 운용계획을 수립하는 제 1단계는 총 소요자금 규모에 따라 자금조달 계획을 수립하는 것이다.

창업단계에서 총 소요자금 사정은 여러 측면에서 정확한 산정이 현실적으로 어려운 것이 사실이다. 공장건설비 견적서의 부정확, 기계설비내용 및 성능차에서 오는 소요자금 차이뿐만 아니라, 예측치 못한 여러 상황에 따라 추가로 소요되는 경우도 허다하다. 따라서 자금조달 계획을 수립할 때는 총 소요자금을 최대한 정확히 산정하되, 소요자금의 불확실성 및 소요자금 산출상의 누락분 등을 감안하여 총 소요자금의 1.5배 내지 2배로 자금조달계획을 수립하는 것이 필요하다. 1.5내지 2배의 근거는 이와 같은 불확실성 또는 불예측성

요인뿐만 아니라, 창업 소요기간의 연장에 따른 가산분, 즉 창업초기 1~2년 또는 2~3년간의 소요자금 산정만으로는 창업이 본 궤도에 오를 수 없는 경우도 허다하기 때문이다. 공기가 연장되는 경우, 시운전의 연장, 개업준비지연, 그리고 매출액 증가에 따른 추가운전 자금소요 등의 이유로 창업초기 약 5년간 소요될 총자금을 정확히 산정할 수 없다는 제약점 때문에 이들 요소를 충분히 감안하기 위한 것이다.

총 소요자금 대비 자금조달계획이 수립되면 제 2단계로 자금조달 능력(가능성)을 검토하여야 한다. 자금조달 방법은 자기자본과 타인자본으로 구분할 수 있는데, 자금조달능력은 자금조달에 따른 위험수준에 따라 창업자 또는 창업멤버들의 실정에 맞춰 그 조달범위를 결정하여야 한다. 자금조달 능력이 계획했던 목표액에 이르지 못하면 사업규모를 줄여야 할 것이다.

5. 자금조달 및 운용계획표의 작성 및 분석

소요자금 규모 및 조달가능성 검토가 끝나면 이들 자료와 추정재무제표, 특히 자금조달·운용표를 작성한 후 이를 근거로 자금조달·운용계획표를 작성한다. 자금조달 ·운용계획표는 기간 및 자료성격에 따라 ① 총괄자금계획, ② 시설자금 조달계획, ③ 연도별 소요자금 및 조달계획을 작성한 후, 이를 심층적으로 분석한다. 자금조달·운용계획표 작성 시에 누락되는 항목이 없도록 세심한 주의를 요하며, 견적서 등 객관적 근거자료에 의거해서 작성하여야 한다.

6. 차입금 상환능력 검토

차입금은 장기적 측면에서 상환능력 범위내에서 조달되어야 한다. 흔히 차입금의 상환가능성을 염두에 두지 않거나, 벌어서 갚을 수 있을 것이라는 막연한 생각만 가지고 당장 급하다고 하여 차입을 늘리다 보면 이들 차입금의 상환기간이 거의 일시에 도래할 경우 기업은 큰 곤경에 처하게 된다. 이런 관점에서 차입금 상환능력검토 시에는 연도별 매출액과 당기 순이익의 규모 및 증가율을 감안하여 수립하여야 한다.

2.6 창업전략 구상

사업성 분석을 실시함으로써 단기적으로는 창업 아이템의 사업개시에 대한 타당성을 검토하는 것이지만 창업사업의 방향성을 결정하며, 사업의 지속성과 추진력을 갖게 되며, 일관성 있는 경영이 가능할 것이다.

이처럼 장기적 사업목표와 방향성을 유지하려면 앞서 언급된 내부역량(제품성, 기술력, 재무적능력, 인적능력 등)을 파악하고, 이를 기업의 외부환경과 결합하여 환경에 적합한 경영의 방향을 찾는 노력이 필요하다. 이러한 분석기법으로서 SWOT(strength weakness opportunity threat)분석이 유용하다. 이는 기업환경 종합분석의 일환으로 외부환경의 기회요인과 위협요인을 파악하고 기업내부의 장점과 약점을 분석한 후 전략적 대안을 도출하는 방법이다.

각 요소별 내용을 예시하면 다음과 같다.

- **강점**(strength): 기업이 보유하고 있는 독특한 능력, 경쟁우위, 강한 상표명, 혁신력, 원가 · 가격의 주도력, 우수한 인력, 재무적 충실도, 독점적 기술력, 고객충성도 등
- **약점**(weakness): 다른 회사에 비해 낮은 시장점유율, 가격경쟁력, 재무능력, 제품개발력, 마케팅능력, 시설과 제품의 진부화, 인적능력부족, 낮은 조직몰입 등
- **기회**(opportunity): 진입시장의 성장, 부품이나 원자재 가격인하, 에너지 가격 인하, 고객욕구의 증대, 새로운 시장과 수요의 발생, 정부의 유리한 경제정책 실시 등
- **위협**(threat): 새로운 경쟁자 진입, 원자재 부족 또는 가격인상, 수입완화에 따른 외국제품 수입가능성, 불리한 정부의 경제정책, 노동정책 강화 등

이상과 같은 분석을 통해 기업이 취할 수 있는 창업전략은 네 가지로 요약된다. 첫째, 기회와 강점을 결합한 전략방향이다(SO전략). 둘째, 위험에 대비하면서 강점을 활용하는 전략방향이다(ST전략). 셋째, 기회를 살리되 약점을 감안한 전략방향이다(WO전략). 넷째, 위험도 크고 약점도 많을 때의 전략방향이다(WT전략). 각 전략은 구체적으로 다음과 같다.

1. SO전략

시장의 기회를 활용하기 위해 강점을 사용하는 전략이다. 이는 기회와 강점이 모두 많은 기업에서 구사할 수 있는 전략이다. 구체적으로 기회의 이점을 얻기위해 강점을 활용할 수 있는 상황으로서 강점과 기회를 다 같이 극대화하는 전략(SO)이 가장 바람직하다. 따라서 모든 경영자는 SO전략을 취할 수 있는 위치에 있기를 원하며, 다른 유형에서 SO유형으로 옮기려 한다.

2. ST전략

시장의 위협을 회피하기 위해 강점을 사용하는 전략이다. ST전략은 기업은 강점을 지니고 있으나 위협적 환경에 직면한 기업의 상황을 말한다. 여기에서는 위협을 극복하거나 회피하기 위

해 강점을 활용하는 것으로서 강점 극대화-위협 극소화 전략(ST)이 바람직하다.

이러한 상황은 신제품개발능력(S: 강점)을 갖고 있는 기업이 제품이 성숙기에 접어들면서 시장의 수요정체(T: 위협)에 직면한 경우 신제품개발 능력을 극대화하여 새로운 시장을 개척함으로서 강점을 활용하여 환경의 위협을 줄이는 전략을 예로 들 수 있다.

3. WO전략

약점을 극복함으로써 시장의 기회를 활용하는 전략이다. WO전략은 기회는 많으나 약점이 있는 기업의 상황을 말하는데, 이런 상황에서 기회의 이점을 얻고 약점을 극소화하는 전략을 말한다.

예를 들어, 건강에 대한 관심이 증대되면서 의료기기에 대한 수요가 증대되는 상황(O: 기회)에서 의료기기 제품의 제조능력은 있으나 브랜드인지도가 낮은 경우(W: 약점) 이 기업이 취할전략은 당장의 약점을 극복하고 기회적 상황을 이용할 수 있는 방법 중의 하나는 자체브랜드 제품을 생산하기 보다는 브랜드인지도가 높은 기업과 OEM방식으로 제품을 납품하는 것이다. 그러나 장기적으로는 브랜드인지도를 높이면서 기회적 상황의 이점을 극대화하려는 노력이 필요할 것이다.

4. WT전략

시장의 위협을 회피하고 약점을 최소화하는 전략이다. WT전략은 약점을 지닌 기업이 위협에 직면한 상황에서 구사하는 전략이다. 이는 위협을 극소화하고 약점을 극소화하는 전략이다. 이러한 상황에서는 기업의 외부환경이 기업에 위협적이고 불리한 상황이며, 내부역량도 미흡한 경우이다. 예를 들면, 취급제품에 대한 수요가 줄고있는 상황(T: 위협)에서 다른 기업제품에 비해 제품품질과 가격경쟁력이 낮은 경우 이 기업이 단기적으로 취할 전략은 공급능력을 줄이는 것이다. 그러나 중장기적으로는 차별화된 신제품개발이나 원가절감이 가능한 생산방식의 개발을 위해 노력하는 것이 바림직할 것이다.

다음은 대기업 영업기획부 출신으로 기획력, 영업감각, 컴퓨터 실력이 뛰어난 반면, 디자인 감각이 부족하고, 멀티미디어 정보취약, 부족한 외국어 능력, 자금력이 부족한 A씨의 경우에 대해 그가 갖고 있는 능력의 강점 · 약점과 외부환경의 기회요인과 위협요인을 정리한 것이다. 4개 상황에 따른 하위전략은 SO전략, ST전략, WO전략, WT전략이다. 그리고 창업을 위해 4개 상황을 고려한 전체적인 전략의 방향은 국내고객을 대상으로 염가에 각종 스트레스 해소정보를 제공하는 소규모 IP사업에 투자하는 것이다.

표 9-4 SWOT분석을 통한 창업방향 도출사례

SWOT Matrix 대기업 영업기획부 출신으로 기획력, 영업감각, 컴퓨터 실력이 뛰어난 A씨의 SWOT분석 사례와 방향		기회요인(O) · 정부의 벤처기업 육성강화 · 외국자본 유입가속화 · 노동시장의 저임금 구조화 · 컴퓨터 사용인구 증가 · 정보통신기술의 발달	위협요인(T) · 가계소비의 실속화 추세 · 개인스트레스의 증가 · 업체난립과 경쟁격화 · 구직인력의 증가 · 금리 및 환율 불안
강점(S)	· 탁월한 컴퓨터 능력 · 폭넓은 대인관계 · 영업경험 · 뛰어난 기획능력 · 탁월한 문장력	**SO전략** 인적 네트워크를 활용한 IP사업위주의 정보통신 분야가 유망 〈IP 사업 중심〉	**ST전략** 염가의 정보통신 기술로 스트레스를 해소시켜 주는 사업 유망 〈가격경쟁력 확보〉
약점(W)	· 디자인감각 부족 · 멀티미디어 정보취약 · 부족한 외국어 능력 · 업계에서 많은 나이 · 부족한 자금력	**WO전략** 가급적 인터넷보다는 PC통신을 이용한 국내 대상사업이 유리 〈국내 대상〉	**WT전략** 소규모 투자로 실패위험을 줄이는 창업전략이 유리 〈소규모 투자〉
최종선택전략		**바람직한 창업방향** 국내고객을 대상으로 염가에 각종 스트레스 해소정보를 제공하는 소규모 IP사업	

· 자료 : 중소기업청 소상공인 센터

2.7 사업계획서 작성

위에서 기술한 것과 같이 예비사업성 분석으로부터 시장성, 기술성, 경제성 분석 및 창업구상이 긍정적이라면 이를 구체적으로 명문화하고 정리하는 과정으로서 사업계획서를 작성하게 된다. 사업계획서는 사업타당성에 대한 내용을 구체적으로 분석 및 정리하는 측면도 있지만 많은 이해관계자들에게 사업이 충분히 성공가능성이 있음을 이해시키는 문서이므로 창업자의 주관적 의지표명보다는 객관적이며 설득력을 갖추고 참고자료도 공신력 있는 기관이나 연구자료를 이용하는 것이 바람직하다.

사업계획서란 창업사업의 미래에 대한 청사진으로서 기업과 관련된 여러 이해자 집단에게 자신을 소개하는 역할을 하기 때문에 사업계획서의 작성에 많은 시간과 노력이 동원되어야 한다. 특히 창업기업의 경우는 기업성패의 가능성을 판단할만한 경영정보나 자료가 없고 오로지 사업계획서라는 문서자료만으로 판단하기 때문에 더욱 중시된다. 예를 들어 개인 투자자들은 자기의 자금을 투자하여 보다 많은 수익창출을 목적으로 하기 때문에 창업자 이상으로 사업의 성패에 대해 관심이 많기 때문에 사업계획서 내용 하나하나에 대해 매우 관심이 많다는 점이다. 이러한 것은 행정, 창업보육센터, 공장부지, 자금제공 등 다양한 지원을 하고 있는 정부기관도 같은 사업계획서 만으로 창업지원 여부를 판단하는 경향이 있다. 따라서 사업계획서는 창업자 본인의 경영계획이기도 하지만 제3의 투자자나 이해관계자를 설득시키기 위한 자료임을 명심해야 할 것이다.

사업계획서에는 창업 이후 모든 환경의 내용과 각 성장단계별 특성에 따른 기업의 대응책등이 포함되어 있어야 하는데 잘 작성된 사업계획서는 다음과 같은 내용을 담고 있어야 한다.

첫째, 사업계획서만 읽으면 누구나 사업의 내용을 알 수 있도록 구체적으로 작성해야 한다. 사업의 아이템과 경영진, 인력수급계획, 설비투자계획, 생산계획, 판매계획, 조직운영계획, 자금조달 계획, 사업추진일정, 이익계획 등을 빠짐없이 기술하여 누구나 그 내용을 알 수 있도록 해야 한다. 따라서 수치나 그래프를 이용하여 이해를 돕고 관련 증빙자료를 첨부해 신뢰감을 높이는 것이 바람직하다. 그러나 구체적이라고 해서 사업계획서가 지나치게 방대해 지는 것은 바람직하지 않다.

둘째, 실현가능한 계획을 담아야 한다. 사업계획서란 기업을 운영하기 위한 지침서이고 가이드라인이기 때문에 비현실적이어서는 곤란하다. 사업계획서는 현실에 맞게 설계되어야 하며, 머리속에서 맴도는 사업계획은 아무리 뛰어나도 사업계획서로 옮기면 새로운 문제점이 발견되게 마련이다. 따라서 창업자는 창업에 관련된 문제점을 전문가와 상의하여 수정 · 보완할 필요가 있다.

셋째, 차별화 전략의 수립이 필요하다. 시도하는 제품이 독특하고 다품종소량생산을 하여 대기업이 침투하기 어려운 틈새시장을 목표로 하는 경우라면 매우 좋다. 특히 벤처자금을 이용하여야 할 때는 사업계획서가 벤처캐피탈에게 어필할 수 있어야 하는데, 이 경우에는 차별화된 사업계획으로서 대기업이 할 수 없으면서 단기에 높은 수익성을 기대할 수 있다는 확신을 주는 것이 유리한 판정을 받을 수 있다.

넷째, 창업의 목적이 개인적인 이익만이 아니라 공공의 이익을 위한 것임을 입증해야 한다. 앞으로의 기업의 개념은 개인적인 이익을 강조하기 보다는 공기로서의 이익을 강조하여야 한다. 따라서 사업계획서에서 신뢰감을 높이기 위한 방법으로서 공익적 개념을 강조한다는 것은 매우 중요한 내용 중의 하나이다.

〈표 9-5〉는 창업자용 사업계획서의 양식이다.

표 9-5 창업자용 사업계획서

Ⅰ. 기업체 현황
1. 회사개요
2. 업체 연혁
3. 창업동기 및 향후계획

Ⅱ. 조직 및 인력현황
1. 조직도
2. 대표자, 경영진 및 직원 현황
3. 주주현황
4. 인력구성상의 강 · 약점

Ⅲ. 기술현황 및 기술개발 계획
1. 제품의 내용
2. 기술현황
3. 기술개발투자 및 기술개발계획

Ⅳ. 생산 및 시설계획
1. 시설현황
2. 생산공정도
3. 생산 및 판매실적(최근 2년간)
4. 원 · 부자재 조달상황
5. 시설투자계획

Ⅴ. 시장성 및 판매전망
1. 일반적 판매전망
2. 동업계 및 경쟁회사 현황
3. 시장 총규모 및 시장점유율
4. 판매실적 및 판매계획

Ⅵ. 재무계획
1. 최근 결산기 주요 재무상태 및 영업실적
2. 금융기관 차입금 현황
3. 소요자금 및 조달계획

Ⅶ. 사업추진 일정계획

Ⅷ. 특기사항
Ⅸ. 첨부서류
1. 정관
2. 상업등기부 등본
3. 사업자등록증 사본
4. 최근2년간 요약결산서
5. 경영진 이력서

03 창업의 3요소

3.1 기업가정신

1. 기업가정신의 개념

기업가정신의 개념에 대한 정의는 Schumpeter(1936)의 연구를 기점으로 구체화되었다. 그는 기업가정신이란 생산성 향상, 경제성장 그리고 궁극적으로는 사회발전에 기여하는 혁신과 창조적 파괴활동을 하는 기업가들의 정신을 의미한다고 하였다. 이후 많은 연구자들의 기업가정신에 대한 정의는 그의 관점에 바탕을 두고 있다. Timmons(1990)는 실질적으로 아무것도 아닌 것으로부터 가치있는 어떤 것을 이루어 내는 인간적이고 창조적인 행동이 기업가정신이라고 하였으며, 그에 의하면 기업가정신은 현재 보유하고 있는 자원이나 자원의 부족을 고려하지 않고 기회를 추구하는 것이다. Stevenson, Roberts & Grousbeck (1994)의 경우 기업가정신이란 현재 통제할 수 있는 자원여부에 관계없이 기회를 추구하는 것으로 인간의 창조적 행동을 바탕으로 무에서 유를 창조하는 것이며, 개인적 그리고 재정적으로 파악된 위험을 감수하는 것이라고 정의하였다.

이상과 같이 기업가정신은 학자마다 다양한 개념으로 정의되고 있으나 이들을 종합하면 기업가정신이란 급변하는 기업의 경쟁환경 하에서 현재 통제할 수 있는 자원에 구애받지 않고 혁신성, 진취성, 위험감수성 등을 통하여 새로운 가치와 기회를 창조하기 위해 끊임없이 도전하는 정신으로 기업의 성장과 발전에 실질적으로 기여할 수 있는 전체적인 태도와 역량'으로 정의할 수 있다.

중소기업은 대부분 개인기업의 형태를 취하고 있으며, 법인형태를 취하고 있는 기업도 창업자나 소유권자가 경영자인 경우가 대부분이다. 따라서 중소기업의 경영은 경영자 개인의 독단적인 의사결정에 의존하는 특징이 있으며, 그만큼 창업자의 자질이나 능력은 중소기업의 성패에 결정적 영향을 미친다.

특히 기술진보나 소비자의 구매욕구 변동과 같은 기업환경이 급변하고 있는 상황에서 기업 경영자들의 의사결정 능력이나 혁신에 대한 의지는 매우 중요하다. 시장의 요구가 다양화되고 기업 간 경쟁이 점차 치열해지고 있는 상황에서 현실에 안주하고자 하는 기업은 경쟁에서 밀려나게 되기 때문이다. 이처럼 창업경영자들에게 요구되는 정신을 기업가정신이

CASE 이병철과 정주영의 기업가정신

삼성그룹과 현대차그룹의 창업자인 고(故) 이병철 회장과 정주영 명예회장의 발자취에 대한 관심이 요즘 재계 안팎에서 일고 있다. 이병철 회장의 경우 지난 2012년 11월 19일 25번째 기일을 맞아 그의 삶을 재조명하는 움직임이 활발하고, 정주영 명예회장은 최근 사이버 기념관 '아산 정주영'이 문을 열면서 그의 일대기에 관심이 모아지고 있다.

최근 기업들이 경기불황을 이유로 소극적 투자와 안정지향적 경영을 하고 있는 시점에서 우리 경제에 활력을 불어 넣은 두 사람의 발자취를 돌아보는 것은 상당한 의미가 있을 것이다. 과거로 시간을 돌려 아래 두 장면을 보자.

첫 장면은 이병철 회장의 '도쿄선언'. 1983년 2월 7일 일본 도쿄의 오쿠라호텔 505호실. 74세의 이병철 회장은 반도체 사업 진출여부를 고민하느라 한숨도 자지 못했다. 그리고 이튿날 언론을 통해 "반도체 사업을 하기로 결심했다. 누가 뭐래도 밀고 나가겠다"고 선언했다. 도쿄선언에 대한 주변의 반응은 싸늘했다. 국내 경제부처나 경제학자들은 국제경쟁력이 없다는 이유로 삼성의 반도체 진출을 반대했고 미국과 일본 등 반도체 선진국들도 삼성의 반도체 진출을 무모한 일이라며 비웃었다. 그러나 삼성은 도쿄선언 10개월 뒤 64K D램을 자체개발함으로써 국내외의 비웃음을 말끔히 씻었다.

두 번째 장면은 정주영 회장의 '주베일의 결단'. 1976년 2월 16일 오전 9시 사우디아라비아의 주베일산업항 공사 입찰실. 이름조차 낯선 현대건설의 정주영 사장(당시의 직함)이 모습을 나타내자 장내가 술렁였다. 그리고 현대건설은 9억 3,000만 달러에 공사를 따냈다. 최고가를 써낸 미국 회사의 절반에 불과한 가격을 제시한 현대건설의 무모함에 세계 건설업계는 비웃음을 보냈다. 그러나 현대건설은 신공법을 자체개발해 공사기간과 공사비용을 획기적으로 줄여 공사를 성공적으로 마쳤고 이후 현대건설은 라스알가르 주택항공사, 쿠웨이트 슈아이바항 확장공사, 두바이 발전소 등 중동의 대형공사를 잇달아 수주했다.

이병철 · 정주영 회장이 연출한 두 장면에는 나락에 빠졌던 한국경제를 위한 반전의 미학이 있었다. 이 회장의 도쿄선언은 1980년대 초 세계경기침체로 한국경제가 심각한 무역적자에 시달리던 상황을 반전시키는 기폭제가 됐고 정 회장의 주베일 결단은 1970년대 초 제1차 석유파동으로 중동산 유가가 네 배나 올라 글로벌 경제위기가 닥친 상황에서 한국경제에 돌파구를 열어줬다.

이병철 · 정주영의 성공은 미래를 보는 남다른 혜안과 경제발전을 위해 도전을 두려워하지 않는 기업가정신에 힘입은 것이지만 여기에다 잘 살아보자는 국민의 의지와 기업가정신을 돕는 정부의 뒷받침이 있었기에 그런 기적 같은 일들이 가능했다.

• 서울경제

라 한다.

우리나라의 기업계를 대표하는 호암 (故)이병철 회장과 아산 (故)정주영 회장, 연암 (故)구인회 회장의 기업가정신에 대해서 살펴볼 필요가 있다. 물론 이들이 창업한 삼성, 현대, LG 모두 세계적 기업으로 성장하였지만, 이들의 기업가정신이 있었기에 오늘날 한국을 대표하는 세계적 기업으로 발돋움할 수 있었을 것이다. 호암의 기업가정신을 요약하면 환경변화에 잘 적응하고 기회를 포착하는 환경적응력과 경제상황의 변화를 예견하는 비전과 신기술개발을 통한 새로운 사업을 개척하려는 마인드를 들 수 있다. 아산의 기업가정신은 명확한 비전의 제시, 개척 · 도전정신, 강한성취 욕구 · 승부근성 등의 기업가정신에 과감한 추진력을 통한 리더십 발휘는"하면된다는 밀어붙이기식 경영전략"으로 표현되는 "현대정신, 현대기업 문화"를 낳게 하였다. 연암은 인품 및 성품에서 연유되는 생활신조가 인화단결, 신의, 성실이었으며 이에 바탕을 둔 기업가정신은 ① 인화 · 화합의 정신에 입각한 조직력과 결단력, ② 신의 · 성실의 정신에 바탕을 두어 경제환경 변화에 적절하게 대응하여 기업변신 기회포착의 기민성, 혁신과 상업정신, ③ 도전과 계획정신, ④ 잠재적인 창의성을 내포한 기업가정신을 가지고 있다.

2. 기업가정신의 구성요소

유능한 기업가가 되기 위해서는 앞에서 언급한 자질을 모두 갖추고 있다면 유리하다. 급변하는 기업환경에서 기업을 유지하기 위해서는 이러한 기업가의 능력은 기업의 주변환경을 잘 조화시키는 첩경이 된다.

기업을 창업한 소유경영자 형태의 기업가는 기업의 실질적인 소유자로서 그 역할이나 경영형태가 전문경영자와 구별된다. 대체로 중소기업은 전문경영자에 의해 기업이 운영되기 보다는 기업가에 의해 운영되고 있는데, 그들에게 필요한 기업가정신은 다음과 같다.

- 위험을 무릅쓰고 과감한 투자를 행하는 도전력이다. 도전적인 기업가는 경쟁에서 이기고 소비자의 까다로운 욕구를 충족시키기 위해 투자를 아끼지 않는다.
- 혁신력으로 기업의 위협요소를 발전기회로 전환시키는 능력을 가져야 한다. 기업을 둘러싸고 있는 여러 가지 환경요소 중 특히 위협적인 요소들을 적극적으로 이용하여 오히려 발전의 기회로 삼는 능력을 말한다.
- 단기업적을 추구하는 것이 아니라 장기적 사고의 미래지향적인 관점에서 비전을 제시하여 직원과 공감대를 형성하는 능력을 가져야 한다. 기업가란 단기적인 수익성을 추구하는 것이 아니고 장기계획하에 연구개발이나 교육부문에도 과감한 투자를 하여야

한다.

- 혁신적 리더십으로서 급변하는 환경에 탄력적으로 대응할 수 있는 유연성의 소유자이어야 한다. 중소기업의 경영자는 대부분 소유경영자이므로 관료화되기 쉬운 대기업에 비하여 신속하게 영영의사를 결정할 수 있는 것이 장점이다. 이를 위해서는 개척자적인 자세, 창조적인 사고, 경영과 집념이 필요하다.
- 조직구성원들의 일체감 조성과 철저한 낭비적 요소를 추방할 수 있는 능력도 중요하다. 경영자의 이러한 노력에 따라 강한 일체감을 조성하여 기업을 강하게 만들 수 있다.
- 국제화의 의욕과 인식이 투철하여야 한다. 또한 급변하는 해외시장 정보에 신속하게 대응할 수 있는 세계정보에 대한 활용능력도 뛰어나야 한다. 이러한 기업가의 능력이 결국 경쟁력을 향상시키게 되는 것이다.

이상과 같은 기업가정신을 요약하면 혁신성, 위험감수성, 그리고 진취성의 세 가지 구성요소를 포함한다.

첫째, 혁신성은 새로운 제품과 서비스 그리고 프로세스 개발을 목표로한 실험과 창조적 프로세스를 통한 새로운 것을 기꺼이 하는 마음을 의미한다. 구체적으로 혁신성은 시장환경변화에 대한 적극적인 자세로 시장의 불안정성과 불확실성을 극복하고 선도하기 위한 새로운 기술이나 지식프로세스 등의 도입을 적극적으로 고려하고 새로운 거래처의 개발을 통하여 혁신적인 제품개발 및 원가절감을 위한 적극적이고 자발적인 행동으로 나타날 수 있다. 따라서 혁신성에는 시장지향적인 아이디어를 기회로 전환시키는 과정으로 제품의 디자인, 시장조사, 광고 등을 적극적으로 추진하는 경영활동을 포함한다.

둘째, 위험감수성은 불확실한 결과가 예상됨에도 불구하고 과감히 도전하려는 의지정도로서 위험에 무관심하고 위험을 즐기는 정도를 의미한다. 다양한 경쟁제품이 존재하고, 수요에 대한 예측이 어려운 상황에서 신제품개발이나 신시장개척과 같은 모험적 경영을 하려는 것이다.

셋째, 진취성은 시장환경 변화에 적극적으로 대응하기 위하여 새로운 시장으로의 진출 및 주도적인 역할을 중요한 경영활동으로 인식하고, 이에 대한 지속적인 방안모색하고 대응하는 활동으로 정의할 수 있다. 진취성은 시장내 경쟁자에 대한 적극적인 경쟁의지와 우월한 성과를 산출하려는 의지를 보이거나 시장내 지위를 바꾸기 위해 경쟁사에 대해 직접적이고 강도 높은 수준으로 도전하는 자세를 포함한다. 구체적으로 새로운 아이디어의 개발에 대한 적극적인 지원과 사업환경 변화에 대한 적극적인 대처, 보유한 지적재산권의 해외진출시도, 새로운 지식의 습득을 위한 학습프로그램에의 참여 등으로 나타난다. 따라서 다른 기업가 보다 공격적으로 경쟁하며 단순히 경쟁자들의 행동에 대응하기 보다는 자신이 먼저 신제품과 새로운 서비스, 새로운 관리기법 등을 소개하고자 하는 행동적 특성을 갖는다.

3.2 사업아이디어

1. 사업아이디어의 의의

기업에서의 모든 생산제품은 아이디어에서부터 출발하므로 기업의 영속성은 아이디어가 바탕이 되는 것이다. 따라서 기업의 모든 부서는 아이디어 창출을 위해서 노력을 하여야 한다. 제품아이디어란 기업이 시장에 판매할 목적으로 생산하는 제품의 객관적인 기능을 나타낸 착상을 뜻한다. 이러한 아이디어는 사내의 제조 · 기술 · 판매부서 및 연구개발부서, 소비자, 판매원, 대리점, 원료공급자, 경쟁회사, 정부의 간행물 등 어디에서나 얻을 수 있으며, 어떤 원천으로부터 얻은 아이디어라도 경시해서는 안 된다.

기업의 사 · 내외에서 발생되는 제품 아이디어는 기업의 목표와 환경을 고려하여 전략적으로 추진되어야 하는데 영업, 생산, 재무 등의 각 부서에서 제안된 아이디어는 각기 자기부서 중심으로 추구하고자 하는 경향이 있다. 예를 들어 생산부서는 원가절감을 위하여 표준화되고 한정된 모델중심으로 제품의 아이디어를 착상하는데 비하여 마케팅부서에서는 소비자의 다양한 욕구를 충족시키기 위하여 가급적 다양화된 제품과 미적감각을 중시할 것이다. 이러한 형상을 막기위해 각 부서는 상호 유기적으로 정보를 교환해 나갈 필요가 있다. 즉, 소비자에게 어필할 수 있는 제품을 생산하기 위해서는 기업내 모든 구성원이 상호조화를 꾀하면서 고객의 변화에 귀를 기울이게 하는 것이 중요하다. 또한 경쟁업체의 성공제품을 지속적으로 벤치마킹하는 것도 중요하다(박상범).

창업의 단서가 되는 사업아이디어의 착상과 개발은 반드시 연구개발 부서나 그 분야의 전문가가 아니더라도 가능하다는 것을 전제로 접근해야 한다. 오늘날 성공적인 사업아이디어는 제품의 전문적 기술과는 관계없는 일반고객의 불만이나 요구로부터 시작된 사례도 많기 때문이다. 최근 고객중심경영 또는 고객만족경영의 추세에 따라 많은 기업들이 고객의 소리(VOC: voice of customer)시스템을 운영하고 있다. 이러한 시스템을 단순히 고객의 불만과 요구를 듣고 반영한다는 수동적 자세에서 고객의 욕구를 파악하여 제품과 서비스개발에 반영할 수 있는 자원으로 인식하는 경향도 이를 반영한다.

아이디어는 고객으로부터 나온다: 히타치의 야채중심고

주로 가전제품을 생산 · 판매하는 히타치(日立)사는 '야채중심고'라는 이름의 냉장고를 발매하여 크게 히트했다. 이 제품은 고객의 세탁기 사용 활동을 세밀하게 관찰한 결과 탄생하였다.

이 상품은 일반가정에 비디오 카메라를 설치하고 냉장고를 사용하는 주부의 일상 모습을 관찰한 결과 탄생했다. 관찰의 결과, 종래의 냉장고는 야채실이 밑에 있기 때문에 야채를 꺼낼 때 허리를 굽히는 일이 많아 허리에 많은 부담이 간다는 사실을 알게 되었다. 그래서 오히려 사용빈도가 적은 냉동실을 가장 아래 위치에 배치하고, 새롭게 야채실을 중심으로 한 냉장고인 '야채중심고'를 상품화하여 대성공을 거두었다. '야채중심고'는 시장 현장을 직시하고 관찰함으로서 소비자의 불편을 발견해내고 그 것을 상품으로 연결시킨 예이다.

이러한 점에서 고객의 불평과 불만은 숨겨야 할 치부라기보다 현 제품을 개선하고, 고객만족을 높일 수 있는 아이디어라는 관점에서 접근하여야 할 것이다.

• 김정명(2002), 상품개발력을 기른다, p.100.

2. 사업아이디어 개발의 체계적 추진

사업아이디어의 개발은 개인의 창의성에 의존하는 바가 크지만 이를 체계적으로 관리할 때 효과는 크게 나타날 것이다. 아이디어를 체계적으로 개발하기 위한 방법은 다음과 같은 여러 가지 방법이 있다.

(1) 브레인스토밍법

브레인스토밍법은 1941년 미국 BBDO 광고회사의 오스본이 창안한 기본적이고 대표적인 발상법이다. 지금도 가장 많이 활용되고 있는 방법이기도 하다. 이 방법은 10여명 정도의 인원이 적당하며, 너무 적으면 발상의 틀이 좁아지고, 반대로 너무 많으면 발언기회가 치우쳐져 구성원들의 참가의식이 희박해져 집단 발상의 의의가 적다.

브레인스토밍법은 네 가지 규칙이 있다.

첫째, 비판엄금의 원칙이다. 비판을 금함으로서 집단의 이노베이션 저해요인을 제거한다. 따라서 어떤 의견이든 비판을 하지 않는다.

둘째, 자유분방을 추구한다. 기상천외하거나 황당무계한 어떤 아이디어도 환영이다. 상식의 범위 내에서는 혁신적인 발상을 기대할 수 없다. 그러나 기발한 발상은 그 자체로는 실현성이 떨어지더라도 어떤 방법으로든 구체화할 수 있다.

셋째, 대량발상의 추구이다. 아이디어의 질을 생각하면 개인 안에 이노베이션 저해요인이 생겨 상식의 범위를 벗어나지 못한다. 따라서 의견의 질보다는 양을 추구한다.

넷째, 결합과 개선을 추구한다. 타인의 의견에 편승해서 결합하고 개선하는 것을 격려한다. 이로서 양적으로 풍부한 아이이어에 대한 질적개선을 추구하는 것이다.

이상과 같은 원칙이 있지만 브레인스토밍법이 성공적으로 운영되기 위해서는 사회자의 역할과 책임도 중요하다. 사회자는 회의에 앞서 연구테마에 대한 사전준비가 필요하며, 자유로운 발상을 위해 자연스런 분위기 조성, 참석자들이 골고루 발언하도록 유도하며, 이미 제안된 아이디어에 대한 결합과 개선이 이루어지도록 권장하는 것이 바림직하다.

(2) 체크리스트법

체크리스트법은 사고나 발상에 실수가 없도록 미리 체크항목을 명기하고 그것을 힌트로 하여 발상하도록 하는 방법이다. 구체적으로 개선점을 구하기 위해 모든 항목을 설정하고 하나씩 체크하면서 아이디어를 내도록 하는 것이다.

이 방법에서 체크해야 할 주요 항목은 다음과 같다.

- **전용**(put to other uses): 새로운 용도는 없을까? 약간 개량해서 다른데 이용할 수는 없을까?
- **차용**(adapt): 어디서 아이디어를 빌려올 수는 없을까? 뭔가 비슷한 것은 없을까?
- **변경**(modify): 색깔, 동작, 소리, 냄새, 형태, 형식, 내용, 의미 등을 바꾼다면?
- **확대**(magnify): 추가, 과장, 복제, 연장, 횟수, 빈도, 시간, 길이, 높이, 강도, 가치부가
- **축소**(minify): 기능 감소 또는 단순화, 압축, 농축, 생략, 분할
- **대용**(substitute): 사람, 재료, 부품, 소재, 제조방법, 동력방법, 공정
- **재조정**(rearrange): 순서, 스케쥴, 요소, 레이아웃
- **역전**(reverse): 전후, 상하, 좌우, 뒤집기, 반대로, 역할 전환
- **결합**(combine): 목적, 주장, 아이디어, 기능, 재료, 성분, 하나의 셋트 또는 단위로?

이상과 같은 체크리스법의 장점은 개선점을 찾기가 비교적 용이하며, 중요한 점을 빠뜨리지 않고 정확하게 검토할 수 있으며, 반복되는 작업의 경우 특히 편리하게 사용할 수 있다는 것이다. 반대로 체크리스트에 너무 의존하면 자신이 노력하여 생각하려 하지 않을 수 있으며, 또한 새로운 문제에 대한 필요성을 간과할 수 있다. 그리고 모든 사항을 체크하는데 많은 시간낭비의 우려가 있다는 점이다.

(3) 포스트잇 발상법

포스트잇(post it)은 자유롭게 붙이거나 뗄 수 있도록 한 메모지로서 색인표시를 하는 종이이다. 이 방법은 일본 동경TV의 캐스터였던 니시무라 아키라가 개발한 것으로 간단하게 포스트잇과 볼펜만 있으면 된다. 프스트잇의 색상을 여러 종류로 나누어 사용하면 아이디어를 종류별로 적어둘 수 있어 편리하다. 포스트잇 발상은 다음과 같은 단계를 거친다.

- 1단계(취재): 거리를 걸을 때, 신문이나 잡지를 보다가 문득 메모하고 싶은 아이디어가 떠오르면 주머니에서 포스트잇을 꺼내 바로 메모해둔다.
- 2단계(축적): 메모해둔 포스트잇을 주제별로 종이에 붙여 정리한다. 하나하나 옮겨 쓰는 수고를 덜 수 있다. 포스트잇을 붙였다 떼었다 반복하면서 주제를 결정하면 좋다. 이렇게 모인 종이를 파일용 폴더에 끼워 보존하고 관련된 사진이나 안내서 등과 함께 보관한다.
- 3단계(가공과 구성): 기획입안, 논문발표, 제품개발 등 사용목적에 따라 수집한 정보를 재구성한다. 메모를 다시 붙이면서 정보를 정리해 나가면, 부족한 정보를 체크할 수 있으며 새로운 아이디어가 떠오를 수도 있다.
- 4단계(아웃 풋): 이상과 같이 정리하고 가공한 결과를 내놓는 것이 포스트잇 발상법의 마지막 단계이다.

3.3 자본조달

1. 자본조달의 의의와 원천

창업을 위해서는 많은 자금이 소요된다. 창업을 위해서는 시장조사나 사업성 분석에서부터 시작하여, 공장이나 사무실의 매입 또는 건립, 설비와 기계장비의 도입, 기타 다양한 용도의 운영자금이 필요하다. 그러나 기업을 창업하거나 기존 기업의 유지 · 발전을 위하여 필요한 자금을 조달하는 것은 용이한 일이 아니다. 특히, 중소기업의 경우, 자본조달원이 한정되어 있고 금융환경이 대기업에 비하여 열악하므로 자본조달에 많은 어려움이 있는 것도 사실이다. 중소기업은 대기업에 비해 기업의 담보력이 약하고 신용도가 낮기 때문에 금융비용이 필요없는 자기자본의 조달이나 저리의 타인자본의 도입이 쉽지 않기 때문이다.

창업의 경우 필요한 자금이 얼마인지를 추정할 필요가 있다. 물론 창업의 초기 단계에서 전체 소요자금을 추정하는 것은 쉬운 일이 아니다. 또한 본인이 보유하고 있는 자금만으론 부족한 경우가 대부분이라서 외부자금을 조달해야 하는 경우 어떤 형태의 자금을 얼마나

표 9-6 사업자금조달의 원천

구 분	내 용
개 인	친척, 친구, 원자재납품업자, 고객, 친분이 있는 기업가나 투자가
기 업	원자재납품회사, 상품판매회사
은 행	중소기업은행, 국민은행, 외환은행, 한국산업은행
창업투자회사	창업투자회사, 창업투자조합
리 스	리스회사
보험, 증권, 저축기관	생명보험회사, 손해보험회사, 증권회사, 신용금고, 새마을금고 등
정부기금	국민투자기금, 중소기업진흥기금, 중소기업 구조조정기금, 산업기술향상기금, 중소기업 창업지원기금 등

· 박재린, 중소기업경영학, 무역경영사.

조달해야 할런지도 중요한 문제이다.

창업에 필요한 자금은 크게 시설자금(유형 · 무형 고정자산), 운전자금(인건비, 재료비, 제경비 등), 예비자금(시설 및 운영자금의 20% 정도)으로 구분할 수 있다. 여기에서 운전자금에는 사무집기, 비품, 사무실 임차료 등과 같은 초기투자 자금도 포함하여야 할 것이다.

이러한 자금의 종류에 따라 자금조달 원천도 차별화할 필요가 있다. 시설자금과 같이 고정자산에 투자하는 경우에는 자기자본을 1순위로 하며, 부족한 경우 타인자본을 조달하더라도 유동성이 큰 단기적 부채보다는 장기부채를 활용하도록 해야 유동성에 따른 도산 위험을 피할 수 있다. 또한 창업시 정부의 재정적 지원제도가 다양하게 제공되고 있으므로 이러한 제도를 잘 활용하는 것도 큰 도움이 될 것이다. 사업자금을 조달할 수 있는 원천을 보면 〈표 9-6〉과 같다.

2. 자본조달의 결정요소

기업은 일상적인 운영이나 성장에 필요한 추가자본조달의 필요성을 느끼게 된다. 일반적으로 기업의 자본조달은 자기자본, 타인자본으로 구분된다. 여기서는 자본조달 원천을 대상으로 기업이 자본조달을 할 때 고려하여야 할 요소를 살펴보기로 한다.

(1) 자본조달 코스트

기업이 자본을 조달할 때 어느 원천에서 조달하여야 할 것인가를 결정하는데 있어서 중요시되는 것은 자본코스트이다. 여러 가지 원천 중에서 자본조달이 가능하면 원천별로 자본코스트를 비교하여 가장 저렴한 원천을 선택하여야 한다.

(2) 자본조달의 시기

자본조달의 시기결정에 관한 문제는 자본코스트에 못지 않는 중요한 요소이다. 자본조달 시기를 잘못 결정하여 코스트가 높은 원천을 택해야 할 경우가 흔히 있다. 자본조달의 문제는 자금의 필요시기와 밀접한 관련성을 갖고 있다. 자금의 필요성이 매우 긴박할 때는 높은 이자의 사채라도 이용해야 하며, 이와 반대로 장기투자를 위한 장기자본의 조달에는 은행의 장기대출이나, 신주발행 등을 활용해야 하는데 이 경우에는 장기간이 소요된다. 이러한 자금은 비교적 금리부담이 적다는 이점이 있으나 그만큼 자금조달이 까다롭기 때문에 자금조달을 받기위한 요건을 갖추는 등 사전준비가 필요하다.

(3) 소유권과 경영통제

기업이 자본을 조달할 때 중요시해야 할 것은 소유권과 경영권에 미치는 영향을 고려해야 한다. 차입금이나 부채에 의한 자본조달은 소유권과 경영권에 아무런 영향을 미치지 않으나 주식을 발행할 경우 소유권이나 경영권을 상실할 수도 있다. 따라서 대주주의 입장에서는 소유권과 관련하여 안심할 수 있는 자본조달을 하여야 한다.

(4) 재무위기

자본조달의 원천을 결정할 때 고려하여야 할 또 하나의 요소는 재무위기이다. 재무위기는 기업이 정상적인 운영에 필요한 자금을 어떤 방법으로 조달하느냐에 따라서 나타나는 투자자의 부(富)를 위협하는 위험을 의미한다. 재무위기는 기업의 타인자본에 대한 의존도가 높으면 높을수록 기업의 재무적 위험도는 높아진다.

3. 창업자금의 조달

앞서 언급한 자금조달은 창업자의 의지와 노력에 의해 본인 또는 타인으로부터 자금을 조달하는 방법이다. 이러한 방법 이외에도 정부의 자금지원이나 보유기술을 바탕으로 자금을 조달하는 것도 고려할 수 있다. 이러한 방법은 단순한 신용도나 물적담보로 자금지원 여부가 결정되지 않고 사업성이나 보유 기술, 특허 등을 기준으로 결정되기 때문에 대외적 신인도를 높이는 효과도 있다.

(1) 정부정책 자금의 활용

정부에서는 기업육성과 고용창출을 위해 중소기업이나 벤처기업 창업과 관련하여 많은 직·간접적인 금융 및 정책지원을 하고 있다. 매년 중소기업을 위해 지원되는 자금은 수조원에 이르고 있으며, 그 지원예산도 매년 증가하고 있는 추세이다. 물론 정부에서 지원하는정책자금도 갚아야 할 빚이기 때문에 무작정 지원받는 것만이 능사는 아니다. 하지만 정부지원의 정책자금은 기업육성을 목적으로 하기 때문에 대부분이 장기저리이어서 금융비용 절감의 이점이 있다.

그리고 대부분의 정책자금은 정부예산으로 지원되기 때문에 일정요건을 갖춘 기업들을 대상으로 한다. 따라서 정책자금을 받았다는 것은 다른 사업투자자에게도 신뢰감을 준다는 점에서 자금지원의 혜택과 함께 대외적 신인도를 높이는 효과가 있다.

구체적으로 중소기업청에서 지원하는 직접적 자금지원 제도에는 중소 · 벤처창업 자금, 기술개발 기술사업화 자금, 경영혁신 자금(시설개선/지식기반서비스/기업간 협력), 구조조정자금(회생특례/사업전환/무역조정), 긴급경영안정 자금(원부자재 구입/재해복구지원/수출금융지원), 소상공인 창업 및 경영개선 자금이 있으며, 간접적 지원제도로는 환위험관리 지원사업, 중소기업간 협업지원 사업, 중소기업 신용보증지원제도, 소기업 · 소상공인 신용보증, 매출채권 어음보험 안내 등이 있다.

(2) 특허를 담보로 한 자금지원

벤처창업이 가장 활성화된 미국의 경우 소위 엔젤투자자라는 개인투자자들에 의한 자금조달이 활성화되어 있다. 이에 비해 우리나라의 경우는 아직 유망 중소기업이나 벤처창업의 경우 개인투자자들의 투자가 빈약하여 유망한 기술이나 특허를 사업화하지 못하는 경향이 있다. 이에 특허청에서는 우수한 기술력을 갖고 있음에도 담보가 없어 자금난을 겪고 있는 중소기업에 특허담보나 신용만으로 사업자금을 지원하도록 하는 제도이다.

(3) 모험자본

중소기업은 창업초기에 대부분 모험기업의 성격을 띠고 있다. 따라서 창업초기에는 요건이 갖추어졌다면 자본의 조달원천으로서 모험자본을 이용하는 것이 바람직하다. 벤처캐피탈이란 첨단기술산업에서 신제품이나 신기술의 개발 또는 기업화를 지향하는 창업단계의 기업에게 자본을 지원하는 회사로서 투자와 경영자문 등을 행하는 투자가 또는 투자회사를 의미한다. 따라서 이 자본의 특성은 높은 위험을 전제로 하기 때문에 높은 자본이익을 취한다. 그러나 현실적으로 벤처캐피탈 회사는 위험을 직접 부담하는 투자 또는 조건부금융에 대해서는 소극적인 반면 담보위주의 일반융자에 크게 의존하고 있는 실정이다. 따라서 벤처 비즈니스의 성격을 갖는 중소기업도 창업단계에서 투자 또는 조건부 융자에 의한 벤처 캐피탈을 활발하게 이용하지 못하고 있다.

토의문제

1. 비교적 창업이 용이한 서비스업의 창업을 전제로 예비사업성 분석, 시장성 분석, 기술성 분석, 경제성 분석을 실시하고, 창업전략을 구상해 보시오.

2. 중소기업 창업에는 정부의 행·재정적 지원이 많이 이루어지고 있는 바, 어떤 종류의 지원이 어떻게 이루어지고 있는가에 대해 알아보시오.

연습문제

1. 사업성 분석의 절차와 구성요소별 검토사항에 대해 설명하시오.

2. 사업계획서 작성의 목적과 좋은 작성방법에 대하여 설명하시오.

3. 사업아이디어의 의의와 체계적 아이디어 개발방법에 대하여 설명하시오.

4. 창업에서 소요되는 자금의 종류에는 어떤 것이 있으며, 자본조달시 고려해야 할 요인은 무엇인가?

CHAPTER

10

중소기업 경영

01 중소기업과 국민경제
02 중소기업의 특성과 강 · 약점
03 중소기업의 경영전략

인력난은 중소기업 '고질병? 근로자 늘고, 이직 줄어든 이 회사의 비결은?

▮고용부 '2023년 일터혁신 컨퍼런스' 개최
▮우수 사례 시상 · 발표 통해 혁신경험 공유
▮이정식 장관 "내년은 일터혁신 지원 20년, 내실 다질 것"

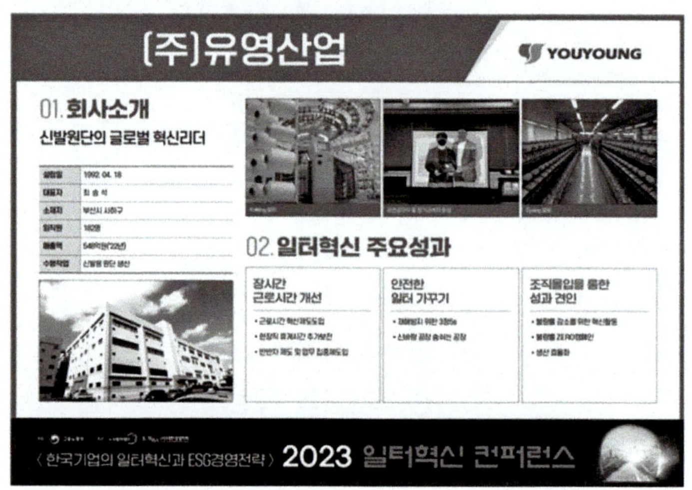

[고용노동부 제공]

부산 사하구의 ㈜유영산업은 중소기업이지만 인력난으로 고민하지 않는다. 그 비결은 무엇일까. 이 회사는 지난 2019년 장시간근로를 막기 위해 직군별 근로시간 관리 방안을 만들었다. 집중근로시간을 도입하고 조기퇴근을 실시했다. 이 회사는 지금도 매월 첫째 주 금요일을 유급휴일로 지정, 1시간 조기퇴근을 시행 중이다. 이에 따라 장시간 근로개선과 업무 몰입도가 증가했다. 효과는 즉각 나타났다. 근로자 수는 지난해 2% 증가로 전환했고, 중소기업들을 고민에 빠지게 만드는 이직률도 3%포인트 감소했다. 이 회사는 현재 재해율 0%에 도전하고 있다.

㈜유영산업과 같은 '일터혁신 우수 기업'에 대한 시상식이 1일 건국대학교 경영관에서 열렸다.

고용노동부와 노사발전재단은 1일 건국대학교 경영관에서 '2023년 일터혁신 컨퍼런스'를 열고, 일터혁신 우수 기업 13개소와 우수 컨설턴트 15인에 대해 시상했다.

일터혁신 우수 기업은 경영진의 리더십, 노사 협력 활동, 직원 동기부여 등 일터혁신 수준에 대한 다양한 지표를 종합적으로 검토하여 선정된 기업으로, 우수기업으로 선정되면 인증현판 수여, 고용장려금 사업 우대 가점, 신용보증 한도 우대 등 다양한 혜택이 부여된다.

수상기업 중 대표로 ㈜케이티넥스알과 ㈜유영산업이 나와 일터혁신 추진 배경과 개선 활동 그리고 주요 성과에 대한 경험담을 발표했다. ㈜케이티넥스알은 코로나19로 인한 근무방식의 변화와 소프트웨어 업계 채용 경쟁 심화로 인력 수급에 어려움을 겪고 있었다. 이에 일터혁신 컨설팅을 통해 직무역량에 기반한 평가제도를 마련하고, 노사 합의를 거쳐 유연근무제를 도입했다. 또한 직원 간 소통 공백을 해소하기 위하여, 조직 활성화 프로그램을 설계하여 운영했다. 그 결과 매출액은 2019년 대비 2022년에 104% 증가했고, 이직률은 2019년도 24.9%에서 2023년 1.8%까지 감소했다.

이날 컨퍼런스에서는 일터혁신 실태조사 발표와 함께 고용부가 직접 내년 일터혁신 사업의 개편에 대한 다양한 의견을 소개했다. 고용부는 내년이 일터혁신 사업을 본격적으로 추진한 지 20주년이 되는 해라고 하면서, 지금까지의 성과도 적지 않았지만, 앞으로는 더욱 수요자 중심의 지원으로 나아가야 한다고 개편 추진의 배경을 설명했다.

우선 기업별 일터혁신 수준에 따라 지원 체계를 달리할 필요가 있음을 설명했다. 진단컨설팅을 통해 일터혁신 수준이 낮은 영세 사업장에 일터혁신 컨설팅을 받기 위한 기반을 우선 구축하고, 이후 전문컨설팅을 통해 사업장이 실제 혁신하도록 지원할 필요가 있으며, 또한 이행 지원을 확대하여 컨설팅 이행에 필요한 직 · 간접적인 지원을 패키지로 제공해야 한다는 의견을 소개했다.

그리고 일터혁신 컨설팅의 품질 개선에 대해 중간 모니터링, 컨설턴트 관리 등 과정에서 컨설팅 수행기관에 책임성을 부여할 필요가 있고, 신청 및 심사 단계를 간소화하는 대신 평가를 강화하는 방향으로 사업관리를 진행하는 방안들을 제시했다.

마지막으로 지역 · 업종 단위 일터혁신 확산을 적극적으로 지원해야 한다면서, 지역노사민정협의회 등 협 · 단체, 상생 협력 체결 업종 등과의 연계를 통해 지역 · 업종별 특화 모델을 발굴하고, 이렇게 발굴한 특화 모델을 다른 지역 · 업종별 단체에도 확산해야 한다는 의견을 소개했다.

이정식 고용부 장관은 축사를 통해 일터혁신 우수기업으로 선정된 기업에서 "노사가 같이 혁신활동을 계속한 결과, 공정한 보상체계를 구축하고, 노사간 · 세대간 화합할 수 있는 조직문화가 마련됐다"며 "유능한 인재들을 영입하는 선순한 구조를 이룰 수 있게 했다"고 수상자들을 축하했다. 이어 "내년은 고용부가 일터혁신을 지원한 지 20년이 되는 해인 만큼 양적 확대와 함께 일터혁신의 내실을 다지도록 하겠다"고 밝혔다.

• 출처: 헤럴드경제, 2023년 12월 1일자

대기업-중소기업 임금격차 줄인다…이중구조 완화 특별법 추진

대기업과 중소기업간 임금격차를 비롯한 노동시장 이중구조를 해소하기 위해 원청기업의 하도급기업 지원을 보조하는 특별법 제정이 논의된다. 하도급기업 생산성 제고를 위해 원청기업이 기술이전처럼 직접적인 지원을 할 경우 파견법 위반 소지가 있는 만큼 이를 별도법으로 해소하겠다는 방침이다.

이정식 고용노동부 장관은 1일 매일경제와 인터뷰에서 "조선업 원하청 상생 패키지 확산 방안을 준비하고 있는 상생임금위원회에서 노동시장 이중구조 해소의 걸림돌로 파견법을 꼽았다"며 "파견법 전면 개정은 그러나 막대한 사회적 비용을 불필요하게 초래할 수 있어 문제 조항을 상쇄할 수 있는 특별법 제정을 논의 중"이라고 밝혔다.

지난 2월 출범한 상생임금위는 임금체계 뿐만 아니라 노동시장 격차해소를 비롯한 임금 관련 문제를 총괄하는 사회적 논의기구다. 이재열 서울대 사회학과 교수와 이정식 장관이 공동위원장을 맡고 있다. 상생임금위는 지난달 정부 권고안을 발표할 예정이었지만 한국노총의 경제사회노동위원회 복귀를 감안해, 이르면 이달 중순께 노동계 의견을 수렴하는 절차를 밟을 예정이다.

학계와 노동계에 따르면 특별법은 △원청의 하청기업 기술이전 지원 △원청의 하청 생산성제고 지원 △하청직원에 대한 원청기업의 복리후생 지원을 명문화하는 방안이 유력하다. 고용부가 지난 2월 발표한 조선업 분야 원하청 상생패키지가 △임금·복지 격차 완화 △숙련 인력 양성 지원 △협력업체 채용 활성화 지원 등을 골자로 한 점과 유사하다.

이 장관은 "이중구조 해결을 위해서는 정부의 지원뿐 아니라 원청의 하청근로자 개선을 위한 지원이 필수"라며 "하지면 현행 파견법은 원청기업이 하청기업 근로자에게 직접적인 지원을 할 경우 '지휘·명령'을 한 사용사업주로 판단할 소지가 있어 기업들의 적극적인 참여가 막혔다"고 설명했다. 이어 "이달 중 상생임금위 권고안이 나오면 이를 바탕으로 내년 1분기 안에 정부의 이중구조 개선방안이 나올 것"이라며 "노사정 모두 이중구조의 심각성에 공감하는 만큼 특별법 추진은 사회적 대화를 통해 구체화될 가능성이 높다"고 설명했다.

• 출처: 매일경제, 2023년 12월 1일자

자본축적과 집중에 따른 결과로 나타난 독점자본주의 단계하에서 대기업과 중소기업은 자본 규모면에서의 더욱 현저한 차이를 나타냈으며, 그러한 차이는 단순하게 자본의 많고 적음에 그치지 않고 시장을 지배할 수 있는 경쟁력에서의 차이를 초래하였다.

그러나 경영상황이 생산지향적 경영에서 시장지향적 경영으로 전화되고, 시장에서의 경쟁력이 규모보다 제품이나 서비스 측면에서의 차별화와 새로운 아이디어나 지식, 정보가 중요한 역할을 하면서 벤처기업과 같은 기술집약적 기업에 대한 중요성이 증대하고 있다. 본 교과에서는 중소기업의 특성과 강 · 약점을 살펴보고, 대기업과 협력관계에 있는 하청형 중소기업과 독자적 시장과 기술영역을 갖고 있는 기술집약형 중소기업이 구사할 수 있는 경영전략의 유형에 대해 공부하고자 한다.

구체적 사항은 다음과 같다.

1. 중소기업 문제가 대두된 배경과 국민경제에서 중소기업이 갖고 있는 역할과 기능을 이해하고자 한다.
2. 중소기업이 갖고 있는 특성을 경영상 특성, 환경적 특성, 생산기술적 특성으로 구분하여 고찰한다.
3. 중소기업이 구사할 수 있는 경영전략으로서 협동화 전략, 이업종교류 전략, 지역화 전략, 계열화 전략, 대기업과의 상생협력 전략에 대해 고찰한다.

01 중소기업과 국민경제

1.1 중소기업 문제의 대두

현대자본주의 사회에서 기업의 존재를 논하지 않고는 모든 사회현상이 설명되지 않을 정도로 기업은 우리 일상생활의 중심이 되고 있다. 우리가 알고 있고 논하는 대부분의 기업들은 대부분 대기업이지만 대기업이라는 우뚝솟은 존재의 이면에는 산정상에 가려 잘 보이지는 않지만 산맥을 형성하고 있는 무수한 작은 봉우리들과 같은 수많은 중소기업이 바탕을 지탱해주기 때문에 대기업의 존재도 돋보일 수 있는 것이다.

최근 기업간에도 부익부 빈익빈의 문제가 심화되면서 대기업과 중소기업의 동반성장의 얘기가 고조되고 있다. 이러한 대기업과 중소기업 간의 문제는 오늘날의 문제만이 아니라 산업화가 되기 시작하면서 배태된 문제라 할 수 있다. 왜냐하면 중소기업 문제는 자본주의가 고도로 발달한 독점자본주의 단계에서 나타난 문제이지만 그 본질이 자본의 축적과 집중과정에서 불가피하게 제기되었던 문제인 만큼 그 근원은 자본주의의 성립시기에까지 소급하여야 한다는 것이다.

이러한 점에서 자본축적이 이루어지기 시작한 산업혁명은 오늘날과 같은 중소기업 문제가 나타나게 된 시발점이라 할 수 있을 것이다. 과거의 길드체제와 가내수공업 하에서는 숙련된 노동이 주요한 생산수단이었으나 산업혁명 이후에는 많은 자본이 소요되는 기계로 대체됨에 따라 공장을 운영하는데 필요한 최소자본량이 상당히 증가하게 되었다. 이러한 자본축적 과정에서 대자본을 축적한 자본가는 기계화된 생산공장을 보유하면서 대량생산이 가능해지고 높은 경쟁력을 유지하게 된다. 반면에 자본축적이 어려운 자본가는 과거와 같은 수공업적 생산방식을 지속함으로서 점차 경쟁력 면에서 도태된다는 것이다.

이러한 수작업에 기반을 둔 소규모공장이 도태되는 과정에 대해 영국과 같은 선도적 산업자본주의 국가에서는 산업화의 당연한 과정으로 인식하였고 그에 대한 사회적 관심도 적었다. 영국의 경우 오히려 산업자본을 옹호하는 정책이나 법제정이 이루어졌다. 산업화 과정에서 실업자로 전락한 직인들의 요구를 억제하기 위한 결사금지법(1757년), 노자조정법(1809년) 등이 그 것이다. 산업화의 결과로 직인들의 실업, 임금의 하락과 정부의 노동정책에 불만을 품은 직인층의 노동은 나폴레옹 전쟁기의 식량난과 겹쳐 점차 적극화하기 시작하였고 그들은 고통의 원인이 기계의 도입에 있다는 판단으로 기계파괴 운동(Luddite Movement)에 나서게 되었다.

이에 비해 독일과 같은 후발 산업국에서는 뒤늦게 산업혁명 과정을 거치면서 소규모 생산자의 몰락이 급격하게 이루어짐으로 정부주도에 의한 산업화와 이에 수반하는 소규모 생산체제의 몰락은 중요한 사회적 문제이자 노동문제로 부각되었다.

산업화를 주도했던 영국이나 후발적 산업화가 진행되었던 독일의 경우 대규모 공장의 진출과 이에 따른 자본의 집적과 집중이 진행되는 과정에서도 경쟁력 면에서 열세인 소규모 생산자가 잔존할 수 있었던 것은 첫째로, 자본축적과정에서 필연적으로 발생하는 상대적 과잉인구의 증대가 오랫동안 저임금기반을 존속시켰으며, 둘째로는 대자본에 의한 기계화된 생산공장은 모든 공정단계를 통제하기 보다는 생산공정 중 부가가치가 큰 공정단계 만을 담당하고 나머지 공정단계를 저임금에 의존하는 소규모공장에게 하청을 줌으로서 낮은 비용으로 필요한 재료나 부품을 공급받을 수 있는 장점을 갖게 된다는 점이다.

산업자본주의 하에서 대자본의 자본축적이 급속하고도 지속적으로 진행되면서 소규모 생산은 대량생산으로, 자유경쟁은 그 귀결로서 독점을 출현시키게 되었다. 대기업에 의한 대량생산시대에 들어가기 이전의 산업자본주에서는 시장의 확대가 생산능력을 상회하였다. 따라서 공급은 이러한 시장압력의 자극에 의해 증가하였다. 그러나 거대한 고정자본을 투하하여 대량생산체제를 갖춘 대규모 기업이 출현하게 되면서 이번에는 생산량이 시장에서 수요의 성장을 상회하게 되고, 치열한 가격경쟁을 야기하게 되었다. 이와 같은 대량생산으로 인해 개별자본들 간의 격심한 경쟁이 가격과 이윤율을 저하시켜 기업의 존립 그 자체까지도 위태롭게 하면서 기업과 생산의 집중현상이 빠른 속도로 진행되었다.

특히 20세기에 들어서면서 생산방식의 기계화는 더욱 진전되었고, 포드자동차 공장의 자동화에 의한 대량생산이 더욱 보편화되면서 대규모 생산공장을 가동하는데 필요한 최소자본량은 급격하게 증가하였으며, 이에 필요한 자본은 주식회사제도가 나타남으로서 해결될 수 있었다. 필요 최소자본량의 증가는 대자본 또는 대기업과 중소기업 간의 격차를 더욱 현저하게 하였으며 비로소 중소기업에 대한 문제가 더욱 뚜렷하게 부각되었다. 이러한 현상은 햇볕이 약한 상태에서는 물체와 그 물체의 그림자의 구분이 명확하지 못하지만, 햇볕이 강할수록 물체와 그림자의 구분이 분명해지는 이치와같다 하겠다.

특히 아담스미스의 보이지 않는 신의 손에 의해 조화를 이루듯 경제도 자유로운 상태를 유지함으로서 잘 조화를 이룰 것이라는 것이었다. 이러한 논리는 경제적 측면에서 그대로 반영되어 경제에서의 자유경쟁은 기업간의 경쟁을 격화시키면서 자본축적, 대자본에 의한 소자본의 흡수 · 병합 등 자본의 축적과 집중에 의한 기업규모의 대규모화를 촉진시키게 되었으며, 결과적으로 독점자본주의 단계로 접어들게 되었다. 독점자본주의 단계에 이르러 대자본을 바탕으로 하는 소수의 대기업이 산업의 주요 영역을 장악하고 독과점적 영향력을 행사하게 됨으로서 독점적 대기업과 그렇지 못한 소기업 또는 중기업 사이에는 뛰어넘을 수 없는 단층의 벽이 생기게 되었다.

자본축적과 집중에 따른 결과로 나타난 독점자본주의 단계하에서 대기업과 중소기업은 자본규모면에서의 더욱 현저한 차이를 나타냈으며, 그러한 차이는 단순하게 자본의 많고 적음에 그치지 않고 시장을 지배할 수 있는 경쟁력에서의 차이를 초래하였다. 구체적으로 대자본에 의한 금융독점, 원료독점, 유통수단의 독점이 이루어지고, 나아가 독점자본주의가 고도로 발달한 단계에서는 정부정책의 독점적 이용이 이루어지면서 대기업과 중소기업 간에는 완전경쟁이 아닌 불완전 경쟁 또는 독점적 경쟁으로 전화되었다. 대자본을 바탕으로 하는 대기업이 규모 그 자체로도 중소기업에 비해 높은 경쟁력을 가지며, 또한 독점적 경쟁력을 가짐에도 불구하고 많은 중소기업들이 잔존하는 이유는 부분적으로 산업혁명 이후와 비슷하다고 볼 수 있다. 대기업은 중소기업과의 협력적 관계를 유지함으로서 중소기업의 저임금을 간접적으로 활용할 수 있다는 점이다. 그리고 대기업은 중소기업과 하도급관계를 통해 주요 공정단계 만을 직접 관여함으로서 공정단계 전체에 대한 통제력을 유지하는 동시에 불황기의 경우 인력관리 등에서 완충적 효과를 누릴 수 있다는 것이다. 그리고 기술진보와 혁신으로 인해 사회전체적 측면에서 공급이 수요를 상회하면서 고객욕구의 중시, 수요의 다양화로 인해 소규모 생산분야가 나타나게 됨으로써 중소기업도 대기업과 같은 위치에서의 존재감을 갖게 되었다.

이상과 같이 자본이 고도로 축적된 독점자본주의 단계 하에서도 독점자본이 전 산업에 대해 강력한 지배력을 행사하는 경우에도 중소기업의 존립은 가능하며, 오히려 중소기업이 존립함으로써 독점적 대기업은 그들을 이용하고 보다 높은 독점적 이윤을 추구하는 수단으로 활용할 수 있다는 것이다. 뿐만 아니라 중소기업은 대기업에 있어서 경기변동에 대한 안전판으로서 이용되기 때문에 대기업의 독점이윤의 획득은 물론 위험의 분산을 위해 그 존속을 필요로 한다는 것이다. 그리고 생산물이 표준화될 수 없는 산업(고급가구, 예술품), 소시장을 대상으로 하는 산업, 시장이 좁고 높은 수송비가 소요되는 산업, 제품의 신선도가 중시되는 산업, 숙련노동이 중시되는 산업이나 제품의 경우에는 대기업보다는 오히려 중소기업이 유리하다는 것이다.

또한 20세기 후반부터 산업에서의 경쟁력이 자본을 바탕으로 하는 기업규모에서 점차 지식이나 새로운 기술이 요구되는 지식경제 사회로 전이되고 있다. 과거 자본집약적 산업이 주도하는 사회체제에서는 기업규모, 즉 자본규모가 기업의 경쟁력을 좌우한다면 이제는 규모가 아닌 아이디어와 새로운 지식이나 기술이 주요한 경쟁력이 되고 있는 것이다. 자본집약적 경제체제 하에서는 자본규모가 클수록 생산단가가 낮아짐으로서 가격경쟁력 면에서 유리하기 때문이다. 그러나 수요와 공급의 역전현상이 나타남에 따라 시장의 다양한 욕구를 반영하며, 타 기업제품과 차별화된 제품이나 서비스를 제공하는 것이 중시되었다. 과거 자본집약적 경제체제 하에서의 경쟁력은 규모라는 기업특성에 의해 결정되었지만 이제는 기업의 경쟁력이 고객과 시장에 의해 결정되는 시대인 것이다. 이러한 점에서 중소기업은 새로운 아이디어를 제품이나 서비스에 반영함으로서 대기업과 동등한 입장에서 경쟁을 할 수 있으며, 때론 소유경영자에 의한 경영을 통해 대기업에 비해 빠른 의사결정으로 추진력 있는 경영을 할 수 있다는 장점도 있다. 많은 중소규모의 벤처기업들이 나타나고 이들 중 일부는 대기업으로 성장한다는 점에서 오늘날 대기업과 중소기업은 과거와 같은 수직적 관계, 동반자적 관계 또는 독립적 관계와 같은 다양한 관계를 나타낸다.

1.2 중소기업의 정의

일반적으로 중소기업이란 대기업에 비해 상대적으로 규모가 적은 기업을 지칭한다. 중소기업의 문제는 산업혁명 이후 생산방식의 기계화와 자동화가 진행되면서 나타난 문제이다. 산업화로 필요한 자본규모가 커지는데 이를 조달한 기업에 비해 그렇지 못한 소규모 기업을 의미한다. 구체적으로 중소기업은 자본규모나 직원 수, 또는 매출액 측면에서 규모가 적은 기업을 의미한다.

이는 중소기업이 갖는 일반특성을 밝힘으로써 중소기업에 대한 개념을 규정하는 방법이다. 그러나 기업의 특성이라는 것은 그것을 판단할 수 있는 기준이 모호하기 때문에 누구나 수긍할 수 있는 기준을 결정한다는 것은 어려운 일이다. 카플란(Kaplan)이 질적특성에 대한 개념을 정의한 것을 보면 중소기업은 ① 소유와 경영이 분리되어 있지 아니하고, ② 자금조달은 주식이나 회사채에 의존하지 않고, 은행신용 및 상업신용에 의존하며, ③ 기업활동의 범위가 지방에 밀착되어 있고, ④ 저생산성, 저임금수준, 높은 신설율과 도산율 및 과당경쟁을 특지으로 한다고 규정하고 있다. 이러한 중소기업의 개념에 대한 질적 분석도 나라마다 일정하지 않고 그 나라가 지니고 있는 중소기업의 특성과 오랜 전통속에서 전해 내려 오는 관습이나 업계의 구분에 따라 각기 달리 표현하고 있다.

통산 중소기업의 개념이나 그 범위를 직원 수, 자본금, 매출액 및 총자산 등 양적기준에 의해서 규정하고 있다. 이것들은 기업의 규모를 측정하는 기준이 되지만, 각각 일장일단이 있으며, 그 중 하나의 기준만으로는 중소기업의 양적인 파악이 되었다고 볼 수 없다. 즉, 직원 수를 이용할 경우 자본집약형 산업 또는 노동집약형 기업에서는 동일 직원 수라 할지라도 규모의 크기가 다르다. 또한 매출액은 경기변동에 의한 편차가 크고 자본금을 기준으로 하는 경우에도 개인기업의 규모를 포착하기 어렵다. 그러나 일반적으로 사용되어지고 있는 기준은 직원 수이다. 그것은 직원 수는 계산하기가 용이하고 국제적으로 비교하기가 가능하다는 이점을 가지고 있기 때문에 기준의 중심으로 널리 사용되고 있다.

우리나라에서도 양적 및 질적척도에 의해 중소기업을 정의하고 있는데, 최초의 중소기업에 대한 개념규정은 1961년 7월에 제정된 중소기업은행법이다. 이 법에 따르면 중소기업이란 상시직원 5인 이상 100인 이하, 광업은 200인 이하이며 총자산은 2,000만원 이하의 규모로 규정하였다. 이후 1966년 중소기업기본법이 제정 · 공포되는 과정에서 중소기업에 관한 규정이 완화된 이후 여러 차례의 개정을 거쳐 현재에 이르고 있다. 현재는 제조업의 경우 상시근로자 수 300인 미만, 또는 자본금 80억원 이하로 정의되고 있으며, 금융 및 보험업의 경우는 상시근로자 200인 미만 또는 매출액 200억원 이하로 규정되어 있다. 따라서 업종에 따라 정의가 다르고, 양적기준도 근로자 수, 자본금, 매출액 등 다양한 기준이 적용되고 있음을 알 수 있다.

외국의 경우도 중소기업에 대해서는 다양하게 정의되고 있다. 미국의 경우는 주로 연간 매출액과 직원 수로 규정하고 있는데, 제조업은 직원 수 500인미만, 숙박 · 음식업은 연간

표 10-1 중소기업의 정의(한국)

해 당 업 종	표준산업분류부호	규 모 기 준
제조업	C	상시근로자 수 300인 미만 또는 자본금 80억 원 이하
광업 건설업 운송업	B F H	상시근로자 수 300인 미만 또는 자본금 30억 원 이하
출판, 영상, 방송통신 및 정보서비스업 사업시설관리 및 사업지원서비스업 보건 및 사회복지사업	J N Q	상시근로자 수 300인 미만 또는 매출액 300억 원 이하
농업, 임업 및 어업 전기, 가스, 증기 및 수도사업 도매 및 소매업 숙박 및 음식점업 금융 및 보험업 전문, 과학 및 기술 서비스업 예술, 스포츠 및 여가관련산업	A D G I K M R	상시근로자 수 200인 미만 또는 매출액 200억 원 이하
하수처리, 폐기물 처리 및 환경 복원업 교육 서비스업 수리 및 기타서비스업	E P S	상시근로자 수 100인 미만 또는 매출액 100억 원 이하
부동산업 및 임대업	L	상시근로자 수 50인 미만 또는 매출액 50억 원 이하

※관련규정 : 중소기업기본법 제2조 제1항 및 동법 시행령 제3조
※해당업종 분류 및 분류분호는 통계청장이 고시(2007. 12. 28)한 한국표준산업분류에 의함

매출액 600만 달러 미만으로 정의되고 있다. 일본의 경우는 직원수 또는 자본금을 기준으로 중소기업을 정의하고 있다. 예를 들면 제조업은 상시 고용직원 300인 이하 또는 자본금 3억엔 이하, 서비스업은 상시 고용직원 100인 이하 또는 자본금 5,000만엔 이하 등으로 정의되고 있다.

1.3 중소기업의 국민경제적 역할

중소기업은 대기업에 비하여 고객과의 직접적 접촉이 적은 관계로 일반고객이나 국민들에게는 그 중요성과 역할이 덜 인식된 측면이 있다. 일반적으로 대기업은 자체적인 브랜드를 갖고 고객과 접촉함으로서 회사에 대한 인지도가 높지만 대부분의 중소기업들은 자체 브랜드를 갖기보다는 대기업에 부품이나 중간재를 납품하기 때문에 최종 고객들과의 접촉

이 상대적으로 적으며, 생산량이나 시장규모도 적기 때문에 그 만큼 인지도가 낮을 수밖에 없다.

그러나 중소기업이 국민경제에서 차지하는 비중은 부분적으로 대기업에 비해 낮다고 볼 수는 없다. 비록 단일기업으로 비교할 때 중소기업은 대기업에 비해 자본, 매출액, 직원 수 등에서 적은 편이나 국민경제 전체를 놓고 볼 때는 오히려 대기업에 비해 많은 비중을 차지하고 있으며, 중요성도 크다고 할 수 있다.

우리나라 전체사업체를 대상으로 조사한 결과에 따르면 전체사업장 중 99.9%가 직원 수

표 10-2 산업별 중소기업 사업체 수, 종사자 수

산 업	전 체		중소기업		비중(%)	
	사업체 수	종사자 수	사업체 수	종사자 수	사업체 수	종사자 수
합 계	3,469,497	18,211,194	3,466,099	15,479,750	99.9	85.0
A 농업, 임업 및 어업	2,434	32,279	2,433	31,486	99.9	97.5
B 광업	1,787	15,477	1,782	12,489	99.7	80.7
C 제조업	341,304	3,550,077	340,663	2,838,638	99.8	80.0
D 전기, 가스, 증기 및 수도사업	1,554	67,705	1,522	46,089	97.9	68.1
E 하수 · 폐기물 처리, 원료재생	5,882	71,741	5,811	71,334	98.8	99.4
F 건설업	103,691	1,084,749	103,382	880,956	99.7	81.2
G 도매 및 소매업	904,143	2,748,632	903,968	2,646,429	99.9	96.3
H 운수업	353,875	996,032	353,706	885,397	99.9	88.9
I 숙박 및 음식점업	654,112	1,847,691	654,078	1,823,814	99.9	98.7
J 출판, 영상, 방송통신 등	29,913	487,760	29,759	380,399	99.5	80.0
K 금융 및 보험업	40,681	720,882	40,532	609,144	99.6	84.5
L 부동산업 및 임대업	129,196	455,741	129,171	437,645	99.9	96.0
M 전문, 과하 및 기술 서비스업	76,440	809,008	76,172	585,099	99.6	72.3
N 사업 시설관리/지원 서비스업	40,312	873,754	39,822	530,813	98.8	60.8
O 공공, 국방 및 사회보장행정	11,959	660,302	11,462	313,014	95.8	47.4
P 교육 서비스업	169,946	1,427,180	169,733	1,239,353	99.8	86.8
Q 보건 및 사회복지 서비스업	113,186	1,139,041	112,998	954,132	99.8	83.8
R 예술, 스포츠 및 여가 서비스업	104,827	337,206	104,797	315,231	99.9	93.5
S 협회 및 단체, 수리 및 기타	384,255	885,937	384,238	878,278	99.9	99.1

주 : 중소기업은 직원 수 300명 미만의 사업체를 대상

300명미만의 중소기업체이며, 또한 사업체 종사자의 85.0%가 중소기업체에 소속되어 있다는 것은 국민경제적 측면이나 사회적 측면에서 중소기업이 차지하는 비중을 대변한다.

국민경제에서 중소기업이 차지하는 역할은 경제발전의 단계에 따라 몇 가지로 유형화 할 수 있다.

첫째는 경제력이 집중화되어 있는, 즉 자본주의가 고도로 발전된 단계에서의 중소기업 문제이다. 이는 영 · 미형이라 할 수 있는데 자유방임적 자본주의 하에서 기업의 거대화와 경제의 독과점화가 진행되면서 중소기업의 존재는 위협에 직면하게 되었다. 그런데 산업의 독점적 지배는 경제발전과 국민복지를 저해할 수 있다는 반독점사상이 점차 설득력을 갖게 되면서 중소기업의 역할이 중시되기에 이르렀다. 이러한 논리는 자유경쟁제도에 의해서만 경제발전과 국민복지가 달성되는데, 중소기업이야말로 자유경쟁제도를 유지하고 경제의 독과점화와 경직화를 완화함으로서 경제에 활력을 불어넣는 역할을 행한다고 보는 것이다.

둘째는 후진적 국민경제에 있어서의 중소기업 문제이다. 한국과 일본의 경우가 이에 해당한다고 볼 수 있다. 이것은 후진적 조건하에서 급속히 성장한 국민경제에서 나타나는 중소기업 문제이다. 타 선진국경제에 비해 늦은 산업화로 후진적 경제를 개발함에 있어 정부주도적으로 대기업 위주의 경제정책을 추진하면서 상대적으로 중소기업은 정부정책이나 지원에서 소홀해지고, 생산성이나 노동조건 등이 대기업에 비하여 낮고, 중소기업이 경영난이나 경영불안정에 놓이게 되는 특징을 갖는다는 것이다. 이러한 후진적 국민경제에서 중소기업은 대기업과의 협력관계(또는 하도급관계)를 통해 대기업의 성장 · 발전의 디딤돌 역할 담당해 왔다.

이러한 하도급 관계에 바탕을 둔 대기업과의 관계는 근본적으로 강자와 약자의 관계를 형성하게 되며 때로는 불공정성에 대한 문제를 제기하게 된다. 우리나라의 경우 대기업과의 하도급관계에서 대기업의 불공정 거래관계에서의 우월적 지위를 이용한 납품대금 감액, 구두발주, 기술과 인력의 탈취, 무분별한 사업확장 등으로 대기업과의 협력관계에 있는 중소기업들의 부가가치는 대기업의 50% 수준에 불과한 것으로 나타나고 있다(권경섭). 부가가치의 차이는 대기업과 중소기업 간의 양극화 현상을 초래하여 대기업의 존립기반인 중소기업의 폐업내지 경쟁력 약화로 연계된다는 점에서 사회적 문제가 되고 있다. 정부도 대기업과 중소기업 간의 상생적 발전이 모두에게 이익이 된다는 점에서 상생적 내지 동반자적 관계로의 방향정립을 위해 노력하고 있다.

셋째는 개발도상국, 즉 빈곤과 실업이 극심한 나라에 있어서의 중소기업 문제이다. 이 경우에는 빈곤과 실업을 해결하는 방안으로서 대기업 중심의 경제개발을 추진하면 부의 불공평한 분배나 개발의 지역적 불균형이 이루어지기 쉽고, 또한 같은 투자로 보다 적은 고용밖에 창출하지 못한다는 것이다. 따라서 중소기업에 중점을 두는 경제개발방식을 추진해야 한다는 주장이 설득력을 갖게된다는 것이다. 이러한 상황에서는 중소기업을 어떻게 하면 육성할 수 있느냐 하는 것이 문제의 중심이 되고 있다. 따라서 근대적 중소기업의 육성을 지향하면서도 광범위하게 존립하고 있는 가내공업이나 농촌소공업의 역할을 중시하여 그들이 직면하고 있는 문제나 육성책이 논의되고 있다는 점도 특색이다.[1)]

중소기업이 국민경제에서 차지하는 비중은 사업체 수나 직원수 면에서 매우 큰 비중을 차지하고 있다. 우리나라의 경우 중소기업이 전체 국민경제에서 차지하는 비중은 사업체 수에서 99.9%이며, 직원수 면에서는 87.7%를 차지하고 있다. 이러한 비중은 우리나라뿐만 아니라 선진산업국의 경우에도 사정은 비슷하다. 구체적으로 중소기업이 국민경제에서 갖는 역할과 중요성을 정리하면 다음과 같다.

1. 산업구조의 고도화

중소기업은 기업체 수에 있어서 절대적인 다수를 점하고 있어 국민경제에서 산업생산, 고용 및 소득에 기여하며 그 비중이 크므로 국민경제의 안정대 역할을 담당하는 한편 복지국가 건설의 기초가 된다. 중소기업은 산업구조의 기반을 형성하고 있고 규모의 특성상 경제여건 변화에 신축성 있게 적응할 수 있다. 그리고 대기업에 비하여 상대적으로 노동집약적 성격을 띠고 있어, 경제가 불황이면 그 여파를 흡수할 수 있어서 경기변동에 다른 충격을 최소한으로 줄일 수 있다. 또한 계속적으로 배출되는 신규의 노동인력을 많이 흡수하는 등 국민경제의 발전에 크게 기여하고 있다.

중소기업은 대기업과의 관계에서 기업간 분업화를 통해 대기업의 경영활동을 지원한다. 중소기업은 대기업에 비해 상대적으로 저렴한 비용구조와 높은 효율성을 갖고 대기업과의 관계에서 부품의 생산과 가공, 중간조립 등의 역할을 통해 대기업의 보완적 역할을 담당하게 된다. 그리고 경제발전에 따른 생산우회화와 조립공업의 확대, 소비자 수요의 고도화와 다양화 등의 경향은 다품종 소량생산 분야를 많이 생성시켜 기업간 분업을 한층 촉진시킬 것이므로 효율적 분업체제를 형성하는 데 있어서 중소기업의 역할은 더욱 커진다고 할 수

1) 우리나라의 경우 농공단지가 이러한 특성을 반영하고 있다. 농공단지는 농어촌 지역의 지방자치단체가 스스로 재정을 확보하고, 지역 주민이 지금 살고 있는 농어촌 지역에서 취업할 수 있도록 하며, 도시와 농어촌의 격차를 줄여 경제의 균형 있는 발전을 이루려고 조성한 공업단지이다. 따라서 이곳에 입주한 업체에 대해서는 금융과 기술 지원을 해주고 세금을 감면해주는 등 다른 공단보다 많은 혜택을 주고 있다.

있다.

우리나라도 과거와는 달리 대기업과의 연계적 측면에서 중소기업의 전문화, 기술개발, 생산성 향상 등이 요청되고 있다. 그 이유는 중소기업의 협력없이 대기업만의 분업과 협업체제로 경제가 운용되기에는 너무나 산업 간의 연관관계가 복잡다기화 되었으며 상호의존도가 커졌기 때문이다. 우리나라의 중화학공업의 진전은 자연히 중소기업의 전문계열화를 촉진하여 이들 전문계열 중소기업의 육성이 곧 대기업의 자본축적, 이윤 그리고 경쟁의 원천임이 인식되기에 이르고 있다. 따라서 중소기업은 대기업보다 더 전문적인 분업에 정진하여 보다 경제적이며 효율적으로 소재, 부품, 반제품 등을 공급할 수 있다.

2. 자유기업 제도의 유지와 혁신의 추진

자유기업 제도가 그 기능을 충분히 발휘하려면 경제력의 집중을 억제해야 한다. 경제력 집중의 억제는 새로운 상품, 새로운 생산방식, 새로운 서비스 등을 끊임없이 도입함으로서 가능해진다. 중소기업은 시장에 대한 지배력이 낮고, 그 수가 많아 치열한 경쟁을 통해 고객의 선택을 받고자 한다면, 대기업은 시장에서 독과점적 지배력을 갖고 있기 때문에 신 제품개발이나 신시장개척과 같은 접근보다는 독과점적 이윤을 유지하려는 성향이 있다.

이처럼 중소기업은 자유경쟁제도를 유지하고 경제의 독점화와 경직화를 완화함으로써 경제에 활력을 부여하는 역할을 한다. 중소기업은 경영의 특성상 새로운 수요와 기술개발 분야에 탄력적으로 적응할 수 있는 능동성이 대기업보다 상대적으로 높아 경제활성화의 견인차가 되고 있다. 중소기업이 경제에 활력을 불어넣는 것은 왕성한 기업가 정신, 사업의욕과 현상개혁 능력, 혁신적인 경영이 중소기업 전반에 풍미할 때 가능해지므로 중소기업은 국가적으로 중요한 관심 대상이 되고 있다.

공업화 사회에서는 생산의 양산체제는 기술상으로 주로 대형화, 대량화 그리고 고속화 방향으로 이루어졌으며, 생산설비 및 기계장치의 대규모화로 작업자의 생산에 대한 참여도는 낮아졌다. 그러나 1980년대 이후 자원(에너지)을 대량 소비하는 생산기술은 정체되었으며 정보화, 다양화, 자원절약형의 기술변화로 생산수단과 노동력이 보다 긴밀한 관계로 일체화 되어 가고 있다. 이러한 탈공업화 사회에서는 중소기업의 역할이 보다 크게 기대되고 있다. 또한 중소기업 부문은 새로운 상품이나 아이디어를 기업화함에 있어 그 특유의 기동성으로 새로운 산업을 창출한다. 이러한 신산업의 개척과 성장의 모태로서 중소기업의 역할은 매우 중요하다. 그러므로 중소기업은 기술혁신을 수행하는 담당자로서 기술혁신의 변화에 보다 쉽게 능동적으로 적응해 나갈 수 있는 능력이 있다. 기술혁신에 있어 대기업에 비하여 중소기업이 갖는 이점을 비교하면 첫째, 중소기업은 수요자와 긴밀한 접촉을 가지면서 전문 기술인력을 보유하여 시장수요 및 기술변화에 대응 할 수 있다. 둘째, 중소기업의 경영자, 특히 기술집약적 중소기업의 경영자들은 능동적인 경영자이기 때문에 새로운 기회의 창출 및 활용에 기민함을 보여준다. 셋째, 기업내부에서 조직을 효율적으로 운영하려면 조직구성원 간의 의사소통이 보다 활발하게 이루어진다. 특히 신산업분야는 시장규모가 적고 그 장래도 불투명하기 때문에 적은 비용으로 기동력 있게 기술개발을 추진하는 중소기업에 매우 유리하다.

또한 혁신에 있어서도 대기업에 비해 중소기업이 더욱 적극적이란 것이다. 대기업이 비교적 수요가 안정적이며, 대규모 수요가 검증된 제품에 안주하는 경향이 있는 반면, 중소기업은 대기업에 비해 시장에서의 열세로 인해 대기업이 수익성이나 시장성 측면에서 외면하거나 수요가 검증되지 않은 제품이나 시장을 개척할 수밖에 없다는 것이다.

이처럼 중소기업은 혁신자로서의 역할을 수행한다. 이는 대기업에 비해 환경변화에 대해 민감하기 때문에 변화에 따른 리스크에 적극 대응하여야 하기 때문이다. 변화된 환경에 적극 대응하기 위해 중소기업은 개인의 창의성을 발휘하여 혁신을 추진함으로서 경제성장의 밑거름이 되고 있는 것이다.

3. 일자리 창출

중소기업은 고용없는 성장시대에서 일자리 창출의 핵심적 역할을 수행한다. 중소기업은 전통적으로 노동집약적인 특성으로 인해 대기업보다 높은 고용창출력을 보여왔다. 최근에는 중소기업 또한 정보화 및 기술진보로 인해 기업의 고용이 저하되고 있으나 활발한 창업에 의한 신규고용에 기여함으로서 여전히 대기업에 비해 고용창출력은 우위를 점하고 있다.

전 세계적으로도 미국의 경우 중소기업 종사자 비중이 절반 정도이며 대부분의 국가들은 중소기업 종사자의 비중이 대기업에 비해 상당히 높은 것을 알 수 있다.

미국 통계청에 따르면, 1988년부터 1990년에 이르는 경제불황기 중 대기업 종사자 수는 50만명 이상이 줄어든 반면, 중소기업 종사자 수는 무려 300만명 이상이 증가했다는 것이다. 이러한 통계는 최근 자영업이 증가하고 있는 우리나라의 경우도 비슷한 경향을 보일 것이다.

경기가 불황인 상황에서도 대체적으로 국내 중소기업들은 인력난에 처해있는 것이 현실이다. 이는 중소기업이 대기업에 비하여 근로조건이 상대적으로 열악한 관계로 낮은 급여를 제공하게 됨으로서 실직상태에 있는 구직자들이 희망임금이나 근로조건에 비해 낮다고 판단하기 때문이다. 그러나 대규모의 구조조정이나 산업의 구조적 변화에 당면하게 되면 대기업이나 다른 중소기업에서 밀려난 실직자들은 중소기업으로 취업하려는 경향을 보인다. 또한 중소기업으로의 취업을 원치않는 경우는 1인 기업이나 영세규모의 자영업 창업을 하는 경향이 있어 중소기업이 일자리 창출과 고용에 기여하고 있음을 알 수 있다.

4. 지역경제와 균형발전에 기여

우리나라의 경우 비교적 짧은 기간에 걸쳐 고성장을 이루었기 때문에 산업 및 경제의 여러 측면에서 불균형 성장의 문제를 안고 있다. 특히 지역 간 격차의 문제는 소득수준이나 금융, 산업, 지방재정 등의 경제력 차이뿐만 아니라 인구, 교육수준, 문화수준 등 다양한 분야에서의 차이를 초래하고 있다. 다른 한편으로 인구분포의 격심한 지역적인 불균형 현상으로 도시지역에서는 교통혼잡, 환경오염, 도시빈민층의 발생, 청소년 범죄문제 등 사회병리적인 문제를 자아내고 있다. 따라서 대도시의 인구과밀화를 해소하고 지방의 인구 과소화의 현상을 완화하며, 동시에 협소한 국토공간의 효율적인 활용을 기하기 위해서는 지방중소기업의 육성을 통해 지역경제의 착실한 발전이 요구된다.

이러한 상황에서 중소기업은 생산, 고용, 소득, 기술의 창출에서 지역경제의 주도적 역할을 담당함으로서 지역경제의 발전과 지역 간 불균형성장을 완화하는데도 기여할 수 있다. 또한 각 지역의 특성에 맞는 지역특산물을 육성한다거나 지역의 전통적인 기술이나 기능을 발전시킬 수 있다. 따라서 지방경제의 활성화와 지역 간 균형적 발전에 공헌을 할 것이다.

02 중소기업의 특성과 강 · 약점

중소기업이 갖고 있는 특성에 대해서는 여러 측면에서 살펴 볼 수 있다. 이를 크게 경영상의 특성, 환경적 특성, 생산기술적 특성으로 나누어 살펴보면 다음과 같다.

2.1 경영적 특징

중소기업의 경영적 특색은 대기업의 자본적 · 제도적 경영에 대해 인적 내지는 사적 경영으로 소유와 경영의 미분리 현상이 두드러진다. 따라서 과학적 · 합리적인 관리방법보다는 주먹구구식 또는 직관에 의한 관리가 행해지고 있다. 경영자의 형태도 전문경영자보다 창업주나 소유경영자가 많은 수를 유지하고 있으며, 의사결정 권한이 중앙에 집중되어 있는 1인 체제인 것이 보통이다.

중소기업은 또한 경영규모가 상대적으로 작기 때문에 간접비용이 적게 들고 경기변동에 신축적으로 대응할 수 있다. 일반적으로 대기업이 안정적 · 보수적인 성향을 갖는데 비해 중소기업은 혁신적 · 진보적 · 도전적이다.

1. 기업경영의 융통성

대기업이 중소기업에 비해 체계적인 경영이 이루어진다면 중소기업은 기업규모가 작기 때문에 수요변화와 경기변동 등의 환경변화에 민감하게 대응할 수 있는 융통성이 있다. 과거와 같은 대규모 기업의 대량생산체제는 시장에서 개인의 기호나 변화가 심한 경우에 비효율적일 수 있지만 중소기업의 탄력성은 이러한 문제를 해결할 수 있다. 이러한 융통성은 조직관리 측면에서도 나타난다. 중소기업의 조직은 대기업에 비하여 간소하므로 효율적이고, 유연성 있는 경영이 가능하다. 이는 조직이 비대함으로써 생길 수 있는 구조적 모순과 비능률을 쉽게 제거할 수 있으며, 의사결정과정에서 시간과 비용 등을 절감할 수 있고 결과적으로 조직의 생산성이 높아질 수 있다.

2. 경영자의 능력에 의존

대기업에 비해 경영자의 개인적 역량에 의존하는 성향이 강하므로 신속한 의사결정과 강한 추진력을 발휘할 수 있는 반면에, 경영자의 경영능력이 낮거나 잘못된 의사결정을 하는 경우 기업이 바로 도산할 수 있는 가능성이 커진다. 더욱이 정보가 사장에게 집중되어 있다면 사장의 유고시 기업은 매우 어려운 지경에 빠질 가능성이 높다.

3. 자본조달의 어려움

자본동원 측면에서 중소기업은 어려움을 겪고 있다. 중소기업은 신용을 통한 자본동원에 한계가 있기 때문에 주로 개인적인 신용에 의하여 자본을 조달하여야 한다. 이같이 개인의 신용에 의한 자금조달은 대규모 자본을 형성하는데 큰 어려움이 있다. 따라서 국가적으로 중소기업 육성을 위한 장기적인 자금지원 정책을 수립하는 등 근본적이고 종합적인 대책 마련이 시급하다. 대기업이 증권시장을 통해 자기자본을 조달하거나 낮은 금리의 타인자본을 조달할 수 있는데 반해 중소기업은 이러한 기회를 갖기 힘들다. 따라서 때로는 높은 금리의 사채시장을 이용하거나 사장의 개인적 신용도를 이용해 자본조달하는 경우가 많다. 따라서 갈수록 신용이 강조되는 현대사회의 특성상 중소기업은 자본조달 측면에서 매우 열악한 실정이다.

4. 전문인력 조달의 어려움

중소기업은 전문인력 조달이 어렵다는 점이다. 일반적으로 중소기업은 대기업에 비해 자본 조달능력이 낮고, 1인당 생산성이 낮기 때문에 직원에게 제공되는 임금, 복리후생 등의 근로조건이 열악한 편이다. 따라서 중소기업은 고급인력을 확보하기가 어렵다. 고급인력이 복리시설과 급여가 낮은 중소기업을 회피하기 때문에 갈수록 중소기업 인적자원의 수준은 낮아지고 있다. 따라서 시장변화에 대한 예측능력제고, 해외의 최근 정세분석을 위한 외국어 능력제고, 전문기술의 개발이 어려워지면서 기업전반적인 인적경쟁력도 낮아지는 결과를 초래하게 된다. 전문인력은 차치하더라도 단순 기능인력의 조달에도 어려움을 겪고 있는 것이 현실이다. 이러한 인적조달의 어려움은 실업난이 매우 심각한 수준임에도 불구하고 중소기업은 심각한 인력난을 호소하는 것에서도 나타난다.

2.2 환경적 특징

환경적응에 있어 중소기업은 대기업보다 상대적으로 탄력적, 신축적으로 적응을 하며 시장규모에서 대기업이 전국 또는 세계를 시장 대상으로 삼고 있는데 비해 중소기업은 한정된 지역시장을 대상으로 하고 있다. 따라서 중소기업은 지역사회와 밀접한 관계를 유지하면서 고용창출이나 지역경제 활성화에 기여하게 된다. 동업종 간의 경쟁상태를 보면 대기업은 그 수가 적기 때문에 독과점화 경향이 있는데 비해, 중소기업은 좁은 시장을 놓고 매우 많은 수의 기업이 경쟁을 하는 특징을 갖는다. 따라서 중소기업 간에는 무제한적 경쟁을 하게 되며, 결과적으로 혁신에 대한 의지는 강하게 된다.

1. 경제발전에 따른 특징

중소기업이 처한 환경은 산업화의 진전에 따라 다르다. 중소기업의 특징을 연대별로 보면, 60년대 공업화 초기단계에는 제조업에서 능력있고 경험있는 기업가가 부족하였을 뿐만 아니라 중소기업의 창업에 대한 사회적 관심도 미약하였다. 그리고 기계공업을 중심으로 조립분야와 부품제조 분야와의 분업이 제대로 정착되지 못하였다. 70년대 중반에 들어서 중화학공업화로 부품에 대한 수요가 증가되고 경공업분야에서도 국·내외의 수요가 다양화되어 기업 간 분업의 확대로 창업중소기업이 늘어나게 되었으며, 정부의 대기업 위주의 성장정책에 힘입어 중소기업은 주로 대기업의 하청을 담당하게 되었다.

90년대에 들어와 경제규모가 증대해지고, 대기업의 세계시장으로의 진출이 활발해지면서 중소기업에 대한 의미가 더욱 중시되었다. 중소기업은 대기업과의 관계에서 더욱 전문기술을 축적함으로서 외환위기와 같은 경제적 불황을 극복하고자 하였다. 또한 정부의 벤처창업 활성화 정책에 힘입어 기술혁신과 신제품개발 및 독자적 브랜드 개발에도 관심을 갖게 되었다. 특히 수요의 고급화와 다양화에 의한 제품의 다품종 소량화, 기술혁신에 의한 각종 기계부품 수의 증가 등 경제환경의 변화는 사회적 분업을 확대시키며 세분화되기 때문에 기존의 중소기업은 성장하고 창업의 기회가 증대되었다.

2000년대에 들어서면서 세계경제는 지식과 정보의 창출, 확산, 그리고 활용이 산업발전의 중심역할을 하는 지식기반 경제로 이행하고 있다. 이러한 환경변화의 핵심동인은 디지털화, 글로벌화, 네트워크화이다. 또한 정보통신기술의 발달과 개방화의 진전과 소비자의 기호와 선호도 글로벌화로 되고 있으며, 글로벌화는 가장 급속한 경영환경의 변화를 가져오는 동인으로서 기업이 적응 · 혁신 · 속도를 추구하게 된다. 이젠 중소기업의 영역이 주로 대기업의 하도급 역할에서 전문영역으로 대기업을 주도하거나 적은 시장(niche)에서는 대기업과 대등한 관계에서 경쟁관계를 갖는 역할로 확대되고 있다.

2. 존립분야의 광범위

중소기업은 제조업, 수송업, 서비스업 등 국민경제의 광범위한 분야에서 높은 비중을 차지하면서 존립하고 있다. 특히 대기업의 참여가 없는 작은 규모의 수요충족에서 중요한 역할을 담당할 뿐만 아니라 대기업 관련 업종에도 참여하여 대기업의 결점을 보완하기도 하며 부자재를 공급하는 등 대기업과 역할분담을 하고 있다.

3. 대자본에의 종속성

최근 벤처기업의 사회적 기능이 커지면서 대기업을 주도하는 중소기업도 존재하지만, 많은 수의 중소기업은 대기업과 하도급관계에 의존하고 있다. 중소기업은 외형적으로는 독립형태를 갖추고 있으나 많은 기업이 모기업과 하청계열관계를 통하여 종속관계를 이루고 있다. 이러한 대자본에의 종속관계는 대자본과 중소기업 간의 대등한 거래관계를 왜곡시키는 현상을 낳게 한다.

4. 경기변동에 취약

경기변동에 대해 민감하며 많은 영향을 받는 경향이 있다. 중소기업은 상대적으로 소규모이고 경기변동에 영향을 쉽게 받기때문에 개 · 폐업률이 높다. 즉, 호황기에는 새로운 중소기업의 창업이 크게 늘어나므로 기존의 기업들이 위협을 받게되며, 불황기에는 일반적으로 중소기업의 경쟁력이 약하기 때문에 도태 · 도산되기 쉽다. 따라서 소규모 기업일수록 다산다사의 경향을 갖는다.

5. 지역사회와의 관련성

중소기업의 활동영역은 대체로 지역적이므로 지역사회와 밀접한 관련을 맺고 있다. 따라서 지역의 안정적 고용창출과 경제적 안정에 많은 기여를 하고 있다. 지역에 위치한 대기업이 직원 수나 매출액 면에서 중소기업에 비해 월등하지만 많은 직원들은 수도권이나 대도시에 주거지를 두고 있어, 소득의 상당부분이 대도시 지역으로 흘러가고 있으며, 지역에서 생산되는 부품이나 원자재를 덜 구매하는 경향이 있다. 이러한 점에서 중소기업은 해당 지역의 노동력을 흡수하고 금융, 원재료, 제품 등의 시장관계가 지역사회와 밀접하기 때문에, 지역사회가 균형있게 발전하는데 이바지하는 바가 크고, 사회안정 세력으로서의 역할이 증대된다.

2.3 생산기술적 특징

1. 다품종 소량생산

대기업이 일정한 계획에 의해 소품종 대량생산 체제하에서 시장수요에 대응한다면 중소기업은 주문에 의한 다품종 소량생산 체제이다. 중소기업의 생산품은 부품 및 소재인 중간제품이 많으며 대기업은 조립 및 완제품 형태의 생산을 하고 있다. 또한 중소기업은 그 규모에서 노동집약적인 경공업 분야에 치중하고 있으며 대기업은 자본집약적인 기계·전자·화학 등 중공업 분야에 치중하고 있다.

경제발전의 고도화단계에서는 대량생산·대량판매에 의한 대중소비시대에 이르게 된다. 그러나 현실은 경제가 고도로 발전되어도 경제의 규모확대만이 만능이 아니라는 사실을 선진공업국에서 찾아볼 수 있다. 그 이유 중 하나는 국민생활의 기본욕구 충족으로 사람들의 생활관심과 가치관이 다양화됨에 따라 그 욕구도 개성화, 다양화되어 상품을 통하여 자기를 연출하기 때문이다. 따라서 생산자들은 다양화에 부응하여 다품종 소량생산 시대로 이행하고 있다. 이와 같이 소비자 욕구가 변화하고 있으므로 중소기업은 그러한 소비자 욕구의 다양화를 충족시켜 주는 역할을 담당하고 있다.

2. 제품과 서비스 창출의 융통성

중소기업은 제품생산에 있어 융통성을 갖는 편이다. 중소기업은 태생적으로 대기업에 비해 자본 조달능력이 낮아 생산방식의 기계화와 자동화에 한계가 있다. 따라서 중소기업은 제품의 특성상 대량 생산체제를 갖출 필요성이 없거나, 기계화가 어렵거나, 수요가 산발적 · 계절적이거나, 노동집약적인 분야에 존재한다. 이처럼 생산방식의 유연성은 다품종 소량생산 체제에 유리하며 시장에서의 다양한 수요에 융통성 있게 대처할 수 있는 방법이 될 수 있다.

또한 중소기업은 그 특유의 기동성으로 새로운 제품과 서비스 창출을 용이하게 한다. 이러한 제품이나 신 시장의 창출은 성장의 모태로서의 중소기업의 중요성을 더욱 돋보이게 한다. 중소기업은 시장의 욕구변화를 신속하게 제품이나 서비스에 반영하는 변화담당자로서 역할을 수행한다. 새로운 제품과 서비스창출에 있어 대기업에 비하여 중소기업이 갖는 이점을 비교하면, 첫째로 중소기업은 수요자와 긴밀한 접촉을 가지면서 전문기술인력을 보유하여 시장수요 및 기술변화에 대응 할 수 있다. 둘째로 중소기업의 경영자, 특히 기술집약적 중소기업의 경영자들은 능동적인 경영자이기 때문에 새로운 기회의 창출 및 활용에 기민함을 보여준다. 셋째로 기업내부에서 조직을 효율적으로 운영하여 조직구성원 간의 의사소통이 보다 활발하게 이루어진다.

3. 연구개발과 설비투자의 어려움

기업이 장기적으로 경쟁력을 확보하기 위해서는 꾸준한 연구개발 투자나 설비 투자를 행하여야 한다. 그러나 중소기업은 대기업에 비하여 자금력이 취약하기 때문에 연구개발 투자나 설비투자를 충실히 행할 수 없다. 기업이 영속성을 유지하기 위해서는 연구개발, 설비에 대한 투자가 꾸준히 이루어져야 하는데 빈약한 자본력은 이것을 불가능하게 한다.

우리나라의 중소기업은 시설과 기술이 대기업에 비해서는 물론이고, 대만, 홍콩, 일본 등 경쟁국에 비해서도 낙후되어 있다. 특히 시험 또는 검사시설이 태부족하여 목측으로 충당하는 사례가 비일비재하다. 기술 역시 일부 중소기업은 전근대적 견습기능으로 충당하고, 대기업에서의 이전 또는 신기술의 개발도움도 제한적이지만, 지원받은 기술의 습득력도 매우 낮다는 점이다. 또한 어려움을 더하여 주는 원인으로 생산기술직사원의 이직률이 높아 결과적으로 기술축적이 저해되고 있다. 중견 중소기업의 경우도 대기업과 비교할 때 가장 불리한 기술개발 여건이 연구개발 인력의 부족, 다음으로 연구개발 자금의 부족과 연구개발에 대한 인식 및 의욕부족으로 나타났다.

4. 원자재 구매의 불리

대기업의 일반적 생산형태인 대량생산 체제에 비하여 중소기업은 소량생산을 하기 때문에 원자재 구매시 대량구매에 따른 가격할인을 받지 못한다. 이러한 원자재 구매의 불리한 점은 결국 생산된 완제품의 가격경쟁력에서 불리할 수밖에 없다.

또한 인상된 원자재 가격을 제품가에 반영하지 못함으로써 채산성이 악화되는 것도 중소기업의 특성 중 하나이다. 중소 제조업체의 경우 해외로부터의 수입원자재에 대한 의존도가 높은 경향이 있으며, 석유관련 제품을 비롯하여 각종 수입원자재 가격의 급등으로 제품원가의 상승압력이 크다. 그러나 중소기업의 입장에서 원가상승 요인을 모두 반영시켜 제품이나 소비자에게 전가시킬 수 없기 때문에 이는 채산성 악화와 재무구조의 취약요인의 일부가 되고 있다. 이러한 현상은 모기업과 중소부품업계 사이에서 자주 볼 수 있다. 예를 들어 모기업의 제품가격은 원가상승 요인을 감안하여 인상이 되어도 그것이 곧 부품가격의 인상으로 연결되는 경우가 많지 않다. 모기업의 고통을 부품업계에 전가하는 것은 중소기업의 어려움을 더욱 가중시키는 요인이 되고 있다.

2.4 대기업과 관계에서의 특징

일반적으로 한 기업은 수많은 기업들과 상호작용을 통해 발전하고 있는데, 대기업의 경우 수많은 중소기업들과 공급자, 거래자, 도급업자로서의 관계를 맺고 있다. 대기업과 대기업, 대기업과 중소기업, 중소기업과 중소기업 간의 관계에서 상호작용이 서로에게 중요하고 경제 전체의 특성을 규정짓게 하고 있지만, 현실적인 이유로서 특히 부각되고 있는 것은 대기업과 중소기업의 관계이다. 대기업과 중소기업 간의 분업적 협동관계를 제고하기 위하여 계열화 사업, 중소기업 고유사업 영역의 보호 등의 시책을 추진하는 이유는 대기업과 중소기업의 상호 보완적인 분업이 국민경제의 균형적 발전과 안정적 성장에 크게 기여하기 때문이다. 상호 불가결한 관계를 맺고 있는 중소기업과 대기업 간에는 다음과 같은 특징을 갖는다.

1. 협력자로서의 위치

중소기업은 경제적 약자 또는 대기업과 대립되는 실체가 아니라 국민경제의 건전한 발전을 위한 동반자 또는 협력자 내지는 균등한 경쟁자로서 작용할 때에만 효율을 극대화할 수 있을 뿐 아니라 사회전체의 이익을 크게 할 수가 있다. 특히 최근 세계경제는 급속한 정보화와 기술혁신, 글로벌화의 진전으로 기업 간 경쟁이 치열하다. 따라서 대 · 중소기업 간 협력을 통한 경쟁력 제고가 필요하다.

2. 협동의 도급관계유지

대기업과의 직·간접적 하도급 관계는 대기업과 중소기업 간 업무를 분담시키는 것으로 대부분의 중소부품업체, 계열화업체, 중소 도·소매업체들이 대기업과 하도급 거래를 하고 있다. 이러한 관계에서 대기업이 근시안적 시각에서 중소기업영역의 무차별 침투, 거래조건의 불공정성 등으로 단기적 이익을 추구하다보면, 중소기업의 존립기반이 약화됨으로서 장기적으로는 대기업과의 분업화 기반을 훼손하며 결과적으로 대기업의 경쟁력 기반약화를 초래할 수 있음을 명심해야 한다.

3. 동반자적 관계

확대되는 대·내외 경쟁환경에서 세계 일류기업과 경쟁하기 위하여 전문화 전략이 필요하다. 따라서 대기업은 중소기업에 전문화, 기술개발, 품질향상을 지원함으로써 중소기업의 효율적 경영과 부가가치의 향상에 협력하여 산업구조 고도화의 지원자로서 활동해야 한다. 또한 우리나라 중소기업에 대한 자금확보에 협력하는 것이 바람직하다. 대기업과 중소기업 간의 바람직한 관계설정을 위해서는 대기업이나 중소기업이 각각 효율성을 최대로 발휘될 수 있도록 구조적인 조정이 필요하다. 따라서 대기업은 무분별한 사업확장을 자제하며, 계열화 중소기업의 경영자문, 자금알선, 교육훈련 및 전문화에 대한 지원을 통해 중소기업과 대기업이 동반성장하는 기회로 삼아야 할 것이다.

4. 경쟁적 관계

중소기업과 대기업이 서로 경쟁을 하면서 공존하는 형태로서 같은 종류의 제품을 대기업과 중소기업이 모두 경쟁하면서 공존하는 경우가 해당된다. 그런데 여기서 같은 종류의 제품이라 하더라도 대기업과 중소기업이 완전히 동질적인 제품을 생산하는 경우도 있을 수 있지만 많은 경우는 양자 제품간에는 차별화도 있을 수 있다. 따라서 경쟁적 공존관계는 제품의 동질성, 차별화 여부에 따라 동질적 제품경쟁과 제품차별화 경쟁으로나타난다.

5. 매매관계

대기업은 많은 경우 독점적 가격이나 협정가격으로 중소기업에게 원료나 자재를 공급하게되는데 대기업과 중소기업은 경쟁적 공존관계로 유사한 제품 또는 동질적 제품의 구매자로서 경쟁하는 것이 아니라 판매자와 구매자의 관계이기 때문에 치열한 경쟁은 없다.

이러한 매매관계에서 부품을 공급하는 하도급 중소기업 제품이나 부품이 전문성이 높거나 타사 제품에 비해 품질과 기능이 월등히 높은 경우 매매관계에서 중소기업이 주도권을 가질 수 있는 반면, 공급하는 부품이 품질이나 성능에서 차별화가 이루어지지 않고 많은 중소기업들에 의해 생산가능하다면 매매관계에서 부품을 공급받는 대기업이 주도권을 갖는 경향이 있으며, 주로 공급가격에 의해 매매관계가 결정되는 경향이 있다.

6. 외주관계

외주는 대기업과 중소기업 간의 일반적인 관계로 중소기업이 독자적인 설계에 기초해서 생산한 제품을 대기업이 구매하는 것을 사회적 분업의 한 형태라 할 수 있다. 외주거래는 한 기업이 비교우위를 갖는 제품생산을 위해서 기업 내에서 자체적으로 해결하기가 여의치 않고 시장구매로만 해결하기도 어려울 때에 발생하게 된다. 이 경우 외주결합을 통한 자체생산과 시장구매의 중간영역에 해당하므로 준 결합관계라고 말할 수 있다. 한편 하청은 생산의 관점에서 볼 때 대기업과 중소기업 또는 중소기업 간의 직접 생산관계에서 관련을 갖는 특정의 외주관계를 의미한다.

외주의 경우는 생산의 경우에만 한정되지 않고, 부품, 고용, 서비스, 관리적 측면에서 외부로부터 조달받는 경우에도 포함된다. 예를 들면, 특정 업무를 수행할 인력을 외부 인력조달 업체로부터 공급받거나, 세무나 법률서비스와 같은 특정 업무처리 서비스를 외부기관으로부터 제공받는 경우가 이에 해당될 것이다.

03 중소기업의 경영전략

최근 기업환경은 급속하게 변화되고 있으며, 그러한 환경변화는 기업경영에 심대한 영향을 미치고 있다. 기업환경이 기업경영에 미치는 효과는 기업규모에 따라 정도의 차이일 뿐이지 모든 기업에 많은 영향을 미치고 있다. 글로벌 기업과 같은 대기업들도 환경변화에 제때 적응하지 못하여 도태되거나 퇴보하는 경우는 허다하다. 이에 비하여 중소기업은 대기업에 비해 환경변화에 더욱 민감한 것이 특징이다. 따라서 중소기업은 환경변화에 대응하여 성장 · 발전하기 위한 노력이 더욱 요구된다.

일반적으로 중소기업은 대기업에 비하여 기술, 자금, 인력, 정보 등 제반 경영자원이 열세에 있다. 반면에 경영자의 능력에 따라 기동성, 창의성, 유연성을 발휘하여 변화에 신속하게 대응할 수 있는 강점을 가지고 있다. 중소기업 입장에서 발휘할 수 있는 경쟁전략은 다음과 같다.

3.1 협동화 전략

규모가 적은 중소기업이 다수가 모여 규모경제의 열세를 극복하고자 하는 노력이 곧 협동화 전략 및 협동화 사업이다. 협동화 사업의 의의와 특징은 다음과 같다.

1. 협동화 전략의 의의

협동화 전략이란 동종 또는 관련업종의 다수 중소기업들이 상호협력하여 집단화, 공동화, 협업화를 실시함으로써 개별기업의 노력과 능력으로는 추진하기 어려운 사업을 추진하는 것으로서 원가절감, 품질향상, 생산성향상 등을 촉진하는 전략이다. 이러한 협동화 전략은 개개의 중소기업으로는 감당할 수 없는 시설이나 사업 등에서 공통되는 기능을 여러 중소기업이 협력하거나 공동으로 운영하여 구조적인 문제를 해결하거나 규모의 경제를 실현하여 경쟁력을 강화하는 것을 목적으로 한다. 협동화 전략의 추진은 기술수준이 낮고 자본력이 빈약하고 고급인력이 부족한 중소기업에게는 상당히 유리한 방법이기도 하다. 예를 들면 업종별로 전문화된 단지를 조성하여 집단화를 꾀하고, 물류비용 절감을 위한 물류공동화를 추진하고, 공해방지나 폐수처리를 위한 시설의 투자를 공동으로 하여 공동이용하거나, 부품산업이나 취약기술의 수준향상을 위하여 아파트형 공장을 세우는 등은 협동화 사업의 예로 볼 수 있다.

정부에서는 중소기업의 경쟁력 강화방안의 하나로 협동화 사업을 추진하고 있다. 정부에서 추진하는 협동화 사업은 다수의 중소기업이 상호협력을 통해 공동으로 추진하는 다양한 형태의 프로젝트를 지원하는 사업을 의미한다. 그러므로 협동화 사업이란 중소기업의 공동사업에 대한 정부의 정책적 지원수단의 하나인 것이다. 이들 추진사업은 구체적으로 다음과 같은 사업을 포함하고 있다.

- 공동으로 입지문제를 해결하는 사업
- 각종 시설을 공동으로 건립하여 운영하는 사업
- 품질향상, 유통구조, 판로 등에서의 생산성 향상을 위하여 공동으로 추진하는 사업

이러한 사업을 보면 입지와 관련한 사업, 시설 또는 설비와 관련한 사업 그리고 생산성 향상을 위한 기타 활동 등을 모두 포함하고 있음을 알 수 있다. 또한 협동화 사업의 실행에

있어 중소기업이 단독으로 하는 것보다는 공동으로 추진하는 것을 주 대상으로 하고 있음을 알 수 있다.

2. 협동화 전략의 유형

협동화 전략을 추진하기 위한 사업은 집단화사업, 공동화사업 및 협업화사업의 세 유형으로 구분되며 유형별 사업내용은 〈표 10-4〉와 같다. 집단화는 중소기업들이 시설을 일정한 공간에 밀집시키는 사업을 말하며, 공동화와 협업화는 개별적으로 수행하는 것보다 공동으로 수행하는 것이 유리한 경우 중소기업들이 공동으로 사업을 수행하는 것을 말한다. 공동화는 주로 하드웨어적 측면에서의 협동화 사업임에 비해 협업화는 주로 소프트웨어적 측면에서의 협동화 사업에 해당한다.

집단화 사업의 예로는 제조공장을 집단적으로 일정한 지역에 건설을 한다든지 아니면 도심에 있는 공장을 단지화하여 그곳에 집단적으로 이전하는 것과 같은 사업들이다. 공동화 사업의 예로는 중소기업이 공동으로 폐수처리시설을 건설하여 운영하거나, 물류시설을 공동으로 만들어 운영하는 것과 같다. 마지막으로 협업화 사업의 예로는 공동상표를 만들어 운영하거나 원자재를 공동구매하는 것이 이에 해당된다.

우리나라에 비해 중소기업에 대한 정책적 지원과 역사가 긴 일본의 경우 우리에 비해 다양한 협동화 사업을 다음과 같이 실행하고 있다.

- 생산관련 사업 : 공동생산 및 가공, 공동시험 및 검사, 공동공해방지

표10-3 협동화 전략의 유형

구 분	사업내용	추진유형사례
집단화	중소기업자들이 공동으로 경쟁력 강화를 위해 일정지역에 사업장과 그 부대시설을 집단화하는 경우	· 제조공장집단화 · 시험연구실집단화
공동화	중소기업자들이 개별적으로 설치하기 어려운 고가의 생산시설, 연구개발시설, 환경오염방지시설 및 물류창고, 제품전시판매장 등을 공동으로 설치하여 이용하는 경우	· 공동제조공장 · 공동제품전시판매장 · 공동물류창고 · 공동폐수처리시설 · 공동시험검사시설
협업화	중소기업자들이 경영개선을 위하여 기술개발 및 제품개발, 상표개발, 판매활동, 원자재구매, 품질관리, 정보수집, 해외시장진출, 수출협업 등을 공동으로 추진하는 경우	· 기업간 컨소시엄사업 · 공동제품개발 · 공동상표개발 · 원자재공동구매

· 자료: 송장준, 전게서, p. 57.

- 유통관련 사업 : 공동판매, 수주, 구입, 포장, 보관, 운반
- 공동노무관리 : 공동구인, 공동교육훈련, 공동급식 및 숙사, 공동복리후생
- 연구개발사업 : 디자인 개발, 기술개발, 신제품개발
- 정보사업 : 시장조사 및 개발, 공동계산, 세미나 및 기관지 발행
- 조정사업 : 생산의 조정, 가격 및 판매협정
- 각종 공제사업
- 기타 공동시설 제공

이상에서 보듯이 일본의 경우는 우리에 비해 제품이나 생산과 직접 관련된 사업뿐만 아니라 인사, 교육훈련 등과 같은 관리부문까지도 협동화를 추진하고 있다.

3. 협동화 전략의 효과

(1) 선택과 집중에 의한 부족자원문제 해결

중소기업은 그 자체로 규모의 열세로 인해 대기업에 비해 경쟁력이 낮은 것이 특징이다. 대기업은 중소기업에 비해 생산시설의 기계화, 대량판매에 따른 대량생산으로 규모의 경제효과를 갖는다. 시장정보획득 및 분석, 부품이나 원료구매, 직원채용, 교육훈련, 시설투자, 판매경로확보, 유통 및 수송 등 모든 면에서 중소기업은 대기업에 비해 불리한 입장이다.

이렇게 부족한 상태에서 기업활동을 하다보면 중소기업은 자원부족의 문제로 기업활동이 제약을 받는 경우가 일반적이다. 즉, 중소기업이 어떤 사업의 기회를 갖는다 하더라도 보유자원의 부족으로 그 사업을 포기해야 하거나 아니면 최적의 규모보다 작게 가동을 하여야 하는 경우가 많다. 중소기업이 지속적으로 성장하기 위해서는 이러한 자원부족으로 인한 기업활동의 한계를 극복하는 것이 매우 중요하다. 중소기업이 자원부족을 해결하는 가장 일반적인 방법은 “선택과 집중” 그리고 다른 기업과의 협력으로 볼 수 있다. 그런데 선택과 집중, 그리고 타 기업과의 협력은 서로 동떨어진 별개의 개념이 아니라 서로 연관되어 있다고 볼 수 있다. 즉, 하나의 중소기업은 자기가 가장 강점을 가진 분야에 집중적으로 투자하여 그 분야에 대한 전문성을 살리고 다른 중소기업은 다른 분야에서의 집중적인 투자를 통해 전문성을 살려서 이 두 개의 중소기업이 서로 협력하여 하나의 상품을 생산하여 판매하는 것이 두 중소기업 모두에게 득이 되는데, 이 과정에서 선택과 집중 그리고 협력이 동시에 작동할 경우에 자원문제의 극복이 가능한 것이다.

즉, 협력을 통해 부족한 자원을 서로 통합함으로써 중소기업 단독으로 불가능한 사업을 추진할 수 있고, 그 결과를 공동으로 활용함으로써 자원부족의 한계를 극복하는 것이 가능

한 것이다. 이러한 중소기업들의 협력을 통한 기업활동을 지원하는 협동화 사업은 결과적으로 중소기업의 자원부족 문제를 해결하는 중요한 수단이라고 할 수 있다.

(2) 공동시장 개척 및 브랜드 이미지 제고

시장환경 변화로 고객지향적 경영이 요구되면서 과거 생산지향적 경영에서 시장이나 고객지향적 경영으로 전환되었다. 대부분의 중소기업은 대기업과 하도급관계에 있거나 별도의 시장을 갖더라도 매우 적은 시장을 대상으로 하기때문에 제품에 대한 인지도가 낮고 브랜드 이미지도 형성되지 못하는 것이 현실이다. 따라서 대기업제품에 비해 품질면에서 우수하다 하더라도 고객들의 제품과 기업에 대한 인지도가 낮고, 신뢰도가 낮아 중소기업 제품이나 서비스를 기피하는 경향이 있다.

이처럼 낮은 제품에 대한 낮은 브랜드 이미지를 제고하는 방법의 하나가 여러 중소기업이 협동화하여 고객의 욕구를 일괄적으로 충족시키는 방법이다. 예를 들면, 혼수상품를 구매하는 고객에게 일괄적인 욕구충족을 위해 혼수와 관련된 상품을 생산하는 가전사, 인테리어제품 제조회사, 그릇 및 도자기 제조회사, 가구 제조사, 조명기구 제조사 등이 협동화하여 공동으로 시장조사 및 분석, 공동 디자인, 공동개발 및 공동 A/S활동을 공동의 상표(브랜드)로 제공하는 것이다.

이처럼 중소기업들이 공동으로 상표를 제공하고, 시장의 공동화를 통해 고객욕구를 일괄적으로 충족시키는 방법은 고객에게 강한 브랜드 이미지를 제공함은 물론 광고비와 판촉비의 절감, 디자인의 공동개발, 유통망 공동이용 등으로 경비절감은 물론 대기업과 차별화된 독자적 시장확보의 이점을 누릴 수 있다. 이러한 공동 브랜드의 사례는 가파치(가죽제품), 색동돼지(가죽잡화, 줄자, 시계), 하이서울(서울지역 패션 · 문화관련 제품) 등을 들 수 있다.

(3) 협동화 사업을 통해 규모의 경제실현

규모의 경제란 생산규모가 커짐에 따라 평균비용이 감소하기 때문에 큰 규모의 생산시설을 운영함에 따라 발생하는 원가절감을 통한 경쟁력 강화효과를 의미한다. 그러므로 기업의 경쟁력 강화를 위해서는 규모의 경제를 실현하는 것이 매우 중요하다고 할 수 있다. 대기업이 여러 개의 중소기업으로 운영될 수 있음에도 불구하고 하나의 기업으로 통합하여 대기업으로 운영하는 것은 규모의 경제를 누리기 위해서라고 볼 수 있다.

중소기업도 규모의 경제를 실현하기 위해 대규모 생산시설을 가지려고 하는 경우가 많다. 그러나 다음에서 보듯이 중소기업이 단독으로 수행하는 사업가운데는 그 규모가 작아서 채산성이 맞지 않는 사업들이 많이 있다.

그림 10-1 협동화 전략

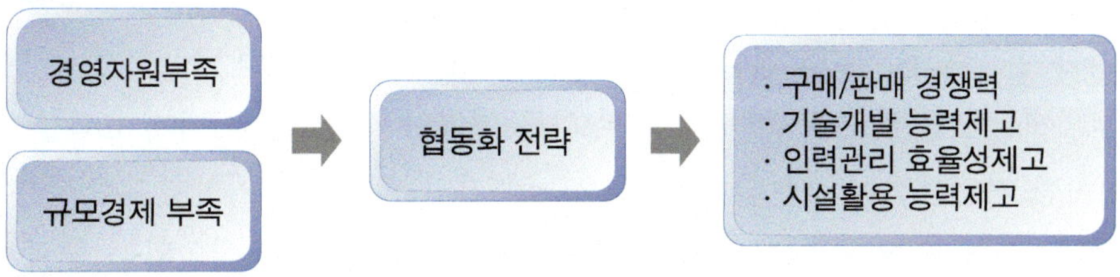

- 소규모 수출을 위해 단독으로 해외시장 개척을 하는 경우
- 폐수방출량이 적은 중소기업이 단독으로 폐수처리 시설을 설치하여야 하는 경우
- 기술개발을 위해 고가의 장비를 도입하여야 하는 경우

이러한 사업들의 경우, 중소기업이 단독으로 수행하려고 하면 채산성이 맞지 않아서 사업을 수행할 수 없다. 그러나 이러한 사업들도 중소기업들이 협력하여 대규모로 사업을 수행하면 채산성을 높일 수 있다.

즉, 한 개의 중소기업이 사용하기에는 폐수처리 시설의 규모가 커서 채산성이 맞지 않는 경우에도 그 시설을 여러 개의 중소기업이 공동으로 사용하면 그 시설의 가동율이 충분히 높아서 채산성이 설 수 있는 것이다. 이는 곧 중소기업들이 협동화사업을 통해 규모의 경제를 실현할 수 있음을 의미한다.

3.2 이업종교류 전략

1. 이업종교류의 의의

이업종교류란 다양한 시장의 욕구에 대응하기 위하여 서로 다른 제품, 기술, 시장체계를 갖는 기업들이 정보교환, 기술협력이나 지원, 신제품개발, 공동사업 등을 통하여 경쟁우위를 확보하고자 하는 활동이다. 즉 서로 다른 기술과 역량으로 새로운 융합기술 제품을 만드는 것으로, 각자의 장점을 교류함으로써 최소비용으로 최적의 경영 · 기술 · 정보를 축적하는 상호보완적인 전략이자 활동이다. 이업종교류 활동은 1970년대 일본의 중소기업들이 오일쇼크라는 불황을 겪으면서 기업발전의 새로운 수단으로 시작하였으며, 이후 급변하는 기업환경에서 새로운 대응방안으로 부상하였다.

동업종교류에서는 중소기업의 자생력 확보를 위한 기술과 경영노하우 및 광범위한 경영

정보교류활동이 효율적이지 못하지만 이업종교류에서는 각 기업이 보유하고 있는 다양한 기술과 경영노하우 및 정보교류가 원활히 이루어지고 경영자원의 상호이용을 통하여 경영력 강화 및 신사업으로의 진출을 도모해 갈 수 있다. 이를 통해 중소기업은 부족한 경영자원을 보완하는 효과를 거둘 수 있고 서로 다른 영역의 결합으로 시너지 효과를 얻을 수 있다.

이처럼 기업환경이 급변함에 따라 오늘의 기업은 종래와 마찬가지로 다른 선진공업국가의 기존기술을 도입하거나 이를 개량하는 것만으로는 날로 격화되는 국제적 경쟁을 극복하기 어렵게 되었다. 그러므로 이와 같은 경영환경의 변동에 효율적으로 대응하면서 지속적으로 성장하기 위해서는 자체 연구개발력을 강화함과 아울러 독창적인 제품과 기술을 개발해 나가지 않으면 안 되는 상황에 직면하게 된 것이다. 이업종교류는 자본, 기술, 인력시장 등 모든 면에서 열세에 놓여있는 중소기업들이 서로가 보유하고 있는 정보, 기술, 노하우를 교류하고 통합하여 나눔으로써 각 기업의 약점을 보완할 수 있는 훌륭한 전략인 것이다.

이업종교류는 일반적으로 몇 개의 사전단계를 거쳐 이루어지는데, 첫째는 인적자원의 교류를 통한 창립단계이며, 둘째는 정보교류와 회원사간 상호이해가 이루어지는 자원이나 정보의 공유단계이며, 셋째는 교류된 정보를 바탕으로 특정분야의 공동개발이 이루어지는 공동활동 단계이다. 이와 같은 단계를 거치면서 업종이 서로 다른 기업들이 새로운 사업영역을 구축하게 되는 것이다. 이는 동일한 업종을 중심으로 이루어지는 협동화 전략과 근본적인 차이가 있다. 즉, 동일한 업종끼리는 서로 경쟁자 관계이기 때문에 진실한 정보교류가 이루어지기 어려운 반면 이업종끼리는 서로 직접적인 경쟁관계에 있지 않기때문에 정보교류의 신뢰성이 증가한다.

그러나 이업종교류 전략이 성공하기 위해서는 사업목적을 명확하게 규정한 전략적인 목표설정이 이루어져야 하며 상호신뢰관계를 유지하고 정확한 역할분담을 통하여 책임을 명확히 하고 공정한 이익배분이 이루어져야 한다.

이러한 이업종교류가 원활하게 추진된다면 신제품개발, 공정혁신을 통한 새로운 생산기술, 공동수주, 공동판매가 가능하게 될 것이다. 기술과 자원의 한계성을 가진 중소기업은 이업종 교류를 통하여 넓은 사업영역을 구축할 수 있는데, 이와 같은 이업종교류전략은 중소기업이 경쟁력을 확보할 수 있는 전략방안 중의 하나가 분명하다.

2. 이업종교류 조직의 특징 및 유형

이업종교류 조직은 불특정한 다수의 경영자들이 모여서 그룹을 결성하고 자유로운 활동과 평등한 분위기에서 서로의 경영자원을 교류하며 다양성을 추구하는 것이 대표적인 특징이다. 기존의 중소기업 조직인 협동조합이나 특정 자격요건을 요구하는 모임과는 달리 가입과 탈퇴가 자유로우며, 추구하는 목표와 구성원 서로간의 관계에 있어서도 이업종교류 조직은 많은 차이가 있다.

경쟁상대가 아닌 서로 다른 업종의 중소벤처기업의 경영자로 구성하여 협력을 바탕으로 적극적인 조직형태를 이루고 있는 이업종교류 및 이업종교류 조직은 다음과 같은 특징을 갖고 있다.

첫째, 이업종교류 회원구성은 한 개의 업종에 한 개의 기업으로 같은 업종의 기업은 가능한 배제시키며 정보교류와 협력활동이 원활하게 이루어질 수 있도록 하고 경영문제 전반에 대한 상호보완 활동이다.

둘째, 회원 상호간에 수평적이고 대등한 관계로 신뢰를 바탕으로 자주적으로 참여의지를 지닌 기업의 대표로 구성되며 교류형태는 원탁형 대화식으로 이루어진다.

셋째, 개방적 조직으로서 형식에 구애를 받지않는 자율적 활동으로 자기혁신과 창조를 할 수 있으므로 급속한 환경변화에 신속히 대응할 수 있다.

넷째, 상호방문 및 교류가 용이하게 하기 위하여 인근지역 기업의 대표로 구성되어 있기 때문에 친목도 도모하고 주변 환경오염방지, 자선사업, 봉사활동 등 사회지향성 협력을 수

표10-4 이업종교류회의 특성

구 분	기존 조직	이업종교류 조직
목 적	• 특정목적 달성을 위해 결성 · 동종업계 권익보호 · 대기업과의 협력관계 관리 · 특정 제품 및 기술의 개발 등	• 포괄적인 교류활동 목표만을 설정한 후 자유롭게 테마를 도출하여 추진
구 성	• 특정업종 및 품목의 기업들 • 특정제품이나 대기업에 관계된 관련기업	• 서로 다른 업종의 기업 • 자발적인 참여
조 직	• 구성원간의 수직적인 역할분담 • 리더의 강한 지도력이 필요 • 조직활동의 구속력이강함	• 구성원간에 대등하고 수평적인 관계 • 조직활동의 구속력이 약함 • 인간관계 형성시에는 강함
운 영	• 제한된 활동범위내에서 규정과 규칙에 따른 강력한 관리력에 기반을 둠	• 자유롭고 자발적인 참여를 기반으로 하는 상호협력(경제공동체 활동)의 관리 특성
특 징	• 특정 목적의 달성 • 구성원간 동질의 목표의식 및 강력한 결속력이 필요	• 다양성에 의한 상부상조의 시너지 효과 추구 • 구성원간의 인간적 신뢰감 중시

· 자료 : 중소기업이업종중앙회, 퓨전테크 경제공동체

행할 수 있다.

다섯째, 이업종교류의 조직은 정보교환과 경험교환, 불확실성을 대처함에 효과적인 네트워크 조직형태로 되어 있으며, 이는 새로운 시장과 이업종시장을 창출하기 위하여 시너지효과를 개발하는 것이다. 따라서 이업종교류 참가기업들은 유연한 형태로 연결되어 상호간 자원의 교환이 원활하게 이루어진다.

이상과 같은 이업종교류 조직은 활동목적에 따라 정보교환형, 경영자원 공동이용형, 신제품개발형 그리고 신시장 개척형으로 구분 할 수 있다.

정보교환형은 각종 만남과 연락의 접점속에서 경영기술 등의 정보를 교류하는 형태이다. 이는 자사의 경영보완 활동에 대부분 치중하고 있으며 친목도모를 일차적 목표로 하고 있다. 정보교류가 활발해 지면 자연히 상호 특화된 자원의 교류가 일어나고 이들의 융합형태가 추진된다. 그 결과 신기술, 신제품, 신사업 등이 모색되는 것이다. 이 그룹은 정례회의 친목활동, 강연회, 견학, 상조활동 등의 활동이 활발한 것이 특징이다.

경영자원 공동이용형은 공장의 협동화나 창고 및 물류설비의 공동이용, 생산연구 실험설비의 공동이용 그룹 등이 이에 속한다. 이 그룹은 또한 경영기술의 노하우를 서로 제공하고 인재의 파견 및 교육 영업정보의 공유 등 실리추구형 운영형태를 취하고 있다.

신제품개발형은 일본에서는 상당히 많은 교류그룹이 이 형태를 취하고 있으며 그에 대한 개발성과가 상당히 많이 알려지고 있다. 우리나라에서는 소수그룹이 처음부터 연구자원을 공유하여 단독으로 불가능한 신제품이나 기술을 개발하는 것을 목표로 결성 및 운영된다. 따라서 이 그룹은 회의, 강연회, 견학 등이 상당부분 연구개발에 초점이 맞춰지며 지원기관과의 관계가 매우 깊은 것이 특징이다.

마지막으로 신시장 개척형은 21세기 들어 다수 그룹회원들의 공통적인 목표이기도 하다. 신제품 신기술이 갖는 부가가치획득, 능력의 한계가 노출되자 저마다 블루오션을 개척코자 이업종교류 활동의 상당시간을 이에 대한 토의 및 대안수립에 몰두하게 되었다. 이 그룹은 공통친목활동, 국제교류활동 등이 활발한 것이 특징이다.

이상과 같은 본래적 활동목적 외에도 최근에는 기업의 사회적 책임이 중시되면서 이업종교류회 조직을 기반으로 지역사회에 대한 사회봉사활동이나 지역개발관련 지원사업에의 참여와 같이 지역밀착형 사업도 공동으로 추진하고 있다.

3. 이업종교류 활동의 효과

이업종교류 활동의 효과는 교류그룹의 집단효과와 개별기업이 얻는 효과로 나눌 수 있는

데 개별기업이 이업종교류에 참가하여 얻게 되는 효과는 다음과 같다.

첫째, 정보의 획득이다. 이업종 간에는 이해관계가 직접적이지 않기 때문에 솔직한 정보와 의견교환이 가능하다. 따라서 동업종 종사자들 간에 형성될 수 있는 견제심이 없어지면서 다양한 정보를 폭넓게 확보할 수 있다.

둘째, 발상의 전환이다. 이업종교류에 의해 시야를 넓히며 이업종간의 정보교류를 통해 고정관념을 탈피하고 경영의식을 새롭게 할 수 있다. 이업종공장의 방문 및 진단은 많은 것을 깨닫고 배우게 되어 기업경영에 좋은 아이디어를 얻게 된다. 예를 들어, 제조업자와 금융업자의 교류를 통해 새롭고도 고객에게 편리한 결제방식을 개발할 수 있는 것이다.

셋째, 혁신의 추구이다. 동업종으로는 해결 할 수 없는 과제를 이업종의 정보와 아이디어를 통하여 원가절감, 자동화, 합리화가 실현되고 신제품과 신기술을 창출하고 새로운 시장을 개척할 수 있어 매출신장으로 이어진다. 전통적인 제품혁신과 같은 기술혁신은 동업자들 간의 교류를 통해 나타날 수 있지만 최근 중시되고 있는 새로운 서비스 개발이나 가치창출과 같은 분야에서의 혁신은 이업종교류 활동이 더욱 효과적이라는 점이다.

넷째, 상승효과의 추구이다. 공동개발, 공동생산, 공동수주, 판로개척에 의한 시장확대 등으로 자사의 약점을 보완 할 수 있다. 즉, 타사의 경영자원을 내부경영자원으로 활용할 수 있다. 또는 금융, R&D, 교육훈련, 공동결제와 같은 분야에 대해서도 외부자원을 공동으로 활용함으로서 상승효과를 유발할 수 있을 것이다.

다섯째, 투자효율의 증대와 위험분산이다. 이업종교류에 의한 공동개발은 개발의 속도를 단축하고 중복투자도 피할 수 있다. 또한 실패에 따른 위험은 개별 중소기업으로서는 감당하기 어려운 부담을 주지만 이에 대한 부담을 분산하는 효과도 있다.

여섯째, 인적 네트워크의 확대이다. 산업체와 대학 그리고 기관들과의 다면적 교류활동을 전개함에 따라 인적 네트워크가 구축되어 상호협력과 상호보완의 가능성이 높아지고 아울러 새로운 사업기회가 생겨난다. 이러한 인적 네트워크는 지역단위로 교류회 간의 모임이나 교류기회를 갖는 경우 효과는 증대될 것이다.

일곱째, 문제해결능력의 강화이다. 기술이나 인력 등 경영자원이 부족하여 독자적으로 해결하기 어려운 경영과제를 회원 간의 상호협력으로 해결할 수 있게 되어 문제해결능력이 강화된다. 현재 국내교류회의 경우 주로 친목도모와 같은 초보적인 단계에 머무르고 있는 실정이나, 점차 교류의 심도를 높여 시설이나 프로그램의 공동이용 또는 공동 시장개척이나 공동제품 개발을 추진하는 것이 바람직하다. 이러한 단계에 이를 때 이업종교류회는 경쟁력 강화라는 핵심적 문제해결 능력을 갖게 될 것이다.

이외에도 기업을 상호방문함으로써 자사와 비교하여 장 · 단점을 발견하고 상호진단으로 애로사항과 문제점을 해결할 수 있으며, 서로 다른 기술로 융합화하여 기술발전과 새로운 기술을 터득할 수 있다. 같은 지역의 회사들이 모임을 가짐으로서 지역경제 활성화에 도움이 되고 경쟁기업이 아니기 때문에 교류를 통해 심리적 안정감을 갖는 것도 효과의 하나이다. 결국 이업종교류 활동의 효과는 그 자체가 즉각적이고도 직접적으로 기업경영에 도움을 주지는 않는다고 하더라도 긴 안목에서 보면 크건 작건 참가기업에 이익을 가져다준다고 할 수 있다.

3.3 지역화 전략

일반적으로 중소기업은 전국에 걸쳐 광범위하게 존재하고 있으며, 취급 품목도 매우 다양하고, 소규모 시장을 대상으로 균형있는 지역발전을 가능케 한다. 중소기업은 대기업에 비해 지역사회와의 밀착도가 높으며 상호작용의 기회가 많다는 점에서 지역사회를 기반으로 하는 경영전략을 구사할 필요가 있다. 지방 중소기업은 취업기회의 확대와 원료의 지역의존도가 높으며, 생산하는 제품이나 서비스가 지역주민의 일상생활과 밀접하다는 점에서 대기업에 비해 유리할 수 있기 때문이다.

대기업에 비해 중소기업이 지역을 거점으로 경영활동을 추진하는데 유리한 이점은 다음과 같다.

1. 직원들의 높은 애사심

대기업은 중추적 의사결정센터의 역할을 담당하는 본사가 수도권이나 대도시에 위치함으로서 지역은 상대적으로 소홀히 하는 경향이 있다. 따라서 지역에 위치한 지점이나 영업점의 주요 관리자들은 지역주민이 아닌 경우가 많다는 점이다. 이에 비해 중소기업은 최고경영자를 포함한 관리자, 직원들이 대부분 지역출신으로 구성되는 것이 일반적이다. 이들은 제품공급자인 동시에 지역의 소비자로서 자사제품에 대한 충성도가 높으며, 나아가 지역주민들에 대하여 자사제품이나 서비스의 홍보에 적극적이란 점이다.

2. 지역기관 · 단체와의 네트워크

대기업은 관심범위가 전국적인데 비해 중소기업의 관심범위는 지역에 한정될 수밖에 없다. 대기업이 특정지역의 기관들과 심도있는 관계를 형성하기 어렵지만 중소기업은 원료공급, 인력공급, 금융거래, 유통 및 수송, 광고 및 홍보 등 모든 경영활동을 지역에 입지한 기관이나 단체와 거래하기 때문에 이들 기관들과는 제품이나 서비스의 공급자이자 수요자의 관계를 형성하게 되며, 또한 거래관계에서 우선적 고려대상이 된다.

3. 지역주민들과의 정서적 밀착

최근 지방분권화의 진행과 지역별 차별화 전략이 추진되면서 주민들도 지역에 대한 충성도가 높아지고 있다. 특히 스포츠마케팅이 활발해지면서 지역연고 주의가 강조되고, 이에 편승한 기업들과 지방자치단체들의 적극적 마케팅활동은 주민들로 하여금 지역기업들에 대한 정서적 몰입도를 제고시키는 요인이 되고 있다.

또한 기업측에서는 지역주민들과의 정서적 유대감을 높이며, 사회적 책임활동을 홍보하기 위해 지역봉사, 장학금 지원, 환경친화적 활동 등을 추진하면서 지역경제 및 사회에 긍정적 영향을 미치고 있다는 인식을 심어주고 있다. 이러한 지역사회와의 정서적 교류는 대기업 제품과의 경쟁에서 품질과 가격외에 정서적 교감을 더함으로서 구매활동에 영향을 미치게 될 것이다.

4. 정부의 지원

정부는 지역경제의 발전과 균형발전을 위해 지역의 중소기업에 대해 다양한 지원을 하고 있다. 경영합리화 및 기술향상, 판로확보, 계열화 촉진, 국제화, 중소기업 간의 협력, 근로환경 개선 사업 등 매우 다양한 지원을 위해 제도적 · 재정적 · 행정적 지원을 하고 있다. 또한 지방자치단체의 경우도 중소기업이 지역발전의 원동력임을 인식하고 지역내에서의 창업지원은 물론, 타지역에서의 기업이전 시 원스톱 처리방식의 도입, 재정보조금 지원, 제 세금감면, 저렴한 공장부지의 제공, 인프라제공 등 다양한 지원을 아끼지 않고 있다.

또한 최근 들어 지역 중소기업의 성공적 창업과 경영활성화를 위해 기술, 금융, 경영, 마케팅, 교육, 행정 등을 연계하는 산학연 클러스터와 같은 네트워크 사업을 추진함으로서 지역사회에의 정착을 지원하고 있다.

3.4 계열화 전략

1. 계열화의 의의

우리나라의 중소기업촉진법에 의한 계열화의 정의는 제조업자, 가공업자, 판매업자 또는 수리업자가 완제품, 부품, 반제품, 부속품 및 원료의 재고 · 가공 또는 수리를 중소기업자에게 위탁하고 이를 위탁받은 중소기업자가 전문적으로 물품 등을 제조하는 상호분업적 협력관계를 이루는 형태를 의미한다.

그런데 기업에 따라서는 투자자본을 절약하거나, 유통경로를 확보하기 위한 이유에서 법적으로 독립한 타기업을 독점적으로 이용하여 양자간에 종속관계를 성립시키는 수가 있다. 또한 종속관계가 없더라도 어떤 복수의 기업간에 매우 밀접한 거래관계가 성립되는 경우가 있는데 기업간에 밀접한 거래관계가 형성되어 있는 경우를 계열화라고 한다. 계열화는 대기업이 중소기업에 대한 법률적, 경제적 독립성을 유지하면서 공동이익을 위해 생산 · 자본 · 기술 및 경영관리상의 상호 이해관계를 맺는 경영전략 중 하나인 것이다. 고도의 복잡성을 지닌 제품의 경우 그 부품이 수천, 수만개에 이르므로 모든 부품을 한 기업체가 생산하는 것보다는 여러 기업체가 분담하여 생산하는 것이 더욱 효율적이며 경제적일 것이다. 이러한 생산시스템의 문제를 해결하고 계열기업 상호간의 이익을 위해서 계열화가 생성되었다. 이는 광의의 계열화 의미로서 동일업종이던 이종업종이던 경영상의 여러 이유 때문에 직접적인 이해관계를 가지는 기업들이 상호간에 어떠한 거래관계를 형성 · 유지하는 것이다.

특히 우리나라에서 대기업과 중소기업간 계열화에 대해 관심이 많은 것은 대기업위주의 급속한 경제성장에 따른 대기업과 중소기업 간의 역할분담에 기인한다. 서구 선진국에서 대기업에 의한 시장독과점의 문제는 심각하게 다루어지지만 대 · 중소기업 관계의 문제는 그다지 표출되지 않았다. 그러나 우리나라에서는 지난 50여 년 동안의 경제발전과정에서 대 · 중소기업 관계는 줄곧 중요한 경제문제의 하나였다. 경제의 압축성장이 대기업 중심으로 이루어짐에 따라 경제력 집중문제가 심각했을 뿐만 아니라, 중화학공업화를 위한 대기업-조립산업, 중소기업-부품산업의 역할분담으로 하도급 거래관계가 활성화되면서 불공정거래 문제가 불거졌기 때문이다.

2000년대 들어와서 대 · 중소기업 관계는 종전보다 더 큰 문제로 인식되고 있다. 종전에는 개별 대기업과 개별 중소기업의 불공정 거래문제에 불과했지만, 경제의 양극화가 심화되고 대 · 중소기업 양극화가 그 주요 요인의 하나로 거론되면서 대 · 중소기업 관계의 문제는 이제 개별기업차원의 문제가 아니라 경제전체 차원의 문제로 받아들여지고 있다. 그러나 대기업과 중소기업은 계열화를 통해 서로 성장 · 발전할 수 있다는 점에서 이를 전략적으로 활용할 수 있을 것이다.

2. 계열화의 효과

(1) 안정적 수요의 확보

계열기업은 모기업의 발주량을 어느 정도 파악할 수 있기 때문에 과잉생산과 같은 부작용을 경감시켜 주고 대기업과 중소기업이 시장점유율의 확대를 위한 경쟁을 피할 수 있어 중소기업에게 안정적 수요를 확보해주는 역할을 한다. 이에 대해 대기업은 계열기업에 부품 생산을 전담시키는 경우에 조립을 주업으로 하는 모기업은 부품생산에 소요되는 시간을 단축시킴으로써 자본회전율을 높일 수 있어 기업이윤을 증대시킬 수 있는 것이다.

그러나 계열화가 반드시 긍정적인 효과만 가지고 있는 것은 아니다. 이러한 긍정적인 효과는 운영의 묘를 살려야 발휘될 수 있을 것이다. 계열화의 부정적인 효과란 자유경쟁을 촉진하는 반독과점 정책과는 대립적인 입장이 될 수도 있다는 것이다. 즉 어떠한 특정제품을 생산하는 대기업의 수는 극소수이고 중소기업은 대다수일 경우 중소기업의 계열화 촉진에 의하여 대기업의 계열기업이 되는 경우에는 독과점을 형성하게 되므로 국민경제에 나쁜 영향을 줄 수 있다는 것을 간과할 수 있다. 그리고 납품하는 중소기업이 다수인 경우 납품중소기업 간의 과당경쟁으로 대기업에의 납품가격이 낮아짐으로서 대기업의 수익성은 호전되는 반면, 중소기업의 수익성은 점차 악화됨으로서 대기업과 중소기업간 부익부 빈익빈 현상이 나타날 수 있다. 최근 우리나라에서 많은 논의가 되고 있는 소위 양극화 문제의 원인이 되는 것이다.

(2) 전문성 제고

대기업과 중소기업 간에 부품 또는 생산단계에서의 분업화는 서로의 전문성과 경쟁력을 제고하는 방안이 될 것이다. 대규모의 제품메이커인 대기업이 모든 부분품이나 그 공정을 자기공장에서 생산하는 것이 가능하지만 반드시 경제적이라고 할 수는 없다. 비교적 간단한 부분품의 가공이나 제작은 중소기업이 보유하고 있는 설비 및 기술로서 제조할 수 있으며 관리비도 절감되고, 제조원가도 대기업에 비하여 저렴하기 때문에 생산비도 낮게 되는 것이다.

또한 대기업은 중소기업에 의존하는 부품이나 생산단계에 투자할 인적 · 물적 자원을 다른 분야에 투자함으로서 경쟁관계에서 우위를 점할 수 있을 것이다. 또한 중소기업은 부품이나 생산단계의 한 영역에 전념함으로서 인력과 기술에서 전문화가 심화될 수 있을 것이다. 이처럼 계열화의 추진은 대기업과 중소기업이 각기 자기의 영역을 확보하여 상호보완관계를 유지하고, 대기업에게는 효율적 자원배분을 중소기업에게는 전문성을 제고하는 효과가 있다. 이러한 역할분담은 국제시장에서 대기업이 경쟁력을 유지할 수 있는 원동력이 되는 것이다. 또한 중소기업은 핵심부품이나 생산단계의 전문화를 기반으로 세계 부품시장으로의 진출도 모색할 수 있게 된다.

(3) 자본조달 및 신뢰도 제고

중소기업 경영자에게 가장 큰 고충 중의 하나는 자본조달이다. 대기업은 증권시장을 통해 자기자본을 조달하거나 높은 신용도를 기반으로 낮은 금리로 금융권에서 타인자본을 조달할 수 있는데 반해 중소기업은 그렇지 못한 경우가 대부분이다. 대기업과 계열화관계에 있는 중소기업은 모기업인 대기업의 신용보증이나 금융기관의 알선과 같은 방법을 통해 자본조달을 용이하게 할 수 있다.

또한 중소기업이 계열화에 있는 대기업이 브랜드 이미지가 높고 사회적 인지도가 높은 경우 그 기업과 계열화 관계에 있다는 사실은 다른 거래처 확보에도 많은 영향을 미치게 된다. 왜냐하면 소비자들은 브랜드 이미지가 좋은 기업일수록 완성품에 이용되는 부품의 품질이나 안전성에 대해서도 신뢰하는 경향이 있기 때문이다. 따라서 브랜드나 기업에 대한 인지도가 낮거나 창업 초기의 중소기업은 가급적 브랜드 이미지가 좋고 인지도가 높은 대기업과의 계열화를 추진하고, 하도급관계를 유지하면서 점차 제품영역을 넓히거나 독립된 브랜드를 사용하는 것이 바람직 할 것이다.

(4) 경영기법 및 기술의 전수

대기업은 중소기업과 계열화를 유지하면서 가급적 높은 수준의 부품과 서비스의 제공을 기대하게 된다. 물론 부품을 납품하는 중소기업의 기술력과 관리기법, 경영기법이 우수할 수도 있지만 대부분의 중소기업들은 규모의 영세성으로 세무, 교육훈련, 법률, 마케팅, 시장분석, 생산관리 기술 등의 면에서 체계적인 관리가 어려운 것이 현실이다. 대기업은 기존의 교육훈련 시설과 전문강사를 활용하여 계열화 관계에 있는 중소기업의 관계자들을 대상으로 분야별 교육훈련 기회를 제공함으로서 중소기업은 다양한 분야에 대한 경영기법을 전수받게 된다.

그리고 계열화에 의하여 중소기업의 전문화가 이룩되면 기술의 특화로 기술수준의 향상이 실현되며, 모기업의 기술지도로 이러한 전문기술의 향상은 가속화될 수 있을 것이다. 또한 대기업은 계열화 관계에 있는 중소기업에 대해 납품단가의 절감을 요구하는 경향이 있기 때문에 중소기업도 제품단가를 낮추기 위한 노력을 부당하게 할 수밖에 없으며, 이러한 노력은 기술적인 측면에서 전문성을 높이게 된다.

3.5 중소기업 유형별 대기업과의 상생 협력전략

1. 양극화 문제와 대 · 중소기업 동반성장

최근 중소기업과 대기업 간의 수익성이나 성장성 측면에서의 양극화 현상이 국민경제의 건전한 성장을 저해하는 요인으로 지목되고 있다. 장기적인 성장기조를 유지하기 위해서는 양자가 상생하는 동반성장에 대한 목소리가 높아지고 있다.

동반성장의 필요성은 기업경쟁력 제고차원, 국민경제의 지속발전 차원, 공정한 사회 구현 차원에서 살펴볼 수 있다.

첫째, 급변하는 글로벌 기업환경에서 기업의 경쟁력은 해당 기업 스스로의 능력만이 아니라 협력관계에 있는 중소기업을 포함한 기업네트워크 능력에 좌우된다. 기업 네트워크 경쟁력 제고를 위해서는 협력 중소기업의 역량강화와 대기업과 협력중소기업 간 신뢰구축이 필요하다.

둘째, 우리나라 대기업은 세계적인 수준의 경쟁력을 확보한 것으로 평가되고 있으나 중소기업을 포함한 전반적인 산업생태계의 경쟁력과 역동성은 아직 미흡한 실정이다. 대기업 중심의 경제성장은 지속적으로 성장동력을 확보하고 양질의 일자리를 창출하는 데에 한계를 보이고 있다. 지속적인 성장동력과 양질의 일자리 창출을 통한 우리경제의 선진화를 위해서 동반성장이 필요하다.

셋째, 대기업과 중소기업 간의 불공정 거래관행은 사회적 자본으로서의 신뢰기반을 약화시키고 사회의 통합을 저해하는 요인이 되고 있다. '기회균등, 공정한 경쟁, 노력에 따른 성과공유'가 이루어지는 '공정한 사회'구현을 위해 대 · 중소기업 동반성장은 필수불가결한 요소이다.

동반성장의 주체는 대기업과 중소기업이다. 우리경제는 이미 정부주도형 개발경제에서 벗어나 각 경제주체의 자유의지에 따른 행동이 시장에 의해 조율되는 성숙한 선진경제로 진입하고 있다. 따라서 동반성장은 기업들의 자율적 · 자발적인 동기에 의해 추진되는 것이 무엇보다 중요하다. 정부는 공정한 시장경제 질서가 유지될 수 있도록 법 · 제도를 정비하고 기업들이 이를 준수하도록 감시자의 역할을 수행하여야 한다. 그러나 공정거래를 법 · 제도로 강제하는 데에는 한계가 있다. 또한 동반성장은 단순한 공정거래 이상의 상호협력을 요구한다. 따라서 대 · 중소기업 동반성장을 효과적으로 추진하기 위해서는 법과 제도 개선에만 의존하기보다는 기업전반의 근본적인 인식전환을 통해 시장친화적인 동반성장을 추진하는 것이 중요하다.

2. 중소기업 유형과 상생전략

중소기업의 정의에서도 나타났듯이 중소기업에 대한 정의는 업종, 구분 기준, 국가에 따라 매우 다양하게 나타나고 있다. 이렇게 정의된 중소기업도 그 특징에 따라 여러 가지로 구분된다. 예를 들면, 규모나 자본조달의 특성에 따라 영세기업, 소기업, 중기업, 중견기업으로 구분될 수도 있으며, 대기업과의 하도급 관계여부에 따라 자가제품형과 하도급형 등으로 구분된다. 산업자원부가 주도적으로 관여한 연구보고서에 따르면, 대기업과의 거래관계나 기술적 협력정도의 특성에 따라 L형(다수 가격경쟁형), A형(소수 기술경쟁형), J형(지명 발주형)으로 분류하였다. 각 유형별 특징과 상생전략은 〈표 10-6〉과 같다.

(1) L형: 다수 가격경쟁형

비교적 낮은 수준의 기술역량을 보유한 형태로 대기업과의 거래관계에서 다수의 중소기업 간에 치열한 경쟁을 보이는 유형이다. 범용기술을 통해 표준품을 생산하며, 주로 경쟁입찰의 경쟁유형을 보이고, 대기업에 대한 요구에 있어서도 가격적 측면과 안정적이고 공정한 거래에 대한 사항이 주를 이룬다. 대기업과의 거래에서는 공정성과 안정성을 중시하는 반면에 성과공유나 역량개발의 중요도는 낮으며, 특히 공동개발을 통한 동반성장에 대한 중요도가 낮은 기업유형이다.

표10-5 중소기업의 유형

	L형 (다수 가격경쟁형)	A형 (소수 기술경쟁형)	J형 (지명발주형)
경쟁유형	경쟁입찰	소수 지명경쟁	맞춤형 지명발주
협력의 핵심이슈	공정거래 확보	기술력과 원가관리	공동 기술개발
거래제품의 특성	범용기술, 표준품	미들테크, 관계특정품	하이테크, 핵심전략부품
중소기업의 특성	노동집약적 단품생산	설계능력부족 미래잠재력 보유	핵심기술력 보유
대기업에 대한 요구	단가인하 자제 공정성 · 안정성 지향	중장기적 관점에서 역량개발 지원	중장기적 비전 공유
거래의 중장기 비전	단기거래 중심	중장기적 거래	장기적 거래
대기업의 과제	우월적 지위남용 자제	중소기업 역량개발지원	공영을 위한 안전장치 확보
핵심 근로자	단순 기능인력	숙련 기능인력	고급 기술인력

· 자료 : 산업자원부 · 전경련중소기업협력센터 · 중소기업중앙회, 전게서, p. 8.

이 유형의 중소기업에 대해서는 두 가지 방식에서의 지원이 가능하다. 첫째로 기존의 L형에서 자체적인 설계능력 배양을 통해 A형(소수기술 경쟁형)으로 진화하도록 지원하는 것이며, 다른 한 가지는 A형으로의 진화보다는 L형의 속성을 유지하면서 효율성을 제고하도록 지원하는 것이다. 이는 중소기업 입장에서도 전략의 방향을 잘 선택해야 할 것이다. A형으로의 진화를 위해서는 전문인력의 채용 · 육성을 통해 기술개발 전략을 추진해야 할 것이며, L형을 지속하며 효율성을 제고하여 원가우위를 실현하기 위해서는 생산근로자를 대상으로 숙련도 제고, 규모의 경제개념 활용, 대량거래의 이점활용, 간접비를 절감하기 위한 관리기법 도입, 설비의 전문화 추구 등 생산성을 높일 수 있는 방법 등을 생각할 수 있다.

(2) A형: 소수 기술경쟁형

상당수준의 기술역량을 보유하고 있으나 핵심기술에는 미치지 못하는 수준으로 대기업과의 거래관계에서는 해당수준의 기술을 보유한 소수 중소기업 간에 경쟁을 벌이는 유형이다. A형 중소기업은 기술역량을 바탕으로 생산효율성 제고를 통한 원가경쟁력 확보가 핵심이슈이며, 제품은 미들테크의 특정적 부품이 일반적이고, 생산역량과 함께 설계역량보유를 지속적으로 추진함으로서 대기업에 대해서도 중 · 장기적 관점에서의 역량개발 지원을 요구하는 편이다.

이 유형에 대한 중소기업도 두 가지 방향으로의 지원이 가능하다. 원천기술능력 배양을 통해 J형으로 진화하도록 지원하는 것이 하나이며, 다른 하나는 A형속성을 유지하면서 효율성을 제고하는 것이다. 예를 들면, 설계능력의 향상을 통해 내구품질을 제고하거나 생산원가를 절감하는 것이다. 중소기업은 기존 제품이나 시장영역에서의 기술수준을 심화함으로서 기존의 제품을 성능이나 효율성을 제고하는 것이 필요할 것이다. 대기업 입장에서는 같은 단가의 부품이라면 저렴하면서 내구성이 긴 중소기업 제품을 선호할 것이기 때문이다.

(3) J형: 지명발주형

핵심적이며 하이테크 기술을 보유하고 있으며, 대기업과의 거래관계에서는 생산제품의 중요도와 생산자의 제한으로 인해 대기업이 지명발주하는 형태이다. 또한 거래는 중요도로 인해 중장기적이며, 대기업에 대해서도 중장기적으로 비전공유의 요구가 크며, 대기업은 이 유형의 중소기업에 대해 공동번영을 위한 안전장치를 확보하기 위해 노력한다는 것이다. 핵심적 근로자로서 연구개발을 담당할 수 있는 고급기술 인력을 보유하고 있으며, 대기업과의 관계에서 거래안정성이나 공정성, 남품가격보다는 대기업과의 파트너 의식과 공동개발을 통한 미래지향성을 중시하는 유형이다.

이 유형의 중소기업에 대해서는 대기업이 핵심기술에 대해 공동개발을 추진함으로서 중소기업과 수평적 관계에서의 상생협력을 지향하는 것이 바람직하다. 이러한 J형 중소기업은 대기업과 동반성장을 지속화함으로서 중견기업으로 성장하게 될 것이다.

토 의 문 제

1. 흔히 중소기업은 대기업에 비해 경쟁력 측면에서 열세이고 국민경제적 측면에서 저 평가되는 경우가 있다. 중소기업이 국민경제에 기여함은 물론, 대기업의 성장 · 발전에도 필요한 존재임을 이해시킬 수 있는 바에 대해 설명하시오.

2. 중소기업은 상대적으로 적은 규모라는 점에서 대기업에 비해 경쟁력이 낮은 것으로 이해되고 있다. 규모의 열세를 극복할 수 있는 경영전략의 유형에 대해 설명하시오.

연 습 문 제

1. 사업성 분석의 절차와 구성요소별 검토사항에 대해 설명하시오.

2. 사업계획서 작성의 목적과 좋은 작성방법에 대하여 설명하시오.

3. 사업아이디어의 의의와 체계적 아이디어 개발방법에 대하여 설명하시오.

4. 창업에서 소요되는 자금의 종류에는 어떤 것이 있으며, 자본조달시 고려해야 할 요인은 무엇인가?

PART

4

환경과 경영

제11장 기업활동과 재무제표

제12장 자본투자와 자본조달

CHAPTER

11

기업활동과 재무제표

01 자금흐름
02 재무제표
03 재무제표 분석

[자본시장 속으로] 성장주 재무제표 보는 법

박동흠 회계사

10월 테슬라의 창업자인 일론 머스크는 세계적인 소셜네트워크서비스(SNS) 기업 트위터를 50조 원 넘게 들여 인수했다. 서서히 우하향하던 테슬라의 주가는 트위터 인수 후 하락 폭이 더욱 커지며 어느새 고점 대비 반 토막이 난 상황이다. 과연 일론 머스크의 트위터 인수가 테슬라 기업가치에 악재로 작용했을까?

트위터 인수 후 테슬라와 트위터 사이에는 어떤 관계가 성립될까? 결론부터 말하자면 두 회사의 최대주주와 CEO가 일론 머스크로 갔다는 것 외에는 두 회사 간 아무 관계가 없다. 만약 테슬라가 트위터를 인수했다면 지분율에 따라 자회사나 관계기업이 됐을 수도 있다.

예를 들어 테슬라가 보유 중인 현금으로 트위터의 지배권을 확보할 수 있을 정도(대개 50% 초과)로 주식을 인수했다면 테슬라는 트위터의 지배기업(모회사)이 되고 트위터는 테슬라의 종속기업(자회사)이 된다. 그러면 두 회사는 합쳐서 재무제표를 만들어야 한다. 법적으로는 다른 기업이지만 경제적으로는 하나로 보는 것이다. 이런 재무제표를 가리켜 연결재무제표라고 한다. 우리나라 상장 기업뿐만 아니라 해외 상장기업들 모두 종속기업을 포함한 연결재무제표를 공시한다. 즉 지배기업이 돈을 많이 벌어도 종속기업의 사업이 잘 안 되면 회사 전체 실적이 악화할 수 있다는 얘기이다.

만약 테슬라가 보유 중인 현금으로 트위터의 지분을 인수하는데 지배권 확보까지는 어렵고 영향력을 행사할 정도(대개 20% 이상)로 인수했다면 둘 사이는 관계기업이 된다. 20% 정도의 주식을 취득하면 이사회의 구성원으로 중요 의사결정에 유의한 영향력을 행사할 수 있다. 회계적으로는 지분법 처리를 한다. 예를 들어 테슬라가 트위터의 지분을 20% 인수했는데 트위터가 100억 원의 순이익을 냈다면 그중 20%인 20억 원은 테슬라의 이익이 되는 것이다. 재무제표를 합쳐서 연결재무제표를 만드는 것은 아니고 관계기업이 벌어들인 이익의 지분율만큼만 가져오는 셈이다. 우량한 관계기업을 갖고 있다면 회사 이익 증대에 기여가 되지만 큰 폭의 적자를 내는 관계기업을 보유하면 회사의 순이익도 줄게 된다.

오로지 일론 머스크의 개인 자금으로 트위터를 인수했기 때문에 두 회사의 재무제표는 합치지도 않고 트위터의 손익이 테슬라에 반영되지도 않는다. 즉 트위터의 실적이 악화해도 테슬라의 재무제표에는 영향이 없다.

그런데도 왜 테슬라의 주가는 계속 우하향하고 있을까? 시장에서는 여러 얘기가 나오는데 그중 가장 큰 부분은 일론 머스크의 테슬라 주식 매각이다. 아무래도 개인 입장에서 목돈을 마련해서 기업을 인수해야 하기 때문에 테슬라의 주식을 팔았는데 시장에서는 악재로 본 것이다. 좋은 주식이면 절대 안 팔 텐데 앞으로 안 좋아질 것이니까 파는 것이 아니냐는 관점이다. 그렇게 생각할 수 있지만, 시가총액 800조원대 규모를 생각하면 중요해 보이지는 않는다. 일론 머스크가 최대주주지만 지분율은 14% 정도에 불과하다. 이는 뱅가드 그룹이나 블랙록펀드 등 대형 기관투자자나 뮤츄얼펀드 몇 군데가 보유한 지분 합계보다 적다. 미국은 우리나라처럼 오너 중심의 지배구조가 아니고 펀드 중심이라 이사회의 권한이 강하다. 생전에 스티브 잡스가 애플의 최대주주가 아니었고 마이크로소프트나 알파벳 등도 창업주 일가의 지분이 없거나 작음에도 불구하고 사업이 잘되어서 주가가 쭉쭉 올라간 점을 기억해야 한다.

일론 머스크와 테슬라를 같이 보기 때문에 단기적으로는 악재가 될 수 있겠지만, 장기적으로 큰 이슈는 아니다. 그런 점들보다는 계속되는 차량 관련 사고와 대규모 리콜, 중국 봉쇄, 전기차 경쟁사들의 선전이 얼마나 테슬라를 위협하고 있는지를 더 집중해야 한다.

테슬라의 주가수익비율(PER)이 200배가 넘던 시절도 있었지만, 이제는 50배 수준으로 내려왔다. 성장주는 고PER가 용인이 되지만 높은 주가수익비율만큼의 성장률이 나와야 비싼 가격도 합당해진다. 실적 성장률이 둔화하기 시작하면 주가는 급속도로 꺾이고 만다. 우리보다 수십 배 이상 큰 미국 기업들을 분석해 보면 테마나 재료보다는 실적으로 주가가 움직이는 것을 알 수 있다. 전설적인 투자자인 워런버핏이나 피터린치가 기업의 기초체력(Fundamental)에만 집중하라고 강조한 것도 다 이런 이유 때문이다.

• 출처: 이투데이, 2020년 12월 9일자

기업에서는 수 많은 활동이 매일 일어나고 있다. 재무제표를 작성하는 목적은 기업에서 발생한 경제적 사건을 잘 측정해서 이해관계자에게 유용한 정보를 전달하는 것이다. 그러나 재무제표가 기업의 모든 활동을 다 보여주는 것은 아니다. 재무제표에는 기업을 이해하는데 중요하다고 생각되는 정보가 일정한 회계절차에 따라 표시되어 있다. 기업의 재무상태를 올바로 진단하고 경영성과를 합리적으로 측정하기 위해서는 재무제표가 작성되는 원리를 이해하고 있어야 한다.

본장의 학습목표는 다음과 같다.

1. 기업에서 물자흐름과 자금흐름은 어떻게 다르며 자금흐름은 재무제표와 무슨 관계를 지니는지 확인한다.
2. 재무제표(재무상태표, 포괄손익계산서, 현금흐름표, 자본변동표)를 작성하는 원리와 재무제표가 나타내는 의미에 대하여 고찰한다.
3. 재무제표를 이용하여 비교분석, 구조분석, 추세분석을 실시하는 방법을 이해하고 실제 기업에 대하여 적용한다.

01 자금흐름

1.1 왜 재무제표를 읽는가?

기업들이 과연 경영을 잘하고 있는지 또 성과가 좋은지 나쁜지를 파악하려면 어떻게 해야 될까? 기업에 대하여 궁금한 점이 있을 때 정보를 얻을 수 있는 방법에는 여러 가지가 있다. 기업을 실제로 방문해서 상품제조와 판매활동을 관찰할 수도 있고, 최고경영자나 부서책임자를 만나서 이야기를 나눌 수도 있고, 홈페이지나 신문기사에서 최신자료를 검색해볼 수도 있다. 이러한 정보탐색활동은 애널리스트라고 불리는 증권분석 전문가들이 실제로 수행하고 있는 방법들이다. 그렇지만 기업을 이해하는 데 있어서 가장 기본적이고 가장 많이 이용하는 방법은 그 기업의 재무제표를 보는 것이다. 현장방문, 인터뷰, 기사검색 등은 재무제표를 이용하는 방법에 대한 보완수단이다.

재무제표(財務諸表, financial statements)는 '재무에 대한 여러 가지 보고서'라는 뜻이다. 일반적으로 재무제표라고 하면 재무변동표, 포괄손익계산서, 자본상태표, 현금흐름표의

그림 11-1 기업활동과 재무제표

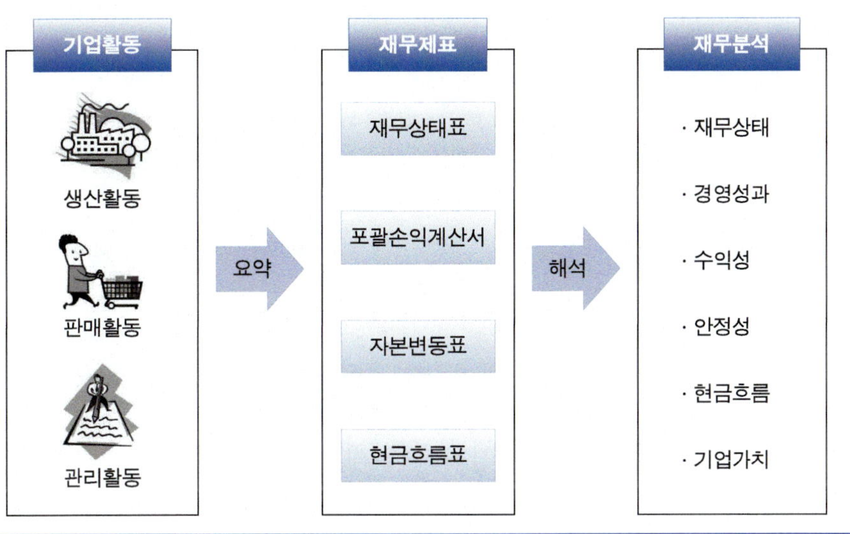

네 가지를 말하며 여기에 주석이 포함되기도 한다. 이러한 재무제표를 작성하는 목적은 기업에서 발생한 경제적 사건을 잘 측정해서 이해관계자에게 정보를 전달하는 것이다. 이렇게 작성된 재무제표를 보면 기업의 재무상태와 경영성과를 알 수 있다.

기업에 대하여 올바른 의사결정을 내리려면 재무제표를 보고 기업의 실상을 알아내는 능력이 있어야 한다. 그런데 재무제표는 일정한 회계기준에 따라 거래를 분류하고 정해진 양식에 맞추어 작성한 요약보고서이지 기업의 거래에 대한 모든 내역을 담고 있는 것은 아니다. 따라서 재무제표를 이용해서 기업의 경제적 실태를 파악하는 노력이 필요하다. 이러한 노력을 재무분석 또는 재무제표 분석(financial statements analysis)이라고 한다. 재무제표 분석의 목적은 재무제표로부터 기업활동의 경제적 의미와 실체를 밝히고 유용한 정보를 추출해 내는 것이다.

1.2 물자흐름과 자금흐름

기업은 인적자원과 물적자원을 이용해서 제품(재화와 서비스)을 생산하고 판매하는 것을 목적으로 하는 협동적 조직체이다. 기업을 물자흐름 측면에서 보면 원재료를 구입하고 제품을 생산하고 소비자에게 판매하는 단계가 반복되고 있는 것이다. 생산관리나 마케팅 분야에서는 이러한 물자흐름의 관점이 중요하며 여기에 맞추어서 계획–실행–통제의 경영활동을 전개한다. 기업에서는 물자흐름만 발생하는 것이 아니라 물자흐름의 반대방향으로

그림 11-2 물자흐름과 자금흐름

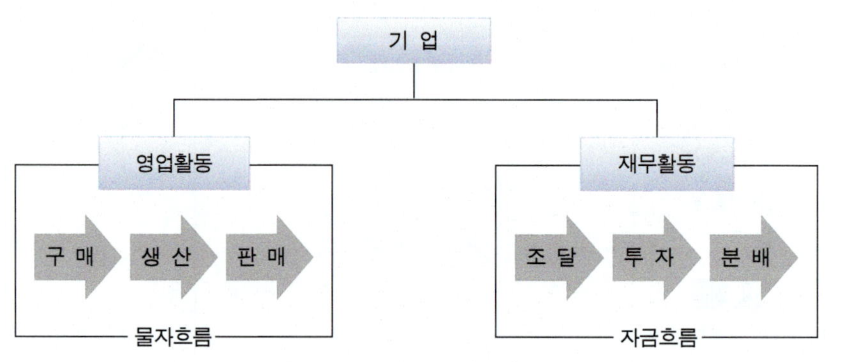

자금흐름이 발생한다. 사람이 건강하기 위해서는 혈액순환이 잘되고 신경체계에 이상이 없어야 하듯이 기업이 원활하게 운영되기 위해서는 물자흐름과 자금흐름이 모두 순조롭게 이루어져야 한다.

재무제표를 이해하기 위해서는 기업활동을 자금흐름 측면에서 파악할 필요가 있다. 기업활동은 거래의 대상에 따라 영업활동과 재무활동으로 분류된다. 영업활동은 재화에 대한 거래로서 원재료를 구입해서 제품을 만들고 시장에 매출하는 과정을 의미한다. 재무활동은 자본에 대한 거래로서 부채와 자본을 조달하여 유망한 사업기회에 투자하고 그 성과를 분배하는 과정을 의미한다.

기업과 투자자 사이에서는 자금이 투입되고 성과가 분배되는 활동이 반복적으로 발생한다. 자금흐름의 첫 단계는 사업에 필요한 자금을 투자자들로부터 조달하는 것이다. 여기에서 자금이란 흔히 일상생활에서 돈이라고 부르는 것과 같은 의미이며, 자금이 재화의 생산과 같은 특정한 목적을 위해서 기업에 투입되면 자본(capital)이라고 부른다. 기업에 필요한 자본은 우선 기업의 소유자가 자신의 돈을 모아서 조달하고 부족하면 남에게서 빌려서 조달한다. 주식회사에서는 기업의 소유자를 주주라고 하며 이들이 투자한 자금을 자기자본(equity)이라고 한다. 주주는 자기자본을 낸 대가로 배당금을 받을 권리가 있으며 주주총회에서 의결권을 행사할 수 있다. 기업이 주주 이외의 투자자에게서 빌려온 자금을 타인자본(debt)이라고 한다. 타인자본을 제공한 사람들을 채권자라고 하며 채권자는 사전에 약속한 이자를 받는다.

자본을 사업에 투자해서 창출한 경영성과를 자본 제공자들에게 되돌려 주는 것이 자본의 분배활동이다. 이때 채권자는 기업이 이익을 내던 손해를 내던 관계없이 미리 약속해 두었던 이자를 받는 반면에, 주주는 채권자에게 이자를 주고 남는 것이 있어만 배당을 받을 수 있다. 채권자는 이자를 조금 받는 대신에 경영위험을 피할 수 있으며, 주주는 경영위험을 부담하는 대신에 배당을 많이 받을 수 있다. 금융시장이 발달함에 따라 위험과 수익의 조합이 서로 다른 여러 방법이 등장하였으며 그로 인하여 다양한 투자자에게서 거대자금을 모아서 기업활동에 사용할 수 있게 되었다.

1.3 기업 내 자금흐름

기업은 주주와 채권자로부터 조달한 자본을 이용해서 각종 자산을 구입한다. 예를 들어 조선회사는 부지를 확보해서 조선소를 짓고 배를 만드는데 필요한 기계와 장치를 구입하며, 무역회사는 사무실을 얻고 업무용 컴퓨터를 구입하여 자산으로 보유한다. 기업은 이러한 자산들을 이용해서 제품을 생산하고 이를 시장에 매출하여 수익을 얻는다. 매출액으로 회수된 자금은 각종의 경비를 차감한 이후에 기업활동에 기여한 이해관계자들에게 분배된다. 채권자는 이자를 받고 정부는 세금을 징수하며 그 나머지 순이익은 주주에게 귀속된

그림 11-3 자금흐름으로 파악한 재무상태표와 포괄손익계산서

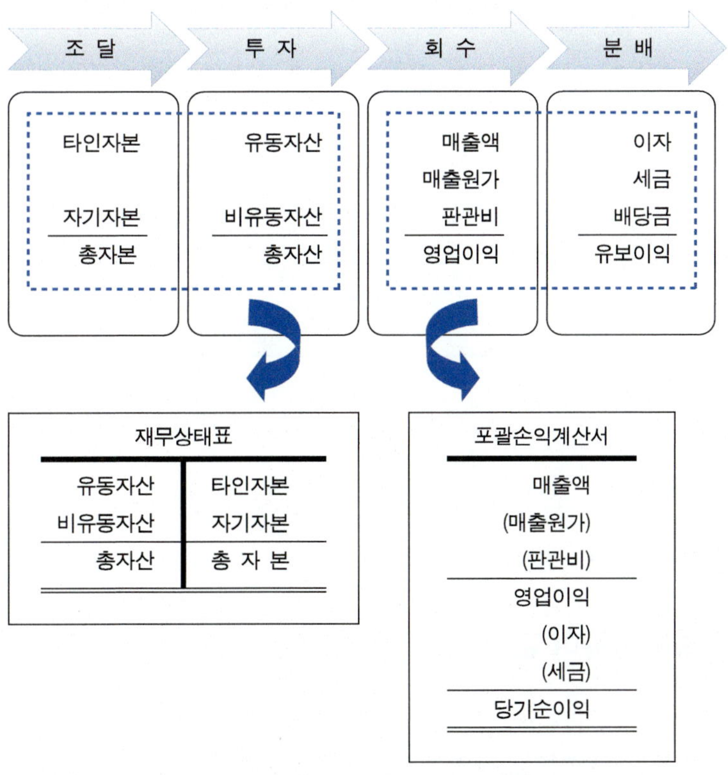

다. 순이익 중에서 일부는 주주에게 배당금으로 지급되어 기업외부로 빠져나가고 일부는 차기의 기업활동을 위하여 유보이익으로 기업내부에 적립된다. 기업내에서 일어나는 자금흐름을 요약해서 보여주는 회계보고서가 재무상태표와 포괄손익계산서이다.

재무상태표는 자본의 조달과 투자에 대한 내용을 요약한 보고서이다. 재무상태표는 오른편(대변)에 조달내용을 기록하고, 왼편(차변)에 투자내용을 기록한다. 재무상태표를 보면 누구로부터 얼마의 자본을 조달하였으며 어떤 형태의 자산을 얼마나 보유하고 있는지 알 수 있다. 이것을 다시 말하면 기업이 보유한 자산을 모두 장부가치로 매각하면 채권자와 주주가 얼마씩 받게되는지를 보여준다는 의미이다. 그러나 실제로 기업을 매각할 때의 시장가치는 장부가치와 차이가 난다. 미래에 수익을 창출할 수 있는 가능성이 크다고 인정받으면 시장가치는 장부가치보다 크게 된다. 반대로 기업의 미래가 안좋게 평가되면 시장가치는 장부가치보다 낮아진다.

포괄손익계산서는 영업활동에 대한 내용과 분배활동 중의 일부를 포함해서 요약한 보고서이다. 매출액에서 매출원가와 판매관리비를 차감하면 영업이익이 나온다. 영업이익은 영업활동으로부터 창출된 기업가치의 증식분이며 기업의 미래가치를 결정하는데 있어서 가장 중요한 역할을 한다. 영업이익에서 지급이자와 법인세를 차감한 것이 당기 순이익이다. 지급이자는 영업이익을 발생시키는데 기여한 채권자의 자금에 대한 보상이고, 마찬가지로 세금은 정부의 역할에 대한 일종의 보상이라고 해석할 수 있다. 당기 순이익 중에서 일부는 차기의 기업활동을 위한 자금으로 사내에 유보되고 나머지는 주주에게 배당금으로 지급된다. 자금흐름이 이렇게 한 번 순환되면 주주는 배당금이라는 현금을 받게되고 유보이익이 증가해서 주가가 올라가는 혜택을 보게 된다.

02 재무제표

2.1 재무상태표

1. 오른쪽과 왼쪽이 같다

재무상태표(statement of financial position)는 어떻게 자금을 모아서 어디에 사용했는가를 보여주는 회계자료이다. 기업은 시간이 지나면서 자산, 부채, 자본의 내용과 금액이 달

그림 11-4 대차균형

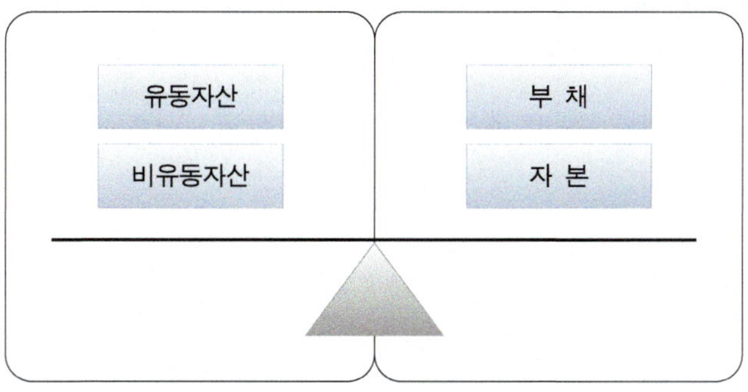

라진다. 재무상태표는 이렇게 달라지는 기업의 모습을 사진으로 찍은 것과 같다. 회계말일(주로 12월 31일)에 기업이 보유한 모든 자산과 부채 및 자본을 한 자리에 모아 놓고서 기념사진을 찍은 것이 곧 재무상태표이다. 재무상태표는 특정한 날짜를 기준으로 나타낸 정보라는 의미에서 정태적 자료라고 한다.

재무상태표에서 오른쪽을 대변, 왼쪽을 차변이라고 한다. 차변, 대변이라는 용어는 특별한 의미가 있는 것은 아니며 관습적으로 쓰여지는 것일 뿐이다. 대변에는 기업이 어떻게 자금을 조달했는가를 기록하고 차변에는 이 조달한 자금을 어디에 사용했는가를 기록한다. 자금의 조달액과 사용액은 반드시 일치해야 하므로 대변의 합계와 차변의 합계는 항상 같게 나온다. 자산의 합은 부채와 자본의 합과 같다는 것을 대차균형의 원리라고 한다. 복식부기는 바로 이러한 대차균형의 원리에 입각해서 회계장부를 정리하는 것이다.

자산 = 부채 + 자본

2. 유동성 크기로 나열

한국채택국제회계기준(K-IFRS)이 적용되면서 재무상태표를 어떻게 작성해야 한다는 구체적 지침은 사라지게 되었다. 그렇지만 기업들은 과거의 기업회계 기준에 따라 작성해오던 관습을 유지하고 비교가능성을 높이기 위해서 급격한 변화는 피하고 있는 실정이다. 일반적으로 자산 항목은 유동성이 큰 것부터 적는다. 유동성이란 자산을 현금으로 바꿀 때 얼마나 빨리 되는가 그리고 가치의 손상은 없는가를 나타내는 정도를 말한다.

자산항목 중에서 유동성이 가장 큰 자산은 당연히 현금 그 자체이다. 예금, 유가증권, 재고자산 등이 유동성이 큰 자산이고 이를 유동자산이라고 한다. 기계, 건물, 토지 등은 현금화 하는데 시간도 걸리고 또 장부가치보다 낮은 가격으로 매각할 가능성도 다분히 있어서 이들을 비유동자산이라고 한다. 이외에 투자자산과 무형자산도 비유동자산의 범주에 속한다. 부채는 상환시기가 빠른 순으로 나열해서 만기가 1년 미만인 것은 유동부채로 표시하고 만기가 1년 이상인 것은 비유동부채로 표시한다. 자본은 납입자본금, 자본잉여금, 이익잉여금 등으로 나누어 기록하는 것이 일반적이다.

3. 순운전자본

자동차를 가지고 있으면 여러 가지 비용이 소요된다. 매번 휘발유를 넣어야 하고 주기적으로 오일을 교환하고 6개월에 한번은 보험료도 내야 한다. 이런 비용을 자동차의 운전비용 또는 유지비용이라고 한다. 이와 마찬가지로 기업에도 운전자본이 필요하다. 운전자본은 기업이라는 이름의 자동차를 운전해 가는데 필요한 자금이다.

기업이 매일매일 물건을 구입하고 제조하고 판매하는 과정에서 필연적으로 사용하게 되는 자금이 운전자본이다. 장기부채와 자본금은 수시로 조달하는 것이 아니라 1년 중에 어쩌다가 한두 번 조달하는 것이 일반적이다. 고정자산을 구입하는 것도 가끔씩 일어나는 활동이다. 반면에 외상매출금, 외상매입금, 재고자산의 변동은 하루에도 몇 번씩 발생한다.

기업이 유동자산을 확보하려면 그만큼 자금이 필요하고 반대로 유동부채가 증가하면 그만큼 자금에 여유가 생긴다. 유동자산과 유동부채는 단 시간 내에 현금으로 바뀌거나 현금으로 지불해야 하는 항목들이다. 회계원칙 중에 상계금지의 원칙이 있다. 받을 돈과 갚을 돈이 있을 때 그 차액만을 회계장부에 표시해서는 안 된다는 것이다. 이는 회계정보를 충실하게 공개하여 정보이용자가 현혹되지 않게 하려는 의도이다. 따라서 재무상태표에는 유동자산과 유동부채가 모두 표시된다. 그러나 경영자에게는 유동자산과 유동부채의 차액이 얼마인지가 더 중요하다. 기업을 운전하는데 필요한 순수한 금액은 유동자산에서 유동

그림 11-5 순운전자본

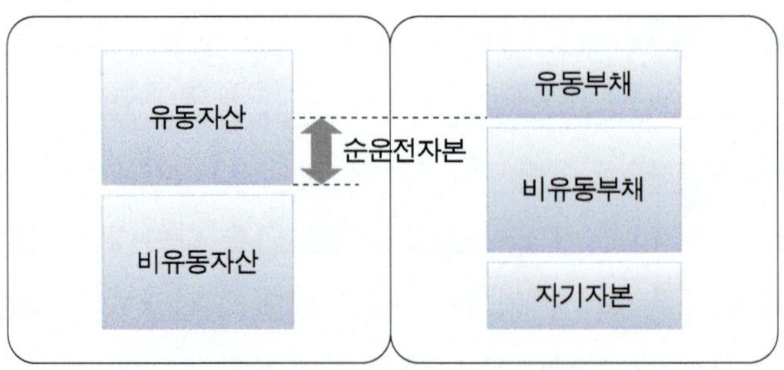

부채를 뺀 값이며 이를 순운전자본(net working capital)이라고 부른다.

순운전자본 = 유동자산 - 유동부채

4. 주주는 나머지를 받는다

대차균형식을 변형하면 다음과 같이 자본(순자산)을 계산하는 식으로 바꾸어 쓸 수 있다.

자본 = 자산 - 부채

예를 들어, 어떤 기업의 재무상태가 유동자산 30, 비유동자산 50, 부채 20이라고 하자(단위 생략). 이 기업의 자본을 계산하면 60(= 80 − 20)이 나온다. 이런 계산은 초등학생이라도 할 수 있는 간단한 내용이다. 그러나 이 식은 단순히 자본의 크기를 계산하는 것이 목적이 아니라 주식회사 제도의 본질을 보여주고 있다는데 중요성이 있다. 이 식은 자산을 처분한 금액에서 부채를 상환하고 나머지를 주주가 받는다는 의미이다.

기업은 타인자본을 빌리면서 앞으로 이자(원금 포함)를 지불할 것을 약속한다. 기업은 이익이 나던 안 나던 약속한 이자를 반드시 주어야 한다. 만일 이 약속을 지키지 못하면 회사는 부도가 나는 것이고 이러한 상황이 지속되면 결국은 파산하게 된다. 기업이 이자를 지불하고도 남는 부분이 있다면 그것이 바로 주주가 받아갈 수 있는 배당금이다. 이처럼 주주는 채권자에게 지불하고 남은 부분이 있으면 그 잔여가치를 갖게 된다. 회사를 청산하는 경우에도 마찬가지이다. 기업의 자산을 모두 처분한 매각가치에서 채권자에게 갚을 금액을 먼저 지불하고 그 나머지를 주주가 받는다.

채권자는 수익을 받는 권리가 주주보다 우선이지만 경영성과와 무관하게 일정한 금액을 이자로 받는다. 회사가 이익이 많이 났다고 해서 채권자에게 보너스 이자를 주는 경우는 없다. 주주는 채권자보다 순서가 나중이지만 채권자에게 지불하고 남은 것을 전부 받는다. 경영성과가 나쁘면 기업은 이자를 지급하지 못해서 부도가 나고 주주는 큰 손실을 볼 것이고, 경영성과가 좋으면 이자를 지불한 나머지를 주주가 모두 가지므로 큰 이익을 얻게 될 것이다. 주주는 큰 이익을 보거나 큰 손실을 볼 가능성을 모두 가지고 있는 것이다. 채권자는 이자로 받는 금액은 작지만 확실하게 받을 수 있다는 안전성에 만족하고, 주주는 손실이 크게 발생하는 위험을 부담하지만 큰 이익이 발생할 수 있다는 수익성에 만족한다.

5. 장부가치와 시장가치

내가 살고 있는 아파트의 가치가 얼마인지 알려면 어떻게 할 것인가? 현재의 아파트 가치를 알아보기 위해서 10년 전의 매매계약서를 찾아서 구입가격을 보는 사람은 없을 것이다. 지금 동네 부동산중개소에 가서 최근의 거래시세를 알아보면 된다. 그러면 기업에 대한 가치는 어떻게 알 수 있을까?

재무상태표에는 기업이 보유하고 있는 자산, 부채, 자본에 대한 금액이 나와있는데, 이 금액을 장부가치(book value)라고 부른다. 장부가치는 아파트 구입가격과 마찬가지로 과거에 발생하였던 역사적 원가이다. 실제로 기업을 매각하려고 M&A협상을 한다면 장부에 나와 있는 금액을 받을 수 있는 가능성은 거의 없다. 장부가치보다 비싼 값을 받을 수도 있고 장부가치보다 싼 값을 받을 수도 있다. 재무상태표에 기재된 장부가치와 시장에서 거래되는 시장가치(market value) 사이에는 차이가 존재한다. 재무상태표를 읽고서 기업의 실상을 제대로 파악하려면 장부가치와 시장가치가 각각 얼마이며 왜 차이가 나는지를 알아보아야 한다. 장부가치와 시장가치 사이에 차이를 발생시키는 원인에는 다음 세 가지가 있다.

(1) 회계처리의 보수성

회계원칙에서는 자산을 구입한 당시의 비용(역사적 원가)으로 표시하도록 하고 있다. 만일 자산을 시장가치로 표시하면 시장가치가 오르고 내림에 따라 재무상태표의 금액도 수시로 바뀌게 될 것이다. 이것은 신뢰할 수 있는 정보를 제공해야 한다는 회계보고서의 기본 목적에 어긋나는 일이다. 회계원칙에서는 정확성을 다소 희생하더라도 일관성을 유지하고 신뢰성을 제공하는 방식으로 회계처리를 하도록 규정하고 있다.

(2) 회계의 기간보고

재무상태표는 일정한 주기별 작성되며 이때 표시되는 장부가치는 특정한 회계처리 방침에 따라 인위적으로 계산된 값이다. 기업은 한번 만들어지면 영원히 활동하는 것을 목표로 한다. 이를 계속기업(going concern)의 가정이라고 한다. 그러나 기업에 투자한 사람들은 기업이 제대로 영업을 하고 원하는 성과를 내고 있는지를 수시로 알고 싶어 한다. 따라서 기업의 활동을 일정한 단위(1년, 반년, 분기 등)로 끊어서 측정한 보고서를 이해관계자들에게 알려주는 것이다. 이 과정에서 감가상각비와 재고자산과 같은 항목을 회계처리하는 방법에 따라서 장부가치가 달라진다.

(3) 무형자산의 누락

경영자나 투자자들은 기업의 시장가치에 관심을 가진다. 그러나 재무상태표가 자산과 부채를 모두 보여주는 것은 아니다. 기업의 미래와 관련된 정말로 중요한 무형자산의 시장가치는 재무상태표에 나타나지 않는다. 경영자 능력, 브랜드 충성도, 직원 숙련도와 같은 무형자산은 기업가치에 절대적인 영향을 미치는 요인이지만 재무상태표에는 기록되지 않는다. 특히 기술개발에 의존하는 인터넷기업이나 창작활동의 결과물을 판매하는 엔터테인먼트기업에서는 눈에 보이는 유형자산의 크기가 중요한 것이 아니라 재무상태표에 표시되지 않는 무형자산의 가치를 올바로 측정하는 것이 더욱 중요하다.

2.2 포괄손익계산서

1. 순이익이 얼마인가?

경영자와 투자자는 기업이 1년 동안 순이익을 얼마나 벌었는지를 알고 싶어 하는데 순이익은 두 가지 방법으로 측정할 수 있다. 첫째는 기말자본과 기초자본의 차이를 계산하는 것으로 자본유지법이라고 한다. 둘째는 당기에 발생한 수익에서 비용을 차감하는 것으로 거래법이라고 한다.

자본유지법 : 순이익 = 기말자본 - 기초자본

거래법 : 순이익 = 수익 - 비용

자본유지법은 재무상태표에 표시되는 기초와 기말의 순자산을 비교하여 그 증감액으로 순이익을 측정한다. 이 방법은 재무상태표에서 쉽게 계산할 수 있다는 장점이 있지만 순자산이 변동하게 된 원인이 무엇인지에 대한 정보는 없고 오로지 변동의 결과만 보여준다는 점에서 한계가 있다. 거래법은 당기에 발생한 모든 수익과 비용을 측정해서 순이익을 계산한다. 이 방법은 계산과정이 복잡하지만 순이익의 발생원천과 변동원인에 대한 정보를 다양하게 제시한다는 장점이 있으며 현재 회계기준에서 채택하고 있는 방법이다.

기업이 1년 동안 얼마를 벌고 얼마를 썼나를 대비해서 손익의 크기를 파악하는 보고서를 포괄손익계산서라고 부른다. 재무상태표는 연말시점에 찍은 정지된 사진에 해당된다고 하였는데, 포괄손익계산서는 연초부터 연말까지 발생한 수익과 비용을 모두 기록한 비디오에 해당된다.

그림 11-6 순이익 측정

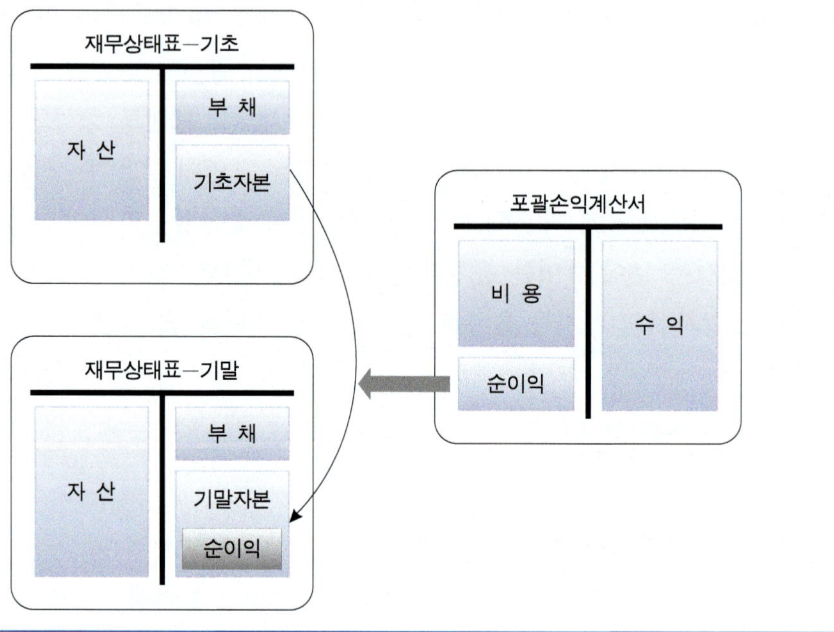

2. 수익과 비용은 단짝

포괄손익계산서는 모든 수익과 비용을 고려하여 작성된다. 수익(revenue)은 기업이 재화와 용역을 제공하고 대가로 받은 화폐액을 말한다. 비용(expense)은 기업이 재화와 용역을 제공하기 위하여 소모한 화폐액을 말한다. 수익과 비용은 정상적인 영업활동과 관련하여 발생하는 화폐의 흐름이다. 기업에서는 영업외 활동이나 일시적 활동으로 인하여 화폐의 증가 또는 감소가 나타날 수도 있다. 영업외 활동이나 일시적 활동으로 인하여 화폐액이 증가하는 것을 차익(gain)이라 부르고, 영업외 활동이나 일시적 활동으로 인하여 화폐액이 감소하는 것을 차손(loss)이라고 부른다.

수익은 단순히 현금이 늘어났다는 의미가 아니다. 기업이 제품을 외상으로 판매하면 현금은 아직 들어오지 않았지만 포괄손익계산서에는 수익(매출액)으로 기록된다. 수익은 자산의 증가나 부채의 감소와 관련하여 경제적 가치가 증가하고 이를 신뢰성 있게 측정할 수 있을 때 포괄손익계산서에 기록한다. 비용도 단순히 현금을 지출했다는 의미가 아니다. 비용은 제품의 판매에 따라 발생한 자산의 감소 또는 부채의 증가를 의미한다. 예를 들어 기업이 자금사정으로 인하여 임금을 지불하지 못하였더라도 포괄손익계산서에는 비용(미지급임금)으로 기록된다.

포괄손익계산서는 수익과 비용을 대응시키는 원칙에 따라 작성된다. 수익과 비용을 대응시킨다는 것은 수익과 직접 또는 간접으로 인과관계를 가지는 비용을 찾아서 동일한 회계기간에서 수익과 비용을 함께 보고한다는 의미이다. 예를 들어 수명이 5년인 기계를 10억 원에 구입했다면 구입한 시점에 10억 원을 모두 비용으로 인식하는 것이 아니라 기계의 수명 5년에 걸쳐 매년 2억 원만 비용(감가상각비)으로 기록한다.

3. 아래로 펼쳐서 보여준다

포괄손익계산서는 계정식과 보고식의 두 가지 양식으로 작성할 수 있다. 계정식은 재무상태표와 같이 차변과 대변에 항목을 나열하는 방법이다. 계정식의 대변(오른쪽)에는 수익(차익 포함)을 기록하고 차변(왼쪽)에는 비용(차손 포함)을 기록한다. 수익이 비용보다 더 크면 영업을 잘 한 것이고 당기 순이익이 차변에 나타난다. 수익이 비용보다 작으면 당기순손실이 대변에 나타난다. 이러한 계정식은 포괄손익계산서의 작성원리를 보여주기 위한 교육적 수단으로 작성된다.

보고식은 수익에서 비용을 차감하는 형식으로 작성한다. 실제로 기업들은 보고식으로 포괄손익계산서를 작성하므로 일반인이 볼 수 있는 포괄손익계산서는 모두 보고식이다. 보고식은 기업활동을 영업활동과 영업외활동으로 분류하고 각 활동의 결과를 매출총이익, 영업이익, 계속영업이익, 당기 순이익, 총 포괄손익으로 구분하여 표시한다. 이렇게 구분 표시를 하는 이유는 손익이 발생하는 원인을 명백히 하고 기업활동의 부문별 성과평가가 가능하도록 하기 위해서이다.

그림 11-7 손익계산서: 계정식과 보고식

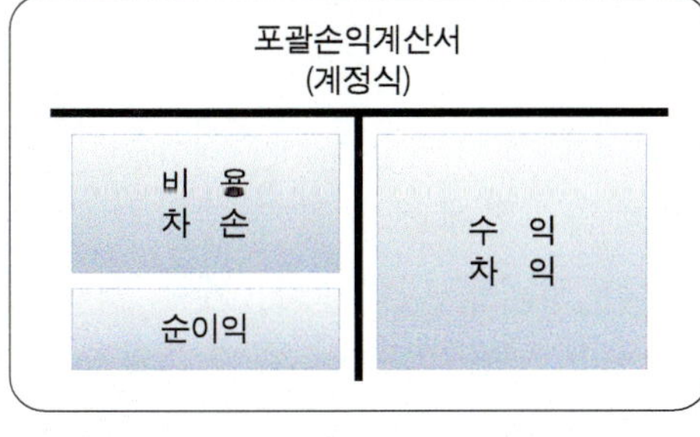

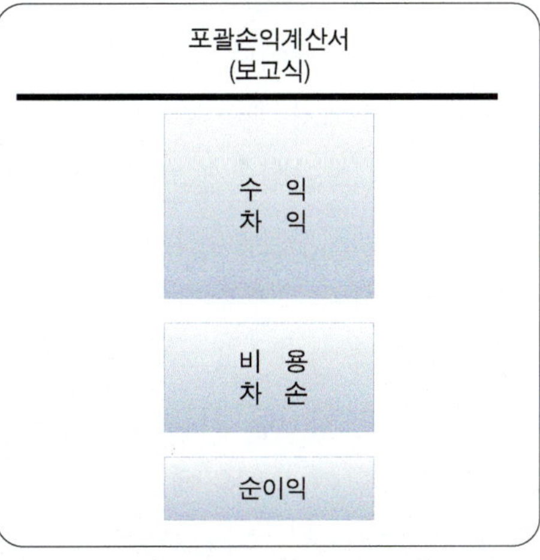

4. 총 포괄손익을 계산한다

우리가 어떤 일에서 "이익을 보았다" 또는 "손해를 보았다"고 말하는 것은 그 일과 관련된 수익에서 비용을 차감한 금액에 따라 판단하는 것이다. 기업에서는 한 가지 거래가 아니라 회계기간 즉, 1년 동안에 발생한 모든 거래에 대하여 총 수익과 총 비용의 차이를 계산한 값을 당기 순이익(net income)이라고 부른다. 만일 총 수익이 총 비용보다 작으면 당기순손실(net loss)이라고 부른다. 이때 기업에서 일어나는 거래 중에서 어떤 것은 수익이나 비용으로 처리할 수 없는 경우가 있다. 예를 들어 자산재평가를 하면 자산의 가치가 증가하지만 아직 자산을 매각하지 않아서 실현되지 않은 수익이 발생한다. 외화자산과 외화부채를 자국화폐로 환산하는 과정에서도 이러한 평가차익이 발생한다. 이러한 항목들은 미래에 수익으로 실현되겠지만 아직은 미실현 상태이므로 당기 순이익과 구분하여 기타 포괄손익(other comprehensive income)이라는 이름으로 기록한다. 당기 순이익과 기타 포괄손익을 더한 값을 총 포괄손익(total comprehensive income)이라고 부른다.

총 포괄손익 = 당기 순이익 + 기타 포괄손익

5. 어떤 활동에서 얼마나 벌었나?

재무상태표에서 자본항목을 보면 순자산의 증감여부를 알 수 있는데 포괄손익계산서를 별도로 작성하는 이유는 무엇일까?

재무상태표는 기말의 재무상태를 보여주지만 1년 동안에 어느 부문에서 얼마의 수익과 비용이 나왔는지 알려주지는 못한다. 경영자와 투자자들은 기업이 주요한 활동별로 얼마나 성과를 내는지 알고 싶어 하는데 이를 보여 주는 것이 포괄 손익계산서이다. 〈표 11-1〉은 최근 2년간 포괄손익계산서이다.

수익(매출액)에서 매출원가를 차감한 것이 매출 총이익이며 제조활동의 성과를 측정하는 수단이 된다. 영업이익은 매출 총이익에서 매출실현에 소요된 판매비와 일반관리비를 뺀 값으로 제조에서 판매까지의 영업활동에 대한 성과를 나타낸다. 계속 영업이익은 영업활동에 보조적이거나 부수적인 비영업 활동까지를 고려한 이익이다. 비영업 활동에는 자본거래에 따른 수입이자와 지급이자 등과 같은 재무활동에 대한 내용이 포함된다. 기업이 영업을 중단하고 자산을 처분해서 발생한 중단영업 이익을 계속영업 이익에 더한 값이 당기순이익이다. 당기 순이익에 기타 포괄손익을 더하면 총 포괄손익이 계산된다.

포괄손익계산서는 기업활동의 부문별 성과를 측정하여 수익을 분석하고 미래의 이익계

표 11-1 포괄손익계산서(X기업)

(억 원)

항 목	2015년	2016년
수익	777,979	844,697
매출원가	589,020	649,721
매출총이익	188,959	194,976
기타 영업수익	–	–
기타 영업비용	–	–
판매비와 관리비	108,670	110,606
영업이익	80,288	84,369
영업외 수익	41,922	47,810
영업외 비용	17,739	16,128
법인세 비용	23,422	25,489
계속영업이익	81,049	90,563
중단영업이익	–	–
당기 순이익	81,049	90,563
기타 포괄손익	−2,517	−12,027
총 포괄손익	78,532	78,535

획을 수립하는 근거자료로 이용된다. 포괄손익계산서에서는 부문별로 비용과 수익을 대응시켜 나타내므로 성과의 발생원천과 문제점을 보다 명확하게 밝혀낼 수 있다. 포괄손익계산서를 분석자료로 이용할 때 주의할 점은 포괄손익계산서는 실현주의가 아니라 발생주의에 의하여 기록된다는 것이다.

외상매출금은 실제로 현금이 유입된 것은 아니지만 포괄손익계산서에서는 수입으로 계상되며, 감가상각비는 실제로 현금이 유출되는 것은 아니지만 포괄손익계산서에서는 비용으로 처리된다. 이는 수익과 비용을 회계기간별로 대응시키기 때문이다. 실제의 기업활동은 연속적으로 끊임없이 이어지지만 이해관계자들에게 활동내용을 보고하기 위하여 편의상 1년을 단위로 기업활동을 절단하고 포괄손익계산서를 만드는 것이다.

포괄손익계산서상의 이익이 곧 기업의 현금상태를 의미하는 것은 아니다. 장부상으로는 흑자를 기록하고도 당장 현금이 없어 도산할 수 있는데 이를 흑자도산이라고 한다. 포괄손익계산서의 이러한 문제점을 보완하기 위하여 현금기준으로 기업활동을 다시 측정한 것이 현금흐름표이다.

6. 포괄손익계산서와 재무상태표의 관계

재무상태표는 일정한 시점의 재무상태를 나타내고 포괄손익계산서는 일정한 기간 동안의 경영성과를 나타낸다. 두 가지 보고서는 당기 순이익(또는 당기 순손실)이라는 항목을 통하여 밀접하게 연결되어 있다. 이 관계를 보기 위하여 간단한 예를 작성하여 풀이해 보자.

예 ㈜파란하늘은 타인자본 40, 자기자본 60으로 설립하였으며 과일을 판매하는 회사이다(단위 생략). 회사 설립 후에 곧 판매용 과일을 70을 구입하였으며 기말까지 원가 40에 해당하는 과일을 현금 50을 받고 판매하였다. 기초 재무상태표와 기말 재무상태표 그리고 포괄손익계산서를 작성하라.

재무상태표-기초

현금	30	부채	40
상품	70	자본	60
총자산	100	총 자본	100

재무상태표-기말

현금	80	부채	40
상품	30	자본	60
		순이익	10
총자산	110	총 자본	110

포괄손익계산서

매출원가	40	매출액	50
순이익	10		

기말현금은 기초현금 30에 매출액 50을 더하여 80이 된다. 기말상품은 기초상품 70에서 매출원가 40을 빼서 30이 된다. 따라서 재무상태표에서 구한 순이익은 10이며 포괄손익계산서에서도 동일한 금액이 순이익으로 계산된다.

포괄손익계산서와 재무상태표는 순이익을 매개로 하여 기업가치를 증대시키는 과정을 무한히 반복하는 모형을 구성한다. 기업이 자본을 조달해서 수익을 발생시키고 재투자하는 사이클을 다음 네 단계로 볼 수 있으며, 이러한 단계를 무한히 반복하면서 성장해가는 것이 계속기업의 목표이다.

1. 사업에 필요한 타인자본과 자기자본을 조달한다.
2. 유망한 사업기회를 포착하여 자산을 구성한다.

그림 11-8 계속기업의 무한반복 사이클

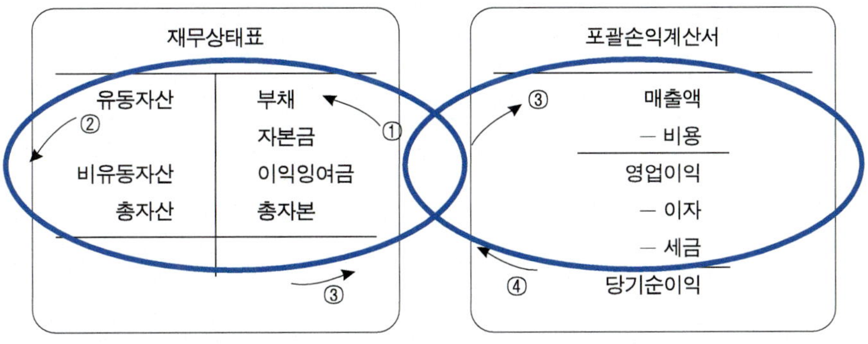

3. 생산과 판매의 영업활동을 통하여 수익을 발생시킨다.
4. 이자, 세금, 배당금을 지불한 나머지를 재투자한다.

2.3 현금흐름표

1. 현금과 이익은 다르다

재무제표 이용자들은 재무비율로 수익성이나 안전성을 측정하기보다는 기업이 보유하는 현금흐름의 동향에 더 많은 관심을 보인다. 아무리 수익성이 좋고 안전성이 높더라도 당장 현금이 없으면 자금운용상 압박을 받고 심하면 흑자도산의 아픔을 겪게 된다. 경영자는 현금흐름의 크기와 확실성 정도를 분석함으로써 자금에 대한 수급전망을 예측하고 이를 장·단기의 투자결정과 자본조달 결정에 활용하게 된다.

현금과 이익은 다른 개념이다. 현금이란 현재 보유하고 있는 화폐액을 말하며 이익은 회계기준에 따라 계산한 순자산의 증가액을 말한다. 두 개념에 차이가 나는 이유는 회계에서 수익과 비용을 인식하는 기준과 시점이 다르기 때문이다. 경영자에게는 재무보고시에 나타나는 이익 수치도 중요하지만 기업이 실제적으로 차질없이 운영되기 위해서는 현금이 원활하게 흘러야 한다. 기업에서는 현금(cash)과 자금(fund)이라는 용어가 서로 혼용되어 사용되고 있는데 자금이 보다 포괄적인 의미를 지닌다. 자금이라고 말할 때 과연 자금이 무엇을 지칭하는가는 상황에 따라 다르다. 자금에는 현금, 순운전자본, 유동자산, 총 자본의 네 가지 의미가 있다.

자 금 ⟶

현　　　금 : 현금, 예금, 현금등가물
순운전자본 : 유동자산과 유동부채의 차이
유 동 자 산 : 유동자산 총액
총　자　본 : 자본금 총액

자금을 유동자산이나 총자산으로 보는 것은 광의로 해석한 것이다. 일반적으로 자금이라 하면 현금이나 순운전자본을 의미한다. 이때 현금이라고 하면 단순히 현금뿐만 아니라 각종의 예금과 쉽게 현금화할 수 있는 시장성유가증권과 같은 현금등가물까지 포함한 개념이다. 순운전자본은 유동자산에서 유동부채를 차감한 값이다. 현금과 순운전자본 중에서 어느 개념이 더 유용한가는 분석의 목적에 따라 달라진다. 과거에는 순운전자본이 단기채무의 크기와 지불능력을 동시에 고려한다는 점에서 많이 사용되었다. 근래에는 현금이 기업의 실상을 보다 명확하게 나타내며 이용자들에게 정보가치가 크다고 하여서 현금을 사용하는 쪽으로 바뀌고 있다.

경영자, 투자자, 채권자 등 기업의 이해관계자들은 현금흐름분석을 통하여 여러 가지의 유용한 정보를 얻을 수 있다. 현금흐름은 인체의 혈액순환과 같은 것이어서 안정적인 상태로 무리없이 이루어져야 한다. 현금부족이 되면 이자지급에 대한 압박을 받고 제품을 생산하기 위한 원재료를 구입하지 못하며 직원의 임금을 체불하게 된다. 반대로 현금과잉이 되면 기회손실이 발생하여 귀중한 자금을 효율적으로 이용하지 못하고 수익성이 저하되며 결국 기업가치가 떨어진다.

2. 현금이 흐르는 곳

현금흐름표(statement of cash flow)는 기업이 현금을 어떻게 조달하였고 어디에 사용하였는가를 밝히는 회계보고서이다. 기업의 모든 활동은 현금흐름과 직접 또는 간접의 관련을 맺고 있다. 기업의 현금흐름을 분석하려면 우선 어느 활동에서 현금흐름이 발생하였는지를 분류하여야 한다. 현금흐름이 발생하는 기업활동은 영업활동, 투자활동, 재무활동의 세 가지로 분류한다. 영업활동으로 인한 현금흐름은 포괄손익계산서와 관련되고, 재무활동으로 인한 현금흐름은 재무상태표의 대변에 관련되며, 투자활동으로 인한 현금흐름은 재무상태표의 차변과 관련된다.

현금흐름 원천	→	영업활동 : 포괄손익계산서 재무활동 : 재무상태표 대변 투자활동 : 재무상태표 차변

(1) 영업활동

영업활동이란 생산에 필요한 요소(원재료, 노동력, 설비)를 구입하고 제품을 생산한 후에 판매하는 활동이다. 이를 자금흐름 측면에서 보면 생산요소의 구입에 현금을 지불하고 판매를 통하여 매출액으로 회수하는 것이다. 하지만 실제의 기업에서 자금흐름이 이렇게 단순하지는 않다. 생산요소의 구입을 외상으로 할 수 있고 매출액도 즉각 회수되는 것이 아니다. 또 제품을 만든다고 즉각 판매되는 것이 아니라 재고자산으로 상당기간 기업 내에 남아 있기도 한다. 재고자산과 외상매출금이 증가하면 현금의 회수가 늦어지므로 기업은 현금부족 상태가 된다. 반대로 원재료를 외상으로 매입하거나 재고자산이 빨리 처분되고 외상매출금이 신속하게 회수되면 현금이 풍족해진다. 제품의 생산과 판매에 관련된 이러한 현금흐름을 영업활동으로 인한 현금흐름이라 한다.

(2) 재무활동

재무활동은 기업이 외부로부터 자금을 조달하고 정기적으로 이자와 배당금을 지급하고 만기가 된 채무를 갚아가는 활동이다. 기업은 영업활동에서 현금이 부족해지면 외부로부터 부족한 자금을 조달하고 현금에 여유가 생기면 차입금을 상환한다. 은행에서 차입을 하거나 주식과 채권을 발행해서 필요한 자금을 조달하면 이자와 배당금의 현금유출이 발생한다. 영업활동으로 인한 현금흐름은 기업-거래처-소비자 사이에서 발생하는 현금흐름이고, 재무활동으로 인한 현금흐름은 기업-채권자-주주 사이에서 발생하는 현금흐름이다.

(3) 투자활동

투자활동은 기업이 영업활동과는 별도로 현금을 대여하고 회수하는 활동과 유가증권, 투자자산, 비유동자산 등을 취득하고 처분하는 활동이다. 기업의 현금흐름은 영업활동이나 재무활동 이외에 투자활동으로 인하여 변화가 생긴다. 새로운 공장을 짓기 위하여 자금을 투자하면 현금이 감소하고 건물이나 기존의 시설을 매각하면 현금이 증가한다. 자산에 대한 투자결정이 투자활동으로 인한 현금흐름에 영향을 미치는 것이다.

표 11-2 현금흐름표 예

과 목	금 액	
Ⅰ. 영업활동으로 인한 현금흐름	50,000	활동별로 분류
Ⅱ. 재무활동으로 인한 현금흐름	(87,000)	
Ⅲ. 투자활동으로 인한 현금흐름	63,000	
Ⅳ. 현금의 증가(감소)	26,000	현금 변화액
Ⅴ. 기초의 현금	12,000	전기말 현금
Ⅵ. 기말의 현금	38,000	당기말 현금

3. 현금흐름표는 과목성적표

현금흐름표는 기업이 1년 동안에 어느 활동에서 얼마의 현금을 조달하였고 어느 활동에 얼마의 현금을 사용하였는지를 측정하는 회계보고서이다. 회계보고서 중에 재무상태를 나타내는 재무상태표와 영업성과를 나타내는 포괄손익계산서가 있는 데도 불구하고 별도로 현금흐름표를 작성하는 이유는 재무상태표나 포괄손익계산서가 현금흐름을 제대로 나타내지 못하기 때문이다.

재무상태표는 근본적으로 특정 시점에 관한 자료이므로 1년 동안의 현금흐름에 대한 변동결과만 나타나고 현금흐름이 변동한 과정과 내용은 보여 주지 못한다. 포괄손익계산서는 기간에 대한 자료이기는 하지만 당기 순이익이 기업의 현금흐름을 의미하지는 않는다. 당기 순이익과 현금흐름이 차이나는 이유는 다음과 같다.

첫째, 포괄손익계산서는 실현주의가 아니라 발생주의 기준에 의하여 작성되므로 실현되지 않은 수익과 비용이 계상된다. 둘째, 감가상각비는 현금의 유출이 없는 비용이므로 현금흐름 계산 시에는 감가상각비를 더해 주어야 한다. 셋째, 당기 순이익은 영업활동만을 대상으로 측정한 것인데 현금흐름은 재무활동이나 투자활동에 의하여도 영향을 받는다.

현금흐름표 예가 〈표 11-2〉에 나와 있다. 이 예에서 Ⅳ항에 있는 26,000은 기초현금과 기말현금의 차이를 의미한다. 1년 동안에 현금이 26,000 증가하였는데 그 원인이 무엇인가를 표시하기 위하여 26,000을 각 활동별로 분류하여 Ⅰ, Ⅱ, Ⅲ항에 표시한 것이다.

2.4 자본변동표

자본변동표(statement of changes in equity)는 자본의 크기와 변동에 관한 정보를 제공하는 보고서이다. 재무상태표에는 자본금, 자본잉여금, 기타자본, 기타 포괄손익 누계액, 이익잉여금 등의 항목이 표시되는데 이 항목들은 기말의 크기를 나타낸다. 물론 재무상태표에서 당기의 값과 전기의 값을 비교하면 각 항목이 1년 동안에 얼마나 변했는지 알 수 있다. 그러나 이러한 변동이 구체적으로 기업활동의 어느 부분에서 어느 정도로 일어났는가에 대한 정보는 알 수 없다. 자본시장이 발달함에 따라서 유상증자, 무상증자, 주식배당, 자기주식 매입 등과 같이 자본금의 크기를 변화시키는 기업활동이 빈번하게 발생하고 있는데, 이러한 변화의 내용을 정리해서 제공하는 것이 자본변동표이다.

〈표 11-3〉에 자본변동표의 예가 나와 있다. 자본변동표는 자본변동의 원인과 결과를 매트릭스 형태로 보여주는 재무보고서이다. 자본변동표는 재무제표 상호간의 연계성을 확실하게 해주는 장점이 있다. 자본의 기초잔액과 기말잔액을 표시함으로써 재무상태표와 연결되고, 자본의 변동내용은 포괄손익계산서와 현금흐름표에 나타난 정보와 연결된다.

2.5 주 석

주석(notes)은 재무상태표, 포괄손익계산서, 자본변동표, 현금흐름표의 항목에 대하여 추가적인 정보를 제공하는 것이다. 주석은 재무제표의 본문에 추가하여 제공되는 것으로 기업활동에 대한 중요한 양적 질적 정보를 담고 있다. 주석은 재무제표에 대한 전반적인

표 11-3 자본변동표 예

구 분	자본금	자본잉여금	기타자본	기타 포괄 손익누계액	이익잉여금	총 자본
기초잔액	1,000,000	400,000	0	200,000		1,600,000
당기변동						
유상증자	500,000	250,000				750,000
당기 순이익					42,000	42,000
현금배당					−22,000	−22,000
자산평가이익				30,000		30,000
기말잔액	1,500,000	650,000	0	230,000	20,000	2,400,000

이해를 증진시키며 본문에는 표시하지 못하였지만 이해관계자에게 필수적인 정보를 전달해 준다. 주석이 제외된 재무제표는 완전한 재무제표라고 말할 수 없을 정도이다. 재무제표를 읽으면서 본문에만 관심을 두고 주석을 무시하거나 가볍게 보고 지나칠 수 있다. 그러나 정말로 중요한 정보는 오히려 주석에 기재되어 있는 경우가 많다. 주석을 고려하지 않고 본문만 읽어서는 기업을 제대로 이해했다고 말할 수 없다.

재무제표 뿐만 아니라 어떤 보고서라도 본문을 정확하게 이해하려면 주석을 꼼꼼하게 살펴야 한다. 주석에 포함되는 내용으로는 다음과 같은 것이 있다.

- 재무제표 작성근거와 구체적인 회계정책에 대한 정보
- 한국채택국제회계 기준에서 요구하는 정보이지만 재무제표 어느 곳에도 표시되지 않는 정보
- 재무제표 어느 곳에도 표시되지 않지만 재무제표를 이해하는 데 목적 적합한 정보

이외에도 미래에 관한 중요한 가정과 측정상의 불확실성에 대한 정보를 주석으로 기재하여야 한다. 예를 들어 미래의 이자율에 대한 가정은 자산과 부채의 장부금액을 결정하는데 중요한 역할을 하므로 이를 주석에 나타내야 한다.

03 재무제표 분석

3.1 재무제표 분석의 종류

재무분석의 기초자료인 재무상태표나 포괄손익계산서는 재무상태와 경영성과에 대한 정보를 제공해 준다. 그러나 어느 특정한 연도의 재무제표만 가지고는 충분한 정보를 얻을 수 없으며 여러 기간의 재무자료를 같이 비교분석할 때 보다 유용한 정보를 얻을 수 있다. 예를 들어 올해의 당기 순이익이 500억 원이라고 하면 이 금액 자체만 가지고는 기업의 성과나 경영실적에 대하여 올바른 판단을 내리기 어렵다. 손실이 나지 않고 이익이 발생하였다는 사실만으로 경영성과를 양호한 것으로 판단하는 것은 너무 성급한 결론이다. 만일 전년 순이익에 비하여 금년 순이익이 대폭 줄어든 액수였다면 오히려 기업의 경영성과가 악화되고 있다는 신호로 해석해야 할 것이다. 여러 기간의 재무제표를 이용하는 기법에는 비교분석, 구조분석, 추세분석의 세 가지가 있다. 이러한 분석을 통하여 증감형 재무제표, 공

표 11-4 재무제표 분석의 종류

구 분	비교분석	구조분석	추세분석
분석초점 분석수단 분석결과	개별항목의 변화 증감액, 증감률 증감형 재무제표	전체구조의 변화 백분율, 분해도 공통형 재무제표	변화의 추세 지수 지수형 재무제표

통형 재무제표, 지수형 재무제표가 작성된다.

증감형 재무제표는 재무상태표나 포괄손익계산서의 각 항목이 두 기간사이에 얼마나 변화하였는지를 계산하여 작성한다. 변화의 크기(증감액)를 보는 방법과 변화의 속도(증감률)를 보는 방법이 있는데 양자를 병행하는 것이 일반적이다. 전년에 비하여 특별하게 큰 변동을 보인 항목을 찾는데 유용하다. 공통형 재무제표는 재무상태표 항목은 총자산액으로 나누고, 포괄손익계산서 항목은 매출액으로 나누어 각 재무항목의 백분율을 계산하여 작성한다. 증감형 재무제표가 개별적인 재무항목의 변화에 초점을 두고 분석하는데 반하여, 백분율 재무제표는 재무제표 전체의 구조적인 관점에서 분석한다. 자산규모나 매출액규모가 서로 다른 기업을 비교할 때에도 사용된다. 지수형 재무제표는 비교기간이 여러 해인 경우에 기준연도를 설정하고 각 항목이 기준연도에 비하여 얼마나 변하였는지를 상대적으로 측정하는 지수를 계산하여 작성한다. 개별적인 재무항목들이 기간적으로 어떤 변화추세를 이루는지를 분석하는 것이 목적이다.

3.2 증감형 재무제표

증감형 재무제표 작성에는 증감액을 계산하는 방법과 증감률을 계산하는 방법 두 가지가 있다. 증감률 계산 시에 한 가지 주의할 점은 분모에 쓰이는 전년도 항목 값이 음수인 경우에는 증감률 계산이 무의미하다는 것이다. 이러한 항목에 대하여는 증감률을 계산하지 말고 별도의 기호로 표시해 주어야 한다.

증감액 = 금년 항목값 - 전년 항목값

증감률 = 금년 항목값 / 전년 항목값 - 1

증감분석은 각 항목의 금액이 두 기간사이에 변화한 정도를 측정하는 것으로서, 특별히 변동이 큰 항목이나 중점관리가 필요한 항목을 찾는데 활용한다. 두 기간사이의 변화를 금액으로 측정하는 경우에는 증감액의 해석에 신중을 기할 필요가 있다. 예를 들어서 두 기간사이에 재고자산 금액이 변화가 없었다고 하자. 이 경우에 재고자산액이 변하지 않았다는 사실이 곧 재고관리나 가격정책 등의 경영의사결정에 아무런 변동이 없었다는 의미는 아니다. 전년보다 올해의 총자산이 증가하였다고 하면 재고자산이 차지하는 비중이 전년보다 낮아진 것이므로 경영자는 그 원인과 결과를 분석하여야 한다. 개별 항목의 절대액은 변하지 않더라도 기준액(총자산)이 변하면 구성비중도 따라서 변한다. 보다 의미있는 정보를 얻기 위해서는 절대금액의 변화뿐만 아니라 상대적 비중의 변화도 같이 분석하여야 한다.

3.3 공통형 재무제표

공통형 재무제표(common-size financial statements)는 자산총액이나 매출액을 기준으로 하여서 재무제표 각 항목의 상대적 비중을 계산한 것이다. 재무상태표에서는 각 항목을 자산총액으로 나누고, 포괄손익계산서에서는 각 항목을 매출액으로 나누어서 상대적 비중을 계산한다.

재무상태표 비중 = 개별 항목값 / 자산총액
포괄손익계산서 비중 = 개별 항목값 / 매출액

구조분석은 포괄손익계산서에서 특히 유용하다. 공통형 포괄손익계산서를 보면 매출액에서 얼마가 각종 비용으로 흡수되고 있으며 매출 이외의 수입이 차지하는 상대적 비중이 얼마인가를 쉽게 파악할 수 있다. 공통형 포괄손익계산서를 이용할 때 한 가지 주의할 점은 계산된 비율이 구성비중을 의미하는 것이 아니라 단순히 매출액에 대한 상대적 크기를 의미한다는 사실이다

재무상태표에서는 각 항목의 비율을 모두 더하면 당연히 100%가 되므로, 재무상태표에서의 비율은 곧 그 항목이 재무상태표에서 차지하는 구성 비중을 의미한다. 하지만 포괄손익계산서는 수입에서 비용을 차감해 나가는 방식으로 표시되므로 포괄손익계산서의 모든 항목을 더하면 100%보다 큰 값이 나온다. 이것은 재무상태표는 일정한 시점에서의 자료이고 포괄손익계산서는 일정한 기간동안의 자료이기 때문에 생기는 차이이다. 공통형 포괄손익계산서의 항목들은 매출액에 대한 구성비중을 나타내는 것이 아니라 매출액 중에서 얼마가 각종 비용으로 흡수되고 있는가를 보여 준다.

공통형 재무제표는 다른 기업과의 비교뿐만 아니라 기간별 비교에도 유용하게 쓰인다.

두 기간에 대한 공통형 재무제표가 작성되면 기업의 재무상태와 영업활동에 대한 구조를 기간별로 비교할 수 있다. 공통형 재무상태표를 작성하면 자산 및 자본에 대한 구조적 특징과 문제점을 발견할 수 있다. 자산구조분석에서는 유동자산과 고정자산의 배합은 적절한지, 외상매출금이나 재고자산이 과도하여 현금흐름에 압박을 받지는 않는지 등에 대한 평가를 한다. 자본구조분석에서는 자기자본과 부채의 상대적 비중을 측정하여 기업이 적절한 규모의 부채를 사용하고 있는지 분석하는데 초점을 둔다. 재무상태표를 재무의사결정과 연관하여 보면 자산구조는 투자결정의 산물이고 자본구조는 자본조달결정의 산물이다. 따라서 공통형 재무상태표는 투자결정 및 자본조달결정의 배경, 효과, 문제점 등을 찾아내는 기초자료가 된다.

3.4 지수형 재무제표

재무제표 분석에서 두 기간의 자료를 비교하는 것만으로는 충분한 정보를 획득하기 어렵다. 예를 들어 경영자가 순이익 중에서 얼마를 배당으로 지급할 것인지를 결정하기 위하여 재무분석을 한다고 하자. 이때 경영자가 단순히 두 기간의 순이익을 비교해서 배당지급액을 결정하지는 않는다. 어느 한 해에 이익이 많이 발생하였다고 해서 당장 그 해의 배당금을 증가시키는 경우는 거의 없으며 미래에도 이익이 계속 발생하리라는 확신이 서는 경우에만 배당금을 증가시킬 것이다. 따라서 경영자가 올바른 배당결정을 내리려면 과거 수년간의 이익변동 추세를 분석하여야 한다.

여러 기간의 자료를 이용하여 재무적 특징이 시간적으로 변하는 추세를 찾는 것을 추세분석(trend analysis)이라 한다. 두 기간의 자료를 비교하는 분석이 변화의 크기를 측정하는데 초점을 두는 반면에 추세분석은 여러 기간의 자료를 이용하여 변화의 추세를 찾는데 목적이 있다. 특히 기간별로 각 항목이 변하는 모습을 그림으로 그려보면 추세를 용이하게 파악할 수 있다. 추세분석에서 금액을 직접 이용하는 경우에는 측정의 기준단위에 따라 추세가 잘못 해석될 여지가 있다. 예를 들어서 재고자산이 100만 원에서 200만 원으로 증가하고 유형자산이 500만 원에서 1,000만 원으로 증가하였다고 하자. 두 항목이 모두 100% 증가한 것이지만 금액으로 분석하는 경우에는 유형자산의 증가가 상대적으로 과장되어 나타난다. 이러한 왜곡현상을 피하기 위하여 추세분석에서는 재무항목의 금액을 백분율이나 지수의 형태로 변형시켜서 이용한다.

$$\text{백분율} = \frac{\text{금년 항목값}}{\text{금년 총자산(또는 매출액)}}$$

$$\text{지수} = \frac{\text{금년 항목값}}{\text{기준년 항목값}} \times 100$$

백분율 계산시에 재무상태표 항목은 총자산으로 나누어 주고 포괄손익계산서 항목은 매출액으로 나누어 준다. 이는 각 기간별로 총자산이나 매출액의 크기가 변동함으로써 발생하는 규모의 차이를 제거하려는 목적이다. 반면에 지수는 각 해의 항목값을 기준년도에 대한 상대적 크기로 바꾸어 주는 것이다. 지수를 계산할 때에 특히 기준년을 올바르게 설정하여야 한다. 영업활동이 정상적인 년도를 기준으로 하지 않는 경우에는 지수가 그릇된 정보를 전달할 위험이 있다. 또 기준년의 항목값이 음수인 경우에는 지수의 계산이 무의미하다는 것도 유념해야 한다.

재무제표에서 모든 항목이 분석의 대상이 되고 중요한 의미를 갖는 것은 아니다. 수년간 별다른 변화없이 안정적인 항목은 제외하고 특이하거나 비정상적인 변동을 보이는 항목을 중점적으로 분석하게 된다. 과연 어느 항목을 중점적으로 분석할 것인지를 선별하는데 추세분석이 유용하다. 추세분석은 백분율을 이용할 수도 있고 지수를 이용할 수도 있다. 백분율을 이용하는 추세분석은 재무제표의 전체적 구조와 연관시켜서 분석하는데 반하여 지수를 이용하는 추세분석은 개별 재무항목이 변하는 모습을 기준년도에 대비하여 분석한다.

토 의 문 제

1. 기업을 평가하는데 있어서 장부가치와 시장가치가 다른 이유는 무엇인가? 기업을 인수하기 위해서 협상을 할 때 인수대상 기업의 장부가치와 시장가치가 크게 차이가 날 수 있다. 협상과정에서 이 차이를 어떻게 극복할 수 있을까?

2. 기업경영에서 현금과 이익이 차이나는 이유는 무엇인가? 기업의 최고경영자는 현금과 이익 중에서 어느 것을 더 중요하게 취급할까? 그 근거는 무엇이며 이를 뒷받침하는 최근의 사례는 무엇인가?

연 습 문 제

1. 기업 내 자금흐름을 간단한 도표로 그리고 재무제표와의 관련성을 표시하라.

2. 기업에서 순운전자본이란 무엇을 의미하며 왜 중요한지 설명하라.

3. 당기 순이익과 총 포괄손익은 어떻게 다른가? 기업경영자와 주식투자자의 의사결정과정에서 두 개념이 어떤 차이를 가져오는가?

4. 기업에서 발생하는 현금흐름의 종류에는 무엇이 있는가? 기업의 활동에 대한 최근의 경제기사 세 개를 선택한 후에 그 기사에서 언급한 내용이 어떤 현금흐름을 의미하는지 구분하라.

5. 자본변동표는 자본변동의 원인과 결과를 매트릭스 형태로 보여주는 재무보고서이다. 실생활에서 자본변동표와 비슷한 역할을 하는 것으로 무엇이 있는가? 어떤 행동의 원인과 결과를 매트릭스 형태로 보여주는 자료를 예로 제시하라.

6. 재무제표를 이용해서 정보를 찾아내는 세 가지 분석방법은 무엇인가? 세 가지 방법으로 재무제표를 분석하여 그래프로 표시한 경제기사를 검색하여 제시하라. 또 이러한 재무제표 분석이 기업을 이해하는데 어떤 효과가 있는가?

CHAPTER
12

자본투자와 자본조달

01 재무관리란 무엇인가
02 자본투자결정
03 자본조달결정
04 재무분석

출범 4주된 佛 AI스타트업, 1400억원 자본 조달 성공

오픈AI의 챗GPT가 몰고온 인공지능(AI) 붐 속에 '제2의 오픈AI'를 기대하는 투자자들이 AI 스타트업들에 막대한 돈을 쏟아붓고 있다. 5일(현지시간) 이스라엘 텔아비브의 텔아비브대 캠퍼스에 오픈AI 최고경영자(CEO) 샘 올트먼의 연설을 앞두고 오픈AI 깃발이 걸려 있다. [로이터뉴스1]

창업한지 4주 된 프랑스 스타트업이 금융시장에서 1400억원 넘는 자본을 조달하는데 성공했다. 인공지능(AI) 붐 덕이다.

13일(이하 현지시간) 파이낸셜타임스(FT)에 따르면 파리에서 4주전 창업한 AI 스타트업이 유럽 벤처캐피털 사상 스타트업 첫 자본조달로는 최대 규모인 1억500만유로(약 1440억원) 자본을 끌어들였다.

메타플랫폼스, 구글의 AI 연구원 출신 3명이 만든 미스트랄 AI가 그 주인공이다.

이제 4주된 이 스타트업 기업가치는 현재 확보한 자본을 포함해 2억4000만유로(약 3300억원)로 평가받고 있다. 사실상 미스트랄 공동창업자 3명의 AI 전문지식·경험을 산 것이다. 이들의 몸값이 그 정도는 된다는 판단을 투자자들이 하고 있는 것으로 보인다.

마이크로소프트(MS)가 지원하는 오픈AI, 구글의 딥마인드 등 미국 AI 스타트업들이 붐을 일으키는 가운데 유럽에서도 AI 붐에 올라타려는 열기가 뜨겁다.

미스트랄의 유럽 최대 규모 시드머니 확보는 라이트스피드 벤처파트너스가 주도했다. 라이트스피드는 스냅챗, 에픽게임스, 스태빌러티AI 같은 기술 업체들에도 초기에 투자해 재미를 본 벤처캐피털이다.

미스트랄에는 또 구글 최고경영자(CEO)를 지낸 에릭 슈미트, 프랑스 통신재벌 재비어 닐, 프랑스 국영투자은행 BPI프랑스 등도 투자자로 참여하고 있다.

출범 4주 된 미스트랄은 처음으로 뽑은 직원들이 일한 지 이제 갓 며칠이 지난 상태로 아직 첫 상품 개발 착수도 못했다. 그래도 투자자들의 기대는 크다. 제2의 오픈AI가 될 것이란 기대로 들떠있다.

미스트랄은 전세계를 뒤흔들고 있는 오픈AI의 생성형AI인 챗GPT와 유사한 새로운 '대규모언어모델(LLM)'을 내년초 공개할 계획이다.

미스트랄 투자를 주도한 라이트스피드의 앙투완 모이로드는 전례 없는 규모와 속도의 미스트랄 자본 확보는 30대 초반인 공동 창업자 3명의 전문지식에 대한 기대를 반영하는 것이라고 말했다.

그는 미스트랄 공동창업자 3명 수준의 AI 관련 지식과 경험을 갖춘 이들은 전세계에 80~100명 정도 밖에 없다고 지적했다.

비상장 기술업체 투자 흐름을 추적하는 딜룸에 따르면 미스트랄의 이번 자본조달은 유럽 시드머니 조달 사상 최대 규모다. 시드머니는 스타트업들이 처음으로 기관투자가들을 대상으로 주식을 발행해 확보하는 자본을 말한다.

딜룸에 따르면 올해 AI 붐이 일면서 영국과 이스라엘, 유럽의 AI 관련 업체들에 대한 투자 규모가 40억달러를 넘어섰다.

그러나 미국의 투자 규모와 비교하면 그야말로 새 발의 피다.

미국의 AI 투자는 250억달러에 이른다.

특히 주식시장에서 기업공개(IPO)가 거의 씨가 마른 가운데 AI는 호황을 누리고 있다.

올들어 미 앤쓰로픽, 어뎁트, 캐릭터.AI, AI기반 통역서비스를 제공하는 독일 딥L 등 소수 AI 스타트업들의 기업 가치가 최소 10억달러를 기록하고 있다.

● **출처: 파이낸셜뉴스, 2023년 6월 14일자**

빅테크·AI 스타트업 '윈-윈'… "투자금은 클라우드로 회수"

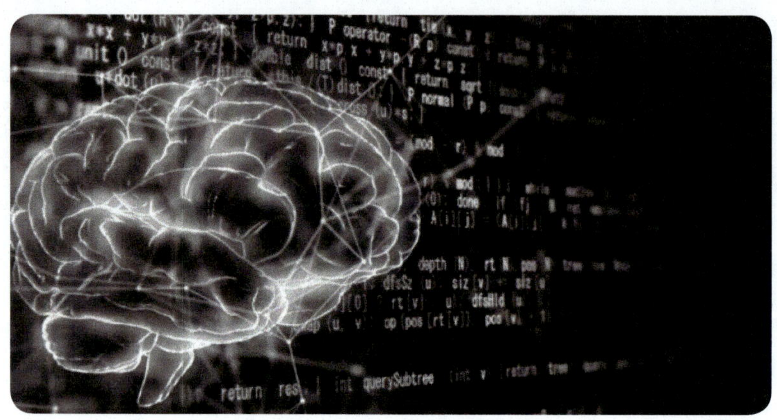

©데일리포스트=이미지 제공/Unsplash

아마존·구글·마이크로소프트(MS) 등 글로벌 빅테크 기업들은 AI(인공지능) 스타트업에 거액을 투자하고 있다.

클라우드 업체이기도 한 3사는 출자한 스타트업 기업에 대해 거의 동일한 금액을 클라우드 이용 금액으로 징수하고 있다.

오픈AI의 챗GPT 등장 이후 AI는 클라우드 시장 점유율 쟁탈전이 치열한 빅테크 기업들의 최대 격전지로 부상했다. 뱅크오브아메리카 데이터에 따르면 3사(아마존·구글·MS)의 합산 클라우드 관련 자본 지출은 2024년이면 22%까지 급증해 1160억달러 규모에 달할 전망이다.

월스트리트저널(WSJ)은 "빅테크와 AI 스타트업은 상생 관계에 있다"고 전했다.

아마존, AI 신흥 '앤트로픽'에 최대 40억달러 투자

아마존은 지난 9월 생성형 AI 개발업체인 미국 스타트업 '앤트로픽'(Anthropic)과 전략적 제휴를 맺고 최대 40억 달러를 출자하겠다고 발표했다.

앤트로픽은 생성형 AI '챗GPT' 개발사인 오픈AI의 경쟁사로 주목받고 있다. 2022년 11월 오픈AI 창립자의 일원이었던 대니엘라 애머데이와 다리오 애머데이 남매가 회사를 나와 2021년에 새로 설립했다.

앤트로픽은 지난 7월 AI 챗봇 '클로드2'를 공개했다. 클로드2는 GPT-4 기반 챗GPT에 비해 3배 많은 데이터를 한 번에 입력할 수 있는 강점이 있다. 아울러 AI의 도덕적 가치의 중요성을 강조하고 있다. 거대언어모델(LLM)의 문제 중 하나로 지적되는 환각 현상을 없앤 AI 모델을 2026년까지 출시할 계획이다.

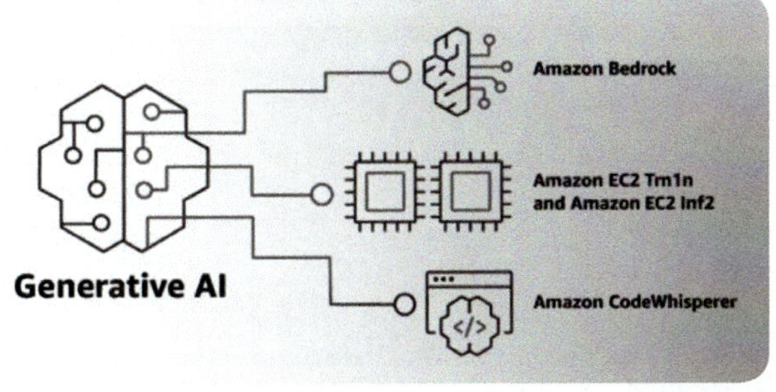

©데일리포스트=이미지 제공/Amazon

WSJ에 따르면 아마존의 앤트로픽 투자 발표에는 양사가 맺은 또 다른 계약 내용이 포함되지 않았다. 이는 앤트로픽이 향후 5년간 아마존 클라우드 서비스인 아마존웹서비스(AWS)에 40억달러를 지출한다는 것이었다.

구글, 앤트로픽에 20억 달러 또 투자

앤트로픽은 올해 5월 구글 등에서 4억5000만달러를 조달했다고 밝혔다. WSJ은 11월 구글이 앤트로픽에 20억달러를 추가 투자하기로 합의했다고 보도했다.

하지만 이 결정은 앤트로픽이 구글 클라우드 서비스 '구글 클라우드'에 30억달러 이상을 지출하기로 합의한 지 몇 달 만에 이뤄진 것으로 알려졌다.

©데일리포스트=이미지 제공/Anthropic

주가 고공행진 MS, AI 투자 최대 수혜자

AI는 클라우드 업계의 매출에 이미 실질적인 영향을 미치고 있다.

오픈AI에 대규모 투자를 단행하며 공격적으로 시장을 선도한 MS의 주가는 사상 최고가를 경신하고 있다. 시가총액 1위 애플을 머지않아 넘어설 기세다. MS는 지난 4년 동안 오픈AI에 총 130억 달러(한화 17조원)를 투자해 지분 49%를 확보한 것으로 알려진다.

현재 오픈AI는 MS의 클라우드 서비스에 수십억 달러를 소비하고 있다. 오픈 AI는 MS의 클라우드 상에서 AI 소프트웨어를 훈련하고 이 플랫폼을 통해 서비스를 운영하고 있다.

이러한 스타트업 기업의 최대 비용이 클라우드 컴퓨팅의 이용료라는 점을 감안하면, 출자금 대부분은 클라우드 수익이라는 형태로, 빅테크 기업에 다시 환원될 것이라고 WSJ은 지적한다.

ⓒ데일리포스트=이미지 제공/Open AI

오픈AI와 손을 잡은 후 MS 클라우드 서비스 '애저'는 실제로 빠르게 성장하고 있다. MS의 23년 3분기 '지능형 클라우드' 사업 매출은 전년동기대비 19% 증가한 242억5900만 달러를 기록했다.

다만, 구글과 아마존의 클라우드 사업은 AI 스타트업 투자가 열매를 맺기까지 시간이 좀 더 필요해 보인다.

구글이 AI 전략의 중심으로 자리매김하고 있는 클라우드 컴퓨팅 사업의 3분기 매출액은 84억1100만 달러로 시장 예상을 밑돌았다. 전년동기대비 22.5% 증가했지만, 증가율은 11분기만에 가장 낮은 수준이었다.

아마존 역시 3분기 클라우드 사업 매출은 230억5900만 달러로 전년동기대비 12% 증가에 그쳤다. 이 증가율은 과거 최저를 기록한 전 분기와 동일하다.

• 출처: 데일리포스트, 2023년 11월 100일자

기업은 자본을 조달해서 사업에 투자하고 그 성과를 투자자에게 배분하는 조직체이다.

이 과정에서 재무관리는 자본투자, 자본조달, 운전자본관리의 세 가지 기능을 수행한다. 자본투자에서는 유망한 투자안을 찾아내기 위하여 순현가 또는 내부수익률을 이용한다. 자본시장에서 투자자가 요구하는 기대수익률이 미래의 현금흐름을 할인하는데 사용되는 할인율이다. 기업은 성장에 필요한 장기자금과 단기자금을 자본시장에서 조달하며 부채를 적절하게 사용해서 기업가치를 높이려고 노력한다. 재무비율을 계산하면 재무상태와 경영성과에 대하여 다양한 정보를 얻을 수 있다.

본장의 학습목표는 다음과 같다.

1. 재무관리가 추구하는 목표는 무엇이며 재무관리자가 수행하는 기능이 무엇인가에 대하여 알아본다.
2. 장기적으로 현금흐름을 발생시키는 자본투자를 결정하는 절차와 방법에 대하여 이해한다.
3. 기업이 금융시장에서 자본을 조달하는 방법의 장 · 단점을 비교한다.
4. 기업이 부채를 얼마나 사용하는 것이 도움이 되는지 고찰한다.
5. 재무비율을 이용해서 재무상태와 경영성과를 판단하는 방법을 분류한다.

01 재무관리란 무엇인가

1.1 재무의사결정

재무관리(financial management)는 기업활동을 자금흐름의 측면에서 계획-실행-통제하는 경영활동이다. 재무관리가 무슨 역할을 수행하는지 알려면 기업에서 자금흐름이 어떻게 이루어지는지 알아야 한다. 기업에서 발생하는 자금흐름은 자본을 조달하고 조달한 자본을 투자하는 두 가지이며, 자본조달과 자본투자를 재무관리의 양대 기능이라고 말한다. 이외에 기업이 자본을 이용하여 획득한 성과를 배당이나 유보이익으로 분배하는 것을 재무관리의 기능으로 볼 수도 있지만 분배활동은 자본을 조달하는 기능에 포함해서 보는 것이 일반적이다. 자본조달과 자본투자는 장기적인 관점에서 기업활동의 골격을 결정하는 역할을 한다.

기업경영에서는 장기적인 시각만 중요한 게 아니라 단기적인 자금흐름을 순조롭게 관리

그림 12-1 재무상태표와 재무의사결정

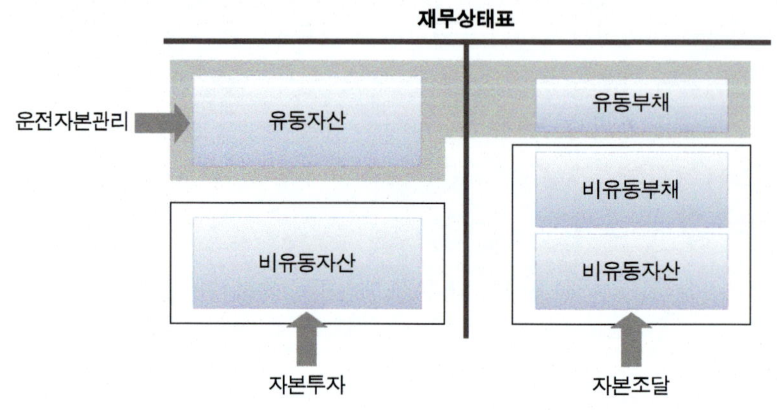

하는 역할도 필요하다. 기업이 보유한 유동자산과 유동부채를 대상으로 유동성을 관리하는 활동을 운전자본 관리라고 말하며 이것이 재무관리의 세 번째 기능에 해당한다. 재무관리는 자본투자, 자본조달, 운전자본관리의 세 가지 기능을 수행하며 세 가지 재무의사 결정은 재무상태표와 밀접하게 연관되어 있다.

[그림 12-1]은 재무관리의 세 가지 기능과 재무상태표가 어떤 관계를 가지는지를 보여주고 있다. 자본조달이 이루어지면 재무상태표 대변에서 장기자본(비유동부채와 자기자본)의 구성비가 결정되며 이를 자본구조(capital structure)라고 부른다. 자본조달에서는 투자활동이나 영업활동에 필요한 자금을 자본시장에서 조달하는 역할을 한다. 먼저 자본이 얼마나 필요한지 조달규모를 결정하고, 이어서 주식이나 채권 등의 조달수단 중에서 어떤 방법으로 언제 조달할지를 결정한다. 자본투자가 이루어지면 재무상태표 차변에서 비유동자산의 내용이 결정되며 이를 자산구조(asset structure)라고 부른다. 자본투자에서는 어떤 자산을 구입할 것인가를 선택하게 되는데 이것은 기업이 어떤 사업을 계획하고 있는가와 직결되는 문제이다. 이 과정에서 투자업종, 투자규모 그리고 생산방식 등이 결정된다. 이러한 자본투자의 결과에 따라 기업은 자산을 갖추게 되며 이 자산들로부터 제품이 생산된다. 운전자본 관리는 유동자산과 유동부채에 대하여 자금을 회수하고 지불하는 일상적인 활동을 수행한다. 여기서는 기업이 보유한 현금 또는 순운전자본이 일상적인 활동을 수행하는데 있어서 적정한지를 검토하고 통제한다. 특히 재고자산, 매출채권, 매입채무의 규모와 변화에 대하여 관심을 기울인다.

1.2 재무관리 목표

인간의 욕망은 무한한데 자원은 유한하기 때문에 경제행위가 발생하였으며, 경제의 목표는 유한한 자원을 효율적으로 배분하여 사회전체의 효용을 최대화하는 것이다. 그러면 재무관리에서 추구하는 기업의 목표는 무엇인가? 재무관리는 기업에서 일어나는 활동이므로 재무관리의 목표가 무엇인지 알려면 먼저 기업의 목표가 무엇인지를 알아 볼 필요가 있다. 기업은 가계, 정부와 함께 경제활동을 수행하는 주체이므로 기업의 목표도 경제행위가 추구하는 목표에 기초하여 설정되며 다차원적인 속성을 지닌다. 기업의 목표가 무엇인가라는 질문에 대하여 흔히 이익 극대화(profit maximization)라고 대답을 한다. 그러나 기업의 목표를 이익 극대화라고 보는 것은 매우 좁은 시각이며 이익이라는 개념이 모호하다는 한계점을 지나고 있다.

1. 이익개념의 모호성

이익은 수익에서 비용을 차감하여 계산하므로 누구가 쉽게 측정할 수 있을 것으로 생각한다. 그러나 이익을 목표로 사용하려면 이익이 무엇을 의미하며 어떻게 계산하는지에 대하여 보다 구체적으로 알려줘야 한다. 이익의 측정과 관련하여 제기되는 세 가지 문제점이 있다.

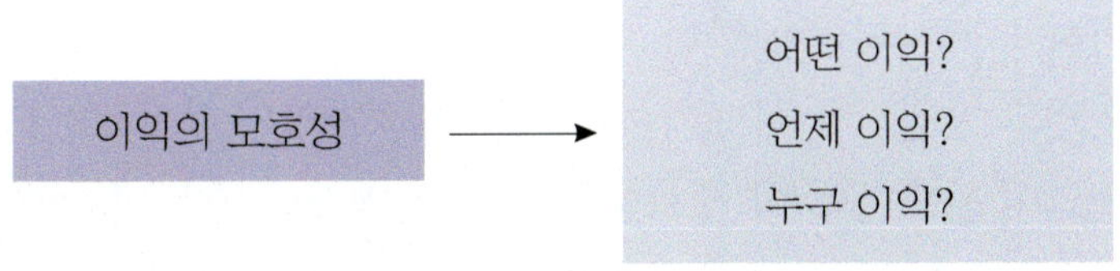

첫째, 이익이 어떤 이익인지 분명하게 제시해야 한다. 손익계산서에 나오는 이익의 종류만 보아도 매출총이익, 영업이익, 계속 사업이익, 당기 순이익 등으로 여러 가지가 있다. 이 중에서 어떤 이익을 극대화할 것인지 분명하게 제시해야 한다. 예를 들어 광고비를 지출하는 것은 매출 총이익에는 영향이 없지만 영업이익에는 영향을 미친다. 만일 기업이 매출 총이익 극대화를 목표로 설정했다면 경영자는 영업부서에서 광고비로 얼마를 사용하던 관여하지 않을 것이다. 그러나 영업이익 극대화를 목표로 설정하였다면 경영자는 광고비가 매출에 미치는 영향을 분석해서 최소의 비용으로 최대의 효과를 거두기 위하여 노력할 것이다.

둘째, 이익이 언제 이익을 의미하는지 알려줘야 한다. 이익에는 단기이익도 있고 장기이익도 있으며 이 두 가지는 항상 충돌하는 경향이 있다. 단기이익을 추구하다보면 장기이익을 희생하게 되며, 장기이익을 얻으려면 단기적으로 손실을 보는 경우가 많이 발생한다. 기업이 단기적 이익을 목표로 설정하면 경영자는 연구개발과 같이 수익을 내는데 시간이 오래 걸리는 장기적인 투자를 기피할 것이다. 이렇게 근시안적 시각으로 경영을 하면 결국 경쟁력이 약화되고 시장에서 퇴출될 것이다. 기업이 장기적 이익을 목표로 설정하면 경영자는 미래에 실현될 것으로 희망하는 막연한 이익을 근거로 단기적인 손실을 정당화하려고 할 것이다.

셋째, 이익이 누구이익을 의미하는지 명확해야 한다. 기업에서 창출한 이익은 주주, 채권자, 직원, 정부 등 수많은 이해관계자가 나누어 가지게 된다. 기업의 소유권은 기본적으로 채권자와 주주에게 있다. 기업이 창출한 이익에 대하여 채권자는 이자를 받아가고 주주는 배당을 받아간다. 기업이 자본투자나 자본조달을 하는데 있어서 주주의 이익과 채권자의 이익이 충돌할 수 있다. 예를 들어 기업이 당기순이익을 배당금으로 지불하지 않고 부채를 상환하는데 사용하면 기업의 자본구조가 튼튼해지므로 채권자에게 유리해진다. 주주와 채권자의 갈등이외에 기업이 벌어들인 이익을 분배하는 과정에서 노동자와 사용자가 대립하여 노사분규를 겪는 경우도 많이 발생하고 있다.

2. 가치극대화

기업의 의사결정이 올바로 이루어지기 위해서는 의사결정의 기준이 되는 기업의 목표가 명확하게 제시되어야 한다. 이익은 앞에서 거론한 세 가지 이유로 인하여 경영자와 구성원이 믿고 따를만한 목표가 되지 못한다. 기업의 목표로 이익 극대화 이외에 새로운 개념의 도입이 필요한데 이 새로운 개념은 측정상에 혼돈이 없어야 하며 화폐의 시간가치와 위험프리미엄에 대한 요소를 반영하고 있어야 한다. 이에 적합한 개념이 가치극대화(value maximization)이다.

어떤 물건의 가치는 그 물건이 미래에 발생시키는 모든 현금흐름을 현재시점의 화폐액으로 환산한 금액이다. 가치와 유사한 개념으로 가격이 있다. 가격은 수요와 공급에 의하여 시장에서 형성되는 거래금액을 의미한다. 만일 물건이 거래되는 시장이 완전경쟁적이면 시장에서 형성되는 가격은 그 물건의 가치와 같아진다. 재무관리의 목표는 기업가치를 극대화하는 것이다.

기업가치는 대차균형식을 이용하여 두 가지 방법으로 측정할 수 있다. 첫째는 자산 측면에서 보는 것으로서, 기업가치란 기업이 보유하고 있는 자산이 미래에 발생시키는 모든 현금흐름을 시간과 위험을 고려하여서 현재시점의 화폐액으로 평가한 금액이다. 둘째는 자

그림 12-2 대차균형식과 기업가치

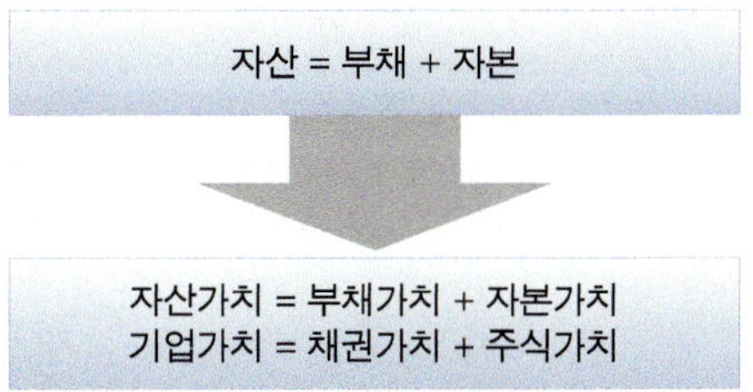

본 측면에서 보는 것으로서, 기업가치란 부채와 자기자본에 대하여 투자자들이 평가한 시장가격을 더한 금액이다.

기업이 부채를 적절한 한도 내에서 사용한다면 부도 또는 파산 가능성을 무시할 수 있다. 이러한 경우에 부채가치는 미래에 원리금을 지불하기로 약속한 금액을 현재시점으로 할인한 값이 되므로 일정한 값이라고 가정할 수 있다. 따라서 기업가치를 극대화한다는 것은 곧 자기자본가치를 극대화한다는 말과 동일한 의미가 된다. 이때 자기자본 가치는 발행주식수와 주식가격을 곱해서 구해지므로 기업가치를 극대화한다는 것은 주가를 극대화한다는 말과 같아진다. 즉, 재무관리에서 보는 기업의 목표는 기업가치 극대화인데 이는 자기자본 가치극대화 또는 주가극대화와 같은 의미이다.

가치란 미래에 발생하는 모든 현금흐름을 오늘의 화폐액으로 환산한 금액이다. 이렇게 미래의 현금을 오늘의 화폐액으로 평가하는 것을 할인한다고 말한다. 현금흐름이 발생하는 시점이 멀수록 그리고 현금흐름의 발생여부가 불확실할 수록 할인율(discount rate)이 커진다. 할인율을 기업에 자본을 제공한 투자자 입장에서 보면 기대수익률(expected rate of return)이 된다. 미래의 현금흐름을 오늘 시점으로 평가할 때 적용되는 기대수익률은 시간가치와 위험프리미엄이라는 요소에 의하여 결정된다. 기대수익률에서 시간가치는 이자율로 측정되고 위험프리미엄은 현금흐름의 위험도에 따라서 결정된다. 기대수익률과 위험의 관계는 다음과 같이 간결하게 표시할 수 있다.

기대수익률 = 이자율 + 위험프리미엄

이자율이 올라갈수록 그리고 위험이 커질수록 기대수익률이 높아진다. 기대수익률이 높다는 것은 미래의 현금흐름을 현재가치로 할인하는 비율이 크다는 의미이다. 기대수익률이 높은 상황에서는 미래에 수익을 많이 발생시키더라도 그 현재가치가 작게 평가되므로 기업들이 미래에 대한 투자를 기피하게 된다. 이자율이 내려가면 기대수익률이 낮아져서 미래의 현금흐름에 대한 가치가 상대적으로 올라가므로 기업들이 보다 적극적으로 투자하는 경향을 보인다.

3. 재무관리 체계

기업에서 자본을 조달하고 투자하고 관리하는 모든 재무적 의사결정은 이익이 아니라 가치를 기준으로 이루어져야 한다. 따라서 재무관리는 미래의 현금흐름에 대한 평가를 기초로 하여 자본조달, 자본투자, 운전자본관리 기능을 수행함으로써 기업가치를 극대화시키는 활동이라고 정의할 수 있다.

기업의 목표는 이익 극대화가 아니라 기업가치 극대화로 보는 것이 타당하고 신뢰할 수 있는 방법이다. 그러나 현대기업들이 단순히 기업가치 또는 주가를 극대화하기 위해서 행동한다고 볼 수는 없다. 기업의 목표는 이보다 훨씬 다차원적이다. 기업들은 이해관계자들과 끊임 없이 소통하면서 고용창출, 환경보호, 사회공헌 등의 목표를 추구한다. 기업들은 기업 가치극대화를 추구하는 과정에서 나타나는 문제점을 보완하기 위하여 윤리경영, 사회봉사, 기업홍보 등의 다양한 방법을 이용한다.

4. 대리문제와 사회적 책임

경영자와 주주 사이에서 이해 충동이 발생할 수 있는데 이를 대리문제(agency problem)라고 말한다. 주주들은 경영자가 주주들의 이익을 위해서 열심히 일해 주기를 원하지만 경영자는 자신들의 이익을 위해서 일하기 때문에 갈등이 나타난다. 예를 들어 경영자가 호화

그림 12-3 재무관리 체계

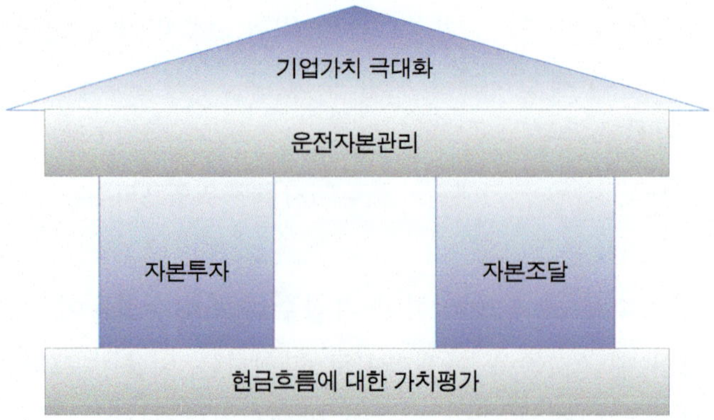

로운 사무실을 사용하고 접대비를 많이 쓰는 것에 대하여 주주들이 불만을 가질 수 있다. 이러한 대리문제를 해결하기 위하여 주주들은 외부인을 감사로 임명하고 재무제표에 대하여 회계감사를 받게 하는 내부통제 장치를 운영한다. 또 주주들은 주주총회에서 경영진을 교체할 수 있으며 M&A를 통하여 기업을 매각할 수도 있다. 일시적으로 경영자와 주주 사이에 갈등이 발생할 수 있지만 장기적으로 경영자는 주주의 이익에 반하는 행동을 할 수 없으며 결국은 주주가치 극대화를 위하여 일한다고 말할 수 있다.

현대 기업들은 기업 자체를 성장발전 시켜야하는 임무 이외에 다양한 사회적 책임을 수행하도록 요구 받고 있다. 기업의 사회적 책임(corporate social responsibility)은 기업이 사회시스템의 구성원으로 지속가능한 생태계를 유지하는데 노력해야 하는 활동을 말한다. 기업은 다양한 이해관계자의 요구를 파악해서 합리적으로 기업의 의사결정에 반영해야 한다. 우리사회에서 반기업정서가 강한 이유 중의 하나는 기업들이 이러한 사회적 책임을 소홀하게 취급하였기 때문이다.

1.3 재무관리자 역할

기업에서 재무관리 담당자(재무관리자)는 실물시장과 금융시장의 중간에 위치하면서 자본의 수요와 공급을 연결하는 역할을 수행한다. 재무관리자는 금융시장에서 채권자와 주주로부터 자본을 조달한 후에 실물시장에서 투자활동과 영업활동에 필요한 자산을 확보하고 경영성과를 회수하여 투자자에게 분배한다. 재무관리 담당자는 금융시장과 실물시장에 대한 전문지식을 갖추고 있어야 한다.

재무관리자는 회사를 처음 설립하는 경우에 신주를 발행하고 증권시장에 상장시키는 방

그림 12-4 재무관리자 역할

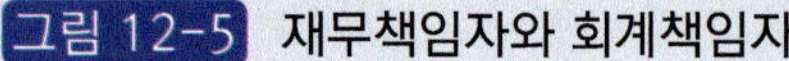

재무책임자와 회계책임자

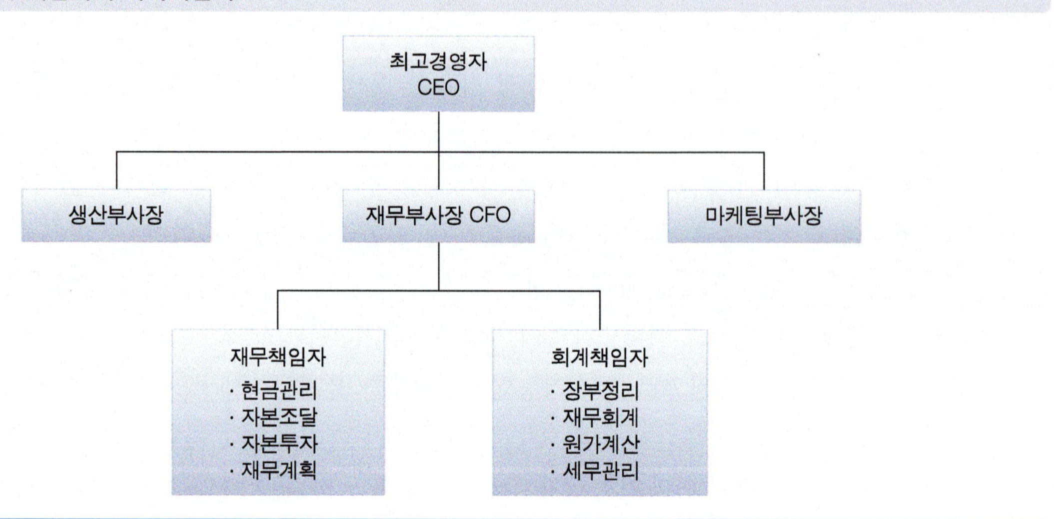

법을 알고 있어야 하고, 이미 설립된 회사의 경우에 필요한 자금을 조달하기 위하여 유상증자를 하거나 채권를 발행하는 방법을 알고 있어야 한다. 투자활동 및 영업활동과 관련하여서는 투자안이 기업가치에 도움이 되는지 경제성을 분석해야 하며 매출액이 증가함에 따라 미래에 자금이 얼마나 필요한지를 예측해야 한다. 재무관리자는 자본조달과 자본투자에 대한 지식을 갖추는 이외에 일상적으로 발생하는 운전자본관리를 효율적으로 수행할 수 있어야 한다.

기업에서 재무관리자는 재무책임자(treasurer)와 회계책임자(controller)로 구분된다. 재무책임자는 현금관리, 자본조달, 자본지출, 재무계획 등의 업무를 담당하며 회계책임자는 장부정리, 재무회계, 원가계산, 세무관리 등의 업무를 담당한다. 재무책임자는 재무분석, 재무예측, 위험관리 등과 관련된 업무를 주로 다루며 공인재무분석사(certified financial analyst; CFA) 또는 재무위험관리사(financial risk manager; FRM) 자격증을 가지고 있으면 업무에 도움이 된다. 회계책임자는 재무제표를 작성하고 원가관리와 세무관리하는 업무를 주로 취급하며 공인회계사(certified public accountant; CPA) 자격증이 유용하게 쓰인다.

02 자본투자결정

기업은 채권자와 주주에게서 조달한 자본을 이용해서 새로운 사업에 투자한다. 기업이 자본을 투자하는 사업단위를 프로젝트 또는 투자안이라고 부른다. 기업은 이러한 프로젝트가 여러 개 모여 있는 조직체이다. 기업을 처음 창업했을 때에는 프로젝트가 하나만 있는 경우가 많을 것이다. 이후 사업을 확장하면서 신규 프로젝트가 추가될 수도 있고 수명이 다한 프로젝트는 종료되기도 할 것이다. 또 성과가 부진한 프로젝트는 폐기되기도 하고 성과가 좋은 프로젝트는 규모가 확대될 수도 있다. 즉, 현재의 기업은 여러 개의 프로젝트가 모인 집합체인 것이다. 따라서 기업가치 극대화와 프로젝트가치 극대화는 같은 의미가 된다. 기업가치를 극대화하기 위해서는 프로젝트 하나하나의 가치를 극대화해야 한다.

2.1 자본예산

프로젝트의 수명이 장기인 경우에 프로젝트에 소요되는 현금유출과 프로젝트에서 창출하는 현금유입을 비교하여 프로젝트의 채택여부를 결정하는 과정을 자본예산(capital budgeting)이라고 한다. 자본예산은 장기간의 자본적 지출에 대하여 종합적인 계획을 수립하는 활동이다.

1. 장 기

기업에서 어떤 프로젝트는 수명이 1년 이내로 짧을 수도 있지만 대부분의 프로젝트는 수년에 걸쳐서 진행된다. 자본예산은 투자의 효과가 1년 이상의 장기에 걸쳐서 발생하는 투자안을 분석하는 과정이다. 여기에서 1년을 기준으로 삼은 것은 기업의 회계기간이 1년 단위로 되어 있기 때문이며 절대적인 기준은 아니다. 기업이 생산하는 제품의 특성이나 기업이 소속한 산업의 특성에 따라서 어떤 경우에는 6개월이 장기가 될 수도 있고 10년이 단기가 될 수도 있다. 예를 들어 휴대폰 시장은 신기술이 계속 개발되고 소비자 취향이 급변하기 때문에 냉장고나 세탁기에 비하여 제품개발 주기가 짧은 특징이 있다. 이런 분야의 프로젝트는 비록 투자기간이 1년 이하일지라도 투자하는 자본의 규모가 크고 경제적 효익이 발생하는 기간이 여러 해에 걸쳐 있으므로 장기적 계획으로 분류해야 한다.

수 준	단 기	중 기	장 기
조업도	가변	가변	가변
생산규모	불변	가변	가변
기술	불변	불변	가변

재무관리자는 회계기간 이외에 조업도, 생산규모, 기술을 사용해서 전략적 시각으로 기업의 미래를 구분할 수 있다. 전략적으로 단기는 생산규모와 기술수준은 불변인 상태에서 조업도만 변화시킬 수 있는 기간을 의미한다. 봉제공장이 해외주문이 급증해서 생산방식을 1일 3교대로 바꾸고 24시간 생산체제로 운영하거나 조선소가 주문이 급감해서 도크를 하나 폐쇄하고 직원들에게 유급휴가를 주는 것이 여기에 해당한다. 전략적으로 중기는 기술수준은 그대로 유지하면서 조업도와 생산규모를 변화시켜서 대응해 나갈 수 있는 기간을 의미한다.

여기서는 조업도를 조절하는 방법 이외에 신규 공장을 증설하거나 기존 공장을 매각하는 방식으로 수요변화에 대처해 나갈 수 있을 정도의 기간을 의미한다. 전략적 장기는 조업도, 규모, 기술수준 모두를 변화시키면서 계획을 마련할 수 있는 기간을 의미한다. 전략적 장기에서는 사업 포트폴리오를 새롭게 개편하는 모든 활동을 대상으로 본다.

2. 자본적 지출

자본예산은 자본적 지출에 대한 경제성을 분석한다. 기업이 자본을 지출하는 항목은 수익적 지출과 자본적 지출 두 가지로 구분된다. 수익적 지출(revenue expenditure)은 자산의 원상태를 회복하거나 능률을 유지하는데 사용한 비용을 의미하며 지출에 따른 경제적 효과가 1년 이내에 종료되는 항목이다. 예를 들어 영업용 유형자산은 그 성능을 계속 유지하기 위하여 꾸준히 정비되어야 하는데 이때 소요되는 수선유지비와 감가상각비가 여기에 해당한다. 수익적 지출은 당기의 수익을 얻기 위해 사용되는 것이며 당기의 비용으로 처리해야 한다. 자본적 지출(capital expenditure)은 자산의 내용연수를 연장시키거나 자산의 가치를 증가시키는데 사용된 비용을 말하며 자본투자와 같은 의미이다. 예를 들어 영업용 유형자산에 대하여 보수 및 개선 작업을 하여서 자산의 수명이 연장되거나 자산의 가치가 커졌다면 이 비용은 자본적 지출이다. 자본적 지출은 지출에 따른 경제적 효과가 1년을 초과해서 발생하는 항목이므로 비용을 당기에 전부 인식하지 않고 자산의 수명동안에 걸쳐서 나누어 인식해야 한다.

자본적 지출은 미래 장기간에 대한 투자이므로 현금흐름이 오랜 기간에 걸쳐서 발생하고 현금흐름의 크기가 불확실하다는 특징을 지닌다. 자본적 지출은 한 번 결정하고 나면 되돌

130년 전통의 美 대표기업 코닥의 몰락

지난 1880년 설립된 코닥은 한때 세계 최고 기업이라는 명성을 누렸지만, 스마트폰에 밀려 130여년 만에 결국 몰락의 길을 걷게 됐다. 지난 2011년 1월 경영 위기로 법원에 파산보호 신청을 한 코닥은 지난 29일(현지시간) 영국 연기금펀드에 카메라 필름사업 등 회사 자산을 모두 28억달러에 매각하기로 합의했다. 안토니오 페레스 코닥 최고경영자는 "이번 매각을 통해 회사 회생을 위해 산적한 문제들을 해결할 수 있을 것"이라고 말했다.

디지털카메라 시대에 적응하지 못한 코닥은 현재 필름회사에서 상업용 인화전문 회사로 구조조정 작업을 진행 중이다. 회생을 위한 코닥의 노력은 눈물겹다. 코닥은 지난해 8월 회사 발전의 초석이 된 필름사업부를 매물로 내놨고, 지난해 말에는 핵심 자산 중 하나인 디지털 이미징 특허권을 삼성전자, 애플, 구글, 페이스북 등 12개 업체로 구성된 컨소시엄에 5억 2500만달러(약 5600억 원)에 매각했다. 코닥이 이처럼 난관에 봉착한 이유는 디지털화라는 시대의 큰 흐름에 적절하게 대응하지 못했기 때문이다.

조지 이스트먼이 1880년 설립한 이 회사는 카메라 · 필름분야의 선구자였다. 오늘날의 애플과 같은 혁신기업이었다. 롤필름(1884년)과 휴대용 카메라(1888년)를 처음 내놓았고, 필름넣는 곳이 분리되는 박스형 카메라(1900년)를 선보였다. 코닥의 첨단 장비로 아폴로 11호의 달 착륙 모습 촬영이 가능했고, 휴대용 디지털카메라(1974년), 8mm 비디오카메라(1984년)도 개발했다. 혁신의 선두에 있었다. 그러나 회사의 주력사업인 필름사업과 디지털카메라 사이의 간극을 메우지 못했다. 코닥으로서는 필름을 사용하지 않는 디지털카메라를 자사의 주력 제품화할 수 없는 이른바 '코닥 패러독스'에 빠진 것이다.

• 헤럴드경제

리기 어려운 경우가 많으므로 투자여부를 신중하게 판단해야 한다. 그러나 너무 신중하게 고민하다가 투자시기를 놓치면 소비자 기호나 사회트렌드가 변해서 시장을 상실할 수 있는 위험도 있다. 휴대전화 시장에서 스마트폰의 등장을 가볍게 보고 투자에 소홀하여 세계 1위의 자리를 내어준 노키아의 사례와 디지털 카메라로의 변화추세를 제대로 읽지 못하고 필름기메리에 집착하다가 파산을 맞은 코닥의 사례는 시사하는 바가 크다.

3. 종합계획

자본예산의 본질은 계획을 수립하고 행동대안을 책정하는 것이다. 경영에서 계획수립(planning)이란 미래의 환경을 예측하고 목표를 달성하기 위해서 기업이 보유한 인적자원과 물적자원을 배정하여 행동대안을 제시하는 활동이다. 계획수립에서는 목표 설정, 자원할당, 통제수단 제시 등의 기능을 수행한다. 자본예산은 자본적 지출과 관련하여 투자안을 탐색하고 투자를 실행하고 투자성과를 통제하는 모든 과정을 포함하는 활동이다. 자본예산의 과정은 다음의 일곱 단계로 구분할 수 있다.

1. 환경변화를 예측하고 미래 투자기회를 탐색한다.	마케팅 부서
2. 실시 가능한 투자대안으로 개발한다.	
3. 투자에서 발생하는 현금흐름을 추정한다.	협의 자본예산
4. 자본의 조달방법과 자본비용을 계산한다.	
5. 투자안의 경제적 가치를 분석한다.	
6. 투자규모와 투자시기를 결정한다.	실행과 통제
7. 투자성과를 통제하고 성과를 분석한다.	

첫째단계의 투자기회 탐색과, 둘째단계의 투자대안 개발은 경영전략팀이나 마케팅부서가 주도하는 경우가 많다. 셋째단계에서 다섯째 단계까지는 투자안의 경제성을 분석하는 구체적인 과정이며 이를 좁은 의미의 자본예산으로 보기도 한다. 여섯째와 일곱째 단계는 투자를 실행하고 성과를 분석하여 다음 기의 계획에 반영하는 통제활동을 의미한다.

2.2 투자안 분류

기업이 다루는 투자안(프로젝트)은 전략적 의미, 현금흐름 모습, 상호관계 기준에 따라 유형을 분류할 수 있다. 투자안을 어떻게 분류하든 미래의 현금흐름을 추정하고 할인율을 이용해서 현재가치를 계산하는 과정은 동일하게 적용된다.

1. 전략적 의미

투자안은 전략적 의미에 따라 전략적 투자와 전술적 투자로 구분한다. 전략적 투자는 투자금액이 거액이며 기존의 사업과는 다른 새로운 사업에 진출하는 경우이다. 전술적 투자는 투자금액이 상대적으로 소액이며 기존에 영위하던 사업을 확대하거나 유사한 분야에 진출하는 경우이다. 전술적 투자에서는 계량적 분석을 위주로 하여 사업가치를 금액이나 수익률로 추정하는 반면에, 전략적 투자에서는 객관적인 자료를 얻기 어려워서 수치분석보다는 직관에 의존하는 경향이 많다.

항 목	전략적 투자	전술적 투자
투자금액	거액	소액
사업영역	새로운 사업	유사한 사업
분석도구	직관적 분석	계량적 분석

2. 현금흐름 모습

투자를 실시하면 현금흐름이 발생하는데 현금흐름이 시점별로 어떻게 발생하는가에 따라서 일반형, 차입형, 특수형으로 구분한다. 현금흐름이 초기에는 음수(현금유출)이고 나중에 양수(현금유입)가 되는 투자안을 일반형이라고 한다. 대부분의 투자는 현재시점에 현금을 투입하고 미래시점에서 현금을 회수하는 일반형이다. 개인투자자가 주식이나 채권을 구입하는 투자행위도 일반형에 해당된다. 차입형은 현금유입이 먼저 발생하고 나중에 현금유출이 발생하는 형태이다. 기업이 은행에서 돈을 빌린 경우를 생각하면 된다. 또 다른 예로 기업이 유전이나 광산을 개발하면 사업기간 동안에 수익이 발생하다가 광물자원이 고갈되면 유정이나 갱도를 메꾸고 토지를 원상회복 시켜야 하므로 사업종료 시점에 현금유출이 크게 발생한다. 현금유입과 현금유출이 수시로 바뀌면서 나타나는 투자안을 특수형이라고 한다.

종 류	0차년	1차년	2차년	3차년
일반형	-	+	+	+
차입형	+	+	+	-
특수형	-	+	+	-

단, "+"는 현금유입이고 "-"는 현금유출이다.

3. 상호관계

만일 두 개의 투자안을 동시에 실행하는 것이 기술적으로 가능하고 현금흐름이 서로 영향이 없으면 상호 독립적 투자안이라고 말한다. 이 세상에 완벽하게 독립적인 투자안은 없다고 말할 수 있다. 직접적인 효과와 연관성이 없을지라도 간접적이고 우회적인 효과가 미미하게라도 있는 것이 일반적이다. 투자안들이 독립성의 조건을 충족시키지 못하면 상호 종속적 투자안이 된다. 상호간에 영향을 미치는 종속적인 투자안은 서로 보완성이 있는가 아니면 대체성이 있는가에 따라서 선행적 투자안과 상호 배타적 투자안으로 구분된다.

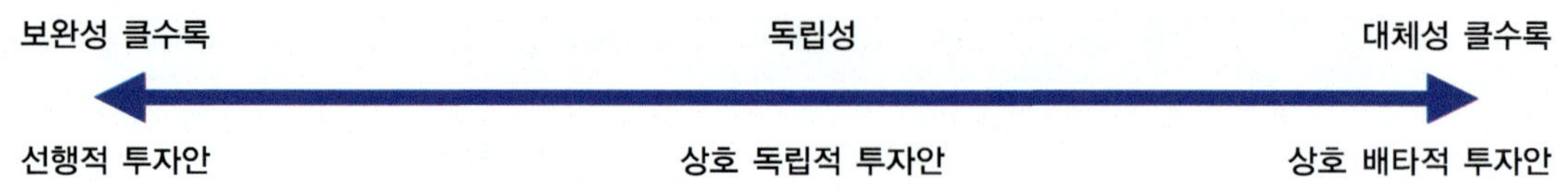

2.3 순현재가치와 내부수익률

투자안의 가치는 투자로 인하여 발생하는 현금흐름을 대상으로 측정한다. 미래의 현금흐름을 추정하고 이를 할인해서 투자안의 가치를 평가하는 방법을 현금흐름할인(discounted cash flow; DCF)접근법이라고 한다. DCF접근법에는 투자로 인한 가치증가분을 계산하는 순현재가치법과 투자액 1원 당 수익률을 계산하는 내부수익률법이 있다.

1. 현금흐름 추정

기업은 투자를 통하여 얼마나 혜택을 보게 될까? 이 질문에 대하여 회계적 방법으로 대답한다면 수익에서 비용을 차감하여 순이익을 계산하면 된다. 그러나 재무관리에서는 이익이 아니라 현금흐름이라는 개념으로 투자의 혜택을 계산해야 한다. 이익과 현금흐름은 전혀 다른 척도이다. 장부상으로 흑자가 나더라도 금고에는 현금이 하나도 없을 수 있으며, 장부상으로는 적자가 나더라도 현금을 풍족하게 보유하고 있을 수도 있다. 재무의사결정에서는 이익이 아니라 현금흐름을 이용해서 가치를 계산한다. 투자로 인하여 발생하는 현금흐름은 증분기준(incremental basis)으로 측정한다. 여기에서 증분이란 투자를 실행했을 때 현금흐름과 투자를 실행하지 않았을 때 현금흐름의 차이를 말한다.

증분 현금흐름 = 투자안 실행 시 현금흐름 - 투자안 기각 시 현금흐름

투자안에 대한 현금흐름을 추정할 때 유의할 사항이 있다. 첫째, 유형자산에 대한 지출만 고려하고 운전자본을 무시하면 안 된다. 투자안을 실행하고 사업을 운영하는데 소요되는 운전자본의 변화도 현금흐름에 포함시켜야 한다. 예를 들어 레스토랑 외식사업에 진출한다고 할 때 건물을 임대하고 주방시설과 객석을 갖추는 것은 유형자산에 대한 투자이다. 그러나 이러한 유형자산만 갖추었다고 레스토랑이 운영되는 것은 아니다. 음식자재를 수시로 구입해야 하고 직원 급료도 지불해야 하며 카드로 결재한 매출액을 정기적으로 수금해야 할 것이다. 이렇게 유동자산과 유동부채에 대한 자금이 얼마나 발생하는지를 고려해서 현금흐름을 추정해야 한다. 둘째, 이자와 배당금은 현금유출로 계산하지 않는다. 이자

와 배당금은 분명히 기업이 채권자와 주주에게 지불한 현금유출이지만 투자안의 경제성을 분석할 때에는 이를 현금유출로 계산하지 않는다. 이자와 배당금을 현금유출로 계산하지 않는 이유는 현금흐름을 할인하는 할인율에 채권자와 주주의 기대수익률로 반영되기 때문이다. 만일 이자와 배당금을 현금유출로 계산하고 또 현재가치로 할인하면 이중계산이 된다. 셋째, 사업과 관련하여 발생하는 세금은 현금유출로 계산한다. 투자안의 가치는 세후 현금흐름에 대하여 계산하는 것이다. 단, 세금을 계산할 때 이자는 한푼도 없는 것으로 간주하고 계산해야 한다. 이것은 투자안의 가치를 영업활동에서 창출하는 가치와 재무활동에서 창출하는 가치로 구분해서 보기 때문이다.

투자안 가치 = 영업활동 가치 + 재무활동 가치

2. 순현재가치

순현재가치(net present value; NPV)는 투자로 인한 현금유입의 현가에서 투자로 인한 현금유출의 현가를 차감한 금액이다. 예를 들어 투자안 A에는 120억 원이 소요되며 3년의 수명 동안에 발생하는 현금흐름이 다음과 같이 추정되었다고 하자. 이 현금흐름의 위험을 고려한 적정한 할인율이 8%라고 가정하고 투자안의 순현재가치를 계산해 보자.

$$NPV = -120 + \frac{40}{1.08} + \frac{50}{1.08^2} + \frac{60}{1.08^3} = -120 + 37.0 + 42.9 + 47.6 = 7.5$$

투자안 A가 미래에 벌어들이는 현금흐름의 현재가치는 127.5(=37.0+42.9+47.6)억 원

그림 12-6 순현재가치 계산

(단위: 억 원)

	0차년	1차년	2차년	3차년
투자안 A	−120	40	50	60
	37.0 ←	(1차년)		
	42.9 ←		(2차년)	
	47.6 ←			(3차년)
순현재가치	7.5			

이다. 여기에서 투자에 소요되는 120억 원을 차감하면 순현재가치는 7.5억 원으로 계산된다. 순현재가치를 계산해서 양의 값이 나오면 투자안이 기업가치를 증가시켜준다는 의미이므로 투자안을 채택한다.

순현재가치가 0이 나오면 투자에 소요되는 현금유출의 가치와 투자가 창출하는 현금유입의 가치가 동일해서 투자자의 가치가 투자 이전과 동일하게 보존된다는 의미이다. 경쟁이 치열한 시장에서는 이득을 실현하기가 어려워서 순현재가치가 0에 근접하게 된다. 주식투자나 채권투자와 같이 수 많은 투자자들이 서로 이익을 보려고 경쟁하는 증권시장에서는 투자의 순현재가치가 0으로 나타난다. 실물시장에서는 순현재가치가 0보다 클 수도 있고 0보다 작을 수도 있다. 기업이 유형자산을 구입해서 진행하는 프로젝트가 여기에 해당한다. 기업이 남과 차별되는 경쟁력을 가지고 있으면 프로젝트의 순현재가치가 0보다 커질 수 있다. 결국 기업이 프로젝트를 통하여 양의 순현재가치를 실현할 수 있는지의 여부는 기업이 경쟁적 우위(competitive advantage)를 얼마나 보유하고 있느냐에 달려 있다.

3. 내부수익률

내부수익률(internal rate of return; IRR)은 현금유입의 현가와 현금유출의 현가를 일치시키는 할인율이다. 이를 다시 말하면, 순현재가치를 0으로 만드는 할인율이 곧 내부수익률이라는 의미이다. 할인율이 올라갈수록 투자안의 순현재가치는 작아진다. 이때 할인율이 어떤 수준에 도달하면 순현재가치가 0이 되는데 바로 그때의 할인율을 내부수익률이라고 부른다. [그림 12-7]은 투자안 A의 순현재가치가 할인율에 따라 변하는 모습이다. 할인율이 8%일 때 순현재가치는 7.5억 원이고, 할인율이 11.2%일 때 순현재가치는 0원이므로 내부수익률은 11.2%이다.

내부수익률을 계산하였으면 할인율과 비교해서 투자결정을 내린다. 만일 내부수익률이 할인율보다 크다면 투자하는 것이 유리하다는 뜻이다. 할인율은 투자자본을 제공한 투자자들이 받기를 기대하는 최소한의 수익률이며 이를 다른 말로 자본비용(cost of capital)이라고 부른다. 내부수익률은 투자에서 얻을 것으로 예상하는 투자수익률이다. 따라서 내부수익률이 할인율보다 크다는 것은 투자수익률이 자본비용보다 크다는 의미이며 이것은 가치를 증대시키는 투자안이므로 채택해야 한다. 순현재가치가 0보다 크다라는 말과 내부수익률이 할인율보다 크다는 말은 동일한 의미이다.

NPV 〉 0 ⟷ IRR 〉 할인율

그림 12-7 순현재가치와 내부수익률

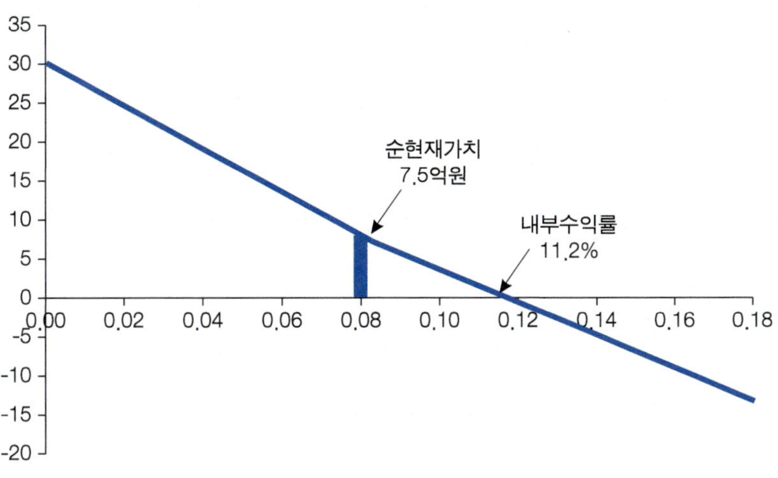

4. 회수기간

투자안의 경제성을 분석하는 방법으로 현금흐름을 할인하는 접근법만 있는 것은 아니다. 현금흐름을 추정하고 할인율을 계산하는 과정이 복잡하고 전문적 지식을 필요로 하므로 실무계에서는 보다 간략한 방법으로 회수기간이나 회계적 이익률을 이용하기도 한다. 회수기간(payback period)이란 투자원금을 모두 회수하는데 걸리는 기간을 말한다. 투자안의 회수기간을 계산하고 기업이 미리 결정해 놓은 기준기간보다 짧은 경우에 투자안을 채택하는 것이다. 예를 들어 다음과 같은 새로운 투자안 B가 있다고 하자. 투자원금은 120억 원이고 수명이 4년이며 매년 일정하게 40억 원의 현금흐름이 발생한다. 할인율은 투자안 A와 투자안 B 모두 8%라고 가정한다.

투자안	0차년	1차년	2차년	3차년	4차년
A	-120	40	50	60	-
B	-120	40	40	40	40

두 투자안에 대하여 순현재가치, 내부수익률, 회수기간을 계산한 결과는 다음과 같다.

투자안	NPV	IRR	PBP
A	7.5억 원	11.2%	2.5년
B	12.5억 원	12.6%	3.0년

순현재가치와 내부수익률에 따라 판단하면 투자안 B가 더 좋은 투자이다. 그러나 회수기간은 투자안 A가 더 짧으므로 더 좋은 투자로 판정된다. 현금흐름 할인법은 투자가치를 극대화하는 것을 목표로 하지만 회수기간법은 투자원금을 빨리 회수하는 것을 목표로 한다. 회수기간법은 현금흐름의 시간가치와 위험요인을 고려하지 않으며 회수기간 이후의 현금흐름을 무시한다는 문제점을 지니고 있다. 이러한 문제점이 있지만 영화제작과 같이 현금흐름의 예측이 아주 불확실한 사업에서 자주 사용되고 있다.

2.4 기대수익률과 위험

투자결정에서 현금흐름의 위험도를 고려해서 기대수익률을 결정해야 한다. 예를 들어 매년 10억 원씩 현금흐름이 발생하는 두 사업이 있다고 하자. 하나는 금광을 개발해서 얻는 것이고 다른 하나는 쇼핑몰을 운영해서 얻는 것이라고 하자. 투자안의 가치는 현금흐름에 대한 기대수익률을 얼마로 보느냐에 따라서 달라진다. 일반적으로 광산을 개발하는 사업이 쇼핑몰을 운영하는 사업보다 위험이 크므로 광산에서 발생하는 현금흐름에 대하여 더 높은 기대수익률을 적용해야 한다. 자본시장에서 기대수익률이 결정되는데 적용되는 원리는 다음 두 가지이다.

1. 돈의 시간가치

기대수익률을 결정하는 첫째 원리는 “돈에는 시간가치(time value)가 있다”는 것이다. 돈에는 이자가 항상 따라 다닌다. 이자를 경제학에서는 ‘현재의 소비를 미래로 이연한 대가’라고 설명한다. 보다 쉽게 말하면 이자는 '돈의 사용료'이다. 렌터카 업체에서 차를 빌리고 하루 사용료로 5만 원을 지급한다고 하자. 이 5만 원은 차량의 가격이 아니라 차를 하루 동안 이용하는데 대한 사용료이다. 마찬가지로 은행에서 100만 원을 1년간 빌리고 이자를 7만 원 지불한다면, 이 7만 원이 돈을 1년간 사용한데 대한 사용료인 것이다. 돈의 액면은 100만 원이고 1년간 사용료는 7만 원인 것이다. 만일 200만 원을 1년간 빌린다면 사용료는 14만 원이 된다. 돈의 크기와 사용하는 기간에 따라 사용료도 변한다. 이러한 관계를 표준적으로 제시한 것이 이자율이다. 이자율은 돈 1원을 1년간 이용하는데 지불하는 사용료이다. 돈에 시간가치가 있기 때문에 내일의 1원보다 오늘의 1원이 더 가치가 있는 것이다.

100만 원을 이자율 7%로 2년간 사용하고 2년후에 한꺼번에 이자를 주기로 한다면 얼마를 주어야 할까? 1년 이자가 7만 원이므로 2년 이자는 14만 원이라고 생각할 수 있다. 그러나 2년후에 지급해야 하는 이자는 14만 원보다 큰 14만 4900원이다. 이러한 차이가 발생하는 원인은 이자에도 사용료가 붙기 때문이다. 돈을 빌리고 1년 후에 이자 7만 원을 지불해야 하는데 이것을 주지 않고 1년간 더 사용하는 것이므로 이자 7만 원에 사용료가 또 추가된다. 7만 원에 대한 1년간 사용료는 4900원이다. 따라서 2년 후에 지불해야 하는 원리금은 114만 4900원이 된다.

현재가치와 미래가치 계산에서 원금에 대하여만 이자가 붙는 계산을 단리법(simple interest)이라 하고, 원금뿐만 아니라 이자에 대해서도 이자가 붙는 계산을 복리법(compound interest)이라고 한다. 재무의사결정에 사용되는 모든 가치평가는 복리법을 사용해야 한다. 복리법에 의하면 100만 원의 현금에 대한 2년 후 미래가치는 114.5만 원이고, 2년 후에 받기로 되어 있는 114.5만 원의 현재가치는 100만 원이다.

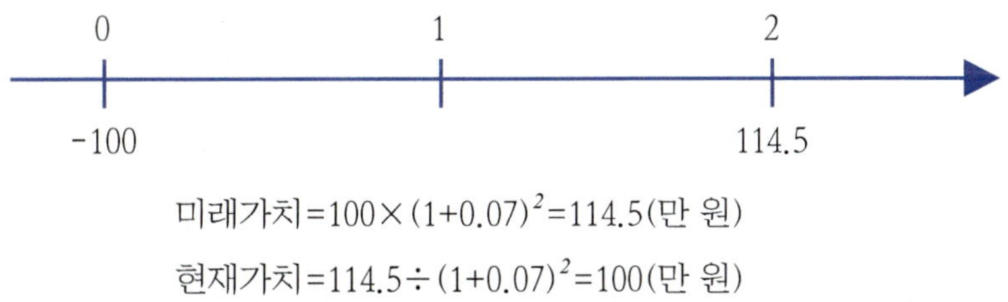

렌터카 사용료가 올라가면 어떤 영향이 있을까? 사람들은 렌터카를 사용하는데 부담을 느끼게 되고 다른 대체수단을 찾게 되므로 렌터카에 대한 수요가 줄어든다. 이자율이 오를 때도 마찬가지 이치이다. 이자율이 오르면 사람들은 돈을 빌리는 것을 주저하게 되고 반대로 돈을 빌려주는 것(저축 또는 투자)을 좋아하게 된다. 이자율이 오를수록 투자한 사람들은 즐겁게 되고 빚을 진 사람이나 기업들은 고통스럽게 된다. 이자율은 가계와 기업이 소비, 저축, 투자를 결정하는데 있어서 가장 기본적인 고려요인이다.

2. 위험과 수익

기대수익률을 결정하는 둘째 원리는 "수익을 높이려면 위험을 더 부담해야 한다"는 것이다. 수익과 위험은 비례한다. 이를 경제학에서는 수익과 위험이 상쇄관계(trade-off)에 있다고 설명하고, 금융가에서는 "세상에 공짜 점심은 없다(There is no free lunch!)"라고 말한다. 위험은 없으면서 높은 수익을 보장하는 투자란 있을 수 없다는 의미이다. 투자는 "잘 먹고, 잘 자기(eat well, sleep well)"의 게임이라고도 한다. '잘 먹기' 위해서는 수익이 많아야 하고 '잘 자기' 위해서는 위험이 작아야 한다. 세상의 경쟁이 치열하다보니 이 두 가지 조건을 동시에 충족시키는 투자기회는 존재하지 않는다. 간혹 이런 투자기회가 나타났다고 하더라도 행동이 빠른 투자자가 순식간에 채가기 때문에 보통 투자자에게는 그림의 떡이 된다. 결국 평균적인 투자자들은 '잘 먹기' 위해서 '잘 자는' 안락함을 포기하거나, '잘 자기' 위해서 '잘 먹는' 포만감을 포기해야 한다. 이러한 관계를 위험과 수익의 상쇄효과라고 한다.

은행에 저축했을 때의 이자율이 7%라고 하자. 이때 옆집 사람이 돈을 빌려달라고 하면 이자를 얼마를 받을 것인가? 누구나 7%보다 높은 이자를 요구할 것이다. 은행은 약속기일이 되면 원리금을 확실하게 주겠지만 옆집 사람에게는 이러한 보장을 할 수 없기 때문이다. 은행이자율보다 더 많이 받는부분을 위험프리미엄(risk premium)이라고 한다. 위험프리미엄은 위험이 클수록 커진다. 옆집 사람이라고 해도 재산이 많고 신용이 확실하다면 위험프리미엄은 조금만 받으면 된다. 그러나 재산이 많지도 않고 신용도 불확실하다면 위험프리미엄을 더 많이 붙여야 한다.

기업이 투자결정을 하는 논리도 이와 동일하다. 미래가 불확실한 사업에 투자할수록 기대수익률을 높게 설정해야 한다. 위험을 계량적으로 측정하고 이를 프리미엄으로 환산하는 계산식을 자본자산 가격결정모형(capital asset pricing model; CAPM)이라고 한다.

03 자본조달 결정

3.1 자금조달과 금융시장

재무관리자는 실물시장과 금융시장의 중간에 위치하면서 자본투자결정과 자본조달결정을 수행한다. 자본조달결정에서는 금융시장의 동향과 금융상품의 특성을 고려해서 어떤 조달방법이 기업가치에 가장 유리한지를 판단해야 한다.

1. 금융상품

투자는 미래의 수익을 기대하면서 현재의 소비를 희생하는 행위이다. 내가 지금 가지고 있는 돈을 소비하고 싶은 욕망을 억제하고 다른 경제주체(개인, 기업, 정부)가 내 돈을 사용할 수 있게 하는 것이 투자다. 투자의 대상이 되는 물건을 자산이라고 한다. 투자를 하는 것은 소비하는 대신에 자산을 구입하는 것이 된다. 자산의 종류에는 실물자산과 금융자산이 있다.

실물자산(real asset)은 기업에서 생산과 판매에 이용되는 자원이다. 건물, 기계, 원재료 등과 같이 눈으로 볼 수 있는 것은 유형자산이고 영업권, 특허권, 노하우 등과 같이 눈으로 볼 수 없는 것은 무형자산이다. 기업은 실물자산을 이용하여 제품을 만들고 이를 판매하여 수익을 올린다. 금융자산(financial asset)은 돈에 대한 청구권을 표시한 증서이다. 기업이 수익을 창출하면 그 수익은 주주와 채권자가 나누어 가진다. 주주와 채권자에게 지급되는 돈의 권리와 내용을 표기해 놓은 것이 주식과 채권이라는 금융자산이다. 남에게 돈을 빌려주면서 받는 차용증이나 은행에 예금을 하면서 받는 예금증서도 금융자산이다. 금융자산이라는 용어 대신에 시장에서 물건을 사는 것과 마찬가지로 금융시장에서 사는 물건이라는 의미에서 금융상품이라고 부르기도 한다.

금융시장	금융상품
자금시장	콜, CD, CP, RP
자본시장	주식, 채권
파생상품시장	선물, 옵션, 스왑

경제내에서 자금부족자와 자금잉여자 간에 돈이 흘러 다니게 만든 것이 금융시장(financial market)이다. 금융상품(financial instrument)은 돈을 주고 받는 데 따르는 권리와 의무를 기록한 종이쪽지이며, 전문적 용어로는 유가증권(securities)이라고 한다. 금융시장은 거래되는 금융상품의 만기와 특징이 어떠한가에 따라서 자금시장, 자본시장, 파생금융상품시장으로 구분한다. 자금시장(monetary market)에서는 만기 1년 미만의 자금이 거래된다. 주요 상품으로 콜(Call), 양도성예금증서(CD), 기업어음(CP), 환매조건부채권(RP) 등이 있다.[1)] 자본시장(capital market)에서는 만기가 1년 이상인 자금이 거래되며 주식과 채권이 대표적이다.[2)] 파생금융상품시장(derivative market)은 다른 증권에 대한 권리를 매매하는 것으로 선물, 옵션, 스왑 등이 있다.[3)]

---

1) 콜(Call)은 금융기관들 사이에서 1~2일 간의 초단기로 자금을 거래하는 것이다. 당시 금융시장의 동향을 즉각 반영하므로 다른 금융상품의 금리를 결정하는 기준이 된다. 양도성예금증서(certificate of deposit)는 은행이 정기예금에 대하여 발행하는 무기명 예금증서이다. 예금자의 이름을 기록하지 않았으므로 금융시장에서 자유로이 매매할 수 있다. 기업어음(commercial paper)은 신용도가 높은 기업이 무담보로 발행하는 단기어음이다. 기업은 금융기관을 통해 기업어음을 발행하여 자금을 조달하고 금융기관은 이를 다시 일반고객에게 판매하여 자금을 회수한다. 환매조건부채권[repurchase agreements)은 금융기관이 채권을 판매하고 일정 기간 후에 확정금리를 보태어 다시 매입하는 채권이다. 투자자의 입장에서는 채권의 원리금을 확실하게 받을 수 있다는 이점이 있다.

2) 주식(stock)은 기업의 자본금을 일정액으로 나누어 표시한 증권이다. 주식을 보유한 주주는 경영성과에 따라 배당금을 지급받는다. 채권' bond)은 기업이 금융기관이나 투자자에게서 차입하면서 발행하는 채무증서이다. 채권을 보유한 채권자는 기업의 경영성과에 관계 없이 일정한 이자를 지급받는다.

3) 선물(futures)는 미래의 매매가격을 오늘 확정하고 만기에 차액을 결제하는 거래이다. 옵션(options)은 미래에 해당상품을 사거나 팔 수 있는 권리에 대한 거래이다. 스왑(swap)은 서로 반대되는 현금흐름을 맞바꾸는 거래이다.

표 12-1 금융기관 종류

구 분	금융기관
은행업	은행 : 시중은행, 지방은행, 외국은행지점, 특수은행 비은행예금취급기관: 상호저축은행, 신용기구, 새마을금고
금융투자업	투자매매중개업자 : 증권회사, 선물회사 집합투자업자 : 자산운용사 투자일임자문업자 : 투자자문사 신탁업자 : 신탁회사
보험업	생명보험회사, 손해보험회사 우체국보험, 공제기관
기타금융기관	금융지주회사 : 은행지주, 비은행지주 여신전문금융회사 : 카드회사, 할부금융사, 리스회사 벤처캐피탈회사 : 중소기업창업투자회사
금융보조기관	금융감독원, 예금보험공사, 금융결제원, 한국예탁결제원 한국거래소, 신용보증기관, 신용정보회사

2. 금융기관

금융기관은 은행, 증권회사, 보험회사만 지칭하는 것이 아니라 자금이 남는 사람과 부족한 사람을 연결해 주는 업무를 수행하는 모든 조직을 의미한다. 유사한 용어로 금융회사라는 말도 있다. 금융기관은 금융이라는 업무가 지니는 공공성을 강조한 말이고, 금융회사는 금융영업을 통해 이익을 만들어 가는 사업체라는 의미를 강조한 말이다. 금융기관은 자금을 연결해 주는 형태에 따라 은행업, 금융투자업, 보험업으로 구분하고 이외에 기타금융기관과 금융보조 기관이 있다.

3.2 자금조달

1. 자금조달이 필요한 이유

기업에서 자금이 필요한 이유는 세 가지로 정리할 수 있다.

첫째는 기업이 성장하려면 자산을 구입해야 하기 때문이다. 기업이 공장을 확장하고 기계설비를 최신으로 바꾸고 연구개발에 필요한 자금을 조달해야 하는 것이 여기에 해당한다. 이러한 자금은 장기적으로 이용되므로 주식이나 채권을 통해서 장기자금으로 조달하는 것이 일반적이다.

 다음 기사를 읽고 질문에 답하라.

1. STX조선은 자본조달에 있어서 어떤 수단을 사용하고 있었는가?
2. 조선업종이 자본조달을 하는데 있어서 특징은 무엇인가?
3. STX조선이 회생하기 위해서는 자금조달에 있어서 어떤 전략이 필요한가?

'세계 4위' STX조선해양, 자금압박에 결국 'SOS'

STX조선이 채권단의 '섭정'을 받아들이겠다면서 자율협약 체결을 신청한 것은 그만큼 자금사정이 좋지 못하다는 것을 방증한다. 2008년 글로벌 금융위기 이후 해운과 조선업황의 침체가 가속화하면서 현금 유동성 고갈 속도는 가팔라졌고, 빚을 내 빚을 갚는 것 조차 어려워지면서 결국 채권단에 'SOS'를 친 것이다.

금융위기 이후 선박 가격이 지속적으로 떨어져 수주를 하더라도 역마진에 시달릴 수밖에 없었고, 선박대금 결제조건은 헤비테일 방식으로 변경되면서 영업을 통해 벌어들이는 이익은 사실상 없었다. 특히 지난 2011년 하반기부터는 금융위기 이후 수주한 저선가 물량을 본격적으로 건조하기 시작하면서 수익구조는 더욱 나빠졌다.

STX조선은 지난해 연결기준으로 4천 34억 원의 영업손실을 내면서 적자로 돌아섰고, 당기순손실도 7천 820억 원을 기록하는 최악의 실적을 냈다. 실적 악화는 재무구조 악화의 '악순환'으로 연결됐다. 작년 말 기준으로 STX조선의 연결기준 부채총계는 12조 1천 970억 원에 달했다. 전년의 11조 7천 332억 원에 비해 5천억 원 가까이 늘었다. 같은 기간 개별기준으로 뱅커스유전스와 일반원화대출 등 단기차입금은 1조 1천 236억 원으로 전년의 7천 453억 원에 비해 크게 증가했다. 공모와 사모로 발행한 회사채 만기도 속속 돌아오면서 자금압박 정도는 더욱 커졌다. 내달부터 만기가 돌아오는 회사채 잔액은 9천 950억 원인데, 이 가운데 올해 말까지 갚아야 하는 자금만 6천 500억 원에 달한다. 신주인수권부사채(BW) 만기 물량도 적지 않고, 채권 은행들로부터 선박건조 등과 관련해 제공받은 선수금 환급보증도 3천억 원대에 이른다.

영업을 통해 들어오는 돈은 없고, 앞으로 갚아야 할 돈은 쌓여가는 상황에서 자본시장을 통한 자금조달도 막히면서 STX조선은 돌파구를 찾기가 쉽지 않았다. STX조선은 현재 3만 5천명에 달하는 직원을 고용하고 있으며, 선박건조와 관련한 협력업체가 1천 400개, 6만여명에 달한다. 회사가 무너질 경우 엄청난 사회적 파장으로 연결될 수 있다. STX그룹이 STX조선의 자율협약 체결을 신청한 것도 이러한 상황을 반영한 것이다.

• 연합인포맥스

둘째는 사업을 운영하면서 시기적 차이로 인하여 수입과 지출이 어긋나는 경우가 발생하기 때문이다. 기업은 원재료를 구입하고 이를 제품으로 만들어 판매해서 수입을 얻는다. 이 과정에서 구입대금을 미리 지불하기도 하고 판매대금을 나중에 받기도 하므로 운전자금이 부족해질 수 있다. 기업들은 원활한 영업활동을 위해 3~6개월 분의 운영자금을 여유있게 보유하려고 한다. 이러한 자금은 단기적으로 이용되므로 은행의 단기차입이나 단기금융상품으로 조달하는 것이 바람직하다.

셋째, 전략적 목적을 달성하기 위하여 특별자금이 필요하기 때문이다. 기업은 재무구조를 개선하기 위해 자금이 필요할 수도 있으며 M&A를 진행하기 위하여 필요할 수도 있다. 투자에 소요되는 자금의 규모가 큰 경우에는 별도의 자회사를 설립해서 프로젝트 파이낸싱 방법으로 자금을 조달하기도 한다.

2. 장기자금과 단기자금

기업들은 필요로 하는 자금의 만기와 특성에 따라서 조달하는 자금의 종류를 다르게 결정된다. 자금의 소요기간이 장기이면 장기자금으로 조달하고 자금의 소요기간이 단기이면 단기자금으로 조달하는 것이 일반적이다. 장기간에 걸쳐 진행되는 사업의 자금을 단기대출이나 기업어음 발행으로 조달했다면 자금운용에 있어서 어려움을 겪게 된다. 단기자금의 만기가 돌아올 때마다 새로 대출을 받아야 하고 기업어음도 수시로 발행해야 할 것이다. 만약 일시적으로 자금 조달이 어려워지면 진행하던 사업을 중단해야 하는 경우도 발생할 수 있다. 반대로 일시적으로 필요한 자금이 있다고 하여서 이를 주식이나 채권을 발행해서 조달한다면 발행비용에 따른 부담도 커지고 기존 주주와 채권자가 불만을 보일 수도 있다. 기업은 자금이 사용되는 용도와 기간에 맞추어서 자금조달 방법을 선택해야 한다.

그림 12-8 직접금융과 간접금융

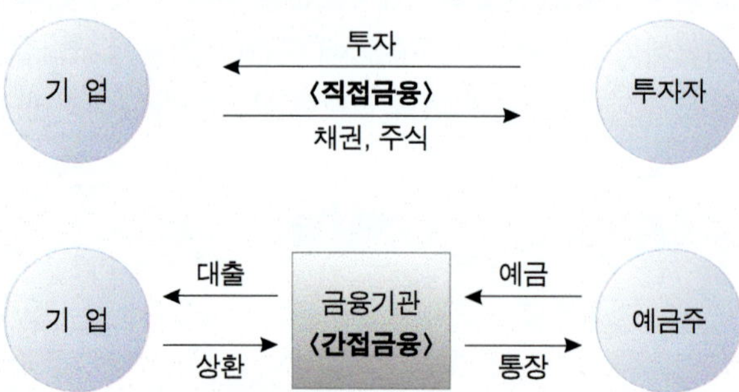

3. 간접금융과 직접금융

기업이 자금을 조달하는 방법에는 간접금융과 직접금융이 있다. 기업이 금융기관으로부터 대출을 받는 것을 간접금융이라고 한다. 자금공급자인 예금주와 자금수요자인 기업의 중간에 금융기관이 개입해서 자금융통을 도와주는 형태이다. 기업이 자본시장에서 주식이나 채권을 발행해 자금을 마련하는 것을 직접금융이라고 한다. 규모가 작고 인지도가 낮은 기업은 자본시장에서 주식과 채권을 발행하는 것이 어려우므로 자금조달을 금융기관에서 대출받는 것에 주로 의존하게 된다.

3.3 최적자본구조

자본구조는 재무상태표 대변에서 타인자본과 자기자본의 상대적 비중 또는 그 구성상태를 의미한다. 자본구조라고 말할 때에는 재무상태표 대변에 있는 부채와 자본의 모든 항목을 대상으로 하는 것이 아니라 자본의 사용대가를 지불하는 항목만을 대상으로 한다. 예를 들어 매입채무는 거래처에서 무상으로 제공한 자금이므로 자본구조의 대상이 아니다. 미지급금이나 선수금도 이자를 지불하지 않으므로 마찬가지이다. 자본구조와 기업가치의 관계를 연구하는 분야를 자본구조 이론이라고 한다.

1. 자본구조와 기업가치

기업은 사업을 영위하면서 자본구조를 어떻게 구성하는 것이 가장 좋은지에 대하여 끊임없이 고민한다. 기업가치가 최대가 되도록 구성된 자본구조를 최적자본구조(optimal capital structure)라고 한다. 기업이 부채가 많으면 신용위험이 커지고 차입이자율이 올라가는 불이익을 겪게 된다. 이러한 기업이 신주를 발행해서 조달한 자금으로 부채를 상환하면 부채비율이 낮아지고 자본구조가 튼튼해질 것이다. 또 어떤 기업은 부채를 거의 사용하지 않고 자기자본 위주로 운영될 수 있다. 이러한 기업은 부채를 조달해서 자사주를 매입하면 주식가격이 상승해서 주주에게 혜택을 줄 수 있을 것이다. 기업이 부채 수준을 조절하는 것이 과연 기업가치에 도움을 줄 수 있는가 하는 것이 자본구조 이론의 연구대상이다. 자본구조 이론은 크게 세 가지로 분류할 수 있다.

첫째, 전통적 견해는 부채가 기업가치와 관련이 있다고 주장한다. 부채를 적절하게 사용하면 기업가치에 도움이 되지만 부채가 적정한 수준을 넘어서면 오히려 해가 된다고 본다. 그러나 전통적 견해는 부채를 얼마나 이용하는 것이 적정한 수준인가에 대하여는 답을 제시하지 못하는 것이 단점이다.

둘째, MM[4]의 견해는 세금이 없는 상태에서는 부채와 기업가치가 관계가 없다는 주장이다. 세금이 존재하는 상태에서는 이자 때문에 세금을 덜 내게 되는만큼 기업가치가 커진다고 본다. MM이론은 자본구조를 연구하는 패러다임을 바꿔었으며 현대재무관리 이론에서 가장 중요한 위치를 차지하고 있다.

셋째, 수정이론은 부채와 기업가치가 관련된다고 주장한다. 여기에서는 MM의 가정을 보다 현실적으로 완화하고 개인세, 파산비용, 대리비용 등이 기업가치에 미치는 영향을 분석하고 있다. 수정이론은 MM이론을 부인하는 것이 아니라 보다 현실 설명력이 있는 모형으로 개선시킨 것이다.

2. 자본비용

기업은 자본을 사용한 대가로 투자자에게 이자와 배당을 지급하는데, 이러한 대가를 자본비용이라고 한다. 타인자본과 자기자본은 위험도가 다르기 때문에 자본비용도 차이가 난다.

(1) 타인자본 비용

타인자본 비용은 기업의 신용도에 따라서 결정된다. 기업의 신용도를 조사해서 채권의 등급을 결정하는 것을 신용평가(credit rating)라고 한다. 신용평가를 하는 해외기관으로 무디스(Moody's), 스탠다드앤푸어스(Standard & Poor's), 피치(Fitch)가 있고, 국내기관으로 한국신용평가, 한국기업평가, 한국신용정보가 있다. 부채에 대한 타인자본비용은 신용평가기관의 자료에서 찾아볼 수도 있고 매기 지급하는 세후이자를 원금으로 나누어 계산할 수도 있다.

$$\text{타인자본 비용} = \frac{\text{이자}}{\text{원금}} \times (1-\text{법인세율})$$

(2) 자기자본 비용

주주는 자기자본을 제공하고 그 대가로 배당금을 받는다. 이때 배당금은 이자와 달리 확정된 금액이 아니므로 단순히 배당금을 자기자본으로 나누어 자기자본 비용을 계산하면 오류가 발생한다. 자기자본 비용을 계산하려면 미래의 배당금이 얼마가 될 것인지를 가정하

4) 자본구조 이론으로 노벨경제학상을 수상한 F. Modigliani 교수와 M. H. Miller 교수를 의미한다.

는 모형을 이용해야 한다. 예를 들어 일정성장 모형을 이용하면 자기자본은 다음과 같이 계산된다.

$$\text{자기자본 비용} = \frac{\text{내년배당금}}{\text{현재주가}} + \text{배당금 성장률}$$

(3) 가중평균 자본비용

기업이 타인자본과 자기자본을 이용하고 있다면 각 자본비용을 각 비중으로 가중평균한 값이 기업의 자본비용이 된다. 이것을 가중평균 자본비용(weighted average cost of capital; WACC)이라고 부른다. 기업은 가중평균 자본비용 이상을 벌어야만 기업가치를 보전할 수 있으므로 가중평균 자본비용이 미래의 현금흐름에 대한 할인율로 사용된다.

$$\text{WACC} = \frac{\text{타인자본가치}}{\text{기업가치}} \times \text{타인자본 비용} + \frac{\text{자기자본가치}}{\text{기업가치}} \times \text{자기자본 비용}$$

04 재무분석

4.1 ROE분석

1. ROE와 재무성과

우리나라 인구가 5,000만명이라고 말하는 것과 인구밀도가 제곱킬로미터 당 484명이라고 말하는 것은 의미전달에서 큰 차이가 있다. 마찬가지로 올해 순이익이 20억 원이라고 표현하는 것과 매출액 순이익률이 5.4%라고 표현하는 것은 의미가 서로 다르다. 인구밀도나 매출액 순이익률과 같이 비율로 표현할 때 사람들은 보다 유용한 정보를 얻으며 의사결정에 도움을 받게 된다.

기업의 경영성과를 총체적으로 측정하기 위한 지표로 널리 이용되는 재무비율이 자기자본순이익률(return on equity; ROE)이다. ROE는 당기순이익을 자기자본으로 나눈 비율로서, 주주들이 투자한 자본 1원이 당해연도에 벌어들인 가치의 증식분을 의미한다.

$$\text{ROE} = \frac{\text{순이익}}{\text{자기자본}}$$

ROE는 기업의 경영성과를 측정하는 지표이며 경영자의 능력을 평가하는 척도로도 사용된다. ROE를 하락시킨 경영자는 질책을 받게 되고 심한 경우에 자리를 물러나야 하므로 경영자는 ROE를 높이고자 노력을 하게 된다. ROE 계산식을 변형하면 다음과 같은 세 가지 재무비율로 분해된다.

$$\text{ROE} = \frac{\text{순이익}}{\text{매출액}} \times \frac{\text{매출액}}{\text{총자산}} \times \frac{\text{총 자본}}{\text{자기자본}}$$

$$= \text{매출액 순이익률} \times \text{총자산 회전율} \times \text{재무레버리지}$$

ROE를 세 가지 재무비율로 분해할 수 있다는 것은 경영자가 ROE를 통제하기 위하여 사용할 수 있는 수단이 세 가지 있다는 의미이다. 경영자가 ROE라는 재무성과 지표를 높이기 위해서는 매출액이 실현시키는 순이익의 크기를 높여야 하고, 자산을 보다 활발하게 사용해야 하며, 타인자본을 통한 레버리지 효과를 증대시켜야 한다.

세 가지 통제수단은 재무제표와 밀접한 관계를 지니고 있다. 매출액 순이익률은 손익계산서에서 측정되고, 재무레버리지는 재무상태표 대변에서 측정된다. 자산회전율은 손익계산서와 재무상태표 차변을 동시에 고려해서 측정된다. 경영자가 가격정책, 재고관리방법,

그림 12-9 ROE와 재무제표

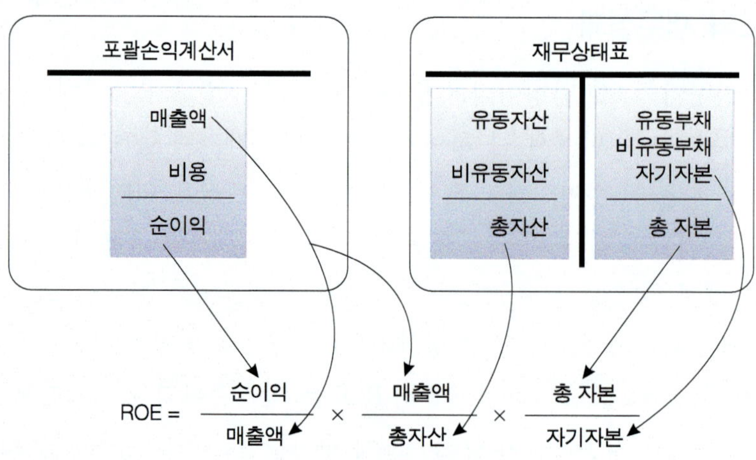

신용판매기준 등에 대한 어떤 의사결정을 내리면 그 결과가 재무상태표와 손익계산서에 표시되며 이러한 의사결정의 재무적 성과가 ROE로 측정된다. 재무분석가는 ROE분석을 통하여 영업활동이나 재무활동에 대한 경영자의 의사결정이 올바르게 되었는지 총체적인 진단을 내릴 수 있다.

2. ROE요소

(1) 매출액 순이익률

ROE를 결정하는 첫째 요소는 매출액 순이익률이다. 매출액 순이익률(net income to sales)은 당기순이익을 매출액으로 나눈 값으로 영업활동과 재무활동의 성과를 모두 고려한 총체적인 수익성을 나타낸다. 매출액 순이익률은 기업의 가격정책이나 영업환경에 대한 정보를 제공한다. 매출액이익률이 산업마다 서로 크게 다른 것은 제품의 특성이나 산업 내에서 경쟁의 정도가 서로 다르기 때문이다. 이때 매출액 순이익률 자체만을 대상으로 산업간의 특성을 비교하기보다는 총자산 회전율과 결부해서 비교하는 것이 더욱 의미가 있다.

(2) 총자산 회전율

ROE를 결정하는 둘째 요소는 총자산 회전율이다. 회전율(turnover)은 매출액을 자산으로 나누어 계산하는 값으로 각 자산이 매출을 발생시키는데 얼마나 활발하게 이용되었는가를 나타내는 척도이다. 총자산 회전율은 생산되는 제품의 특성이나 기업의 경쟁전략에 따라서 기업마다 많은 차이를 보인다. 총자산 회전율이 낮다는 것은 기업이 자산에 많은 투자를 해서 자본집약적인 생산방식을 취하고 있다는 의미이며, 총자산 회전율이 높다는 것은 자산을 활발하게 이용하고 있다는 의미이다.

(3) 재무레버리지

ROE에 영향을 미치는 셋째 변수는 재무레버리지이다. 재무레버리지(financial leverage)는 총자산(총 자본)을 자기자본으로 나누어 계산하며 기업이 타인자본을 많이 사용할수록 재무레버리지는 증가한다. 타인자본 의존도를 측정하는 수단으로서 부채를 자기자본으로 나누는 부채비율을 많이 이용하는데 재무레버리지는 (1 + 부채비율)로 해석할 수 있다. 경영자들이 매출액 순이익률이나 자산회전율은 가능하면 높이려고 노력을 하지만 재무레버리지는 반드시 그렇지는 않다. 재무레버리지를 높이면 ROE가 증대되는 효과가 있지만, 반면에 위험이 증대된다는 부정적인 측면도 같이 존재한다.

3. ROA분석

매출액 순이익률과 총자산 회전율은 대체로 역의 관계를 지닌다. 매출액 순이익률이 높은 회사는 총자산 회전율이 낮고, 매출액 순이익률이 높은 회사는 총자산 회전율이 낮은 경향을 보인다.

첨단기술을 이용해서 만드는 고가의 의료장비나 부가가치가 큰 보석가공 제품의 경우에는 매출액 순이익률이 높다. 하지만 이러한 제품을 만드는 과정에는 비싼기계나 설비 등이 소요되므로 투자액이 증가해서 자산회전율은 낮아진다. 한편 원가가 저렴하고 별다른 부가가치가 추가되지도 않는 제품의 경우에는 매출액 순이익률이 낮은 대신에 자산회전율은 매우 높다.

경영성과의 평가에서 수익성과 활동성의 양면을 동시에 고려하는 측정수단이 총자산 수익률(return on assets; ROA)이다. ROA는 매출액 순이익률과 총자산 회전율을 곱한 것으로서 총자산에 대한 수익성을 측정한다. ROE가 주주의 지분에 대한 성과를 측정하는 것인 반면에, ROA는 주주와 채권자의 지분을 더한 총 자본(총자산)에 대한 성과를 측정한다.

$$\text{ROA} = \frac{\text{순이익}}{\text{매출액}} \times \frac{\text{매출액}}{\text{총자산}}$$

$$= \text{매출액 순이익률} \times \text{총자산 회전율}$$

4.2 재무비율 분석

1. 유용성과 한계

재무비율(financial ration)는 두 개의 재무항목을 나누어 계산한다. 이러한 재무비율 분석은 자료수집이 편리하고 사용하기 쉽다는 이점으로 인하여 재무분석 기법이 개발되기 시작한 초창기부터 현재까지 널리 사용되고 있다. 그러나 재무비율이 전달하는 정보의 내용에는 한계가 있으며 재무비율 값에 대한 해석이 어렵다는 문제점도 지니고 있다.

재무비율은 기업에 대한 재무적 증상을 측정하는 것이지 그 원인을 밝혀 주는 것이 아니다. 혈압계는 혈압이 높거나 낮다는 것만 측정할 뿐이지 혈압이 비정상적으로 된 이유를 밝혀 주지는 못한다. 재무비율도 기업의 재무적 건강이 어떠한 상태인가를 측정할 뿐이며 그 원인과 대응책을 제시하지는 못한다. 비율분석은 재무적 특징과 경영의 이상여부에 대한 부분적인 정보를 제공하는 예비조사의 성격이 강하다.

표 12-2 비율분석의 유용성과 한계

유용성	· 자료수집의 간편성 : 비율분석에 필요한 자료를 쉽게 구할 수 있다. 대부분의 재무비율은 기업이 공개하는 재무제표로부터 구할 수 있으므로 자료를 수집하기 위한 별도의 노력이 필요 없다. · 계산의 단순성 : 계산이 간단하고 이해하기 쉽다. 복잡한 계산절차를 거치지 않고 간단히 구해지므로 재무분석에 대한 사전지식이 없는 사람도 쉽게 사용할 수 있다. · 정보의 다양성 : 기업의 여러 측면에 대하여 다양한 정보를 제공한다. 단순히 비율을 구하기만 하여도 수익성, 성장성, 활동성, 생산성, 안정성 등에 대하여 파악할 수 있다.
한 계	· 자료의 신뢰성 : 재무제표가 기업의 실상을 분식하지 않고 정직하게 보여 주어야 하며, 다른 기업이나 과거의 실적과 비교할 때에는 회계처리방법이 동일해야 한다. · 미래예측의 한계 : 재무제표는 지나간 기업활동에 대한 회계적 기록이다. 여기에서 계산된 재무비율을 이용해서 기업의 경제적 실상을 설명하고 미래를 예측하는데 한계가 있다. · 해석의 양면성 : 재무비율을 해석할 때 양면성을 염두에 두어야 한다. 재무분석의 이용자에 따라 같은 비율 값이라도 그 해석은 서로 다르게 나올 수 있다.

2. 재무비율 종류

재무제표에서 계산할 수 있는 재무비율의 종류는 무수히 많이 있다. 재무비율은 기업의 재무적 특징을 측정하여 의사결정에 유용한 정보를 제공할 때에만 가치가 있다. 단순히 두 개의 재무항목을 나누었다고 해서 모든 비율이 정보가치가 있는 것은 아니다. 재무비율 계

표 12-3 재무비율 종류

구 분	설 명	주요비율
성장성비율	기업의 외형적 규모와 성과가 전년도에 비하여 얼마나 증가하였는가를 나타내는 비율이다. 기업의 경쟁력과 지속가능성을 평가하는데 이용된다.	· 매출액증가율 · 영업이익증가율 · 순이익증가율 · 총자산증가율
수익성비율	기업이 1년 동안 이룩한 경영성과를 측정하는 비율이다. 영업이익과 순이익을 매출액, 자기자본, 총자산에 대비하여 이익창출능력을 측정한다.	· 매출액 영업이익률 · 매출액 순이익률 · 자기자본 순이익률 · 총자산 순이익률
레버리지비율	기업이 조달한 자본의 성격과 종류에 따라서 안게 되는 재무적 위험도를 측정하는 비율이다. 부채에 대한 원리금 상환능력과 자본구조의 건전성을 평가한다.	· 부채비율 · 유동비율 · 당좌비율 · 이자보상비율
활동성비율	경영활동에 투자된 자본과 자산이 회계기간동안에 얼마나 활발하게 이용되었는가를 측정한다. 매출액을 자산과 자본 항목으로 나누어서 회전배수로 표시한다	· 총자산 회전율 · 매출채권회전율 · 재고자산회전율 · 매입채무회전율
가치지표	주식의 가격을 이용해서 기업의 경제적 가치에 대한 총체적인 평가를 하는 비율이다. 주가를 주당이익, 주당장부가치, 주당매출액으로 나누어 배수로 계산 한다.	· 주가순이익비율(PER) · 주가 순자산비율(PBR) · 주가매출액비율(PSR) · EV/EBITDA비율

산에 사용되는 항목 간에 연관성이 있어야 하며 경제적인 의미를 부여해서 해석할 수 있어야 한다. 재무비율을 경제적 의미에 따라 분류하면 〈표 12-3〉과 같다.

3. 표준비율

비율이 계산되면 그 비율값이 적정한지에 대한 판단을 내려야 한다. 이때 판단의 기준으로 사용되는 척도를 표준비율(standard ratio)이라고 한다. 각 재무비율을 표준비율과 비교하여 기업의 실태가 양호한지 불량한지의 판단을 한다. 무엇을 표준비율로 설정하느냐에 따라서 판정이 바뀌게 되므로 기준을 합리적으로 설정해야 한다. 표준비율로는 다음의 네 가지가 많이 쓰이고 있다.

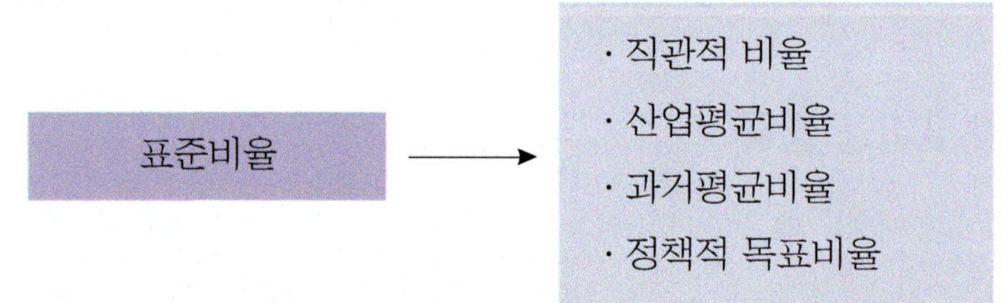

(1) 직관적 비율

오랜 기간 동안 관습적으로 사용되어 온 값이다. 예를 들어 유동비율[5]은 200%, 당좌비율[6]은 100%를 기준으로 본다. 직관적 비율은 그 사용근거가 합리적으로 검증된 것이 아니다. 기업이나 산업에 따라서 유동비율과 당좌비율의 적정수준이 달라지는데 직관적 비율은 이러한 특성을 고려하지 않고 모든 기업에 일률적으로 적용하므로 설득력이 떨어진다.

(2) 산업평균비율

같은 업종에 있는 다른 기업들의 재무비율을 평균한 값이다. 객관적이고 타 기업과 비교가 용이하다는 점에서 많이 이용되는 표준비율이다. 산업평균을 기준으로 삼는 것은 산업 내에서 중간적인 성과만 유지하자는 논리이다. 만일 산업전체가 사양화되고 있다면 적절한 기준이라고 말할 수 없다.

(3) 과거 평균비율

기업의 과거 수년간의 비율을 평균한 값이다. 분석대상 기업의 특성을 가장 잘 반영하는

---

5) 유동비율 = 유동자산/유동부채
6) 당좌비율 = (유동자산-재고자산)/유동부채

그림 12-10 ECOS 기업경영분석-검색선택

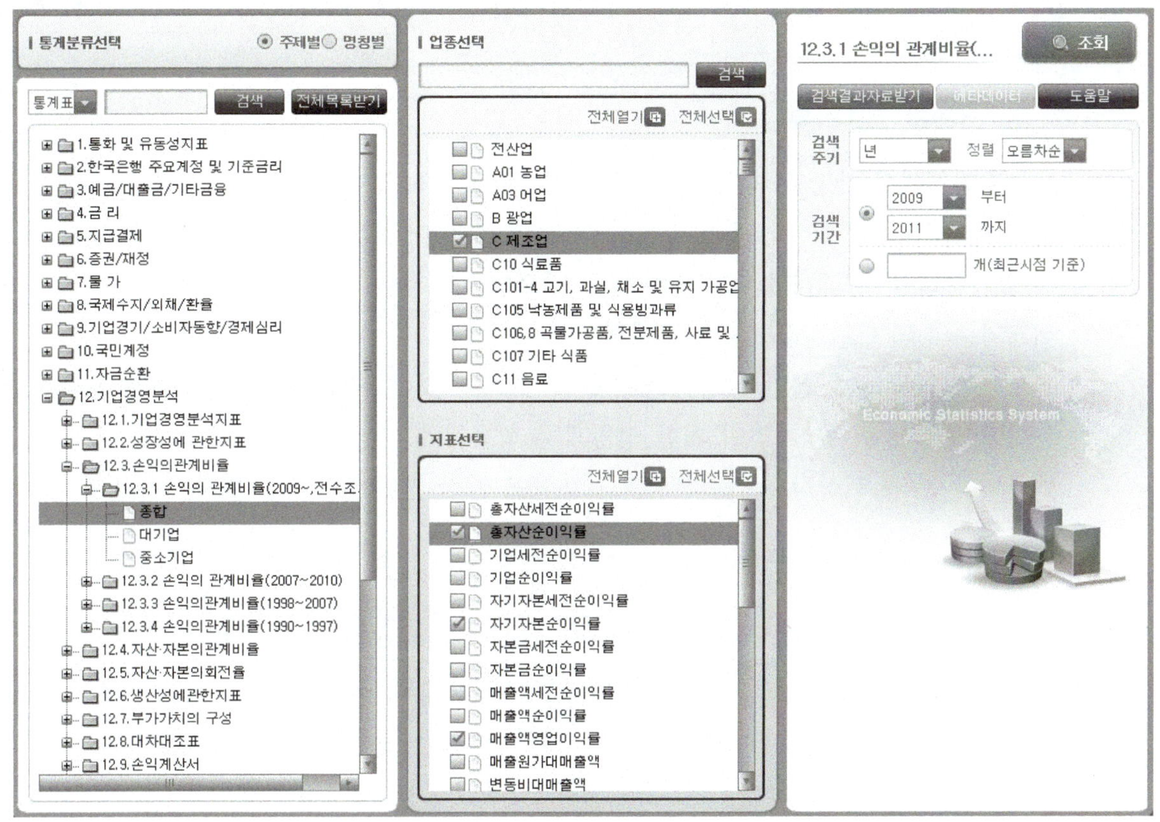

그림 12-11 ECOS 기업경영분석-검색결과

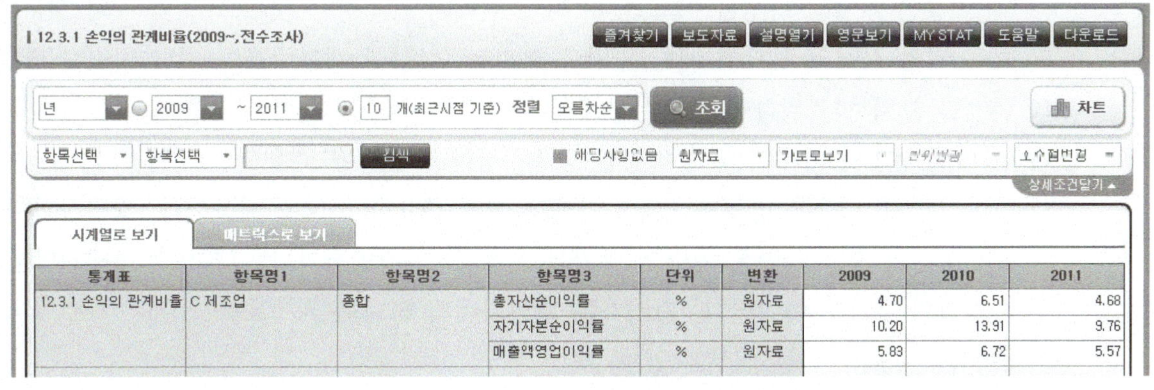

통계표	항목명1	항목명2	항목명3	단위	변환	2009	2010	2011
12.3.1 손익의 관계비율	C 제조업	종합	총자산순이익률	%	원자료	4.70	6.51	4.68
			자기자본순이익률	%	원자료	10.20	13.91	9.76
			매출액영업이익률	%	원자료	5.83	6.72	5.57

비율이지만 다른 기업과의 상대적인 우열을 비교하는 기준이 되기는 어렵다. 만일 기업이 급격한 성장이나 쇠퇴를 겪고 있다면 과거와는 전혀 다른 환경을 맞이하게 되므로 과거의 평균값을 표준비율로 사용하는 것이 부적합하다.

(4) 정책적 목표비율

동종업계에서 가장 모범이 되는 기업의 비율이나 최고경영진의 경영전략을 반영해서 작성한 비율이다. 경영관리적 입장에서 목표비율을 설정해 놓으면 성과측정에 따른 사후통제에 유용하다. 그러나 목표비율이 너무 낮으면 동기부여가 되지 않을 것이고 너무 높으면 비교기준의 의미를 상실한다는 문제점이 있다.

모든 기업이 항상 올바른 판단을 내릴 수 있도록 하는 이상적인 표준비율은 존재하지 않는다고 보아야 한다. 기업이 처한 상황과 분석목적에 따라서 위의 네 가지를 적절하게 선택하여야 한다. 현실적으로는 산업평균 비율을 가장 많이 이용하고 있다.

4. 산업 평균비율

한국은행 경제통계시스템(ECOS, http://ecos.bok.or.kr/)을 이용하면 업종별 평균비율을 찾아볼 수 있다. [그림 12-10]은 통계분류에서 '손익의 관계비율-전수조사-종합'을 선택하고 업종에서 '제조업'을 선택하고 지표에서 '총자산순이익률, 자기자본순이익률, 매출액영업이익률'을 선택한 모습이다. 검색결과는 [그림 12-11]에 나와있다.

4.3 가치지표

재무비율은 기업의 특성을 어느 한 가지 측면에서 측정하는 것이므로 몇 개의 재무비율만 보고 기업 전체의 성과에 대한 판단을 하기는 어렵다. 재무비율이 지닌 이러한 단편성의 문제를 보완하기 위하여 증권시장에서 형성되는 주가와 관련된 각종의 비율이 이용된다. 기업의 성과와 미래에 대한 전망은 증권시장에서 주가에 종합적으로 반영되므로, 주가와 관련된 각종 비율은 경영자나 투자자 모두에게 중요한 정보를 제공한다. 경영성과가 우수하고 미래의 전망이 밝은 기업의 주가는 올라가고, 경영성과가 미흡하고 미래전망이 어두운 기업의 주가는 하락한다. 경영자는 기업가치의 극대화를 목표를 삼아서 주주의 부를 최대화시켜 주어야 하는 의무가 있다.

NEWS 低PER·PBR 맹신은 금물

주식시장에는 PER(price earning ratio · 주가수익비율)과 PBR(price on book-value ratio · 주가순자산비율)이 낮은 종목에 투자하라는 말이 있다. PER은 주가를 주당 순이익(EPS)으로 나눈 것으로 주가가 주당 순이익에 비해 몇 배 수준인지를 보여준다. PER이 낮으면 현재 기업의 주가가 주당 순이익에 비해 낮게 평가돼 있다는 의미인 셈이다. PBR은 주가를 주당순자산으로 나눈 것으로 기업이 보유한 부동산, 현금 등 자산에 비해 주가가 몇 배 수준인지를 보여준다. 이 때문에PER과 PBR이 낮으면 주가가 기업 가치에 비해 낮아 앞으로 오를 가능성이 크다는 의미로 해석한다. 증권사 애널리스트나 자산운용사 관계자들은 PER이나 PBR이 낮은 종목에 투자를 권하는 경우가 많다. 하지만 실제 주가는 그렇게 움직이지 않았다.

◆ PER · PBR 낮은 종목 중 절반 정도는 주가 하락

조선비즈는 증권 정보 업체 와이즈에프엔에 의뢰해 2012년 5월 말 기준으로 PER과 PBR이 낮은 종목 10개씩을 뽑았다. 이후 1년간 이들 종목의 주가를 분석한 결과, 오히려 절반 정도 기업의 주가가 하락한 것으로 집계됐다. PER이 낮은 10개 종목 가운데4개 종목의 주가가 하락했다. PBR이 낮은 종목도 마찬가지다. PBR이 낮은10개 종목 가운데 상장폐지되거나 거래가 정지된 3개 종목을 제외하면, 7개 종목 중 3개 종목이 주가가 하락했다.

◆ 적자 난 기업도 PER · PBR 낮을 수 있다

성지건설은 작년 5월 말 기준으로 PER이 0.39배였다. 상장사 가운데 보해양조 다음으로 PER이 낮았다. 성지건설은2011년에 58억 원의 영업 손실을 기록했는데, 순이익은 574억 원이었다. PER은 주가를 주당 순이익을 나눈 것이기 때문에 순이익이 많이 난 성지건설은 영업 손실과 상관없이 PER도 낮아진 것이다. 얼핏 보면 PER이 낮기 때문에 주가가 저평가돼 있다고 생각할 수 있지만, 성지건설은 당시 기업회생절차가 진행 중이었다. 대규모 순이익을 낸 것도 투자를 받으면서 회생담보권과 회생채권을 일괄 변제하는 내용의 변경회생계획안을 법원에 제출한 덕분이다. 본업과 무관한 영업외 이익으로 순이익을 기록한 것이다. 성지건설은 2011년 매출액이 898억 원으로2010년보다 400억 원 이상 줄었고, 작년에도 매출액은 감소했다. 성지건설은 작년 5월 말 이후 주가가 57.4% 하락했다.

◆ 기업 실적도 함께 고려해야

PER은 과거 실적을 토대로 한 지표이기 때문에 기업의 미래 성장성을 반영할 수 없다고 전문가들은 지적한다. PBR은 자산에 파생상품같이 불확실성이 큰 자산이 포함돼 있으면, 어느 날 갑자기 자산 가치가 급락할 수 있다. 박성현 한화투자증권 투자전략팀장은 "이익이나 자산 가치는 그대로 있고 주가만 하락하는 경우에도 PER, PBR은 낮아진다"며 "단순히PER, PBR 지표만 보지 말고 기업의 실적이나 성장성 등을 종합적으로 따져봐야 한다"고 말했다.

● 조선일보

1. 주가순이익비율

주가순이익비율은 현재의 주가를 주당 순이익으로 나누어서 계산하며 PER(Price Earning Ratio)이라고 부른다.

$$PER = \frac{주가}{주당\ 순이익}$$

PER은 주당 순이익의 몇 배가 주가인가를 보여주며 미래의 성장성이 유망한 기업일수록 PER 값이 높게 나온다. PER은 기업이 벌어들인 이익 1원에 대하여 증권시장에서 투자자들이 얼마의 대가를 지불하고 있는가를 측정한 것이다. 기업의 이익에 대한 증권시장의 평가는 각 기업마다 다르게 나타난다. 이익의 발생원천, 위험도, 성장성, 회계처리방법 등이 이익의 평가에 영향을 미치며 증권시장에서 이들을 종합적으로 평가한 결과가 PER에 반영된다.

2. 주가순자산비율

주당순자산비율은 현재의 주가를 주당순자산으로 나누어 계산하며 PBR(Price to Book value Ratio)이라고 부른다.

$$PBR = \frac{주가}{주당순자산}$$

미래의 성장성이 좋은 기업은 주가가 높게 형성되므로 PBR이 높게 나온다. PBR에서 분자의 주가는 시장에서 평가된 주식의 가치이고 분모의 주당순자산은 장부상에서 계산된 주식의 가치이므로, PBR은 시장가치와 장부가치 사이의 괴리정도를 나타낸다. 장부가치와 시장가치가 동일하면 PBR은 1.0이 된다. 일반적으로 어떤 주식의 PBR이 1.0보다 작다면 그 주식이 저평가되었다고 본다. 그러나 주가가 PBR만으로 결정되는 것은 아니므로 단순히 PBR이 1.0보다 작다는 이유만으로 투자해서는 안 된다.

3. 주가매출액비율

주가매출액비율은 현재의 주가를 주당매출액으로 나누어 계산하며 PSR(Price to Sales Ratio)이라고 부른다.

$$PSR = \frac{주가}{주당\ 매출액}$$

당기순손실이 발생한 기업에 대하여는 PER을 계산할 수 없다. 마찬가지로 자본이 모두 잠식되어 주당순자산이 음수인 기업은 PBR을 계산할 수 없다. 새로 설립한 신생기업이나 재무적 곤경을 겪고 있는 기업들에 대하여는 PER이나 PBR을 계산할 수 없지만 이러한 기업들도 매출액은 양의 값을 가지므로 PSR을 이용해서 경영성과를 분석할 수 있다.

4. EV/EBITDA비율

EV는 기업가치(enterprise value)를 의미하며 주식가치와 채권가치를 더한 금액이다. EBITDA는 이자, 세금, 감가상각비를 공제하기 전의 이익(earnings before interest, taxes, depreciation and amortization)을 의미한다. EBITDA는 기업이 영업활동에서 발생시키는 현금흐름과 유사한 값을 가진다. EV/EBITDA비율은 기업이 창출하는 현금흐름의 몇 배에 해당되는 가치를 기업이 지니고 있는지를 측정하며, M&A 과정에서 기업가치를 추정할 때 많이 이용된다.

토 의 문 제

1. 최근 지방자치 단체에서 장미빛 전망으로 수익사업을 추진하였는데 그 성과가 나쁘게 나온 사례들이 많이 나타나면서 사회적으로 논란이 되고 있다. 이러한 사례를 하나 선정하고 기업에서 자본투자를 실시하는 맥락 하에서 문제점을 찾아내고 이를 방지하기 위한 대안을 제시하라.

2. 부채가 많은 기업은 원리금 부담에 시달리다가 결국은 파산하게 된다. 부채를 사용할 때 이러한 위험이 있음에도 불구하고 부채를 사용하는 이유는 무엇인가? 우리나라 기업들은 부채를 얼마나 사용하고 있으며 어느 정도의 부채를 사용하는 것이 바람직한가?

연 습 문 제

1. 재무관리의 세 가지 기능을 재무상태표와 연관하여 설명하라.

2. 이익을 기업의 목표로 설정했을 때 어떤 문제점이 있는가?

3. 나는 오늘 1,000만원 가지고 증권시장에서 삼성전자 주식을 매입하는 방안과 은행에 정기예금을 하는 방안을 고려하고 있다. 이 두 가지 방안의 순현재가치는 각각 얼마인가?

4. 기업은 설립하면서 타인자본과 자기자본으로 필요한 자금을 이미 조달했는데 자금조달이 계속 필요한 이유는 무엇인가?

5. 최근 우리나라 제조업 기업들의 ROE는 어떤 추세를 보이고 있는가? ROE를 세 가지로 분해해서 분석했을 때 제조업 기업들이 앞으로 개선할 부분은 무엇인가?

6. 기업을 하나 선정한 후에 포털 사이트에서 재무비율 분석에 대한 자료를 검색하고 경영성과에 대하여 논평하라.

저자소개

■ 송민석

- 한양대학교 경영학 학사
- 국민대학교 행정대학원 사회복지학 석사
- 국립한국교통대학교 일반대학원 경영학 석사
- 광운대학교 일반대학원 행정학 박사수료
- 국립한국교통대학교 일반대학원 경영학 박사
- 전)중앙대학교 평생교육원 상담지도교수
- 전)경희대학교 글로벌미래교육원 주임교수
- 미래복지경영학회 감사
- 라이프가드코리아 이사
- 한국심리상담복지학회 부회장
- 주식회사 앱코 감사
- 중앙대학교 원격미래교육원 운영교수

■ 김종대

- 중앙대학교 경영학 학사
- 중앙대학교 창업경영대학원 경영학 석사
- 인하대학교 일반대학원 경영학 박사
- 전) 선문대학교 창업경영 강사
- 경희대학교 글로벌미래교육원 창업학 강사
- 한국심리상담복지학회 전임교수
- 남인천 고등학교 총동문 회장
- 주식회사 앱코 경영전략실 사외이사

■ 김영삼

- 중앙대학교 경영학 학사
- 단국대학교 경영대학원 경영학 석사
- 단국대학교 일반대학원 경영학 박사 수료
- 한국진로창업경영학회 상임이사
- 한국상담심리복지학회 전임교수

■ 이국형

- 중앙대학교 경영학 학사
- 단국대학교 경영대학원 경영학 석사
- 단국대학교 일반대학원 경영학 박사 수료
- 한국능률협회 디지털 전환강사
- 한국진로창업경영학회 상임이사
- 한국상담심리복지학회 전임교수

기업과 경영

2024년 1월 15일 1쇄 인쇄
2024년 1월 20일 1쇄 발행

저 자 송민석 · 김종대 · 김영삼 · 이국형

발행인 류재식 · 박용범
발행처 도서출판 북 넷

서울시 용산구 효창원로70길 46 (대신빌딩 2층)
등 록 2010년 6월 7일(제2010-000069호)
전 화 (02) 395-2341
팩 스 (02) 395-2303

정가 32,000원

불법복사는 지적재산을 훔치는 범죄행위입니다.

저작권법 제97조의 5(권리의 침해죄)에 따라 위반자는 5년 이하의 징역 또는 5천만원 이하의 벌금에 처하거나 이를 병과할 수 있습니다.

ISBN 979-11-86947-77-7(93320) e-mail : book2341@naver.com